동아출판이 만든 진짜 기출예상문제집

특급기출

중간고사

중학 영어 2-1

How to Study

이 책의 구성과 특징

STEP A 영역별로 교과서 핵심 내용을 학습하고, 연습 문제로 실력을 다집니다. 실전 TEST로 학교 시험에 대비합니다.

Words 만점 노트
교과서 흐름대로 핵심 어휘와 표현을 학습합니다.

Words Plus 만점 노트
대표 어휘의 영어 뜻풀이 및 다의어, 반의어 등을 학습하며 어휘를 완벽히 이해합니다.

Words 연습 문제 &
Words Plus 연습 문제
다양한 유형의 연습 문제를 통해 어휘 실력을 다집니다.

Words 실전 TEST
학교 시험 유형의 어휘 문제를 풀며 실전에 대비합니다.

Listen & Speak 핵심 노트
교과서 속 핵심 의사소통 기능을 학습하고, 시험 포인트를 확인합니다.

Listen & Speak 만점 노트
교과서 속 모든 대화문의 심층 분석을 통해 대화문을 철저히 학습합니다.

Listen & Speak 연습 문제
빈칸 채우기와 대화 순서 배열하기를 통해 교과서 속 모든 대화문을 완벽히 이해합니다.

Listen & Speak 실전 TEST
학교 시험 유형의 Listen & Speak 문제를 풀며 실전에 대비합니다. 서술형 실전 문항으로 서술형 문제까지 대비합니다.

Grammar 핵심 노트
교과서 속 핵심 문법을 명쾌한 설명과 시험 포인트로 이해하고, Quick Check로 명확히 이해했는지 점검합니다.

Grammar 연습 문제
핵심 문법별로 연습 문제를 풀며 문법의 기본을 다집니다.

Grammar 실전 TEST
학교 시험 유형의 문법 문제를 풀며 실전에 대비합니다. 서술형 실전 문항으로 서술형 문제까지 대비합니다.

Reading 만점 노트
교과서 속 읽기 지문을
심층 분석하여 시험에
나올 내용을 완벽히
이해하도록 합니다.

Reading 연습 문제
빈칸 채우기, 바른 어휘·어법 고르기, 틀린 문장
고치기, 배열로 문장 완성하기 등 다양한 형태의
연습 문제를 풀며 읽기 지문을 완벽히 이해하고,
시험에 나올 내용에 완벽히 대비합니다.

Reading 실전 TEST
학교 시험 유형의 읽기 문제를
풀며 실전에 대비합니다. 서술형
실전 문항으로 서술형 문제까지
대비합니다.

기타 지문 만점 노트 &
기타 지문 실전 TEST
학교 시험에 나올 만한 각 영역의
기타 지문들을 학습하고 실전
문제를 풀며 시험에 빈틈없이
대비합니다.

STEP B   내신 만점을 위한 고득점 TEST 구간으로, 다양한 유형과 난이도의 학교 시험에 완벽히 대비합니다.

고득점을 위한 연습 문제
● Listen & Speak 영작하기
● Reading 영작하기
영작 완성 연습 문제를 통해, 대화문과
읽기 지문을 완벽히 암기합니다.

고득점 맞기 TEST
● Words 고득점 맞기   ● Listen & Speak 고득점 맞기
● Grammar 고득점 맞기   ● Reading 고득점 맞기
고난도 문제를 각 영역별로 풀며 실전에 대비합니다.
수준 높은 서술형 실전 문항으로 서술·논술형 문제까지
영역별로 완벽히 대비합니다.

서술형 100% TEST
다양한 유형의 서술형 문제를
통해 학교 시험에서 비중이
확대되고 있는 서술형 평가에
철저히 대비합니다.

내신 적중 모의고사   학교 시험과 유사한 모의고사로 실전 감각을 기르며, 내신에 최종적으로 대비합니다.

[1~3회] 대표 기출로 내신 적중 모의고사
학교 시험에 자주 출제되는 대표적인 기출 유형의
모의고사를 풀며 실전에 최종적으로 대비합니다.

[4회] 고난도로 내신 적중 모의고사
학교 시험에서 변별력을 높이기 위해 출제되는
고난도 문제 유형의 모의고사를 풀며 실전에
최종적으로 대비합니다.

오답 공략
모의고사에서 틀린 문제를 표시한 후, 부족한
영역과 학습 내용을 점검하여 내신 대비를
완벽히 마무리합니다.

Contents 차례

Lesson 03   The Music Goes On

정답 및 해설

The future belongs to those who believe in the beauty of their dreams.

- Eleanor Roosevelt -

Lesson

1

Can We Talk?

ENGLISH

주요 학습 내용			
의사소통 기능	조언 구하기	A: **What can I do to** sleep better? (잠을 더 잘 자려면 어떻게 해야 할까?) B: **You can** drink warm milk before bed. (자기 전에 따뜻한 우유를 마셔봐.)	
	제안하기	A: **How about going** to the bookstore? (서점에 가는 게 어때?) B: Great idea! (좋은 생각이야!)	
언어 형식	to부정사의 형용사적 용법	Give the other person a chance **to talk**. (다른 사람에게 말할 기회를 줘라.)	
	명령문, and/or ~	Change the topic, **or** your partner will fall asleep. (주제를 바꿔라, 그렇지 않으면 상대방은 잠들 것이다.)	

학습 단계
PREVIEW

STEP **A**	Words	Listen & Speak	Grammar	Reading	기타 지문
STEP **B**	Words	Listen & Speak	Grammar	Reading	서술형 100% TEST
내신 적중 모의고사	제 **1** 회	제 **2** 회	제 **3** 회	제 **4** 회	

W Words
만점 노트

Listen & Speak

□□ ad	명 광고 (advertisement의 약자)	□□ mad	형 화가 난 (= angry)
□□ bulletin board	명 게시판	□□ make up with	~와 화해하다
□□ character	명 글자 (= letter)	□□ manage☆	동 관리하다
□□ direction	명 방향	□□ no wonder ~☆	~은 당연하다
□□ excited	형 신이 난, 들뜬	□□ on the way	도중에
□□ foreigner	명 외국인	□□ post	동 올리다, 게시하다
□□ healthily	부 건강하게	□□ president	명 회장
□□ helpful	형 도움이 되는, 유용한 (= useful)	□□ probably	부 아마
□□ improve	동 향상시키다	□□ right away	즉시, 곧바로
□□ join	동 가입하다, 함께하다	□□ run into	~와 우연히 만나다
□□ language	명 언어	□□ terrible	형 끔찍한

Reading

□□ active	형 적극적인, 능동적인 (↔ passive)	□□ nervous	형 긴장한
□□ attention☆	명 주의	□□ nod☆	동 끄덕이다
□□ be interested in	~에 관심[흥미]이 있다	□□ pay attention to☆	~에 주의를 기울이다
□□ chance	명 기회 (= opportunity)	□□ poor	형 잘 못하는, 형편없는 (↔ good)
□□ conversation	명 대화	□□ practice	동 연습하다
□□ fall asleep	잠들다	□□ put ~ first☆	~을 우선시하다
□□ feedback☆	명 반응, 피드백	□□ share	동 나누다, 공유하다
□□ from time to time	때때로, 가끔 (= sometimes)	□□ sometimes	부 때때로, 가끔 (= from time to time)
□□ gladly	부 기쁘게 (= happily)	□□ space out	멍해 있다, 딴생각하다
□□ have ~ in common☆	~을 공통적으로 지니다	□□ tip	명 조언 (= advice)
□□ have trouble -ing	~하는 데 어려움을 겪다	□□ topic	명 화제, 주제 (= subject)
□□ interest	명 관심사, 흥미	□□ trouble	명 곤란, 어려움 (= problem)
□□ look ~ in the eye☆	~의 눈을 똑바로 쳐다보다	□□ wake up	정신을 차리다, (잠에서) 깨다

Language Use

□□ leave☆	동 떠나다	□□ put on	(옷·신발 등을) 입다, 신다 (= wear)
□□ on time☆	제시간에, 정시에	□□ wet	형 젖은 (↔ dry)

Think and Write

□□ capital	형 대문자의	□□ respect	동 존중하다
□□ information	명 정보	□□ respond☆	동 대답하다 (= answer)
□□ letter	명 글자, 문자	□□ useful☆	형 유용한 (↔ useless)
□□ opinion	명 의견	□□ waste	동 낭비하다 (↔ save)

Words

연습 문제

A 다음 단어의 우리말 뜻을 쓰시오.

01	practice	
02	helpful	
03	interest	
04	leave	
05	manage	
06	nervous	
07	attention	
08	character	
09	opinion	
10	poor	
11	useful	
12	post	
13	president	
14	respect	
15	share	
16	respond	
17	sometimes	
18	topic	
19	trouble	
20	active	

B 다음 우리말에 해당하는 영어 단어를 쓰시오.

21	기쁘게	
22	외국인	
23	반응, 피드백	
24	화가 난	
25	방향	
26	끔찍한	
27	젖은	
28	기회	
29	끄덕이다	
30	대화	
31	아마	
32	신이 난, 들뜬	
33	가입하다, 함께하다	
34	조언	
35	게시판	
36	향상시키다	
37	대문자의	
38	건강하게	
39	언어	
40	낭비하다	

C 다음 영어 표현의 우리말 뜻을 쓰시오.

01	have ~ in common	
02	put ~ first	
03	look ~ in the eye	
04	on time	
05	no wonder ~	
06	have trouble -ing	
07	from time to time	
08	pay attention to	

Words Plus
만점 노트

영어 뜻풀이

☐☐	active	적극적인, 능동적인	making an effort and not leaving something to happen by itself
☐☐	attention	주의	the act of applying the mind to something
☐☐	chance	기회	an opportunity to do something
☐☐	character	글자	a letter used in writing
☐☐	conversation	대화	a talk between people
☐☐	direction	방향	the path on which something is moving
☐☐	feedback	반응, 피드백	advice, criticism, or information about how good something is
☐☐	foreigner	외국인	someone who comes from a different country
☐☐	gladly	기쁘게	happily
☐☐	improve	향상시키다	to make something better than before
☐☐	manage	관리하다	to use your time, money, etc. wisely, without wasting it
☐☐	nervous	긴장한	worried about what might happen
☐☐	nod	끄덕이다	to move your head up and down as a way of answering "yes"
☐☐	poor	잘 못하는, 형편없는	not good at what might happen
☐☐	post	올리다, 게시하다	to put information or pictures on a website
☐☐	president	회장	a person in charge of an organization
☐☐	respect	존중하다	to admire someone or something
☐☐	respond	대답하다	to give an answer
☐☐	sometimes	때때로, 가끔	at times, now and then
☐☐	trouble	곤란, 어려움	difficulties or problems

단어의 의미 관계

● **유의어**

chance = opportunity (기회)
respond = answer (대답하다)
tip = advice (조언)
topic = subject (주제)
trouble (곤란, 어려움) = problem (문제)

● **반의어**

active (적극적인) ↔ passive (수동적인)
poor (잘 못하는) ↔ good (잘하는)
useful (유용한) ↔ useless (쓸모없는)
waste (낭비하다) ↔ save (절약하다)

● **형용사 – 부사**

glad (기쁜) – gladly (기쁘게)
healthy (건강한) – healthily (건강하게)

다의어

● **character** 1. ⑨ 글자 2. ⑨ 등장인물

1. I can read Chinese **characters**. 나는 한자를 읽을 수 있다.
2. She's the main **character** in the movie.
   그녀는 그 영화의 중심 등장인물이다.

● **letter** 1. ⑨ 글자 2. ⑨ 편지

1. 'B' is the second **letter** of the alphabet.
   B는 알파벳의 두 번째 글자이다.
2. There's a **letter** for you from your mother.
   너의 엄마가 너에게 보낸 편지가 한 통 있다.

● **poor** 1. ⑧ (어떤 일을) 잘 못하는, 형편없는 2. ⑧ 가난한
   3. ⑧ (질적으로) 좋지 못한

1. Many people are **poor** listeners.
   많은 사람들은 형편없는 청취자이다.
2. They want to help people in **poor** countries.
   그들은 가난한 나라의 사람들을 돕기를 원한다.
3. Last year's exam result was very **poor**.
   작년 시험 결과는 매우 좋지 못했다.

Words Plus

연습 문제

A 다음 뜻풀이에 알맞은 말을 [보기]에서 골라 쓴 후, 우리말 뜻을 쓰시오.

[보기]	nervous	manage	foreigner	nod	post	poor	improve	feedback

1 _____ : to use your time, money, etc. wisely, without wasting it : _____
2 _____ : to make something better than before : _____
3 _____ : someone who comes from a different country : _____
4 _____ : advice, criticism or information about how good something is : _____
5 _____ : worried about what might happen : _____
6 _____ : to put information or pictures on a website : _____
7 _____ : to move your head up and down as a way of answering "yes" : _____
8 _____ : not good at something : _____

B 다음 짝 지어진 두 단어의 관계가 같도록 빈칸에 알맞은 말을 쓰시오.

1 chance : opportunity = problem : _____
2 angry : mad = useful : _____
3 good : poor = passive : _____
4 dry : wet = save : _____
5 glad : gladly = healthy : _____

C 다음 빈칸에 알맞은 말을 [보기]에서 골라 쓰시오.

[보기]	chance	conversation	direction	information	president

1 There is a lot of _____ on the Internet.
2 Tom is the _____ of our music club. He leads the club well.
3 He's so boring. His only topic of _____ is football.
4 In which _____ are you going?
5 If you give me a _____, I will do my best.

D 다음 우리말과 같도록 빈칸에 알맞은 말을 쓰시오.

1 너는 선생님께 주의를 기울여야 한다. → You should _____ _____ the teacher.
2 나는 대화를 시작하는 데 어려움이 있다. → I _____ _____ _____ conversations.
3 그녀는 사람들의 눈을 보지 않는다. → She doesn't _____ people _____ .
4 나는 항상 다른 사람을 우선시한다. → I always _____ others _____ .
5 우리는 어떤 공통점을 가지고 있니? → What do we _____ _____ ?

실전 TEST

01 다음 중 짝 지어진 두 단어의 관계가 나머지와 <u>다른</u> 것은?

① dry – wet   ② save – waste
③ tip – advice   ④ useful – useless
⑤ active – passive

02 다음 영어 뜻풀이에 해당하는 단어를 주어진 철자로 시작하여 쓰시오.

to give an answer

→ r_____

03 다음 문장의 빈칸에 공통으로 들어갈 말로 알맞은 것은?

- It's very cold. You have to _____ on your coat.
- We should always _____ safety first.

① do   ② put   ③ have
④ take   ⑤ keep

04 다음 우리말과 같도록 빈칸에 알맞은 말을 쓰시오.

John _____ _____ getting up early in the morning.
(John은 아침 일찍 일어나는 데 어려움을 겪는다.)

05 다음 중 밑줄 친 부분의 우리말 뜻으로 알맞지 <u>않은</u> 것은?

① I'll pay you back <u>right away</u>. (즉시)
② I <u>spaced out</u> when Mom talked to me.
　(정신을 차렸다)
③ You should <u>make up with</u> your brother.
　　　　　(~와 화해하다)
④ You need to <u>pay attention to</u> her words.
　　　　　(~에 주의를 기울이다)
⑤ He posted the schedules on the <u>bulletin board</u>.
　　　　　　　(게시판)

06 다음 두 문장의 의미가 같도록 빈칸에 알맞은 말을 쓰시오.

Sometimes I help my parents.
= I help my parents _____ _____
_____ _____.

07 다음 문장의 밑줄 친 단어와 같은 의미로 쓰인 것은?

I was very <u>poor</u> at math at school.

① Tom was <u>poor</u> when he was young.
② The soil in this area is very <u>poor</u>.
③ Amy is a <u>poor</u> swimmer.
④ Children cannot stay healthy with such <u>poor</u> food.
⑤ They wanted to help the <u>poor</u>.

L&S Listen & Speak
핵심 노트

1 조언 구하기

A: **What can I do to** sleep better?
B: **You can** drink warm milk before bed.

잠을 더 잘 자려면 어떻게 해야 할까?
자기 전에 따뜻한 우유를 마셔 봐.

「What can(should) I do to + 동사원형 ~?」는 상대방에게 조언을 구할 때 사용하는 표현이다.
'너는 ~을 해야 해.'라는 뜻으로 상대방에게 조언을 해 줄 때는 「You can(should) + 동사원형 ~.」을 사용한다.

e.g. • A: **What can I do to** improve my English?
   내 영어 실력을 향상시키려면 어떻게 해야 할까?
   What should I do to improve my English?
   What are some ways to improve my English?
   내 영어 실력을 향상시키는 방법에는 무엇이 있을까?

• B: **You can** read English books. 영어 책을 읽어 봐.
   You should read English books.
   I suggest you read English books.
   Why don't you read English books? 영어 책을 읽어 보는 게 어때?

point
시험 포인트
조언을 구하는 말에 대한 적절한 답변을 고르는 문제가 자주 출제돼요. 여러 답변 표현을 모두 익히세요.

2 제안하기

A: **How about going** to the bookstore?
B: Great idea!

서점에 가는 게 어때?
좋은 생각이야!

상대방에게 어떤 행동이나 일을 제안할 때 「How about + 동사원형-ing ~?」를 사용할 수 있다.
상대방의 제안을 수락할 때는 "Okay.", "(That) Sounds good(great)." 등으로 답하고, 제안을 거절할 때는 "(I'm) Sorry, but I can't." 등으로 답한다.

e.g. • A: **How about** meet**ing** at 5? 5시에 만나는 게 어때?
   What about meet**ing** at 5?
   Why don't we meet at 5?
   Let's meet at 5. 5시에 만나자.

• B: Okay. 좋아.
   That's a good idea! 좋은 생각이야! ── 수락 표현
   (That) Sounds great/good. 좋아.
   (I'm) Sorry, but I can't. 미안하지만, 난 할 수 없어.
   I'm afraid I can't. 유감이지만 나는 할 수 없어. ── 거절 표현
   Maybe next time. 다음번에.
   Sorry, I have other plans. 미안, 난 다른 계획이 있어.

point
시험 포인트
제안에 적절한 대답을 고르는 문제가 자주 출제돼요. 수락과 거절의 표현을 모두 익히세요.

STEP
A

Listen and Speak 1-A

교과서 12쪽

B: ❶ I'm so excited about the new school year.

G: ❷ Me, too. ❸ It's going to be great!

B: ❹ What can I do to make a lot of new friends?

G: ❺ You can join a sports club.

B: That's a great idea.

❶ be excited about: ~에 대해 신이 나다
❷ '나도.'라는 뜻으로, 상대방의 의견에 동의하는 표현
❸ be going to+동사원형: ~할 예정이다
❹ 「What can I do to+동사원형 ~?」: '~하려면 어떻게 해야 할까?'라는 뜻으로 상대방에게 조언을 구하는 표현
(= What should I do to ~?)
❺ 「You can+동사원형 ~.」: '너는 ~할 수 있어.'라는 뜻으로 상대방에게 조언하는 표현

Q1 ❹를 포함한 문장을 해석해 보세요.

Listen and Speak 1-B

교과서 12쪽

G: Mike, did you join any clubs?

B: Yes, I joined the singing club.

G: Oh, ❶ I see.

B: ❷ What's wrong, Jenny?

G: I'm the president of the magic club. But I only have two members.

B: Oh, no. That's terrible.

G: ❸ What can I do to get more members?

B: ❹ Why don't you post an ❺ ad on the school bulletin board?

G: That's a good idea. I'll ❻ do it ❼ right away.

❶ 알겠어.
❷ 상대방의 안색이 안 좋아 보일 때 '무슨 일이니?'라고 상대방의 안부를 묻는 표현
❸ 「What can I do to+동사원형 ~?」: 상대방에게 조언을 구하는 표현 (= What should I do to ~?)
❹ '~하는 게 어때?'라는 뜻으로 상대방에게 무언가를 제안하거나 권유하는 표현
❺ 광고(advertisement)의 약자
❻ 앞 문장의 post an ad on the school bulletin board를 가리킨다.
❼ 바로, 즉시, 당장

Q2 Jenny는 어느 동아리에 소속되어 있나요?

Q3 What will Jenny do to get more members? → She will _____.

Listen and Speak 1-C

교과서 12쪽

A: What can I do to sleep ❶ better?

B: You can drink warm milk ❷ before bed.

A: That's a good idea. I'll do that.

❶ 더 잘 (부사 well의 비교급)
❷ 자기 전에, 취침 전에

Q4 B는 A에게 어떤 조언을 했나요?

Listen and Speak 2-A

교과서 13쪽

B: Amy, what does this ❶ Chinese character mean?

G: Hmm... ❷ I have no idea. ❸ How about asking your teacher?

B: ❹ Okay, I will.

❶ 한자
❷ 잘 모르겠어.
❸ 「How about+동사원형-ing ~?」: '~하는 게 어때?'라는 뜻으로 상대방에게 제안하는 표현
❹ 제안을 수락하는 표현

Q5 ❸을 포함한 문장을 해석해 보세요.

Listen and Speak 2-B

G: Minsu, why are you so late?

B: Oh, I'm sorry. ❶ On the way, I ❷ ran into a foreigner.

G: Yes, and?

B: I ❸ had to take him to the subway station.

G: Why didn't you just tell him the directions?

B: He didn't speak English very well.

G: Hmm... ❹ How about using the *Talk Smart* app next time?

B: *Talk Smart*? What kind of app is it?

G: ❺ It changes one language to ❻ another. It's really helpful.

B: Really? I'll try it next time.

Q6 소녀가 민수에게 추천한 앱의 이름은 무엇인가요?

Q7 What does the app do? 우리말로 답해 보세요.

❶ 오는 길에, 도중에
❷ run into: ~와 우연히 만나다
❸ ~해야 했다 (have to의 과거형)
❹ 「How about + 동사원형-ing ~?」로 상대방에게 제안하는 표현
❺ = the *Talk Smart* app
❻ (one과 대조적으로) (별개의) 다른 것

Listen and Speak 2-C

A: Minsu, ❶ let's do something together ❷ on Thursday.

B: Sounds great! What do you want to do?

A: How about going to the bookstore?

B: ❸ Great idea!

Q8 두 사람은 목요일에 무엇을 하기로 했나요?

❶ 「Let's + 동사원형 ~.」: ~하자.
❷ 요일 앞에는 '~에'라는 의미로 전치사 on을 쓴다.
❸ 제안을 수락하는 표현

Real Life Talk > Watch a Video

Brian: Hey, Mina, ❶ what's wrong?

Mina: ❷ My best friend, Kate, ❸ is mad at me.

Brian: That's terrible. What happened?

Mina: I said her new hairstyle was cute just ❹ like ❺ my dog's.

Brian: ❻ No wonder she's mad at you.

Mina: Right. She won't talk to me.

Brian: Yeah. She's probably really angry.

Mina: ❼ What can I do to ❽ make up with her?

Brian: ❾ How about sending her a text?

Mina: That's a good idea. I'll do that.

Q9 Kate가 미나에게 화가 난 이유는 무엇인가요?

Q10 Kate와 화해하기 위해 미나는 무엇을 할까요?

❶ 상대방의 안색이 안 좋아 보일 때 '무슨 일이니?'라고 상대방의 안부를 묻는 표현
❷ My best friend와 Kate는 동격 관계이다.
❸ be mad at: ~에게 화를 내다
❹ 쩐 ~같이, ~처럼
❺ my dog's hairstyle을 의미한다.
❻ (It is) No wonder (that) ~.: ~은 당연하다., ~은 놀랄 일이 아니다.
❼ 상대방에게 조언을 구하는 표현
❽ ~와 화해하다
❾ 상대방에게 제안하는 표현

빈칸 채우기

우리말과 일치하도록 대화의 빈칸에 알맞은 말을 쓰시오.

주요 표현

해석

1 Listen and Speak 1-A

교과서 12쪽

B: I'm so _____ about the new school year.

G: Me, too. It's going to be great!

B: _____ _____ I do _____ make a lot of new friends?

G: _____ _____ join a sports club.

B: That's a great idea.

B: 나는 새 학년이 되어 아주 신나.
G: 나도 그래. 정말 좋을 것 같아!
B: 새 친구를 많이 사귀려면 어떻게 해야 할까?
G: 스포츠 동아리에 가입해 봐.
B: 그거 좋은 생각이다.

2 Listen and Speak 1-B

교과서 12쪽

G: Mike, _____ _____ _____ any clubs?

B: Yes, I joined the singing club.

G: Oh, I see.

B: _____ _____, Jenny?

G: I'm the president of the magic club. But I only have two members.

B: Oh, no. That's terrible.

G: _____ _____ _____ _____ _____ _____ more members?

B: _____ _____ _____ an ad on the school bulletin board?

G: That's a good idea. I'll do it _____ _____.

G: Mike, 동아리에 가입했니?
B: 응, 노래 동아리에 가입했어.
G: 아, 알겠어.
B: 무슨 일이니, Jenny?
G: 나는 마술 동아리의 회장이야. 그런데 회원이 두 명뿐이야.
B: 아, 저런. 큰일이네.
G: 더 많은 회원을 모으려면 어떻게 해야 할까?
B: 학교 게시판에 광고를 붙이는 게 어떠니?
G: 그거 좋은 생각이다. 당장 해야겠어.

3 Listen and Speak 1-C

교과서 12쪽

A: What _____ I do to _____ _____?

B: You can drink warm milk _____ _____.

A: That's a good idea. I'll do that.

A: 잠을 더 잘 자려면 어떻게 해야 할까?
B: 자기 전에 따뜻한 우유를 마셔 봐.
A: 그거 좋은 생각이다. 그렇게 할게.

4 Listen and Speak 2-A

교과서 13쪽

B: Amy, _____ does this Chinese character _____?

G: Hmm... I have _____ _____. _____ _____ asking your teacher?

B: Okay, I will.

B: Amy, 이 한자가 무슨 뜻이니?
G: 음… 잘 모르겠어. 너희 선생님께 여쭤보는 게 어떠니?
B: 응, 그렇게 할게.

5 Listen and Speak 2-B

G: Minsu, why are you so late?

B: Oh, I'm sorry. _____ _____ _____, I ran into a foreigner.

G: Yes, and?

B: I had to take him to the subway station.

G: _____ _____ _____ just tell him the directions?

B: He didn't speak English very well.

G: Hmm... _____ _____ _____ the *Talk Smart* app next time?

B: *Talk Smart*? _____ _____ _____ _____ is it?

G: It _____ one language _____ another. It's really helpful.

B: Really? _____ _____ _____ next time.

G: 민수야, 왜 이렇게 늦었니?

B: 아, 미안해. 오는 길에 외국인을 우연히 만났어.

G: 응, 그래서?

B: 내가 그를 지하철역까지 데려다줘야 했어.

G: 왜 그에게 그냥 방향을 말해 주지 않았니?

B: 그는 영어를 잘하지 못했어.

G: 음… 다음에는 'Talk Smart' 앱을 사용하는 게 어떠니?

B: 'Talk Smart'라고? 그게 어떤 종류의 앱이니?

G: 그것은 한 언어를 다른 언어로 바꿔 줘. 아주 도움이 돼.

B: 정말? 다음에는 그것을 사용해 봐야겠다.

6 Listen and Speak 2-C

A: Minsu, let's do something together on Thursday.

B: Sounds great! What do you _____ _____ do?

A: _____ _____ _____ to the bookstore?

B: Great idea!

A: 민수야, 목요일에 함께 무언가를 하자.

B: 좋아! 무엇을 하고 싶니?

A: 서점에 가는 게 어때?

B: 좋은 생각이야!

7 Real Life Talk > Watch a Video

Brian: Hey, Mina, what's wrong?

Mina: My best friend, Kate, _____ _____ _____ me.

Brian: That's terrible. _____ _____?

Mina: I said her new hairstyle was cute just _____ _____
_____.

Brian: _____ _____ she's mad at you.

Mina: Right. She won't talk to me.

Brian: Yeah. She's probably really angry.

Mina: _____ _____ _____ _____ _____ _____
_____ _____ _____ her?

Brian: _____ _____ _____ _____ her a text?

Mina: That's a good idea. I'll do that.

Brian: 얘, 미나야, 무슨 일 있니?

미나: 내 가장 친한 친구인 Kate가 나에게 화가 났어.

Brian: 큰일이구나. 무슨 일이 있었니?

미나: 내가 그녀의 새로운 머리 모양이 꼭 우리 개의 머리 모양처럼 귀엽다고 말했어.

Brian: 그녀가 너에게 화내는 게 당연해.

미나: 맞아. 그녀는 나와 말하지 않을 거야.

Brian: 그래. 그녀는 아마도 정말 화났을 거야.

미나: 그녀와 화해하려면 어떻게 해야 할까?

Brian: 그녀에게 문자를 보내는 게 어떠니?

미나: 그거 좋은 생각이다. 그렇게 할게.

Listen & Speak
대화 순서 배열하기

자연스러운 대화가 되도록 순서를 바르게 배열하시오.

1 Listen and Speak 1-A

교과서 12쪽

ⓐ Me, too. It's going to be great!
ⓑ You can join a sports club.
ⓒ I'm so excited about the new school year.
ⓓ What can I do to make a lot of new friends?
ⓔ That's a great idea.

(   ) – (   ) – (   ) – (   ) – (   )

2 Listen and Speak 1-B

교과서 12쪽

ⓐ Oh, I see.
ⓑ Oh, no. That's terrible.
ⓒ Yes, I joined the singing club.
ⓓ Mike, did you join any clubs?
ⓔ I'm the president of the magic club. But I only have two members.
ⓕ What's wrong, Jenny?
ⓖ Why don't you post an ad on the school bulletin board?
ⓗ What can I do to get more members?
ⓘ That's a good idea. I'll do it right away.

(ⓓ) – (   ) – (   ) – (ⓕ) – (   ) – (   ) – (   ) – (ⓖ) – (   )

3 Listen and Speak 1-C

교과서 12쪽

ⓐ You can drink warm milk before bed.
ⓑ That's a good idea. I'll do that.
ⓒ What can I do to sleep better?

(   ) – (   ) – (   )

4 Listen and Speak 2-A

교과서 13쪽

ⓐ Amy, what does this Chinese character mean?
ⓑ Okay, I will.
ⓒ Hmm... I have no idea. How about asking your teacher?

(   ) – (   ) – (   )

5 Listen and Speak 2-B

ⓐ Minsu, why are you so late?

ⓑ He didn't speak English very well.

ⓒ Yes, and?

ⓓ I had to take him to the subway station.

ⓔ Why didn't you just tell him the directions?

ⓕ It changes one language to another. It's really helpful.

ⓖ *Talk Smart*? What kind of app is it?

ⓗ Oh, I'm sorry. On the way, I ran into a foreigner.

ⓘ Hmm... How about using the *Talk Smart* app next time?

ⓙ Really? I'll try it next time.

(ⓐ) – ( ) – (ⓒ) – ( ) – (ⓔ) – ( ) – ( ) – (ⓖ) – ( ) – ( )

6 Listen and Speak 2-C

ⓐ Sounds great! What do you want to do?

ⓑ Great idea!

ⓒ How about going to the bookstore?

ⓓ Minsu, let's do something together on Thursday.

( ) – ( ) – ( ) – ( )

7 Real Life Talk > Watch a Video

ⓐ Right. She won't talk to me.

ⓑ My best friend, Kate, is mad at me.

ⓒ Yeah. She's probably really angry.

ⓓ How about sending her a text?

ⓔ That's a good idea. I'll do that.

ⓕ What can I do to make up with her?

ⓖ Hey, Mina, what's wrong?

ⓗ No wonder she's mad at you.

ⓘ That's terrible. What happened?

ⓙ I said her new hairstyle was cute just like my dog's.

(ⓖ) – ( ) – ( ) – (ⓙ) – ( ) – ( ) – (ⓒ) – ( ) – ( )

L&S 실전 TEST

STEP A

01 다음 대화의 밑줄 친 부분의 의도로 가장 알맞은 것은?

A: What can I do to eat healthily?
B: You can eat lots of vegetables.

① 경험 묻기　　② 제안하기　　③ 관심 묻기
④ 도움 요청하기　　⑤ 조언 구하기

[02-03] 다음 대화의 빈칸에 들어갈 말로 알맞은 것을 고르시오.

02　A: Let's do something together on Sunday.
　　　B: Sounds good! _____

① I have other plans.
② I'll do it right away.
③ You can jog every day.
④ How about going to the museum?
⑤ What can we do to manage our time better?

03　A: Jane, _____?
　　　B: You can read lots of English books.

① why don't you improve your English
② what can I do to improve my English
③ do you know any interesting English books
④ what is the best way to read more English books
⑤ how about improving your English

04 다음 대화의 빈칸에 들어갈 수 <u>없는</u> 것은?

A: Let's have lunch together.
B: _____

① Great idea!　　② Okay.
③ Sounds great!　　④ I have no idea.
⑤ Sorry, I've already eaten.

[05-06] 다음 대화를 읽고, 물음에 답하시오.

A: Minsu, why are you so late?
B: Oh, I'm sorry. On the way, I ran into a foreigner.
A: Yes, and?
B: I had to take him to the subway station.
A: ___(A)___ didn't you just tell him the directions?
B: He didn't speak English very well.
A: Hmm… ___(B)___ about using the *Talk Smart* app next time?
B: *Talk Smart*? ___(C)___ kind of app is it?
A: It changes one language to another. It's really helpful.
B: Really? I'll try it next time.

05 위 대화의 빈칸 (A)~(C)에 들어갈 말이 바르게 짝 지어진 것은?

	(A)	(B)	(C)
①	How –	How –	What
②	How –	What –	What
③	Who –	What –	Which
④	Why –	How –	What
⑤	Why –	What –	How

06 위 대화의 내용과 일치하지 <u>않는</u> 것은?

① 민수는 오는 도중에 우연히 외국인을 만났다.
② 민수는 외국인을 지하철역까지 데려다주었다.
③ 민수는 영어를 잘하지 못해서 길을 알려줄 수 없었다.
④ 민수는 Talk Smart 앱 사용을 권유 받았다.
⑤ Talk Smart는 언어를 번역해 주는 기능을 가지고 있다.

[07-09] 다음 대화를 읽고, 물음에 답하시오.

Brian: ①What's wrong, Mina?

Mina: My best friend, Kate, is mad at me.

Brian: That's terrible. ②What happened?

Mina: I said her new hairstyle was cute just like my dog's.

Brian: ③No wonder she's thankful to you.

Mina: Right. ④She won't talk to me.

Brian: Yeah. She's probably really angry.

Mina: ⑤What can I do to make up with her?

Brian: ⓐHow about sending her a text?

Mina: That's a good idea. I'll do that.

07 위 대화의 밑줄 친 ①~⑤ 중 흐름상 어색한 것은?

①   ②   ③   ④   ⑤

고
/산도

08 위 대화의 밑줄 친 ⓐ와 의미가 같도록 빈칸에 알맞은 말을 쓰시오.

How about sending her a text?

= Why _____ _____ _____ her a text?

09 위 대화가 끝난 후, 미나가 할 일로 알맞은 것은?

① Brian에게 전화하기

② 머리 모양 바꾸기

③ Kate에게 문자 보내기

④ Kate에게 선물 보내기

⑤ Kate에게 친구와 화해하는 방법 알려주기

서술형

10 다음 괄호 안의 표현을 사용하여 대화의 밑줄 친 우리말을 영어로 옮겨 쓰시오.

A: 지구를 구하려면 어떻게 해야 할까?

B: I think you can recycle paper.

→ _____

(save the Earth)

11 다음 대화의 빈칸에 들어갈 알맞은 말을 괄호 안의 말을 이용하여 쓰시오.

A: Let's do something together this weekend.

B: Sure. (1) _____?

(how, play soccer)

A: I'm sorry, but I don't like soccer.

B: Then, (2) _____?

(how, go to the movies)

A: That sounds great!

12 다음 대화의 빈칸에 들어갈 알맞은 말을 [보기]에서 골라 쓰시오.

[보기] • That's terrible.

• That's a good idea.

• What's wrong?

• What can I do to get more members?

A: (1) _____, Jenny?

B: I'm the president of the magic club. But I only have two members.

A: Oh, no. (2) _____

B: (3) _____

A: Why don't you post an ad on the school bulletin board?

B: (4) _____ I'll do it right away.

Grammar
핵심 노트

1 to부정사의 형용사적 용법

- Give the other person a chance **to talk**. ──→ 앞의 명사 수식

  다른 사람에게 말할 기회를 줘라.

- I have a lot of homework **to finish** today. ──→ 앞의 명사 수식

  나는 오늘 끝마쳐야 할 숙제가 많다.

(1) 형태: to + 동사원형

(2) 의미와 쓰임

to부정사가 명사나 대명사를 형용사처럼 꾸며 주어, '~할', '~하는'으로 해석한다. 이때의 to부정사는 명사나 대명사 뒤에 위치한다.

- I need something **to eat**. 나는 먹을 것이 필요하다.
- I have lots of things **to do**. 나는 할 일이 많다.
- I have some pictures **to show** you. 나는 너에게 보여 줄 사진이 좀 있다.

비교 to부정사의 부사적 용법: to부정사가 '~하기 위해, ~하도록'의 목적의 의미로 쓰여 문장에서 부사의 역할을 한다.

- I went to the library **to borrow** a book. 나는 책을 빌리기 위해 도서관에 갔다.
- I bought some vegetables **to make** a salad.

  나는 샐러드를 만들기 위해 채소를 좀 샀다.

한 단계 더!

to부정사의 수식을 받는 명사가 to부정사의 동사에 이어지는 전치사의 목적어일 경우, 전치사를 반드시 to부정사 뒤에 쓴다.

- She has a house **to live** in. 그녀는 살 집이 있다.
- I need a pencil **to write** with. 나는 쓸 연필이 필요하다.
- There are no chairs **to sit** on. 앉을 의자가 없다.

point
시험 포인트

to부정사의 명사적, 부사적 용법과의 구분을 묻는 문제가 자주 출제돼요. to부정사의 용법을 구분할 수 있어야 해요.

* something, anything, everything 등과 같이 -thing으로 끝나는 대명사를 to부정사와 형용사가 함께 수식하는 경우 「-thing + 형용사 + to부정사」의 순서로 쓴다.

- I want **something** hot **to drink**.

  나는 뜨거운 마실 것을 원한다.

to부정사의 명사적 용법

- I want **to be** a scientist.

  나는 과학자가 되기를 원한다.

  [중1 6과]

QUICK CHECK

1 다음 괄호 안에서 알맞은 것을 고르시오.

(1) I have no books (read / to read).

(2) He needs something (cold to drink / to drink cold).

(3) I bought a pencil to (write / write with).

2 자연스러운 문장이 되도록 다음 괄호 안의 말을 바르게 배열하시오.

(1) I need _____. (something, wear, to)

(2) She found _____. (a chair, sit, to, on)

(3) He has lots of _____. (to, friends, with, play)

2 명령문, and/or ~

- Leave now, **and** you will get there on time.
  └─ 그러면
- Change the topic, **or** your partner will fall asleep.
  └─ 그렇지 않으면
- Put on your boots, **or** your feet will get wet.
  └─ 그렇지 않으면

지금 떠나라, 그러면 너는 제시간에 그곳에 도착할 것이다.

주제를 바꿔라, 그렇지 않으면 상대방은 잠이 들 것이다.

부츠를 신어라, 그렇지 않으면 발이 젖을 것이다.

(1) 명령문

'~해라'라는 뜻으로 지시나 명령을 나타내는 문장이다. 상대방에게 명령, 지시, 요청 등을 할 때 주어를 생략하고 동사원형으로 문장을 시작한다. 부정명령문은 '~하지 마라'라는 뜻으로 Don't를 동사원형 앞에 쓴다.

(2) 명령문, and ~

'…해라, 그러면 ~'의 뜻으로, 조건을 나타내는 접속사 if(만약 ~라면)를 사용해 바꿔 쓸 수 있다. **주의!** if로 바꿔 쓸 때는, if절 안에 「주어 + 동사」를 써요.

- Study hard, **and** you will pass the exam.

  열심히 공부해라, 그러면 너는 시험에 통과할 것이다.

  = **If** you study hard, you will pass the exam.

- Drink warm milk, **and** you will fall asleep easily.

  따뜻한 우유를 마셔라, 그러면 너는 쉽게 잠들 것이다.

  = **If** you drink warm milk, you will fall asleep easily.

(3) 명령문, or ~

'…해라, 그렇지 않으면 ~'의 뜻으로, if ~ not을 사용해 바꿔 쓸 수 있다.

- Get up early, **or** you will be late for school.

  일찍 일어나라, 그렇지 않으면 너는 학교에 늦을 것이다.

  = **If** you don't get up early, you will be late for school.

시험 포인트   **point**

명령문 뒤에 and나 or 중 어느 것이 오는지 묻는 문제가 자주 출제돼요. 문장의 뜻에 따라 and와 or의 쓰임새를 구분할 수 있어야 해요.

───────────────── 한 단계 | 더!

if ~ not은 unless(만약 ~하지 않는다면)로 바꿔 쓸 수 있다. unless는 부정의 의미를 내포하고 있으므로, 동사를 부정형으로 쓰지 않음에 유의한다.

- **If** you don't get up early, you will be late for school.

  = **Unless** you get up early, you will be late for school.

  일찍 일어나지 않는다면 너는 학교에 늦을 것이다.

QUICK CHECK

1 다음 괄호 안에서 알맞은 것을 고르시오.

(1) Press the button, (and / or) the car will start.

(2) Hurry up, (and / or) you will be late.

(3) Get more sleep, (and / or) you will feel better.

2 다음 문장의 밑줄 친 부분이 어법상 틀렸으면 바르게 고쳐 쓰시오.

(1) Put your jacket on, <u>and</u> you will catch a cold. → ＿＿＿＿＿＿＿

(2) Eat a lot of vegetables, <u>or</u> you will be healthy. → ＿＿＿＿＿＿＿

(3) <u>To take</u> an umbrella with you, or you will get wet. → ＿＿＿＿＿＿＿

G Grammar
연습 문제

STEP A

1 to부정사의 형용사적 용법

A [보기]에서 알맞은 단어를 골라 올바른 형태로 고쳐 쓰시오.

[보기]	answer	drink	live	talk	visit

1 There is no water _____ in this room.

2 Jane was the first student _____ the question.

3 There are many places _____ in Korea.

4 They have a nice house _____ in.

5 I have many things _____ about.

B 다음 문장을 어법에 맞게 바르게 고쳐 쓰시오.

1 It's time to studying for the exam. → _____

2 I have some news good to tell you. → _____

3 He needs a pencil to write. → _____

4 Do you have exciting something to read? → _____

C 다음 우리말과 같도록 괄호 안의 단어들을 바르게 배열하시오.

1 저에게 시원한 마실 것 좀 주세요. (cold, me, give, something, please, drink, to)

→ _____

2 그녀는 돌보아야 할 많은 아이들이 있다. (children, to, many, has, she, take care of)

→ _____

3 이 호텔은 머물기에 좋은 장소이다. (good, stay, place, to, this, a, is, hotel)

→ _____

D 다음 우리말과 같도록 괄호 안의 단어들을 이용하여 영작하시오.

1 내 남동생은 나에게 줄 돈이 없다. (have, any, money, give)

→ _____

2 그는 그녀에게 말할 흥미로운 무언가가 있다. (have, interesting, tell)

→ _____

3 우리는 들어가 살 큰 집을 샀다. (buy, big, live in)

→ _____

2 명령문, and/or ~

A 다음 괄호 안에서 알맞은 것을 고르시오.

1 Take some exercise, (and / or) you will feel better.

2 Get some rest, (and / or) you will be tired.

3 Drink enough water, (and / or) you will feel thirsty.

4 Don't make a noise, (and / or) the baby will wake up.

5 Take a taxi, (and / or) you'll get there on time.

B 다음 문장의 빈칸에 and와 or 중 알맞은 말을 쓰시오.

1 Exercise regularly, _____ you will be healthy.

2 Write an English diary, _____ your English will improve.

3 Don't eat too many sweets, _____ you will have toothache.

4 Be friendly to others, _____ they will be friendly to you.

5 Speak louder, _____ nobody will hear you.

C 다음 문장의 밑줄 친 부분이 어법상 틀렸으면 바르게 고쳐 쓰시오.

1 Don't drink too much coffee, and you won't sleep at night. → _____

2 To take this medicine, and you will get well soon. → _____

3 Careful, or you will slip on the ice and fall. → _____

4 Be quiet in the theater, or you will anger the others. → _____

5 No eat too fast, or you'll have a stomachache. → _____

D 다음 문장을 명령문으로 바꿔 쓰시오.

1 If you don't close the window, you will catch a cold.

= _____

2 If you eat a lot of vegetables, you will be healthy.

= _____

3 Unless you exercise regularly, you will gain weight.

= _____

4 Unless you drive carefully, you will have an accident.

= _____

5 If you take my advice, she will smile at you.

= _____

실전 TEST

[01-02] 다음 문장의 빈칸에 들어갈 말로 알맞은 것을 고르시오.

01 I want something _____ now.

① eat   ② eating   ③ to eat
④ to eating   ⑤ to ate

02 Get up now, _____ you will miss the bus.

① or   ② if   ③ and
④ for   ⑤ but

03 다음 문장에서 delicious가 들어갈 위치로 알맞은 곳은?

He (①) gave (②) me (③) something (④) to (⑤) eat.

04 다음 중 빈칸에 들어갈 말이 나머지와 다른 것은?

① Be careful, _____ you'll get hurt.
② Hurry up, _____ you'll be late for school.
③ Be careful, _____ you'll break the window.
④ Turn on the light, _____ you can't see anything.
⑤ Use this color, _____ the painting will look better.

05 다음 중 밑줄 친 to부정사의 쓰임이 나머지와 다른 것은?

① I have no books <u>to read</u>.
② Let's buy some books <u>to read</u>.
③ He gave me something <u>to read</u>.
④ They went to the library <u>to read</u> books.
⑤ There are many magazines <u>to read</u> in this library.

[06-07] 다음 우리말을 바르게 영작한 것을 고르시오.

한 단계 │ 더!

06 나는 말할 사람이 필요하다.

① I need someone talking.
② I need someone to talk.
③ I need talking to someone.
④ I need someone to talk to.
⑤ I need to talk to someone to.

07 다른 사람들에게 친절해라, 그러면 그들은 너를 좋아할 것이다.

① Do kind to others, they will like you.
② Be kind to others, and they will like you.
③ Be kind to others, or they will like you.
④ Like them, you will be kind to others.
⑤ Like them, and you will be kind to others.

[08-09] 다음 두 문장의 의미가 같도록 빈칸에 알맞은 말을 쓰시오.

08 If you take the subway, you will be there on time.
= Take the subway, _____ you will be there on time.

09 If you don't leave now, you will miss the movie.
= Leave now, _____ you will miss the movie.

10 다음 빈칸에 들어갈 말이 순서대로 짝 지어진 것은?

- Water the plants, _____ they'll die.
- Join the club, _____ you'll meet many friends.

① or – or   ② or – and
③ or – but   ④ but – and
⑤ and – or

11 다음 문장의 빈칸에 알맞은 말이 되도록 괄호 안의 동사 형태를 바꿔 쓰시오.

Levi Strauss was the first person _____ blue jeans. (make)

고/난도
12 다음 중 의미가 나머지와 다른 것은?

① Hurry up, and you can take the last bus.
② If you hurry up, you can take the last bus.
③ Hurry up, or you cannot take the last bus.
④ Don't hurry up, and you can take the last bus.
⑤ If you don't hurry up, you cannot take the last bus.

[13-14] 다음 문장에서 어법상 틀린 부분을 찾아 바르게 고쳐 쓰시오.

13 I want cold something to drink.

_____ → _____

한 단계 더!
14 Jack was looking for a bench to sit in the park.

_____ → _____

한 단계 더!
15 다음 중 어법상 어색한 것은?

① I need a spoon to eat.
② She has a friend to talk with.
③ They need a place to play in.
④ I brought a pencil to write with.
⑤ He has many friends to play with.

16 다음 문장과 의미가 같도록 할 때, 어법상 **틀린** 부분을 찾아 기호를 쓰고, 바르게 고쳐 쓰시오.

Take care of your sister, or your mother will be angry.
= If ①you ②take care of your sister, ③your mother ④will ⑤be angry.

( ) _____ → _____

17 다음 문장의 밑줄 친 부분과 어법상 쓰임이 같은 것은?

We have something to talk about.

① I'm so happy to be here with you.
② Jim turned on the TV to watch the news.
③ I was surprised to see her at the bus stop.
④ He didn't have a pen to write with.
⑤ She went to America to learn English.

신/유형
18 다음 우리말과 같도록 괄호 안의 단어들을 배열하여 문장을 완성할 때, 여섯 번째에 오는 단어는?

규칙적으로 운동해라, 그러면 너는 더 건강해질 것이다.
(healthier, exercise, will, and, you, be, regularly)

① you   ② exercise   ③ will
④ and   ⑤ be

19 다음 중 밑줄 친 부분의 쓰임이 같은 것끼리 짝 지어진 것은?

ⓐ I have no time to waste.
ⓑ They went to the store to buy a backpack.
ⓒ She ran fast to win the race.
ⓓ They built a new house to live in.

① ⓐ, ⓑ   ② ⓐ, ⓒ   ③ ⓐ, ⓓ
④ ⓑ, ⓓ   ⑤ ⓒ, ⓓ

한 단계 더!
20 다음 문장과 의미가 같은 것은?

Unless you are honest with others, nobody will trust you.

① Don't be honest with others, or nobody will trust you.
② Don't be honest with others, but nobody will trust you.
③ Be honest with others, or nobody will trust you.
④ Be honest with others, but nobody will trust you.
⑤ Be honest with others, and nobody will trust you.

21 다음 두 문장에 대한 설명으로 옳은 것을 **모두** 고르면?

ⓐ I didn't have enough time to call you.
ⓑ Push the button, and the door will open.

① ⓐ의 to call은 '전화하기 위해서'라는 의미로 쓰였다.
② ⓐ의 enough time은 time enough로 고쳐야 한다.
③ ⓐ의 to call은 앞에 있는 time을 수식한다.
④ ⓑ의 and는 문맥상 or로 고쳐야 한다.
⑤ ⓑ는 '명령문, and ~'의 형태로 '…해라, 그러면 ~'의 의미이다.

고/난도 신/유형
22 다음 중 어법이나 문맥상 옳은 문장의 개수는?

• Would you like cold something to drink?
• Keep a pet, or you won't feel lonely.
• Stay awake in class, or your teacher will be angry.
• There are many places to visit in Paris.

① 0개   ② 1개   ③ 2개   ④ 3개   ⑤ 4개

23 다음 [보기]에서 알맞은 동사를 사용하여 각 사람의 말을 완성하시오.

[보기]　　　eat　　play with　　wear

(1) **Mia**: I'm hungry. I need something _____.

(2) **John**: It's so cold. I need something _____.

(3) **Sue**: I feel lonely. I need someone _____.

한 단계 | 더!

24 다음 두 문장의 의미가 같도록 빈칸에 알맞은 말을 쓰시오.

[조건]　1. 반드시 명령문으로 쓸 것
　　　　2. 대소문자에 주의할 것

(1) If you go to bed early, you will feel better.

= _____, _____ you will
feel better.

(2) If you don't take the subway, you will be late.

= _____, _____ you will
be late.

(3) Unless you are quiet in the library, the other people will be angry at you.

= _____, _____ the other
people will be angry at you.

25 다음 우리말과 같도록 괄호 안의 단어들을 바르게 배열하시오.

(1) Tom은 오늘 끝내야 할 영어 숙제가 있다.

→ _____

(Tom, today, English, to, finish, has, homework)

(2) 그녀는 나에게 쓸 펜을 주었다.

→ _____

(gave, she, me, to, with, write, a pencil)

(3) 나는 입을 것이 없다.

→ _____

(anything, I, don't, wear, to, have)

고
산도

26 다음 중 어법상이나 문맥상 틀린 문장을 두 개 찾아 기호를 쓰고, 틀린 부분을 바르게 고쳐 쓰시오.

ⓐ The library in the town is the best place to study.

ⓑ Take an umbrella, or you will get wet.

ⓒ There are many places to visit in Jeju-do.

ⓓ Go straight, or you will see the satation.

ⓔ I'm looking for interesting something to watch.

(　　) _____ → _____

(　　) _____ → _____

27 (A), (B)에서 알맞은 문장을 하나씩 골라 [보기]와 같이 한 문장을 만드시오. (단, (A)와 (B)의 문장을 모두 한 번씩 사용할 것)

(A) • Study hard.
　　 • Put on your coat.
　　 • Exercise every day.

(B) • You will be healthier.
　　 • You will catch a cold.
　　 • You will pass the exam.

[보기]　Listen to the song, and you will feel better.

(1) _____

(2) _____

(3) _____

R ▶ Reading
만점 노트

STEP A

최선을 다해 대화해라!

01 새 학년이 시작되었다!

02 당신은 다른 학생들과 대화하는 것이 긴장되는가?

03 당신은 대화를 시작하는 데 어려움이 있는가?

04 대화를 계속 이어가는 것은 어떤가?

05 걱정하지 마라.

06 여기 대화를 더 잘하는 사람이 되기 위한 다섯 가지 조언이 있다.

07 1. 흥미로운 질문을 하는 것으로 시작해라.

08 대부분의 사람들은 그들 자신에 관해 말하는 것을 매우 좋아한다.

09 그러니 그들에게 기회를 줘라.

10 당신이 사람들에 관해 질문하면, 그들은 기쁘게 대답할 것이다.

11 2. 잘 듣는 사람이 돼라.

12 많은 사람들이 잘 듣지 못한다.

13 그러면 어떻게 잘 듣는 사람이 될 수 있을까?

14 사람들의 눈을 봐라.

15 그들의 말을 주의 깊게 들어라.

16 당신의 휴대 전화를 보거나 딴생각하지 마라!

17 3. 반응을 보여 줘라.

18 적극적으로 듣는 사람이 돼라.

Talk Your Best!

01 The new school year is here!

02 Are you nervous about talking to other students?
talk to: ~와 이야기하다
be nervous about: ~에 대해 긴장하다

03 Do you have trouble starting conversations?
have trouble (in) -ing: ~하는 데 어려움을 겪다

04 What about keeping conversations going?
~는 어때? (= How about ~?) ┗ keep+목적어+-ing: ~을 계속 …하게 하다

05 Don't worry.
부정명령문: Don't+동사원형 ~. (~하지 마라.)
수 일치 ┓

06 Here are five tips to become a better talker.
to부정사의 형용사적 용법

07 1. Start by asking interesting questions.
by+동사원형-ing: ~함으로써

08 Most people love to talk about themselves.
그들 자신 (재귀대명사)
⒣ 대부분의   to부정사의 명사적 용법 (목적어)

09 So give them the chance. = So give the chance to them. (3형식)
간접목적어 (=most people)
수여동사   직접목적어

10 When you ask questions about people, they will answer gladly.
⒤ ~할 때 (시간)   ⒝ 기쁘게

11 2. Be a good listener.
~이 되다 (= become)

12 Many people are poor listeners.
(셀 수 있는 명사 앞) 많은 ┗ ⒣ 잘 못하는, 형편없는

13 So how can you be a good listener?
⒤ 그러면 ┗ 의문사+조동사+주어+동사원형 ~?

14 Look people in the eye.
look ~ in the eye: ~의 눈을 똑바로 쳐다보다

15 Listen carefully to their words.
⒝ 주의 깊게

16 Don't look at your cell phone or space out!
┏ ~을 보다   ┏ 등위접속사
부정명령문: Don't+동사원형 ~.(~하지 마라.)

17 3. Give feedback.

18 Be an active listener.

19 Nod your head from time to time.
가끔 (= sometimes)

19 가끔 당신의 고개를 끄덕여라.

20 You can say little things like, "Wow!" or "Cool."
㉠ ~와 같은

20 "와!" 또는 "멋지다."와 같은 간단한 것들을 말해도 좋다.

21 You can also say something like, "That's interesting. Tell me more."
㉠ 또한

21 또한 "흥미롭다. 더 이야기해 봐."와 같은 것을 말해도 좋다.

단수 동사
22 Giving feedback shows that you're listening.
동명사구 주어 (단수 취급)   shows의 목적어 역할을 하는 명사절을 이끄는 접속사 (생략 가능)

22 반응을 보여 주는 것은 당신이 듣고 있다는 것을 보여 준다.

23 4. Share common interests.

23 4. 공통의 관심사를 나눠라.

by+동사원형-ing: ~함으로써
24 You can't have a conversation by just listening.
대화를 나누다   ㉠ 단지, 그저

24 당신은 그저 듣는 것만으로 대화할 수는 없다.

25 What do you and your partner have in common?
~을 공통적으로 지니다

25 당신과 상대방은 어떤 공통점을 가지고 있는가?

26 Do you both like sports?
㉠ 둘 다

26 둘 다 스포츠를 좋아하는가?

27 Then talk about your favorite baseball team.
㉠ 그렇다면

27 그렇다면 당신이 가장 좋아하는 야구팀에 관해 대화해라.

28 5. Pay attention to the listener.
~에 주의를 기울이다

28 5. 듣는 사람에게 주의를 기울여라.

29 Sometimes people may not be interested in your topic.
~일지도 모른다 (조동사)   ~에 관심을 갖다

29 때때로 사람들은 당신의 화제에 관심이 없을지도 모른다.

30 Don't say, "Hey, wake up!" or "Why aren't you listening to me?"
부정명령문: Don't+동사원형 ~. (~하지 마라.)

30 "이봐, 잠 깨!" 또는 "왜 내 말을 안 듣는 거니?"라고 말하지 마라.

31 Change the topic, or your partner will fall asleep.
명령문, or ~.: …해라, 그렇지 않으면 ~.

31 화제를 바꿔라, 그렇지 않으면 상대방은 잠이 들 것이다.

직접목적어
32 Give the other person a chance to talk. = Give a chance to talk to the other person. (3형식)
수여동사 간접목적어   to부정사의 형용사적 용법

32 다른 사람에게 말할 기회를 줘라.

33 Practice these tips, and you will soon be a great talker.
명령문, and ~.: …해라, 그러면 ~.

33 이 조언들을 연습해라, 그러면 당신은 곧 대화를 잘하는 사람이 될 것이다.

34 Put others first, and everyone will want to talk with you.
put ~ first: ~을 우선시하다   to부정사의 명사적 용법 (목적어)

34 다른 사람들을 먼저 생각해라, 그러면 모든 사람이 당신과 대화하고 싶어 할 것이다.

Reading
빈칸 채우기

우리말 뜻과 일치하도록 교과서 본문의 문장을 완성하시오.

중요 문장

01 The new school year is _____!

01 새 학년이 시작되었다!

02 _____ you _____ _____ talking to other students?

02 당신은 다른 학생들과 대화하는 것이 긴장 되는가?

03 Do you _____ _____ _____ conversations?

03 당신은 대화를 시작하는 데 어려움이 있는가?

04 What about _____ conversations _____?

04 대화를 계속 이어가는 것은 어떤가?

05 Don't _____.

05 걱정 마라.

06 Here are five tips _____ _____ a better talker.

06 여기 대화를 더 잘하는 사람이 되기 위한 다섯 가지 조언이 있다.

07 Start _____ _____ interesting questions.

07 흥미로운 질문을 하는 것으로 시작해라.

08 Most people _____ _____ _____ about themselves.

08 대부분의 사람들은 그들 자신에 관해 말하는 것을 매우 좋아한다.

09 So _____ them _____ _____.

09 그러니 그들에게 기회를 줘라.

10 When you ask questions about people, they will _____ gladly.

10 당신이 사람들에 관해 질문하면, 그들은 기쁘게 대답할 것이다.

11 Be a good _____.

11 잘 듣는 사람이 돼라.

12 Many people are _____ listeners.

12 많은 사람들이 잘 듣지 못한다.

13 So _____ _____ you be a good listener?

13 그러면 어떻게 잘 듣는 사람이 될 수 있을까?

14 _____ people _____ _____ _____.

14 사람들의 눈을 봐라.

15 _____ _____ to their words.

15 그들의 말을 주의 깊게 들어라.

16 Don't _____ _____ your cell phone or _____ _____!

16 당신의 휴대 전화를 보거나 멍하니 있지 마라!

17 Give _____.

17 반응을 보여 줘라.

18 Be an _____ listener.

18 적극적으로 듣는 사람이 돼라.

19 Nod your head _____ _____ _____ _____.

19 가끔 당신의 고개를 끄덕여라.

20 You can say little things _____, "Wow!" or "Cool."

20 "와!" 또는 "멋지다."와 같은 간단한 것들을 말해도 좋다.

21 You can also say _____ like, "That's _____. Tell me more."

21 또한 "흥미롭다. 더 이야기해 봐."와 같은 것을 말해도 좋다.

22 _____ _____ shows that you're listening.

22 반응을 보여 주는 것은 당신이 듣고 있다는 것을 보여 준다.

23 Share _____ _____.

23 공통의 관심사를 나눠라.

24 You can't _____ _____ _____ by just listening.

24 당신은 그저 듣는 것만으로 대화할 수는 없다.

25 What do you and your partner _____ _____ _____?

25 당신과 상대방은 어떤 공통점을 가지고 있는가?

26 Do you _____ like sports?

26 둘 다 스포츠를 좋아하는가?

27 Then _____ _____ your favorite baseball team.

27 그렇다면 당신이 가장 좋아하는 야구 팀에 관해 대화해라.

28 _____ _____ _____ the listener.

28 듣는 사람에게 주의를 기울여라.

29 Sometimes people may not _____ _____ _____ your topic.

29 때때로 사람들은 당신의 화제에 관심이 없을지도 모른다.

30 Don't say, "Hey, _____ _____!" or "Why aren't you listening to me?"

30 "이봐, 잠 깨!" 또는 "왜 내 말을 안 듣는 거니?"라고 말하지 마라.

31 Change the topic, _____ your partner will _____ _____.

31 화제를 바꿔라. 그렇지 않으면 상대방은 잠이 들 것이다.

32 Give the other person _____ _____ _____ _____.

32 다른 사람에게 말할 기회를 줘라.

33 _____ these tips, _____ _____ _____ soon be a great talker.

33 이 조언들을 연습해라. 그러면 당신은 곧 대화를 잘하는 사람이 될 것이다.

34 _____ _____ _____, and everyone will want to talk with you.

34 다른 사람들을 먼저 생각해라. 그러면 모든 사람이 당신과 대화하고 싶어 할 것이다.

바른 어휘 · 어법 고르기

글의 내용과 문장의 어법에 맞게 괄호 안에서 알맞은 어휘를 고르시오.

01 The new school year (is / are) here!

02 Are you nervous (of / about) talking to other students?

03 Do you have trouble (to start / starting) conversations?

04 What about (keep / keeping) conversations going?

05 (Be not / Don't) worry.

06 Here are five tips (to become / becoming) a better talker.

07 Start (by / for) asking interesting questions.

08 Most people love to talk about (them / themselves).

09 So give (them / to them) the chance.

10 (Why / When) you ask questions about people, they will answer (glad / gladly).

11 (Be / Is) a good listener.

12 Many people (are / is) poor listeners.

13 So how can you (be / are) a good listener?

14 Look people (in / at) the eye.

15 Listen (careful / carefully) to their words.

16 (Don't / Please) look at your cell phone or space out!

17 (Make / Give) feedback.

18   Be an (active / poor) listener.

19   Nod your head (as / from) time to time.

20   You (need not / can) say little things like, "Wow!" or "Cool."

21   You can also say (something like / like something), "That's interesting. Tell me more."

22   Giving feedback (show / shows) that you're listening.

23   Share (common / different) interests.

24   You can't (talk / have) a conversation by just listening.

25   What do you and your partner (have / has) in common?

26   Do you (either / both) like sports?

27   Then talk about (yourself / your) favorite baseball team.

28   Pay attention to the (speaker / listener).

29   Sometimes people may not be interested (in / to) your topic.

30   Don't say, "Hey, wake up!" or "(When / Why) aren't you listening to me?"

31   Change the topic, (and / or) your partner will fall asleep.

32   Give the other person a chance (talking / to talk).

33   Practice these tips, (and / or) you will soon be a great talker.

34   Put others first, and everyone will want to (talk / conversation) with you.

틀린 문장 고치기

밑줄 친 부분이 내용이나 어법상 바르면 ○, 어색하면 ×에 표시하고 고쳐 쓰시오.

01   The new school year <u>is</u> here!   ☐○ ☐×

02   Are you nervous about <u>talk</u> to other students?   ☐○ ☐×

03   Do you have trouble <u>to start</u> conversations?   ☐○ ☐×

04   What about keeping conversations <u>go</u>?   ☐○ ☐×

05   <u>Don't</u> worry.   ☐○ ☐×

06   Here are <u>five tips become</u> a better talker.   ☐○ ☐×

07   Start <u>by ask</u> interesting questions.   ☐○ ☐×

08   Most people love <u>to talk</u> about themselves.   ☐○ ☐×

09   So give <u>them</u> the chance.   ☐○ ☐×

10   <u>Why</u> you ask questions about people, they will answer gladly.   ☐○ ☐×

11   Be a good <u>listener</u>.   ☐○ ☐×

12   Many people are poor <u>listener</u>.   ☐○ ☐×

13   So how <u>you can be</u> a good listener?   ☐○ ☐×

14   Look people <u>in</u> the eye.   ☐○ ☐×

15   Listen <u>careful</u> to their words.   ☐○ ☐×

16   Don't <u>look after</u> your cell phone or space out!   ☐○ ☐×

17   <u>Gave</u> feedback.   ☐○ ☐×

18	Be a active listener.	○	✕
19	Nod your head from time at time.	○	✕
20	You can say little things unlike, "Wow!" or "Cool."	○	✕
21	You can also say something like, "That's interesting. Tell me more."	○	✕
22	Giving feedback show that you're listening.	○	✕
23	Share common interesting.	○	✕
24	You can't have a conversation by just listening.	○	✕
25	What do you and your partner do in common?	○	✕
26	Do you both like sports?	○	✕
27	Then talk about your favorite baseball team.	○	✕
28	Pay attention the listener.	○	✕
29	Sometimes people may be not interested in your topic.	○	✕
30	Don't say, "Hey, wake up!" or "Why isn't you listening to me?"	○	✕
31	Change the topic, and your partner will fall asleep.	○	✕
32	Give the other person a chance for talking.	○	✕
33	Practice these tips, or you will soon be a great talker.	○	✕
34	Put others first, and everyone will want to talk with you.	○	✕

STEP A

주어진 단어를 바르게 배열하여 문장을 쓰시오.

01 새 학년이 시작되었다! (is / here / the new school year)

→

02 당신은 다른 학생들과 대화하는 것이 긴장되는가? (you / about / other students / are / talking to / nervous)

→

03 당신은 대화를 시작하는 데 어려움이 있는가? (you / trouble / do / starting conversations / have)

→

04 대화를 계속 이어가는 것은 어떤가? (going / keeping / about / conversations / what)

→

05 걱정하지 마라. (worry / don't)

→

06 여기 대화를 더 잘하는 사람이 되기 위한 다섯 가지 조언이 있다. (a better talker / here / five tips / to become / are)

→

07 흥미로운 질문을 하는 것으로 시작해라. (questions / start / interesting / by asking)

→

08 대부분의 사람들은 그들 자신에 관해 말하는 것을 매우 좋아한다. (love / themselves / to talk / most people / about)

→

09 그러니 그들에게 기회를 줘라. (so / the chance / give / them)

→

10 당신이 사람들에 관해 질문하면, 그들은 기쁘게 대답할 것이다.

(people, / you / ask questions / will answer / about / when / gladly / they)

→

11 잘 듣는 사람이 돼라. (a / listener / be / good)

→

12 많은 사람들이 잘 듣지 못한다. (listeners / people / are / poor / many)

→

13 그러면 어떻게 잘 듣는 사람이 될 수 있을까? (how / be / so / you / a good listener / can)

→

14 사람들의 눈을 봐라. (in the eye / look / people)

→

15 그들의 말을 주의 깊게 들어라. (carefully / to their words / listen)

→

16 당신의 휴대 전화를 보거나 멍하니 있지 마라! (look at / space out / your cell phone / or / don't)

→

17 반응을 보여 줘라. (feedback / give)

→

18 적극적으로 듣는 사람이 돼라. (listener / an / be / active)

→

19 가끔 당신의 고개를 끄덕여라. (your head / from time to time / nod)

→

20 "와!" 또는 "멋지다."와 같은 간단한 것들을 말해도 좋다. (like, / you / can say / "Wow!" or "Cool." / little things)

→

21 또한 "흥미롭다. 더 이야기해 봐."와 같은 것을 말해도 좋다.

(you / something / can / "That's interesting. Tell me more." / also say / like,)

→

22 반응을 보여 주는 것은 당신이 듣고 있다는 것을 보여 준다. (you're / that / shows / listening / giving feedback)

→

23 공통의 관심사를 나눠라. (common / interests / share)

→

24 당신은 그저 듣는 것만으로 대화할 수는 없다. (can't have / you / by / a conversation / just listening)

→

25 당신과 상대방은 어떤 공통점을 가지고 있는가? (your partner / and / what / in common / do / have / you)

→

26 둘 다 스포츠를 좋아하는가? (you / do / both / sports / like)

→

27 그렇다면 당신이 가장 좋아하는 야구팀에 관해 대화해라. (favorite / then / talk about / baseball team / your)

→

28 듣는 사람에게 주의를 기울여라. (the listener / pay / attention to)

→

29 때때로 사람들은 당신의 화제에 관심이 없을지도 모른다. (may not / your topic / people / sometimes / be interested in)

→

30 "이봐, 잠 깨!" 또는 "왜 내 말을 안 듣는 거니?"라고 말하지 마라.

(or / don't / "Hey, wake up!" / "Why aren't you listening to me?" / say,)

→

31 화제를 바꿔라, 그렇지 않으면 상대방은 잠이 들 것이다. (your partner / fall asleep / change / the topic, / or / will)

→

32 다른 사람에게 말할 기회를 줘라. (give / a chance / to talk / the other person)

→

33 이 조언들을 연습해라, 그러면 당신은 곧 대화를 잘하는 사람이 될 것이다.

(and / these tips, / will / practice / a great talker / soon / you / be)

→

34 다른 사람들을 먼저 생각해라, 그러면 모든 사람이 당신과 대화하고 싶어 할 것이다.

(put / will / others / want / first, / everyone / and / with you / to talk)

→

[01-04] 다음 글을 읽고, 물음에 답하시오.

The new school year is here! Are you nervous about ①talking to other students? Do you have trouble ②starting conversations? What about ③keeping conversations ④going? Don't worry. Here ⑤is five tips ⓐto become a better talker.

01 윗글의 밑줄 친 ①~⑤ 중 어법상 틀린 것은?

①   ②   ③   ④   ⑤

02 윗글의 밑줄 친 ⓐ와 쓰임이 같은 것은?

① She wants to go to the party.
② Somin likes to play the piano.
③ I practiced hard to win the game.
④ It's time to go to bed.
⑤ Tony was excited to meet his favorite actor in person.

03 윗글 다음에 이어질 내용으로 가장 알맞은 것은?

① 발표를 잘하는 방법
② 긴장을 잘 풀 수 있는 방법
③ 새 학기를 잘 준비하는 방법
④ 새로운 친구를 사귀는 방법
⑤ 대화를 더 잘하는 사람이 되는 방법

04 다음 영어 뜻풀이에 해당하는 단어를 윗글에서 찾아 쓰시오.

worried about what might happen

→ _____

[05-08] 다음 글을 읽고, 물음에 답하시오.

Start by _____ⓐ_____.
Most people love to talk about ____ⓑ____. 그러니 그들에게 기회를 줘라. When you ask questions about people, they will answer gladly.

05 윗글의 빈칸 ⓐ에 들어갈 말로 가장 알맞은 것은?

① listening
② talking a lot
③ giving feedback
④ changing the topic
⑤ asking interesting questions

06 윗글의 빈칸 ⓑ에 들어갈 they를 알맞은 형태로 바꿔 쓰시오.

→ _____

07 윗글의 밑줄 친 우리말을 괄호 안의 말을 사용하여 영어로 쓰시오. (총 5단어)

→ _____
(so, give, the chance)

08 윗글에서 설명하는 questions에 해당하는 것을 모두 고르면?

① How is the weather today?
② What do you like to do?
③ What did you do last weekend?
④ Why is our English teacher angry?
⑤ Did I tell you about my favorite singer?

[09-12] 다음 글을 읽고, 물음에 답하시오.

①Many people are poor listeners. ②So how can you be a good listener? ③Look people in the eye. ④Listen carefully to their words. ⑤You can improve your English by listening a lot. Don't look at your cell phone or ⓐspace out!

09 윗글의 제목으로 가장 알맞은 것은?

① Be a good listener.
② Keep looking at people.
③ Become a good learner.
④ Be a good English speaker.
⑤ Be quiet when you listen.

10 윗글의 밑줄 친 ①~⑤ 중 흐름상 어색한 문장은?

①   ②   ③   ④   ⑤

11 윗글의 밑줄 친 ⓐ의 의미로 알맞은 것은?

① 집중하다   ② 딴생각하다
③ 거리를 두다   ④ 약속을 어기다
⑤ 다른 곳을 쳐다보다

12 윗글의 내용을 실천하지 <u>않은</u> 사람은?

① 상대방의 눈을 쳐다보며 대화하는 지선
② 상대방의 말을 주의 깊게 듣는 지민
③ 대화할 때 휴대 전화를 보지 않는 민재
④ 상대방과 적당한 간격을 두고 대화하는 연우
⑤ 대화할 때 딴생각을 하지 않는 보민

[13-16] 다음을 읽고, 물음에 답하시오.

Give ____ⓐ____.
   Be an active listener. Nod your head ⓑfrom time to time. You can say little things ____ⓒ____, "Wow!" or "Cool." You can also say something ____ⓒ____, "That's interesting. Tell me more." Giving feedback shows ⓓthat you're listening.

13 윗글의 빈칸 ⓐ에 알맞은 말을 윗글에서 찾아 한 단어로 쓰시오.

→ _____

14 윗글의 밑줄 친 ⓑ와 의미가 같은 것은?

① always   ② usually
③ sometimes   ④ on time
⑤ every time

15 윗글의 빈칸 ⓒ에 공통으로 들어갈 말로 알맞은 것은?

① of   ② with   ③ for
④ like   ⑤ about

16 윗글의 내용과 일치하지 <u>않는</u> 것은?

① 적극적으로 듣는 자세가 필요하다.
② 가끔씩 상대방의 말에 고개를 끄덕이는 것이 좋다.
③ "와!"와 같은 간단한 말로 반응을 보여도 좋다.
④ 반응을 보이는 것은 당신이 듣고 있음을 보여 준다.
⑤ 감탄사 외에는 반응을 보이지 않는 것이 좋다.

STEP
A

[17-20] 다음 글을 읽고, 물음에 답하시오.

Share common interests.

You can't ____ⓐ____ a conversation by just listening. What do you and your partner ____ⓑ____ in common? Do you both like sports? Then talk about ____ⓒ____.

17 윗글의 요지로 가장 알맞은 것은?

① 공통의 관심사로 대화를 하는 것이 좋다.
② 스포츠처럼 일반적인 주제로 대화를 하는 것이 좋다.
③ 상대방의 관심사와 관련한 대화를 하는 것이 좋다.
④ 대화의 내용보다 상대방의 말을 잘 듣는 것이 중요하다.
⑤ 서로 다른 의견을 공유하는 것이 중요하다.

18 윗글의 빈칸 ⓐ와 ⓑ에 공통으로 들어갈 말로 알맞은 것은?

① share　　② do　　③ have
④ give　　⑤ play

19 윗글의 흐름상 빈칸 ⓒ에 들어갈 말로 가장 알맞은 것은?

① today's weather
② famous people
③ your best friend
④ your favorite singer
⑤ your favorite baseball team

20 윗글의 조언에 따른 대화로 알맞은 것은?

① A: Did I tell you about my favorite player?
　 B: Sorry, but I'm not interested.
② A: What did you do during the vacation?
　 B: I can't hear you. Please speak louder.
③ A: I traveled to Jeju-do last summer.
　 B: I prefer to stay at home.
④ A: You are listening to K-pop. I like K-pop, too.
　 B: Really? Who's your favorite K-pop singer?
⑤ A: I fell down this morning.
　 B: Oh, no! Did you get hurt?

[21-23] 다음 글을 읽고, 물음에 답하시오.

_____ⓐ_____ the listener.

Sometimes people may not be interested in your topic. Don't say, "Hey, wake up!" or "Why aren't you listening to me?" Change the topic, or your partner will fall asleep. Give the other person a chance ⓑtalk.

Practice these tips, ____ⓒ____ you will soon be a great talker. Put others first, ____ⓓ____ everyone will want to talk with you.

21 윗글의 빈칸 ⓐ에 들어갈 말로 알맞은 것은?

① Give feedback to
② Listen carefully to
③ Ask interesting questions to
④ Pay attention to
⑤ Answer gladly to

22 윗글의 밑줄 친 ⓑ의 형태로 알맞은 것은?

① talks　　　② talked
③ talking　　④ to talk
⑤ having talking

23 윗글의 빈칸 ⓒ와 ⓓ에 들어갈 말이 순서대로 짝 지어진 것은?

① or – and　　② or – or
③ and – or　　④ and – but
⑤ and - and

[24-26] 다음 글을 읽고, 물음에 답하시오.

Start by asking interesting questions.

　Most people love to talk about themselves. So give them the chance. When you ask questions about people, they will answer gladly.

Be a good listener.

　Many people are poor listeners. So how can you be a good listener? Look people in the eye. Listen carefully to their words. Don't look at your cell phone or space out!

24 What do most people love to talk about? Answer in English.

→ _____

25 윗글에서 다음과 같은 의미의 문장을 찾아 쓰시오.

> Make eye contact with people.

→ _____

고/산도
26 윗글에서 설명한 잘 듣는 사람이 되기 위해서 해야 할 일 두 가지와 하지 말아야 할 일 두 가지를 영어로 쓰시오.

> [조건]　1. 명령문 형태로 쓸 것
> 　　　　2. 각각 주어와 동사를 포함한 완전한 문장으로 쓸 것
> 　　　　3. 대소문자와 문장 부호를 정확히 쓸 것

・할 일
(1) _____
(2) _____
・하지 말아야 할 일
(3) _____
(4) _____

[27-29] 다음 글을 읽고, 물음에 답하시오.

Share common interests.

　You can't have a conversation by just listening. (1) 당신과 상대방은 어떤 공통점을 가지고 있는가? Do you both like sports? Then talk about your favorite baseball team.

Pay attention the listener.

　Sometimes people may not be interested in your topic. Don't say, "Hey, wake up!" or "Why aren't you listening to me?" (2) 화제를 바꿔라. 그렇지 않으면 상대방은 잠이 들 것이다. Give the other person a chance to talking.

　Practice these tips, and you will soon be a great talker. Put others first. Everyone will want to talk with you.

27 윗글의 밑줄 친 우리말과 같도록 괄호 안의 말을 사용하여 문장을 쓰시오.

(1) _____
　(what, partner, in common)
(2) _____
　(change, topic, fall asleep)

28 윗글의 밑줄 친 두 문장을 [조건]에 맞게 한 문장으로 쓰시오.

> [조건]　1. 접속사를 사용할 것
> 　　　　2. 접속사 외에 다른 말은 추가하지 말 것

→ _____

고/산도
29 윗글에서 어법상 틀린 문장을 두 개 찾아 바르게 고쳐 쓰시오.

(1) _____
(2) _____

만점 노트

After You Read_A

Boy: I want ❶ to be a ❷ better talker. What should I do?

Janet: ❸ Here are some tips. ❹ Be a good listener. Look into your partner's eyes ❺ and listen carefully. Also, give feedback. Nod your head ❻ from time to time and be an active listener. ❼ Lastly, when you talk, ❽ pay attention to your partner.

소년: 나는 대화를 더 잘하는 사람이 되고 싶어. 내가 무엇을 해야 할까?

Janet: 여기에 몇 가지 조언들이 있어. 잘 듣는 사람이 돼. 상대방의 눈을 보고 주의 깊게 들어. 또한 반응을 보여 줘. 가끔 고개를 끄덕이고 적극적으로 듣는 사람이 돼. 마지막으로, 네가 말을 할 때 상대방에게 주의를 기울여.

❶ 명사적 용법으로 쓰인 to부정사(want의 목적어)
❷ good의 비교급
❸ 「Here + be동사 ~.」: '여기 ~이 있다.'라는 의미로, be동사는 뒤에 오는 명사의 수에 따라 수를 일치시킨다.
❹ 명령문은 주어를 생략하고 동사원형으로 시작한다.
❺ 등위접속사 and가 두 개의 명령문을 동등하게 연결하고 있다.
❻ 가끔 (= sometimes)
❼ 마지막으로, 끝으로
❽ ~에 주의를 기울이다

After You Read_B

Boy: Emma, what did you do during vacation?

Girl: I visited my uncle in Jeju-do.

Boy: ❶ Cool! ❷ Tell me more about it.

소년: Emma, 방학 동안 무엇을 했니?
소녀: 나는 제주도에 계신 삼촌을 방문했어.
소년: 멋지다! 그것에 관해 더 이야기해 봐.

Boy: ❸ You like soccer, right? So do I. Let's talk about it.

Girl: What's your favorite team?

Boy: Did I tell you about my favorite player? Blah, blah, blah.

소년: 너는 축구를 좋아하지. 그렇지? 나도 그래. 축구에 관해 이야기하자.
소녀: 네가 가장 좋아하는 팀은 무엇이니?
소년: 내가 가장 좋아하는 선수에 관해 말했었나? 어쩌고저쩌고.

❶, ❷ 반응을 보여 주는 말로, 의사소통을 위한 조언 중 'Give feedback.(반응을 보여 줘라.)'의 실례이다.
❸ 공통의 관심사를 화제로 꺼내 대화를 시작하고 있다. 의사소통을 위한 조언 중에 'Share common interests.'의 실례이다.

Think and Write

Facelook ❶ Manners

1. ❷ Respect others' opinions, and you will make many friends.
2. ❸ Post useful information, or you will waste others' time.
3. Don't use only ❹ capital letters, or you will ❺ sound like you're shouting.

Facelook 예절

1. 다른 사람들의 의견을 존중해라, 그러면 당신은 많은 친구들을 사귈 것이다.
2. 유용한 정보를 게시해라, 그렇지 않으면 당신은 다른 사람들의 시간을 낭비하게 될 것이다.
3. 대문자로만 쓰지 마라, 그렇지 않으면 당신이 소리치고 있는 것처럼 보일 것이다.

❶ manners: 예절, 예의
❷ 「명령문, and ~.」: …해라, 그러면 ~.
❸ 「명령문, or ~.」: …해라, 그렇지 않으면 ~.
❹ capital letter: 대문자
❺ sound like ~: ~처럼 들리다, ~인 것 같다

기타 지문
실전 TEST

[01-03] 다음 대화를 읽고, 물음에 답하시오.

Boy: I want to be _____. What should I do?

Janet: Here are some tips. ⓐ Be a good listener. Look into your partner's eyes and ⓑ to listen carefully. Also, ⓒ give feedback. Nod your head from time to time and ⓓ is an active listener. Lastly, when you talk, ⓔ pay attention to your partner.

01 위 대화의 빈칸에 들어갈 말로 알맞은 것은?

① a poor listener　　② a smart person

③ a better talker　　④ an active partner

⑤ a creative person

02 위 대화의 밑줄 친 ⓐ~ⓔ 중 어법상 **틀린** 것의 개수는?

① 1개　② 2개　③ 3개　④ 4개　⑤ 5개

03 위 대화에서 대화를 더 잘하는 사람이 되기 위한 조언으로 언급되지 **않은** 것은?

① 상대방의 눈을 쳐다보고 주의 깊게 들을 것

② 반응을 보여 줄 것

③ 공통의 관심사로 이야기를 나눌 것

④ 때때로 고개를 끄덕이며 적극적으로 들을 것

⑤ 말을 할 때 상대방에게 주의를 기울일 것

04 다음 대화의 밑줄 친 부분은 다음 조언 중 어떤 것을 적용한 것인지 고르시오.

A: Emma, what did you do during the vacation?

B: I visited my uncle in Jeju-do.

A: Cool! Tell me more about it.

① Start by asking interesting questions.

② Be a good listener.

③ Give feedback.

④ Share common interests.

⑤ Pay attention to the listener.

[05-06] 다음 글을 읽고, 물음에 답하시오.

Facelook Manners

1. Respect others' opinions, and you will make many friends.

2. ⓐ If you don't post useful information, you will waste others' time.

3. Don't use only ____ⓑ____, or you will sound like you're shouting.

서술형　고난도

05 윗글의 밑줄 친 ⓐ를 명령문으로 고쳐 문장을 다시 쓰시오.

→ _____

06 윗글의 빈칸 ⓑ에 들어갈 말로 알맞은 것은?

① emotions　　② small letters

③ capital letters　　④ foreign language

⑤ sign language

W Words
고득점 맞기

01 다음 중 짝 지어진 두 단어의 관계가 나머지와 <u>다른</u> 것은?

① active – passive
② topic – subject
③ respond – answer
④ gladly – happily
⑤ chance – opportunity

02 다음 중 우리말 뜻이 나머지와 <u>다른</u> 것은?

① on time
② at times
③ sometimes
④ now and then
⑤ from time to time

03 다음 문장의 빈칸에 공통으로 알맞은 동사를 쓰시오.

- My brother and I _____ nothing in common.
- I _____ trouble sleeping at night.

04 다음 중 밑줄 친 부분의 우리말 뜻으로 알맞지 <u>않은</u> 것을 <u>모두</u> 고르면?

① We should <u>respect</u> others' opinions. (기대하다)
② She <u>practices</u> the piano every day. (연습하다)
③ We <u>share</u> a lot of information on the Internet. (공유하다)
④ You should not <u>waste</u> your time. (아끼다)
⑤ He didn't <u>respond</u> to my question. (대답하다)

05 다음 대화의 빈칸에 들어갈 말로 알맞은 것은?

A: What's wrong? You look worried.
B: I'm so _____ about the speech contest. I didn't prepare for it at all.

① mad
② excited
③ active
④ nervous
⑤ helpful

06 다음 단어의 영어 뜻풀이가 알맞지 <u>않은</u> 것은?

① conversation: a talk between people
② foreigner: a person in charge of an organization
③ direction: the path in which something is moving
④ post: to put information or pictures on a website
⑤ feedback: advice, criticism, or information about how good something is

07 다음 영어 뜻풀이의 빈칸에 들어갈 말로 알맞은 것은?

nod: to move your head _____ as a way of answering "yes"

① up and down
② over and under
③ right and left
④ now and then
⑤ from side to side

고/난도 신/유형

08 다음 중 밑줄 친 부분의 영어 뜻풀이로 알맞지 <u>않은</u> 것은?

① The doctors and nurses <u>put</u> patients <u>first</u>.
(to treat somebody or something as the most important person or thing)
② Tom wants to <u>make up with</u> Alice.
(to become friendly with someone again after an argument)
③ I <u>spaced out</u> for a minute when you talked.
(to pay attention to someone or something)
④ I <u>ran into</u> her in the park.
(to meet somebody by chance)
⑤ Dorothy <u>put on</u> her coat and went out.
(to cover a part of your body with a piece of clothing)

고/난도

09 다음 영어 뜻풀이 모두에 해당하는 단어는?

• a message that you write on a piece of paper and send to someone
• a written symbol that is used to represent a sound used in speech

① letter   ② character   ③ topic
④ interest   ⑤ conversation

10 다음 빈칸 (A)~(C)에 알맞은 단어를 쓰시오.

• Tom is interested ___(A)___ English.
• ___(B)___ the way to the station, I met my old friend.
• Everyone feels sad ___(C)___ time to time.

(A) _____   (B) _____
(C) _____

고/난도 신/유형

11 다음 중 밑줄 친 단어가 같은 의미로 쓰인 것은?

① He is very <u>poor</u>, so he can't buy a coat.
She is <u>poor</u> at English.
② She wrote a <u>letter</u> to her mother.
Write your name in capital <u>letters</u>.
③ Can you read this Chinese <u>character</u>?
I like the main <u>character</u> in that novel.
④ It is still <u>cool</u> in the mornings.
There are many <u>cool</u> and interesting jobs in the world.
⑤ I'll give you some useful <u>tips</u> to be a good student.
If you want to save money, you should follow these <u>tips</u>.

12 다음 중 밑줄 친 단어의 쓰임이 어색한 것은?

① My greatest <u>interest</u> is music.
② I'm very <u>gladly</u> to meet you.
③ Don't <u>fall</u> asleep during class.
④ I will <u>post</u> the pictures on my blog.
⑤ I didn't get a <u>chance</u> to speak to her.

13 다음 우리말과 같도록 빈칸에 알맞은 말을 쓰시오.

_____ _____ _____ the body language of the speaker.
(말하는 사람의 몸짓 언어에 주의를 기울여라.)

14 다음 두 문장의 의미가 같도록 빈칸에 알맞은 말을 쓰시오.

You should keep eye contact with your children when you talk to them.
= You should look your children _____ _____ _____ when you talk to them.

L&S Listen & Speak
영작하기

우리말과 일치하도록 대화를 바르게 영작하시오.

1 Listen and Speak 1-A

B: _____

G: _____

B: _____

G: _____

B: _____

해석   교과서 12쪽

B: 나는 새 학년이 되어 아주 신나.
G: 나도 그래. 정말 좋을 것 같아!
B: 새 친구를 많이 사귀려면 어떻게 해야 할까?
G: 스포츠 동아리에 가입해 봐.
B: 그거 좋은 생각이다.

2 Listen and Speak 1-B

G: _____

B: _____

G: _____

G: _____

B: _____

G: _____

B: _____

G: _____

B: _____

G: _____

교과서 12쪽

G: Mike, 동아리에 가입했니?
B: 응, 노래 동아리에 가입했어.
G: 아, 알겠어.
B: 무슨 일이니, Jenny?
G: 나는 마술 동아리의 회장이야. 그런데 회원이 두 명뿐이야.
B: 아, 저런. 큰일이네.
G: 더 많은 회원을 모으려면 어떻게 해야 할까?
B: 학교 게시판에 광고를 붙이는 게 어떠니?
G: 그거 좋은 생각이다. 당장 해야겠어.

3 Listen and Speak 1-C

A: _____

B: _____

A: _____

교과서 12쪽

A: 잠을 더 잘 자려면 어떻게 해야 할까?
B: 자기 전에 따뜻한 우유를 마셔 봐.
A: 그거 좋은 생각이다. 그렇게 할게.

4 Listen and Speak 2-A

B: _____

G: _____

B: _____

교과서 13쪽

B: Amy, 이 한자가 무슨 뜻이니?
G: 음… 잘 모르겠어. 너희 선생님께 여쭤보는 게 어떠니?
B: 응, 그렇게 할게.

5 Listen and Speak 2-B

교과서 13쪽

G: _____

B: _____

G: _____

B: _____

G: _____

B: _____

G: _____

B: _____

G: _____

B: _____

해석

G: 민수야, 왜 이렇게 늦었니?

B: 아, 미안해. 오는 길에 외국인을 우연히 만났어.

G: 응, 그래서?

B: 내가 그를 지하철역까지 데려다줘야 했어.

G: 왜 그에게 그냥 방향을 말해 주지 않았니?

B: 그는 영어를 잘하지 못했어.

G: 음… 다음에는 'Talk Smart' 앱을 사용하는 게 어떠니?

B: 'Talk Smart'라고? 그게 어떤 종류의 앱이니?

G: 그것은 한 언어를 다른 언어로 바꿔 줘. 아주 도움이 돼.

B: 정말? 다음에는 그것을 사용해 봐야겠다.

6 Listen and Speak 2-C

교과서 13쪽

A: _____

B: _____

A: _____

B: _____

A: 민수야, 목요일에 함께 무언가를 하자.

B: 좋아! 무엇을 하고 싶니?

A: 서점에 가는 게 어때?

B: 좋은 생각이야!

7 Real Life Talk > Watch a Video

교과서 14쪽

Brian: _____

Mina: _____

Brian: _____

Mina: _____

Brian: _____

Mina: _____

Brian: _____

Mina: _____

Brian: _____

Mina: _____

Brian: 얘, 미나야, 무슨 일 있니?

미나: 내 가장 친한 친구인 Kate가 나에게 화가 났어.

Brian: 큰일이구나. 무슨 일이 있었니?

미나: 내가 그녀의 새로운 머리 모양이 꼭 우리 개의 머리 모양처럼 귀엽다고 말했어.

Brian: 그녀가 너에게 화내는 게 당연해.

미나: 맞아. 그녀는 나와 말하지 않을 거야.

Brian: 그래. 그녀는 아마도 정말 화났을 거야.

미나: 그녀와 화해하려면 어떻게 해야 할까?

Brian: 그녀에게 문자를 보내는 게 어떠니?

미나: 그거 좋은 생각이다. 그렇게 할게.

01 다음 대화의 빈칸에 들어갈 말로 알맞은 것은?

A: _____

B: You can join a sport club.

A: That's a great idea!

① What happened?

② Did you join any clubs?

③ Why don't you join a sport club?

④ How about making a lot of friends?

⑤ What can I do to make a lot of friends?

02 다음 대화의 빈칸에 들어갈 말로 알맞은 것을 <u>모두</u> 고르면?

A: Amy, what does this Chinese character mean?

B: Hmm... I have no idea. _____

A: Okay, I will.

① What do you ask your teacher?

② What can I do to ask your teacher?

③ Why don't you ask your teacher?

④ Why do you ask your teacher?

⑤ How about asking your teacher?

03 다음 대화의 ⓐ~ⓔ 중 어법상 옳은 문장이 바르게 짝 지어진 것은?

A: ⓐWhat can I do improve our English?

B: ⓑHow about read an English book every month?

C: ⓒSound great! ⓓWe can also speak only in English during class.

D: ⓔThat's a great idea.

① ⓐ, ⓑ   ② ⓐ, ⓑ, ⓒ   ③ ⓐ, ⓓ, ⓔ

④ ⓒ, ⓓ, ⓔ   ⑤ ⓓ, ⓔ

04 다음 중 짝 지어진 대화가 <u>어색한</u> 것은?

① A: What are some ways to save the Earth?

   B: You can recycle paper and plastics.

② A: What can we do to manage our time better?

   B: How about making a weekly plan?

③ A: You can exercise regularly to stay healthy.

   B: That's a good idea. I'll do that.

④ A: How about going for a picnic on Friday?

   B: Sorry, I can't. I have other plans.

⑤ A: What can I do to become a better talker?

   B: I suggest you become a better talker.

[05-06] 다음 대화를 읽고, 물음에 답하시오.

A: Mike, did you join any clubs?

B: Yes, I joined the singing club.

A: Oh, I see.

B: What's wrong, Jenny?

A: I'm the president of the magic club. But I only have two members.

B: Oh, no. That's terrible.

A: What can I do to get more members?

B: Why don't you post an ad on the school bulletin board?

A: That's a good idea. I'll do it right away.

05 위 대화를 읽고 알 수 <u>없는</u> 것은?

① Mike는 노래 동아리에 가입했다.

② Jenny는 마술 동아리의 회장이다.

③ Jenny의 동아리 회원은 두 명뿐이다.

④ Jenny는 동아리 회원을 더 모으려고 한다.

⑤ Mike는 Jenny의 동아리에 가입하려고 한다.

06 What will Jenny do to get more members?

① She will join the singing club.

② She will perform a magic show.

③ She will ask for some advice from Mike.

④ She will be the president of the magic club.

⑤ She will post an ad on the school bulletin board.

서술형

07 자연스러운 대화가 되도록 괄호 안의 단어들을 바르게 배열하시오.

A: _____?
(what, better, do, can, I, to, sleep)
B: You can drink warm milk before going to bed.

08 다음 대화의 밑줄 친 우리말을 [조건]에 맞게 영작하시오.

> [조건]　1. how, take a walk를 반드시 사용할 것
> 　　　　2. 주어진 말은 문맥에 맞게 변형하여 사용할 것
> 　　　　3. 대소문자와 문장 부호를 정확히 쓸 것

A: <u>공원에서 산책하는 게 어때?</u>
B: I'm sorry, but I'm busy now.

→ _____

[09-11] 다음 대화를 읽고, 물음에 답하시오.

Brian: Hey, Mina, what's wrong?
Mina:　My best friend, Kate, is mad at me.
Brian: That's terrible. What happened?
Mina:　<u>내가 그녀의 새로운 머리 모양이 꼭 우리 개의 머리 모양처럼 귀엽다고 말했어.</u>
Brian: _____ she's mad at you.
Mina:　Right. She won't talk to me.
Brian: Yeah. She's probably really angry.
Mina:　What can I do to make up with her?
Brian: How about send her a text?
Mina:　That's a good idea. I'll do that.

09 위 대화의 밑줄 친 우리말과 같도록 괄호 안의 단어들을 사용하여 문장을 완성시오. (총 11단어)

→ _____

(said, hairstyle, cute, like)

10 위 대화의 빈칸에 '~하는 것이 당연하다'라는 의미가 되도록 2단어를 쓰시오.

→ _____

11 위 대화에서 <u>어색한 문장</u>을 찾아 바르게 고쳐 쓰시오.

→ _____

[12-13] 다음 대화를 읽고, 물음에 답하시오.

A: Minsu, why are you so late?
B: Oh, I'm sorry, Ann. On the way, I ran into a foreigner.
A: Yes, and?
B: I had to take him to the subway station.
A: Why didn't you just tell him the directions?
B: He didn't speak English very well.
A: Hmm... How about using the *Talk Smart* app next time?
B: *Talk Smart*? What kind of app is it?
A: It changes one language to another. It's really helpful.
B: Really? I'll try it next time.

12 What does the *Talk Smart* app do? Answer in English.

→ _____

고
／심도
13 위 대화를 바탕으로 민수가 쓴 글을 완성하시오.

> 　I ran into _____ on the way to meet Ann today. He was looking for the subway station. I _____ because he didn't speak English very well. After listening to me, Ann suggested that I use _____ next time. I'll try it next time.

[01-02] 다음 문장의 빈칸에 들어갈 말로 알맞은 것을 고르시오.

01 He has a lot of homework _____ today.

① finish   ② finishes   ③ finished
④ finishing   ⑤ to finish

02 _____ now, and you will get there on time.

① Leave   ② Leaves   ③ Left
④ Leaving   ⑤ To leave

03 다음 중 밑줄 친 to부정사의 용법이 같은 것끼리 짝 지어진 것은?

     ⓐ I want to learn Chinese.
     ⓑ John needs someone to help him.
     ⓒ We were happy to win the game.
     ⓓ She missed a chance to see a movie star.
     ⓔ I went to the bookstore to buy some books.

① ⓐ, ⓑ, ⓒ   ② ⓐ, ⓒ   ③ ⓑ, ⓒ, ⓓ
④ ⓑ, ⓓ   ⑤ ⓓ, ⓔ

[04-05] 다음 두 문장의 의미가 같도록 빈칸에 알맞은 말을 고르시오.

04 If you are honest with your parents, they'll understand you.
= Be honest with your parents, _____ they'll understand you.

① if   ② or   ③ and
④ unless   ⑤ because

한 단계 더!
05 Take a rest, or you will get tired.
= _____ you take a rest, you will get tired.

① If   ② Or   ③ And
④ Unless   ⑤ Because

한 단계 더!
06 다음 중 전치사 on이 들어갈 위치로 알맞은 곳은?

There are (①) comfortable chairs (②) to (③) sit (④) in the office (⑤).

07 다음 중 빈칸에 들어갈 말이 나머지와 다른 것은?

① Dry your wet hair, _____ you will catch a cold.
② Recycle paper, _____ more trees will be cut down.
③ Be kind to your friends, _____ they'll be nice to you.
④ Study hard, _____ you will fail the exam.
⑤ Don't use rude language, _____ you will hurt others' feelings.

신유형
08 다음 우리말과 같도록 괄호 안의 단어를 사용하여 문장을 쓸 때, 네 번째에 오는 단어는?

그는 차가운 마실 것을 원한다. (something)

① wants   ② to   ③ cold
④ drink   ⑤ something

09 다음 문장에서 어법상 <u>틀린</u> 부분을 바르게 고친 것은?

Don't using only capital letters, or you will sound like you're shouting.

① Don't → Unless
② using → use
③ or → and
④ will → don't
⑤ sound like → sound

10 다음 우리말을 영작한 것 중 어법상 <u>틀린</u> 것은?

① 너는 뜨거운 마실 것을 가지고 있니?
→ Do you have something hot to drink?
② 그녀가 먹을 것을 가져올 것이다.
→ She will bring something to eat.
③ 서울에는 방문할 유명한 곳이 많이 있다.
→ There are many famous places to visit in Seoul.
④ 그는 Sally와 말할 기회가 없었다.
→ He had no chance to talk with Sally.
⑤ 이 도시에는 볼 것이 아주 많다.
→ There are to see a lot of things in this city.

11 다음 문장과 의미가 같은 것을 <u>모두</u> 고르면?

Post useful information, or you will waste others' time.

① If you post useful information, you will waste others' time.
② If you don't post useful information, you will waste others' time.
③ Unless you post useful information, you will waste others' time.
④ Unless you don't post useful information, you will waste others' time.
⑤ If you don't post useful information, you won't waste others' time.

12 다음 두 문장을 한 문장으로 바꿔 쓸 때, 빈칸에 들어갈 말로 알맞은 것은?

• She has two little brothers.
• She has to take care of them.
→ She has two little brothers _____.

① taking care
② to take care
③ to take care of
④ to taking care of
⑤ to take care of two little brothers

13 다음 우리말을 영어로 바르게 옮긴 것은?

다른 사람들의 의견을 존중해라. 그러면 당신은 많은 친구들을 사귈 것이다.

① To respect others' opinions, you will make many friends.
② Be respect others' opinions, and you will make many friends.
③ Don't respect others' opinions, and you will make many friends.
④ Respect others' opinions, and you will make many friends.
⑤ Respect others' opinions, or you will make many friends.

14 다음 중 어법상 옳은 문장의 개수는?

ⓐ There are many interesting books to read here.
ⓑ Winter is the best time to going to Africa.
ⓒ I have many friends to play.
ⓓ Take a taxi, or you can get to the airport on time.
ⓔ Come over here, and you heard the sound.

① 1개
② 2개
③ 3개
④ 4개
⑤ 5개

서술형

15 다음 문장과 의미가 같도록 [조건]에 맞게 쓰시오.

> [조건] 1. 반드시 긍정명령문을 포함할 것
>   2. 대소문자와 문장 부호를 정확히 쓸 것

(1) If you don't change the topic, your partner will fall asleep.

= _____

(2) If you put others first, everyone will like you.

= _____

16 다음 대화의 빈칸에 들어갈 알맞은 말을 괄호 안의 단어들을 사용하여 쓰시오.

A: Can I help you?

B: Yes, please. I'm very thirsty. Can you bring me
(1) _____?
(drink, cold, something)

A: Sure. Anything else?

B: Do you have (2) _____?
(read, something)

A: Yes. We have (3) _____.
(read, interesting, many, books)

17 다음 상황을 읽고, James의 엄마가 James에게 할 말을 쓰시오.

> James doesn't like to eat vegetables and he often feels tired. His mom is worried about his health. In this situation, what would James' mom probably say to him?

> [조건] 1. 「명령문, and ~」 형태의 문장을 쓸 것
>   2. a lot of를 포함하여 10단어로 쓸 것
>   3. 대소문자와 문장 부호를 정확히 쓸 것

James' mom: _____

_____

18 다음 우리말과 같도록 괄호 안의 단어들을 사용하여 문장을 쓰시오.

(1) 그는 집을 살 충분한 돈이 없었다. (have, enough, buy)

→ _____

(2) 너의 숙제를 끝내야 할 시간이다. (time, finish)

→ _____

(3) 탁자 위에 쓸 수 있는 연필이 몇 개 있다.
(there, write, pencils)

→ _____

19 다음 중 어법상 틀린 문장을 모두 골라 기호를 쓰고, 문장을 바르게 고쳐 쓰시오.

ⓐ We need a small house stay in during our vacation.

ⓑ Please give me to sit on something.

ⓒ Speak only in English during class, and you will improve your English.

ⓓ Kind to others, or you won't make new friends.

( ) _____

( ) _____

( ) _____

20 다음 그림을 보고 [조건]에 맞게 문장을 완성하시오.

> [조건] 1. 반드시 명령문을 포함할 것
>   2. 괄호 안에 주어진 말을 사용할 것

(1)   (2)

(1) _____, _____.
(warm milk, sleep, drink, better, before bed)

(2) _____, _____.
(global warming, recycle, get worse, paper)

다음 우리말과 일치하도록 각 문장을 바르게 영작하시오.

01

_____

새 학년이 시작되었다!

02

_____

당신은 다른 학생들과 대화하는 것이 긴장되는가?

03

_____

☆ 당신은 대화를 시작하는 데 어려움이 있는가?

04

_____

대화를 계속 이어가는 것은 어떤가?

05

_____

걱정하지 마라.

06

_____

☆ 여기 대화를 더 잘하는 사람이 되기 위한 다섯 가지 조언이 있다.

07

_____

☆ 흥미로운 질문을 하는 것으로 시작해라.

08

_____

대부분의 사람들은 그들 자신에 관해 말하는 것을 매우 좋아한다.

09

_____

그러니 그들에게 기회를 줘라.

10

_____

당신이 사람들에 관해 질문하면, 그들은 기쁘게 대답할 것이다.

11

_____

☆ 잘 듣는 사람이 돼라.

12

_____

많은 사람들이 잘 듣지 못한다.

13

_____

그러면 어떻게 잘 듣는 사람이 될 수 있을까?

14

_____

사람들의 눈을 봐라.

15

_____

그들의 말을 주의 깊게 들어라.

16

_____

당신의 휴대 전화를 보거나 멍하니 있지 마라!

17

_____

☆ 반응을 보여 줘라.

18

_____

적극적으로 듣는 사람이 돼라.

19

_____

가끔 당신의 고개를 끄덕여라.

20

_____

"와!" 또는 "멋지다."와 같은 간단한 것들을 말해도 좋다.

21

_____

또한 "흥미롭다. 더 이야기해 봐."와 같은 것을 말해도 좋다.

22

_____

반응을 보여 주는 것은 당신이 듣고 있다는 것을 보여 준다.

23

_____

☆ 공통의 관심사를 나눠라.

24

_____

당신은 그저 듣는 것만으로 대화할 수는 없다.

25

_____

당신과 상대방은 어떤 공통점을 가지고 있는가?

26

_____

둘 다 스포츠를 좋아하는가?

27

_____

그렇다면 당신이 가장 좋아하는 야구팀에 관해 대화해라.

28

_____

☆ 듣는 사람에게 주의를 기울여라.

29

_____

때때로 사람들은 당신의 화제에 관심이 없을지도 모른다.

30

_____

"이봐, 잠 깨!" 또는 "왜 내 말을 안 듣는 거니?"라고 말하지 마라.

31

_____

☆ 화제를 바꿔라, 그렇지 않으면 상대방은 잠이 들 것이다.

32

_____

☆ 다른 사람에게 말할 기회를 줘라.

33

_____

☆ 이 조언들을 연습해라, 그러면 당신은 곧 대화를 잘하는 사람이 될 것이다.

34

_____

☆ 다른 사람들을 먼저 생각해라, 그러면 모든 사람이 당신과 대화하고 싶어 할 것이다.

고득점 맞기

[01-03] 다음 글을 읽고, 물음에 답하시오.

The new school year is here! Are you nervous about talking to other students? Do you have trouble ⓐ start conversations? What about ⓑ keeping conversations going? Don't worry. Here are five tips to become _____.

Start by asking ⓒ interested questions.

Most people love to talk about ⓓ themselves. So give them the chance. When you ask questions about people, they will answer ⓔ glad.

01 윗글은 누구에게 도움을 주고자 쓴 글인가?

① 노래를 잘하고 싶은 학생들
② 성적 때문에 고민하는 학생들
③ 발표를 앞두고 긴장한 학생들
④ 대화하는 것을 어려워하는 학생들
⑤ 친구를 사귀는 데 어려움을 겪는 학생들

02 윗글의 빈칸에 들어갈 말로 알맞은 것은?

① a best friend
② a better talker
③ a good leader
④ a poor listener
⑤ an active student

03 윗글의 밑줄 친 ⓐ~ⓔ 중 어법상 **틀린** 것의 개수는?

① 5개
② 4개
③ 3개
④ 2개
⑤ 1개

[04-08] 다음 글을 읽고, 물음에 답하시오.

_____(A)_____

Many people are ___ⓐ___ listeners. So how can you ⓑ be a good listener? Look people in the eye. Listen ⓒ careful to their words. Don't look at your cell phone or space out!

_____(B)_____

Be an active listener. ① Nod your head from time to time. ② You can say little things like, "Wow!" or "Cool." ③ You look so cool when you speak loudly. ④ You can also say something like, "That's interesting. Tell me more." ⑤ Giving feedback shows that you're listening.

04 윗글의 빈칸 (A)와 (B)에 들어갈 말이 바르게 짝 지어진 것은?

(A) (B)
① Give feedback. – Be a good listener.
② Give feedback. – Share common interests.
③ Be a good listener. – Give feedback.
④ Be a good listener. – Share common interests.
⑤ Be a good listener. – Pay attention to the listener.

05 윗글의 빈칸 ⓐ에 들어갈 말로 알맞은 것은?

① good
② better
③ poor
④ active
⑤ nervous

06 윗글의 밑줄 친 ⓑ와 ⓒ의 형태로 알맞은 것끼리 짝 지어진 것은?

① be – careful
② be – carefully
③ are – careful
④ are – carefully
⑤ to be – carefulness

07 윗글의 밑줄 친 ①~⑤ 중 글의 흐름상 어색한 문장은?

①   ②   ③   ④   ⑤

08 윗글의 내용에 비추어 볼 때, 다음 질문에 대한 답으로 알맞지 않은 것은?

> When someone talks to you, what should you do?

① I should keep eye contact with the person.
② I shouldn't space out.
③ I should nod my head sometimes.
④ I can speak my thoughts actively.
⑤ I can give feedback to the person.

[09-13] 다음 글을 읽고, 물음에 답하시오.

You can't have a conversation ___ⓐ___ just listening. What do you and your partner have ___ⓑ___ common? Do you both like sports? Then talk about your favorite baseball team.

Sometimes people may not be interested ___ⓒ___ your topic. Don't say, "Hey, wake ___ⓓ___!" or "Why aren't you listening to me?" Change the topic, or your partner will fall asleep. Give the other person a chance to talk.

이 조언들을 연습해라, 그러면 당신은 곧 대화를 잘하는 사람이 될 것이다. Put others first, and everyone will want to talk ___ⓔ___ you.

09 윗글의 빈칸 ⓐ~ⓔ에 들어갈 말로 알맞지 않은 것은?

① ⓐ by   ② ⓑ in   ③ ⓒ to
④ ⓓ up   ⑤ ⓔ with

10 윗글의 밑줄 친 to talk와 쓰임이 같은 것은?

① To visit Canada is our plan for this summer.
② Mike grew up to be a scientist.
③ Suji wants to take a walk in the park.
④ Chris needs something cold to drink.
⑤ They were happy to win the game.

11 윗글의 밑줄 친 우리말을 영어로 바르게 옮긴 것은?

① Practice these tips, or you will soon be a great talker.
② Practice these tips, or you won't soon be a great talker.
③ Practice these tips, and you will soon be a great talker.
④ Practice these tips, and you won't soon be a great talker.
⑤ Practice these tips, but you will soon be a great talker.

12 윗글의 첫 번째 단락의 주제로 가장 알맞은 것은?

① Start by asking interesting questions.
② Be a good listener.
③ Give feedback.
④ Share common interests.
⑤ Pay attention to the listener.

13 윗글의 내용과 일치하는 것은?

① You can have a conversation by just listening.
② If you and your partner both like music, you should talk about music.
③ You should pay attention to the topic, not the listener.
④ You don't have to change the topic when you talk.
⑤ You should put yourself first to be a great talker.

14 다음 글을 읽고, 밑줄 친 동사 ⓐ~ⓓ를 알맞은 형태로 바꿔 쓰시오.

> The new school year is here! Are you nervous about ⓐtalk to other students? Do you have trouble ⓑstart conversations? What about keeping conversations ⓒgo? Don't worry. Here are five tips ⓓbecome a better talker.

ⓐ → _____ ⓑ → _____
ⓒ → _____ ⓓ → _____

[15-16] 다음 글을 읽고, 물음에 답하시오.

> Many people are poor listeners. So how can you be a good listener? Look people in the eye. Listen carefully to their words. Don't look at your cell phone or space out!
>
> **Give feedback.**
> Be an active listener. Nod your head from time to time. You can say little things like, "Wow!" or "Cool." You can also say something like, "That's interesting. Tell me more." Giving feedback shows that you're listening.

15 윗글의 첫 번째 단락의 주제를 영어로 쓰시오.

> [조건] 1. 명령문으로 쓸 것
>   2. 윗글에서 찾아 4단어로 쓸 것

→ _____

16 How can you show that you're listening to your partner? Give at least two examples. Answer in English.

→ _____
_____
_____

[17-18] 다음 글을 읽고, 물음에 답하시오.

> **Share common interests.**
> You can't have a conversation by just listening. What do you and your partner have in common? Do you both like sports? Then talk about your favorite baseball team.
>
> Sometimes people may not be interested in your topic. Don't say, "Hey, wake up!" or "Why aren't you listening to me?" Change the topic, or your partner will fall asleep. Give the other person a chance to talk.

17 What should people share with their partners to have a good conversation? Answer in English.

→ _____

18 윗글의 두 번째 단락을 요약한 다음 글을 완성하시오.

> When your partner is not interested in your topic, you should _____ _____ _____.
> You need to give your partner _____ _____ _____ _____.

서술형 100% TEST

01 다음 빈칸에 알맞은 단어를 [조건]에 맞게 쓰시오.

On my way to school, I met a _____.

> [조건] • The word starts with f.
> • The word has 9 letters.
> • The word means "someone who comes from a different country."

02 다음 빈칸에 들어갈 알맞은 말을 [보기]에서 골라 쓰시오.

> [보기]   fall   have   pay
> nervous   terrible

• There was a (1) _____ traffic accident yesterday. Please (2) _____ attention to the news.
• Emily has a math test tomorrow. She feels (3) _____ and she can't (4) _____ asleep.
• When a new school year begins, many students (5) _____ trouble making new friends.

03 다음 대화의 밑줄 친 부분과 의미가 같도록 [조건]에 맞게 바꿔 쓰시오.

> [조건] 1. why를 반드시 사용할 것
> 2. 대소문자와 문장 부호를 정확히 쓸 것

A: Let's do something together on Saturday.
B: Okay. How about going to the art museum?
A: Sounds great!

→ _____

04 다음 괄호 안의 말을 사용하여 [조건]에 맞게 대화를 완성하시오.

> [조건] 1. 빈칸 (1)에는 조언을 구하는 표현을 쓸 것
> 2. 빈칸 (2)에는 평서문으로 조언하는 표현을 쓸 것
> 3. 대소문자와 문장 부호를 정확히 쓸 것

A: I never finish my homework in time.
　(1) _____
　　　　(can, manage my time, better)
B: How about making a weekly plan?
A: Sounds good!
B: (2) _____
　　　　(also, make a to-do list)
A: Thanks for the ideas! I'll try them right now.

[05-06] 다음 대화를 읽고, 물음에 답하시오.

A: Mike, did you join any clubs?
B: Yes, I joined the singing club.
A: Oh, I see.
B: What's wrong, Jenny?
A: I'm the president of the magic club. But I only have two members.
B: Oh, no. That's terrible.
A: What can I do to get more members?
B: Why don't you post an ad on the school bulletin board?
A: That's a good idea. I'll do it right away.

05 다음 질문에 완전한 영어 문장으로 답하시오.

(1) What club did Mike join?
　→ _____

(2) How many members does Jenny have in her club?
　→ _____

고
난도

06 위 대화의 내용과 일치하도록 괄호 안의 단어를 포함하여 글을 완성하시오.

Jenny is the (1) _____
(president), but there are only a few members
in the club. She wants to (2) _____
(get) in her magic club. Mike suggested that she
post an ad (3) _____ (on).

07 다음을 읽고, 괄호 안의 단어를 사용하여 대화를 완성하시오.

<How to Improve Your English>
• Keep a diary in English.
• Speak only in English during class.

A: I'm so excited about the new school year.
B: Me, too. It's going to be great.
A: What should I do to improve my English?
B: (1) _____
(can)
A: That's a good idea. Anything else?
B: (2) _____
(how)
A: Sounds great!

08 다음 우리말과 같도록 괄호 안의 단어들을 바르게 배열하여 문장을 완성하시오.

(1) 마실 것이 있나요?
→ Do you have _____?
(drink, anything, to)
(2) Tom은 쓸 연필을 샀다.
→ Tom bought a pencil _____.
(with, to, write)
(3) 그녀는 너에게 말할 것이 있다.
→ She has _____.
(you, something, to, tell)

09 다음 그림을 보고, 괄호 안의 말을 사용하여 문장을 완성하시오.

[조건] 1. 「명령문, and / or ~.」 형태로 문장을 완성할 것
2. 긍정문으로 완성할 것

(1)

Drink enough water, _____.
(thirsty)

(2)

Take some medicine, _____.
(get better)

10 다음 괄호 안의 말을 바르게 배열하여 문장을 쓰시오.

[조건] 1. 앞에 나온 문장과 내용상 연결되도록 쓸 것
2. to부정사를 반드시 사용할 것
3. 대소문자와 문장 부호를 정확히 쓸것

(1) It's too hot. I'm thirsty.

_____

(to, need, cold, I, something, drink)
(2) Tom's car broke down recently.

_____

(buy, some, new, he, money, to, a, needs, car)
(3) The children are very tired.

_____

(sit on, bench, they, a, need, to)

11 다음 상황을 읽고, Eric에게 조언할 말을 쓰시오.

Eric plays computer games at night and goes to bed late. So he always feels sleepy during class. In this situation, what would you say to him?

[조건] 1. 「명령문, and / or ~.」 형태로 문장을 쓸 것
       2. 상황에 제시된 표현을 활용할 것

_____

12 다음 글에서 어법상 틀린 부분을 찾아 바르게 쓰시오.

I have a plan going to Italy this summer. There are many places visit in Italy. For example, Rome has many famous buildings like the Colosseum and the Pantheon. Italy is also famous for its food. There are so many kinds of food eat.

(1) _____ → _____ (2) _____ → _____
(3) _____ → _____

13 다음 문장을 명령문을 포함한 문장으로 바꿔 써서 소셜 미디어상에서 지켜야 할 예절을 완성하시오.

- If you respect others' opinions, you'll make many friends.
- If you use rude language, you will hurt others' feelings.
- Unless you post useful information, you will waste others' time.

Social Media Manners

(1) _____
(2) _____
(3) _____

[14-15] 다음 글을 읽고, 물음에 답하시오.

The new school year is here! Are you nervous about talking to other students? Do you have trouble ⓐ start conversations? What about ⓑ keep conversations going? Don't worry. 여기 대화를 더 잘하는 사람이 되기 위한 다섯 가지 조언이 있다.

Start by asking ⓒ interest questions.

Most people love to talk about themselves. So give them the chance. When you ask questions about people, they will answer ⓓ gladly.

14 윗글의 밑줄 친 ⓐ~ⓓ 중 어법상 **틀린** 것을 **모두** 찾아 기호를 쓰고 바르게 고쳐 쓰시오.

(_____) → _____
(_____) → _____
(_____) → _____

15 윗글의 밑줄 친 우리말과 같도록 괄호 안의 단어들을 바르게 배열하시오.

→ _____

(tips, here, better, are, five, become, a, talker, to)

16 다음 글의 내용과 일치하도록 대화를 완성하시오.

Many people are poor listeners. So how can you be a good listener? Look people in the eye. Listen carefully to their words. Don't look at your cell phone or space out!

Tom: Mom, I want to be a better talker. What should I do?

Mom: First, you should be _____ _____ _____. When someone talks to you, look him _____ _____ _____ and listen carefully.

Tom: Okay, I'll do that.

Mom: Also, you shouldn't _____ _____ your cell phone or _____ _____ during conversation.

[17-18] 다음 글을 읽고, 물음에 답하시오.

Be an active listener. Nod your head <u>sometimes</u>. You can say little things like, "Wow!" or "Cool." You can also say something like, "That's interesting. Tell me more." Giving feedback shows that you're listening.

17 윗글의 밑줄 친 단어와 의미가 같은 표현을 <u>4단어</u>로 쓰시오.

→ _____

18 윗글 속 표현을 사용하여 주제를 나타내는 문장을 완성하시오. (2단어)

> When you have a conversation, _____
> _____ to your partner.

19 다음 글의 밑줄 친 우리말과 같도록 괄호 안의 말을 사용하여 문장을 쓰시오.

Sometimes people may not be interested in your topic. Don't say, "Hey, wake up!" or "Why aren't you listening to me?" (1)<u>화제를 바꿔라, 그렇지 않으면 상대방은 잠이 들 것이다.</u> (2)<u>다른 사람에게 말할 기회를 줘라.</u>

(1) _____
(change, partner, fall asleep)

(2) _____
(give, person, a chance, talk)

[20-21] 다음 만화를 보고, 물음에 답하시오.

[보기]
- Start by asking interesting questions.
- Give feedback.
- Share common interests.
- Pay attention to the listener.

20 위 (A)~(C)의 상황에서 남학생이 적용한 'conversation tip'을 [보기]에서 골라 쓰시오.

(A) _____
(B) _____
(C) _____

21 위 (D)의 상황에서 남학생에게 해 줄 수 있는 조언을 [보기]에서 골라 쓰시오.

_____

01 다음 단어의 영어 뜻풀이가 알맞지 <u>않은</u> 것은? [3점]

① manage: to use your time, money, etc. wisely without wasting it

② foreigner: someone who comes from a different country

③ improve: to make something worse than before

④ nod: to move your head up and down as a way of answering "yes"

⑤ feedback: advice, criticism, or information about how good something is

02 다음 빈칸에 공통으로 들어갈 전치사를 고르시오. [3점]

> • I'm interested _____ Korean history.
> • Look me _____ the eye when I talk to you.

① at   ② for   ③ to

④ in   ⑤ of

03 다음 중 밑줄 친 단어가 같은 의미로 쓰인 것은? [4점]

① Seoul is the <u>capital</u> of Korea.
  Begin a sentence with a <u>capital</u> letter.

② He is <u>poor</u> at speaking English.
  She is a <u>poor</u> swimmer.

③ People love to <u>post</u> many pictures on their blogs.
  Can you <u>post</u> this letter for me?

④ Can you read Greek <u>characters</u>?
  The main <u>character</u> of the movie is a little dog.

⑤ I want to send this <u>letter</u> to my aunt.
  "B" is the second <u>letter</u> of the alphabet.

04 다음 대화의 빈칸에 들어갈 말로 알맞지 <u>않은</u> 것은? [4점]

> A: How about playing basketball on Monday?
> B: _____

① I have no idea.

② Sounds great!

③ That's a good idea.

④ I'm sorry, but I can't.

⑤ Sorry, but I have other plans.

05 자연스러운 대화가 되도록 (A)~(D)를 순서대로 배열한 것은? [4점]

> (A) How about going to the bookstore?
> (B) Sounds great! What do you want to do?
> (C) Great idea!
> (D) Let's do something together on Thursday.

① (A)–(B)–(D)–(C)   ② (A)–(C)–(B)–(D)

③ (B)–(A)–(C)–(D)   ④ (D)–(B)–(A)–(C)

⑤ (D)–(A)–(B)–(C)

서술형 1

06 다음 괄호 안의 단어들을 사용하여 대화의 빈칸에 들어갈 말을 쓰시오. [4점]

> A: _____
>   (can, sleep, better)
> B: You can drink warm milk before bed.
> A: That's a good idea. I'll do that.

[07-08] 다음 대화를 읽고, 물음에 답하시오.

> A: Minsu, why are you so late?
> B: Oh, I'm sorry. On the way, I ran into a foreigner.
> A: Yes, and?
> B: I had to take him to the subway station.
> A: Why didn't you just tell him the directions?
> B: He didn't speak English very well.
> A: Hmm... How about use the *Talk Smart* app next time?
> B: *Talk Smart*? What kind of app is it?
> A: It changes one language to another. It's really helpful.
> B: Really? I'll try it next time.

07 위 대화를 읽고 알 수 있는 것은? [4점]

① 민수가 외국인을 만난 시각
② 민수가 만난 외국인의 국적
③ 외국인이 찾고 있던 지하철역
④ Talk Smart 앱의 기능
⑤ Talk Smart 앱의 가격

서술형 **2**

08 윗글에서 어법상 틀린 문장을 찾아 바르게 고쳐 쓰시오. [4점]

→ _____

[09-11] 다음 대화를 읽고, 물음에 답하시오.

> Brian: Hey, Mina, what's wrong?
> Mina: My best friend, Kate, is mad at me.
> Brian: That's terrible. _____(A)_____
> Mina: I said her new hairstyle was cute just like my dog's.
> Brian: _____(B)_____ she's mad at you.
> Mina: Right. She won't talk to me.
> Brian: Yeah. She's probably really angry.
> Mina: What can I do to _____(C)_____ her?
> Brian: How about sending her a text?
> Mina: That's a good idea. I'll do that.

서술형 **3**

09 위 대화의 빈칸 (A)~(C)에 알맞은 말이 되도록 다음 우리말을 영어로 쓰시오. [각 2점]

(A) 무슨 일이 있었니? → _____
(B) 당연하다 → _____
(C) 화해하다 → _____

10 위 대화의 내용과 일치하지 <u>않는</u> 것은? [4점]

① Kate is Mina's best friend.
② Kate is angry at Mina.
③ Mina wants to make up with Kate.
④ Mina asks Brian for advice.
⑤ Brian will send Kate a text for Mina.

서술형 **4**

11 위 대화의 내용과 일치하도록 다음 질문에 대한 답을 쓰시오. [4점]

> [조건] 1. because를 사용할 것
>   2. 주어와 동사를 포함한 완전한 문장으로 쓸 것

> Why is Kate mad at Mina?

_____

[12-13] 다음 문장의 빈칸에 들어갈 말로 알맞은 것을 고르시오. [각 3점]

12
> He has lots of work _____.

① do   ② doing   ③ to do
④ does   ⑤ to doing

13
> _____ an umbrella with you, or you will get wet.

① Take   ② Took   ③ To take
④ Takes   ⑤ Taking

14 다음 문장의 빈칸에 들어갈 말이 순서대로 짝 지어진 것은? [4점]

> • Practice these tips, _____ you will soon be a great talker.
> • Study hard, _____ you will pass the exam.
> • Put on your boots, _____ your feet will get wet.

① and – and – and
② and – or – and
③ and – and – or
④ or – or – and
⑤ or – and – or

15 다음 밑줄 친 to부정사의 용법이 같은 것끼리 짝 지어진 것은? [4점]

> ⓐ Jane wants to eat something.
> ⓑ I often go to the bookstore to buy some books.
> ⓒ Please give me something to drink.
> ⓓ I have so many things to do today.
> ⓔ Do you have any questions to ask?
> ⓕ What can I do to stay healthy?

① ⓐ, ⓑ, ⓒ
② ⓐ, ⓔ, ⓕ
③ ⓑ, ⓒ, ⓓ
④ ⓒ, ⓓ, ⓔ
⑤ ⓒ, ⓔ, ⓕ

16 다음 중 어법상 옳은 것은? [4점]

① There are many chairs to sit.
② She needs a pencil to writing with.
③ We have a problem to think.
④ He has no money to buying a car.
⑤ I have enough time to do my work.

서술형 5

17 다음 두 문장을 [조건]에 맞게 한 문장으로 바꿔 쓰시오. [4점]

> [조건]　1. to부정사를 사용할 것
> 　　　　2. 9단어로 쓸 것

> • Jenny has a little puppy.
> • She takes care of it.

→ _____

서술형 6

18 다음 '소셜 미디어상의 예절' 중 내용이 어색한 것을 두 개 골라 고쳐 쓰시오. [각 3점]

> **Facelook Manners**
> • ⓐRespect others' opinions, and you will make many friends.
> • ⓑPost useful information, and you will waste others' time.
> • ⓒUse only capital letters, or you will sound like you're shouting.

(　　) → _____
_____
(　　) → _____
_____

[19-21] 다음 글을 읽고, 물음에 답하시오.

> **Start by asking interesting questions.**
> 　Most people love to talk about ①themselves. So give them the chance. When you ask questions about people, they will answer ②gladly.
>
> **Share common interests.**
> 　You can't have a ③conversation by just listening. What do you and your partner have ④to common? Do you ⑤both like sports? Then talk about your favorite baseball team.

19 윗글의 밑줄 친 ①~⑤ 중 어법상 틀린 것은? [4점]

①　　　　②　　　　③　　　　④　　　　⑤

20 다음 중 윗글의 첫 번째 조언에 따른 예시에 해당하는 것은? [4점]

① What do you like to do?
② Why aren't you listening to me?
③ That's interesting. Tell me more.
④ I'm talking too much. Let's change the topic.
⑤ We both like soccer. Let's talk about it.

21 윗글의 내용과 일치하지 <u>않는</u> 것은? [4점]

① Ask some interesting questions when you start a conversation.
② Most people don't like talking about themselves.
③ When you ask questions about people, they will respond gladly.
④ You should find a topic of common interest.
⑤ If you and your partner both like sports, you can talk about baseball.

[22-23] 다음 글을 읽고, 물음에 답하시오.

> Many people are poor listeners. So how can you be a good listener? Look people in the eye. Listen carefully to their words. Don't look at your cell phone or space out!
>
> Be an active listener. Nod your head from time to time. You can say little things like, "Wow!" or "Cool." You can also say something _____, "That's interesting. Tell me more." Giving feedback shows that you're listening.

22 윗글에서 조언하고 있는 내용으로 알맞은 것은? [4점]

① 대화를 할 때는 대화가 끊기지 않도록 다음에 할 말을 계속 생각해야 한다.
② 대화 중간에 대화의 주제를 바꾸면 안 된다.
③ 상대방에게 사적인 질문을 하는 것은 예의에 어긋난다.
④ 상대방이 말을 할 때는 잘 듣고, 적절한 반응을 보여 주어야 한다.
⑤ 상대방의 말을 들을 때는 아무 말도 하지 않고 경청해야 한다.

23 다음 질문에 해당하는 답을 윗글에서 찾아 쓰시오. [5점]

> How can you be a good listener? Give three examples.

→ _____
_____
_____

[24-25] 다음 글을 읽고, 물음에 답하시오.

> _____
>
> Sometimes people may not be interested in your topic. Don't say, "Hey, wake up!" or "Why aren't you listening to me?" ⓐ화제를 바꿔라, 그렇지 않으면 상대방은 잠이 들 것이다. Give the other person a chance to talk.

24 윗글의 빈칸에 들어갈 주제문으로 알맞은 것은? [3점]

① Ask interesting questions.
② Be a good listener.
③ Give feedback.
④ Share common interests.
⑤ Pay attention to the listener.

25 윗글의 밑줄 친 ⓐ의 우리말을 [조건]에 맞게 영작하시오. [4점]

> [조건] 1. 명령문을 반드시 포함할 것
>   2. 대소문자와 문장 부호를 정확히 쓸 것

→ _____

01 다음 영어 뜻풀이의 빈칸에 들어갈 말로 알맞은 것은? [3점]

> nervous : _____ about what might happen

① sad ② angry ③ worried
④ excited ⑤ surprised

02 다음 중 밑줄 친 부분의 우리말 뜻으로 알맞지 <u>않은</u> 것은? [3점]

① He called the police <u>right away</u>. (즉시)
② I'm so glad to <u>run into</u> you. (우연히 만나다)
③ You should <u>put</u> your family <u>first</u>. (우선시하다)
④ Please <u>make up with</u> your parents. (존경하다)
⑤ Tom and his brother <u>have</u> something <u>in common</u>. (공통점이 있다)

서술형 1

03 다음 우리말과 같도록 빈칸에 알맞은 말을 쓰시오. [각 2점]

(1) Sally는 항상 친절해. 많은 사람들이 그녀와 친구가 되고 싶어 하는 것은 당연해.
→ Sally is always kind. _____ _____ many people like to be friends with her.

(2) John은 수줍음이 아주 많아. 그는 다른 사람들과 대화를 시작하는 데 어려움이 있어.
→ John is very shy. He _____ _____ starting conversations with others.

04 다음 대화의 빈칸에 들어갈 말로 알맞은 것을 고르시오. [3점]

> A: You are always late for school. _____ getting up early?
> B: Okay, I will.

① Why ② How about
③ What kind ④ What time
⑤ What do you want to

05 다음 대화의 빈칸에 들어갈 말로 알맞지 <u>않은</u> 것은? [4점]

> A: _____
> B: You can read an English book every month.
> A: That's a good idea!

① What can I do to improve my English?
② What should I do to improve my English?
③ What is the best way to improve my English?
④ What do you advise me to do to improve my English?
⑤ Why don't you improve my English?

06 자연스러운 대화가 되도록 주어진 말 다음에 이어질 (A)~(D)를 순서대로 배열한 것은? [4점]

> A: I'm so excited about the new school year.
> (A) That's a great idea.
> (B) You can join a sports club.
> (C) Me, too. It's going to be great!
> (D) What can I do to make a lot of new friends?

① (A)-(B)-(C)-(D) ② (A)-(D)-(B)-(C)
③ (C)-(B)-(D)-(A) ④ (C)-(D)-(B)-(A)
⑤ (D)-(B)-(A)-(C)

[07-09] 다음 대화를 읽고, 물음에 답하시오.

> A: Mike, did you join any clubs?
> B: Yes, I joined the singing club. (①)
> A: Oh, I see. (②)
> B: What's wrong, Jenny?
> A: I'm the president of the magic club. But I only have two members.
> B: Oh, no. (③)
> A: What can I do to get more members?
> B: (④) Why don't you post an ad on the school bulletin board?
> A: That's a good idea. I'll do it right away. (⑤)

07 위 대화의 ①~⑤ 중 주어진 문장이 들어갈 위치로 알맞은 곳은? [4점]

> That's terrible.

①   ②   ③   ④   ⑤

08 위 대화의 내용과 일치하지 <u>않는</u> 것은? [4점]

① Mike는 노래 동아리 회원이다.
② Jenny는 마술 동아리 회장이다.
③ Jenny는 마술 동아리 회원을 늘리고 싶어 한다.
④ Jenny는 Mike에게 조언을 구하고 있다.
⑤ Jenny는 Mike에게 마술 동아리 가입을 권할 것이다.

서술형 2

09 What is Jenny going to do after the conversation? Answer in English. [4점]

_____

[10-11] 다음 대화를 읽고, 물음에 답하시오.

> A: _____
> B: Oh, I'm sorry. On the way, I ran into a foreigner.
> A: Yes, and?
> B: I had to take him to the subway station.
> A: _____
> B: He didn't speak English very well.
> A: Hmm... _____
> B: *Talk Smart*? _____
> A: It changes one language to another. It's really helpful.
> B: Really? I'll try it next time.

10 위 대화의 빈칸에 들어갈 수 <u>없는</u> 말은? [4점]

① Why are you so late?
② What kind of app is it?
③ Why didn't you just tell him the directions?
④ What can I do to meet a foreigner?
⑤ How about using the *Talk Smart* app next time?

11 위 대화 속 Talk Smart의 기능으로 알맞은 것은? [3점]

① 길을 안내해 준다.
② 대신 말을 해 준다.
③ 언어를 변환해 준다.
④ 단어의 뜻을 알려준다.
⑤ 여행 정보를 제공해 준다.

12 다음 문장의 빈칸에 들어갈 말로 알맞은 것은? [4점]

> There are many pencils _____ on the desk.

① writing   ② writing with
③ to write   ④ to write on
⑤ to write with

13 다음 두 문장의 의미가 같도록 할 때 빈칸에 들어갈 말이 순서대로 짝 지어진 것은? [4점]

> If you leave now, you will get there on time.
> = _____ now, _____ you will get there on time.

① Leave – or   ② Leave – and
③ Leaving – and   ④ To Leave – or
⑤ To leave – and

서술형3

14 다음 우리말과 같도록 [조건]에 맞게 영작하시오. [각 3점]

[조건] 1. 괄호 안의 단어들을 사용할 것
       2. to부정사를 사용할 것
       3. 대소문자와 문장 부호를 정확히 쓸 것

(1) 나는 오늘 끝마쳐야 할 숙제가 많다.

→ _____

(have, homework, finish)

(2) 저에게 뜨거운 마실 것 좀 주세요.

→ _____

(please, give, something, drink)

15 다음 문장의 밑줄 친 and와 쓰임이 같은 것은? [4점]

Practice these tips, and you will soon be a great talker.

① We are cold and hungry.
② He bought a table, a chair, and a bed.
③ What do you and your partner have in common?
④ Pay attention to your teacher and listen carefully.
⑤ Respect others' opinions, and you will make many friends.

16 다음 중 어법상 옳은 것은? [4점]

① I have something tell you.
② He has many friends to play with.
③ I will borrow some books to read about.
④ Paris has many famous places to visit in.
⑤ I don't have enough time to finishing the work.

서술형4

17 다음 문장과 의미가 같은 문장을 [조건]에 맞게 쓰시오. [4점]

[조건] 1. 명령문을 반드시 포함할 것
       2. 대소문자와 문장 부호를 정확히 쓸 것

If you don't put on your coat, you will catch a cold.

= _____

서술형5

18 다음 중 어법상 틀린 문장을 모두 찾아 기호를 쓰고, 바르게 고쳐 문장을 다시 쓰시오. [5점]

ⓐ I need cold something to drink.
ⓑ I have many friends to help me.
ⓒ She has three cats to take care.
ⓓ He gave me a chance to tell the truth.
ⓔ I have a plan to go to Jeju-do this winter.

(_____) → _____

(_____) → _____

[19-21] 다음 글을 읽고, 물음에 답하시오.

Start by _____.

Most people love to talk about themselves. So give them the chance. When you ask questions about people, they will answer ⓐgladly.

Be a good listener.

Many people are ⓑpoor listeners. So how can you be a good listener? Look people in the ⓒeye. Listen ⓓcareful to their words. Don't look at your cell phone or space ⓔout!

19 윗글의 빈칸에 들어갈 말로 알맞은 것은? [4점]

① giving feedback
② putting others first
③ paying attention to people
④ talking your interests
⑤ asking interesting questions

20 윗글의 밑줄 친 @~@ 중 단어의 쓰임이 알맞지 <u>않은</u> 것은? [4점]

① @   ② ⓑ   ③ ⓒ   ④ ⓓ   ⑤ ⓔ

21 윗글을 바르게 이해하지 <u>못한</u> 사람은? [4점]

① 지민: 대부분의 사람들은 자신에 대해 이야기하는 것을 좋아하는구나.

② 서진: 사람들에게 그들에 관한 질문을 해서 대화를 시작하면 안 되겠구나.

③ 지연: 많은 사람들이 다른 사람의 말을 잘 듣지 못하는구나.

④ 수미: 대화를 할 때, 상대방의 눈을 똑바로 쳐다보며 주의 깊게 들어야겠다.

⑤ 지호: 대화 중에 휴대 전화를 보거나 멍하니 있으면 안 되겠구나.

[22-24] 다음 글을 읽고, 물음에 답하시오.

Share common interests.

①You can't have a conversation by just listening. ②What can I do to be a good listener? ③What do you and your partner have in common? ④Do you both like sports? ⑤Then talk about your favorite baseball team.

Pay attention to the listener.

Sometimes people may not be interested in your topic. Don't say, "Hey, wake up!" or "Why aren't you listening to me?" Change the topic, or your partner will fall asleep. <u>다른 사람에게 말할 기회를 줘라.</u>

22 윗글의 밑줄 친 ①~⑤ 중 흐름상 <u>어색한</u> 것은? [4점]

①   ②   ③   ④   ⑤

서술형**6**

23 윗글의 밑줄 친 우리말과 같도록 괄호 안의 단어들을 바르게 배열하시오. [4점]

→ _____

(other, a, to, give, person, the, talk, chance)

서술형**7**

24 다음 상황에서 Emma가 John과 대화를 시작하려고 할 때 할 수 있는 질문을 2개 이상 쓰시오. [5점]

[조건]   1. 윗글의 조언을 따를 것
          2. 대소문자와 문장 부호를 정확히 쓸 것

A new school year began yesterday. Emma wants to talk with John. Emma is interested in movies. She knows John also likes watching movies.

_____

_____

서술형**8**

25 다음 만화의 장면 (B)에서 여학생이 적용한 'conversation tip'을 [보기]에서 골라 쓰시오. [4점]

Minho, what did you do last weekend?

I went to the Blue Boys concert.

That's interesting. Tell me more.

(A)   (B)

[보기]   • Give feedback.
          • Share common interests.
          • Pay attention to the listener.

→ _____

01 다음 중 짝 지어진 단어의 관계가 나머지와 <u>다른</u> 것은? [3점]

① gladly – happily
② active – passive
③ respond – answer
④ character – letter
⑤ chance – opportunity

서술형 **1**

02 다음 빈칸에 공통으로 들어갈 알맞은 단어를 쓰시오. [4점]

> • You should _____ useful information on your website.
> • I'm going to the _____ office to send this letter.

_____

03 다음 중 밑줄 친 부분의 우리말 뜻으로 알맞지 <u>않은</u> 것은? [3점]

① Tom wants to make up with his brother.
　　　　(~와 화해하다)
② Don't space out during class. (딴생각하다)
③ I ran into my English teacher on the street.
　　(~를 쫓아갔다)
④ I catch a cold every winter. (감기에 걸리다)
⑤ Mike and I have nothing in common.
　　　　(공통점이 하나도 없다)

04 다음 대화의 밑줄 친 말의 의도로 알맞은 것은? [4점]

> A: What can I do to make a lot of new friends?
> B: You can join a sports club.

① to say hello
② to give advice
③ to give suggestions
④ to ask for advice
⑤ to ask for information

05 다음 대화의 밑줄 친 말과 바꿔 쓸 수 있는 것은? [4점]

> A: Let's do something together on Sunday.
> B: Sounds great! <u>How about going to the movies?</u>
> A: Great idea!

① Are you going to the movies?
② Why do we go to the movies?
③ Why don't we go to the movies?
④ How often do you go to the movies?
⑤ What can we do to go to the movies?

[06-08] 다음 대화를 읽고, 물음에 답하시오.

> Brian: Hey, Mina, what's wrong?
> Mina: My best friend, Kate, is mad at me.
> Brian: That's ____ⓐ____. What happened?
> Mina: I said her new hairstyle was cute just like my dog's.
> Brian: No wonder she's ____ⓑ____ at you.
> Mina: Right. She won't talk to me.
> Brian: Yeah. She's probably really angry.
> Mina: <u>그녀와 화해하기 위해 내가 무엇을 할 수 있을까?</u>
> Brian: How about sending her a text?
> Mina: That sounds great. I'll do that.

06 위 대화의 빈칸 ⓐ와 ⓑ에 들어갈 말이 순서대로 짝 지어진 것은? [4점]

① great – poor
② great – angry
③ terrible – mad
④ terrible – nervous
⑤ impossible – angry

서술형 **2**

07 위 대화의 괄호 안에 주어진 단어들을 다음 우리말과 같도록 바르게 배열하시오. [4점]

→ _____?

　(I, do, make, to, up, with, what, can, her)

08 위 대화의 내용과 일치하지 <u>않는</u> 것을 <u>모두</u> 고르면? [4점]

① Mina is angry at Kate because Kate won't talk to her.
② Mina said Kate's new hairstyle looked like her dog's.
③ Brian can't understand why Kate is so angry at Mina.
④ Mina wants to make up with Kate.
⑤ Mina will send Kate a text.

[09-10] 다음 대화를 읽고, 물음에 답하시오.

A: Minsu, why are you so late?
B: Oh, I'm sorry, Amy. On the way, I ran into a foreigner.
A: Yes, and?
B: I had to take him to the subway station.
A: Why didn't you just tell him the directions?
B: He didn't speak English very well.
(A) *Talk Smart*? What kind of app is it?
(B) It changes one language to another. It's really helpful.
(C) Hmm... how about using the *Talk Smart* app next time?
(D) Really? I'll try it next time.

09 자연스러운 대화가 되도록 (A)~(D)를 순서대로 배열한 것은? [4점]

① (A)-(B)-(C)-(D) ② (A)-(B)-(D)-(C)
③ (B)-(D)-(A)-(C) ④ (C)-(A)-(B)-(D)
⑤ (C)-(B)-(A)-(D)

10 위 대화를 읽고 추론할 수 <u>없는</u> 것은? [4점]

① Minsu was late for the appointment with Amy.
② Minsu took the foreigner to the subway station.
③ The *Talk Smart* app can work in "airplane" mode.
④ The foreigner was not good at speaking English.
⑤ People can change one language to another by using the *Talk Smart* app.

11 다음 중 짝 지어진 대화가 <u>어색한</u> 것은? [4점]

① A: What should I do to stay healthy?
   B: You should exercise every day.
② A: How about volunteering at the library?
   B: Okay, I have other plans.
③ A: Let's recycle our used paper.
   B: Great idea!
④ A: What can I do to sleep better?
   B: You can drink warm milk before going to bed.
⑤ A: I'm so excited about the new school year.
   B: Me, too. It's going to be great!

12 다음 문장의 빈칸에 들어갈 말이 순서대로 짝 지어진 것은? [4점]

• Put on your jacket, _____ you will catch a cold.
• Don't try to hurry, _____ you will make a mistake.
• Exercise regularly, _____ you will stay healthy.

① or – or – or ② or – or – and
③ and – or – and ④ and – and – or
⑤ or – and – or

서술형 3

13 다음 우리말을 [조건]에 맞게 영작하시오. [4점]

> [조건]   1. give, something, eat을 반드시 사용할 것
> 2. 8단어로 쓸 것
> 3. 시제에 유의할 것

> 한 소녀가 그 개에게 먹을 것을 주었다.

→ _____

서술형 4

14 다음 두 문장의 의미가 같도록 할 때, 빈칸에 알맞은 말을 쓰시오. [4점]

> Unless you call her soon, she'll be worried about you.
> = _____, or _____.

15 다음 중 어법상 옳은 것은? [4점]

① I have a lot of friends to play.
② I need a big house to live.
③ You need some paper to write.
④ There are many places to visit in Paris.
⑤ This jacket has no pockets to put things.

서술형 5

16 다음 중 어법상 틀린 문장을 두 개 골라 기호를 쓰고, 바르게 고쳐 문장을 다시 쓰시오. [각 2점]

> ⓐ There are many chairs to sit on.
> ⓑ Study hard, you will pass the test.
> ⓒ Put on your boots, or your feet will get wet.
> ⓓ Is there delicious anything to eat in your house?

(_____) → _____

(_____) → _____

17 '소셜 미디어상에서의 예절'을 설명하는 다음 문장 중 빈칸에 들어갈 말이 나머지와 <u>다른</u> 것은? [4점]

① Respond quickly, _____ you will make many friends.
② Post useful information, _____ you will waste others' time.
③ Respect others' opinions, _____ you will make others angry.
④ Don't use rude language, _____ you will hurt others' feelings.
⑤ Don't use only capital letters, _____ you will sound like you're shouting.

[18-22] 다음 글을 읽고, 물음에 답하시오.

> The new school year is here! Are you nervous about talking to other students? Do you have trouble ⓐ(start) conversations? What about keeping conversations ⓑ(go)? Don't worry. Here ⓒ(be) five tips ⓓto become a better talker.
>
> **Start by asking interesting questions.**
>
>   Most people love to talk about themselves. So give them the chance. When you ask questions _____ people, they will answer gladly.
>
> **Be a good listener.**
>
>   Many people are poor listeners. So how can you be a good listener? Look people _____ the eye. Listen carefully _____ their words. Don't look _____ your cell phone or space out!

서술형 6

18 윗글의 괄호 안에 주어진 동사 ⓐ~ⓒ를 알맞은 형태로 바꿔 쓰시오. [각 2점]

ⓐ _____

ⓑ _____

ⓒ _____

19 윗글의 밑줄 친 ⓓ와 쓰임이 같은 것은? [4점]

① I want to be a great musician.
② I am studying hard to become a scientist.
③ Our goal is to stay healthy.
④ I don't have anything to wear.
⑤ I'm happy to meet you again.

20 윗글의 빈칸에 쓰이지 않는 것은? [3점]

① at   ② about   ③ in
④ to   ⑤ with

21 윗글은 누구에게 도움을 주고자 쓴 글인가? [3점]

① 발표를 잘하고 싶은 사람
② 성적을 향상시키고 싶은 사람
③ 대화를 잘하고 싶은 사람
④ 친구를 많이 사귀고 싶은 사람
⑤ 매사에 걱정이 많은 사람

22 윗글의 내용에 비추어 볼 때, 다음 질문에 대한 답으로 알맞지 않은 것은? [4점]

> How can we be good talkers?

① We can start by asking interesting questions.
② We should make eye contact with our partners.
③ We should listen carefully.
④ We shouldn't look at our cell phones when we listen to other people.
⑤ We should space out during the conversation.

[23-25] 다음 글을 읽고, 물음에 답하시오.

> _____ ⓐ _____
>
> You can't have a conversation by just listening. What do you and your partner have in common? Do you both like sports? Then talk about your favorite baseball team.
>
> _____ ⓑ _____
>
> Sometimes people may not be interested in your topic. Don't say, "Hey, wake up!" or "Why aren't you listening to me?" Change the topic, or your partner will fall asleep. Give the other person a chance to talk.

서술형**7**

23 윗글의 빈칸 ⓐ와 ⓑ에 들어갈 주제문을 [조건]에 맞게 쓰시오. [각 3점]

> [조건] 1. 명령문으로 쓸 것
>   2. attention, interests, share, pay를 포함하여 쓸 것
>   3. ⓐ는 3단어로, ⓑ는 5단어로 쓸 것

ⓐ _____
ⓑ _____

24 윗글의 내용과 일치하는 않는 것은? [3점]

① 잘 듣는 것만으로 좋은 대화를 할 수는 없다.
② 공통의 관심사로 대화를 하는 것이 좋다.
③ 상대방이 대화 주제에 관심이 없을 수도 있다.
④ 상대방이 지루해 한다고 해서 대화 주제를 바꾸면 안 된다.
⑤ 상대방이 지루해 하면 상대방에게 말할 기회를 주는 것도 좋다.

서술형**8**

25 다음 상황에 처한 소라에게 해 줄 조언으로 알맞은 말을 윗글에서 찾아 모두 쓰시오. [5점]

> Sora: When I have a conversation with my friends, they often look bored. I think they are not interested in my topics. What should I do?

(1) _____
(2) _____

서술형 1

01 다음 영어 뜻풀이 모두에 해당하는 단어를 주어진 철자로 시작하여 쓰시오. [3점]

- a letter, number, or other symbol that is written or printed
- a person in a book, play, film, etc.

c_____

02 다음 중 밑줄 친 단어를 괄호 안의 단어로 바꿔 쓸 수 없는 것은? [3점]

① I will give him another chance.
(→ opportunity)
② If you ask questions, I will answer gladly.
(→ happily)
③ A dictionary is very useful in studying a language.
(→ helpful)
④ I asked him his name, but he didn't respond.
(→ respect)
⑤ My mom was mad at me because I didn't tell the truth. (→ angry)

03 다음 문장의 빈칸에 들어갈 말이 순서대로 짝 지어진 것은? [4점]

- The students should _____ attention to the teacher.
- You should not _____ out when I talk to you.
- If you listen to soft music, you will _____ asleep easily.

① make – fall – put
② make – space – be
③ pay – wake – have
④ have – put – fall
⑤ pay – space – fall

서술형 2

04 다음 글의 내용과 일치하도록 대화를 완성하시오. [5점]

Dan wants to manage his time better. He asks Sumi for advice. Sumi suggests that he should make a weekly plan and make a to-do list. He likes her ideas.

Sumi: Daniel, what's wrong?
Dan: I didn't finish my homework in time again.
(1) _____
Sumi: How about making a weekly plan?
Dan: (2) _____
Sumi: (3) _____
Dan: That's a great idea! I'll try them right now.

[05-06] 다음 대화를 읽고, 물음에 답하시오.

A: Mike, did you join any clubs?
B: Yes, I joined the singing club.
A: Oh, I see.
B: What's wrong, Jenny?
A: I'm the president of the magic club. But I only have two members.
B: Oh, no. That's terrible.
A: What can I do to get more members?
B: Why don't you post an ad on the school bulletin board?
A: That's a good idea. I'll do it right away.

05 위 대화를 읽고, 답할 수 없는 질문은? [4점]

① What club did Mike join?
② Who is the president of the magic club?
③ How many members are there in the magic club?
④ Why does Mike post an ad for the magic club?
⑤ What will Jenny do after this conversation?

서술형 3

06 위 대화의 밑줄 친 말을 [조건]에 맞게 바꿔 쓰시오. [4점]

> [조건] 1. how를 사용할 것
>   2. 대소문자와 문장 부호를 정확히 쓸 것

→ _____

[07-09] 다음 대화를 읽고, 물음에 답하시오.

A: Hey, Mina, what's _____?
B: My best friend, Kate, is mad at me.
A: That's _____. What happened?
B: I said her new hairstyle was cute just _____ my dog's.
A: No _____ she's mad at you.
B: Right. She won't talk to me.
A: Yeah. She's probably really angry.
B: What can I do to make up with her?
A: How about sending her a text?
B: _____ ⓐ _____ I'll do that.

07 위 대화의 빈칸에 쓰이지 <u>않는</u> 것은? [3점]

① like   ② great   ③ wrong
④ wonder   ⑤ terrible

서술형 4

08 위 대화의 빈칸 ⓐ에 들어갈 말을 네 단어로 쓰시오. [4점]

→ _____

서술형 5

09 위 대화의 내용과 일치하도록 빈칸에 알맞은 말을 쓰시오. [5점]

> Mina's best friend, Kate, is angry at her because she _____ _____. Mina will _____ to make up with Kate.

10 다음 중 짝 지어진 대화가 <u>어색한</u> 것은? [4점]

① A: What does this Chinese character mean?
   B: Hmm... I don't know. How about asking the teacher?
② A: What should I do to sleep better?
   B: Why don't you drink warm milk before going to bed?
③ A: I'm so excited about the new school year.
   B: Me, too. It's going to be great!
④ A: Let's do something together on Thursday.
   B: Sounds great! What do you want to do?
⑤ A: What can I do to improve my English?
   B: Why do you read an English book every month?

서술형 6

11 다음 중 어법상 틀린 문장을 모두 찾아 기호를 쓰고, 바르게 고쳐 문장을 다시 쓰시오. [각 2점]

> ⓐ I don't have anything to wear.
> ⓑ I have a plan to go to New York this summer.
> ⓒ He has no time taking a rest.
> ⓓ I don't have enough time finish the report.
> ⓔ This jacket has no pockets to put things.

(_____) → _____
(_____) → _____
(_____) → _____

12 다음 문장과 의미가 같은 것을 모두 고르면? [4점]

Leave now, or you will miss the train.

① If you leave now, you will miss the train.
② If you don't leave now, you will miss the train.
③ If you don't leave now, you won't miss the train.
④ Unless you leave now, you will miss the train.
⑤ Unless you don't leave now, you will miss the train.

13 다음 중 어법상 틀린 것은? [4점]

① He bought a big house to live in.
② We don't have any spoons to eat with.
③ There are many chairs to sit on in the room.
④ She thought of some topics to discuss about.
⑤ There are many places to visit in Seoul.

14 다음 중 빈칸에 들어갈 말이 같은 것끼리 짝 지어진 것은? [4점]

• Get some sleep, ___ⓐ___ you will feel better.
• Hurry up, ___ⓑ___ you'll be late for school.
• Be kind to your friends, ___ⓒ___ they'll be nice to you.
• Eat a lot of vegetables, ___ⓓ___ you will be healthy.

① ⓐ, ⓑ   ② ⓐ, ⓑ, ⓒ   ③ ⓐ, ⓒ, ⓓ
④ ⓑ, ⓒ   ⑤ ⓑ, ⓒ, ⓓ

15 다음 빈칸 ⓐ~ⓔ에 들어갈 말로 알맞지 않은 것은? [3점]

___ⓐ___ an umbrella with you, ___ⓑ___ you will get wet.
= ___ⓒ___ you ___ⓓ___ take an umbrella with you, you will get wet.
= ___ⓔ___ you take an umbrella with you, you will get wet.

① ⓐTake   ② ⓑor   ③ ⓒIf
④ ⓓdon't   ⑤ ⓔIf

서술형7

16 다음 우리말과 같도록 괄호 안의 단어들을 사용하여 문장을 쓰시오. (단, 7단어로 쓸 것) [4점]

나는 이야기할 재미있는 것이 있다.
(interesting, something, talk)

→ _____

[17-18] 다음 글을 읽고, 물음에 답하시오.

The new school year is here! Are you nervous about talking to other students? Do you have trouble to start conversations? What about keeping conversations going? Don't worry. Here are five tips.

17 윗글 다음에 이어질 내용으로 가장 알맞은 것은? [4점]

① how to respect others
② how to be a better talker
③ how to introduce yourself
④ how to make new friends
⑤ how to prepare for the new school year

서술형8

18 윗글에서 어법상 틀린 문장을 찾아 바르게 문장을 다시 쓰시오. [4점]

→ _____

[19-21] 다음 글을 읽고, 물음에 답하시오.

Give feedback.

Be an active listener. Nod your head from time to time. You can say little things like, _____. You can also say something like, _____. Giving feedback shows that you're listening.

Share common interests.

You can't have a conversation by just listening. What do you and your partner have in common? Do you both like sports? Then talk about your favorite baseball team.

19 윗글의 빈칸에 들어갈 수 있는 예시로 알맞은 것을 <u>모두</u> 고른 것은? [4점]

> ⓐ Cool! ⓑ Hey, wake up!
> ⓒ That's interesting. ⓓ I'm talking too much.
> ⓔ What's up? ⓕ Wow! Tell me more.

① ⓐ, ⓒ ② ⓐ, ⓒ, ⓕ ③ ⓑ, ⓓ, ⓔ
④ ⓒ, ⓓ, ⓕ ⑤ ⓒ, ⓕ

20 다음 영어 뜻풀이에 해당하는 단어 중 윗글에서 찾을 수 <u>없</u>는 것은? [4점]

① not good at something
② a talk between people
③ making an effort and not leaving something to happen by itself
④ advice, criticism, or information about how good something is
⑤ to move your head up and down as a way of answering "yes"

서술형 **9**

21 다음 상황에 처한 Tony에게 해 줄 조언을 윗글에 쓰인 표현을 사용하여 한 문장으로 쓰시오. [5점]

> **Tony:** When I have a conversation with a friend, I usually listen. I don't know what to talk about. I'm worried that my friend isn't interested in my topic. What should I do?

_____

[22-24] 다음 글을 읽고, 물음에 답하시오.

Sometimes people may not be ___ⓐ___ in your topic. Don't say, "Hey, wake up!" or "Why aren't you listening to me?" ⓑChange the topic, or your partner will fall asleep. Give the other person a chance ⓒto talk.

Practice these tips, and you will soon be a great talker. Put others first, and everyone will want to talk with you.

22 윗글의 빈칸 ⓐ에 들어갈 interest의 형태로 알맞은 것은? [3점]

① interest ② interesting ③ interests
④ interested ⑤ to interest

서술형 **10**

23 윗글의 밑줄 친 ⓑ와 의미가 같도록 if를 사용하여 문장을 바꿔 쓰시오. [4점]

→ _____

24 윗글의 밑줄 친 ⓒto talk와 쓰임이 같은 것은? [4점]

① I don't want to talk about it.
② It's time to talk about it.
③ I will go there to talk about it.
④ He doesn't know how to talk with others.
⑤ It's not easy to talk with others.

25 다음 글의 내용과 일치하지 <u>않는</u> 것은? [4점]

> **Facelook Manners**
> 1. Respect others' opinions, and you will make many friends.
> 2. Post useful information, or you will waste others' time.
> 3. Don't use only capital letters, or you will sound like you're shouting.

① If you respect others' opinions, you will make many friends.
② If you don't post useful information, you will waste others' time.
③ Unless you post useful information, you will waste others' time.
④ If you use only capital letters, you will sound like you're shouting.
⑤ Unless you use only capital letters, you will sound like you're shouting.

● 틀린 문항을 표시해 보세요.

● 부족한 영역을 점검해 보고 어떻게 더 학습할지 학습 계획을 적어 보세요.

〈제1회〉 대표 기출로 내신 **적중** 모의고사　　　총점 _____ / 100

문항	영역	문항	영역	문항	영역
01	p.10(W)	10	p.15(L&S)	19	pp.30-31(R)
02	p.8(W)	11	p.15(L&S)	20	pp.30-31(R)
03	p.10(W)	12	p.22(G)	21	pp.30-31(R)
04	p.13(L&S)	13	p.23(G)	22	pp.30-31(R)
05	p.15(L&S)	14	p.23(G)	23	pp.30-31(R)
06	p.14(L&S)	15	p.22(G)	24	pp.30-31(R)
07	p.15(L&S)	16	p.22(G)	25	pp.30-31(R)
08	p.15(L&S)	17	p.22(G)		
09	p.15(L&S)	18	p.44(M)		

오답 공략
부족한 영역
학습 계획

〈제2회〉 대표 기출로 내신 **적중** 모의고사　　　총점 _____ / 100

문항	영역	문항	영역	문항	영역
01	p.10(W)	10	p.15(L&S)	19	pp.30-31(R)
02	p.8(W)	11	p.15(L&S)	20	pp.30-31(R)
03	p.8(W)	12	p.22(G)	21	pp.30-31(R)
04	p.13(L&S)	13	p.23(G)	22	pp.30-31(R)
05	p.13(L&S)	14	p.22(G)	23	pp.30-31(R)
06	p.14(L&S)	15	p.23(G)	24	pp.30-31(R)
07	p.14(L&S)	16	p.22(G)	25	p.44(M)
08	p.14(L&S)	17	p.23(G)		
09	p.14(L&S)	18	p.22(G)		

오답 공략
부족한 영역
학습 계획

〈제3회〉 대표 기출로 내신 **적중** 모의고사　　　총점 _____ / 100

문항	영역	문항	영역	문항	영역
01	p.10(W)	10	p.15(L&S)	19	pp.30-31(R)
02	p.8(W)	11	p.13(L&S)	20	pp.30-31(R)
03	p.8(W)	12	p.23(G)	21	pp.30-31(R)
04	p.13(L&S)	13	p.22(G)	22	pp.30-31(R)
05	p.13(L&S)	14	p.23(G)	23	pp.30-31(R)
06	p.15(L&S)	15	p.22(G)	24	pp.30-31(R)
07	p.15(L&S)	16	pp.22-23(G)	25	pp.30-31(R)
08	p.15(L&S)	17	p.44(M)		
09	p.15(L&S)	18	pp.30-31(R)		

오답 공략
부족한 영역
학습 계획

〈제4회〉 고난도로 내신 **적중** 모의고사　　　총점 _____ / 100

문항	영역	문항	영역	문항	영역
01	p.10(W)	10	p.13(L&S)	19	pp.30-31(R)
02	p.8(W)	11	p.22(G)	20	pp.30-31(R)
03	p.8(W)	12	p.23(G)	21	pp.30-31(R)
04	p.13(L&S)	13	p.22(G)	22	pp.30-31(R)
05	p.14(L&S)	14	p.23(G)	23	pp.30-31(R)
06	p.14(L&S)	15	p.23(G)	24	pp.30-31(R)
07	p.15(L&S)	16	p.22(G)	25	p.44(M)
08	p.15(L&S)	17	pp.30-31(R)		
09	p.15(L&S)	18	pp.30-31(R)		

오답 공략
부족한 영역
학습 계획

Lesson
2

Close to You

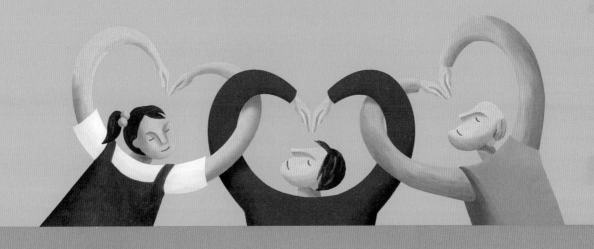

주요 학습 내용	의사소통 기능	확신 말하기	A: Sam plays the guitar really well. (Sam은 기타를 정말 잘 쳐.) B: **I'm sure** he will get first place in the contest. (나는 그가 대회에서 일등을 할 거라고 확신해.)
		성격 묘사하기	A: **What is** she **like**? (그녀는 성격이 어떠니?) B: She is active and outgoing. (그녀는 활동적이고 외향적이야.)
	언어 형식	현재완료	My father **has been** invisible since last night. (우리 아버지가 어젯밤부터 보이지 않는다.)
		동사+목적어+to부정사	We **asked** the doctor **to help** us. (우리는 의사에게 도와 달라고 요청했다.)

학습 단계 PREVIEW	STEP **A**	Words	Listen & Speak	Grammar	Reading	기타 지문
	STEP **B**	Words	Listen & Speak	Grammar	Reading	서술형 100% TEST
	내신 적중 모의고사	제 1 회	제 2 회	제 3 회	제 4 회	

Words

만점 노트

☆ 자주 출제되는 어휘

* 완벽히 외운 단어는 □ 안에 √ 표 해 봅시다.

Listen & Speak

□□ arrive	통 도착하다 (↔ leave)	□□ intelligent	형 똑똑한, 영리한
□□ caring	형 배려하는, 보살피는	□□ in time	시간 맞춰, 늦지 않게
□□ creative	형 창조적인, 창의적인	□□ invite ~ over for dinner	저녁 식사에 ~를 초대하다
□□ far	부 멀리	□□ look for	~을 찾다
□□ friendly	형 친절한, 상냥한	□□ make friends	친구를 사귀다
□□ get first place☆	일등을 하다	□□ outgoing	형 외향적인, 사교적인 (= sociable)
□□ grade☆	명 성적, 학년	□□ patient	형 참을성이 있는
□□ hard-working	형 근면한	□□ race	명 경주
□□ helpful	형 도움이 되는	□□ responsible	형 책임감 있는
□□ honest	형 정직한 (↔ dishonest)	□□ these days	요즘
□□ humorous	형 재미있는, 익살스러운	□□ thin	형 마른
□□ in front of☆	~의 앞에	□□ tidy	형 깔끔한 (↔ untidy)

Reading

□□ appear☆	통 나타나다 (↔ disappear)	□□ jump up and down	펄쩍펄쩍 뛰다
□□ a sea of ~	~의 바다, 다량의 ~	□□ miss	통 그리워하다
□□ attention	형 주의, 주목, 관심	□□ normal	형 평범한, 정상적인
□□ awful☆	형 끔찍한 (= terrible)	□□ pass	통 건네주다
□□ banker	명 은행원	□□ pretty	부 꽤, 상당히
□□ be busy with☆	~로 바쁘다	□□ promise	통 약속하다
□□ crazy	형 말도 안 되는	□□ reply	통 대답하다
□□ disappear☆	통 사라지다	□□ shake	통 (고개를) 흔들다 (shook-shaken)
□□ do one's own thing	자기가 하고 싶은 일을 하다	□□ shout	통 소리치다 (= yell)
□□ feed	통 먹이를 주다	□□ since☆	전 ~부터, ~ 이후로
□□ happen	통 발생하다, 벌어지다	□□ tear	명 눈물, 울음
□□ hug	통 껴안다	□□ text	통 문자를 보내다
□□ in a few moments☆	곧	□□ work	명 직장
□□ invisible☆	형 보이지 않는 (↔ visible)	□□ yell	통 소리치다

Language Use

□□ abroad	부 해외로	□□ experience	명 경험
□□ charity	명 자선 단체	□□ turn off	~을 끄다
□□ donate	통 기부하다	□□ water	통 물을 주다

Think and Write · Project

| □□ joke | 명 농담 | □□ secret | 명 비밀 |

A 다음 단어의 우리말 뜻을 쓰시오.

01 reply _____

02 hug _____

03 crazy _____

04 shout _____

05 tear _____

06 appear _____

07 happen _____

08 normal _____

09 pretty _____

10 awful _____

11 promise _____

12 grade _____

13 invisible _____

14 attention _____

15 patient _____

16 disappear _____

17 friendly _____

18 humorous _____

19 responsible _____

20 banker _____

B 다음 우리말에 해당하는 영어 단어를 쓰시오.

21 그리워하다 _____

22 문자를 보내다 _____

23 도착하다 _____

24 깔끔한 _____

25 ~부터, ~ 이후로 _____

26 건네주다 _____

27 (고개를) 흔들다 _____

28 먹이를 주다 _____

29 도움이 되는 _____

30 기부하다 _____

31 똑똑한, 영리한 _____

32 근면한 _____

33 멀리 _____

34 외향적인, 사교적인 _____

35 해외로 _____

36 비밀 _____

37 배려하는, 보살피는 _____

38 자선 단체 _____

39 창조적인, 창의적인 _____

40 농담 _____

C 다음 영어 표현을 우리말로 쓰시오.

01 jump up and down _____

02 turn off _____

03 in time _____

04 get first place _____

05 be busy with _____

06 in a few moments _____

07 in front of _____

08 do one's own thing _____

영어 뜻풀이

☐☐ **arrive**	도착하다	to get to the place you are going to
☐☐ **awful**	끔찍한	terrible
☐☐ **banker**	은행원	someone who owns a bank or has an important job at a bank
☐☐ **crazy**	말도 안 되는	very strange or unusual
☐☐ **disappear**	사라지다	to pass out of sight
☐☐ **feed**	먹이를 주다	to give food to a person or an animal
☐☐ **grade**	학년	one of the levels of school that lasts one year
☐☐ **hard-working**	근면한	putting a lot of effort into something
☐☐ **hug**	껴안다	to put your arms around someone to show love or friendship
☐☐ **invisible**	보이지 않는	not able to be seen
☐☐ **joke**	농담	something that you say or do to make people laugh
☐☐ **moment**	잠깐, 잠시	a very short period of time
☐☐ **normal**	평범한, 정상적인	usual, not strange
☐☐ **patient**	참을성이 있는	able to wait for a long time or accept difficulties
☐☐ **promise**	약속하다	to tell someone that you will or will not do something
☐☐ **secret**	비밀	something that is not told to others
☐☐ **shake**	(고개를) 흔들다	to turn your head from side to side saying "no"
☐☐ **shout**	소리치다	to say something very loudly
☐☐ **tear**	눈물, 울음	a drop of liquid that comes out of your eye when you cry
☐☐ **yell**	소리치다	to shout or say something very loudly
☐☐ **text**	문자를 보내다	to send someone a written message on a mobile phone

단어의 의미 관계

● 유의어
awful = terrible (끔찍한)
outgoing = sociable (외향적인, 사교적인)
reply = answer (대답하다)
shout = yell (소리치다)

● 반의어
arrive (도착하다) ↔ leave (출발하다)
appear (나타나다) ↔ disappear (사라지다)
honest (정직한) ↔ dishonest (정직하지 않은)
invisible (보이지 않는) ↔ visible (보이는)
tidy (깔끔한) ↔ untidy (깔끔하지 않은)

● 명사 – 형용사
friend (친구) – friendly (친절한, 상냥한)
humor (유머, 익살) – humorous (재미있는, 익살스러운)

다의어

● **grade** 1. 형 학년 2. 형 성적
1. Tom is in the second **grade**. Tom은 2학년이다.
2. She got a good **grade** in Math.
그녀는 수학에서 좋은 성적을 받았다.

● **patient** 1. 형 참을성이 있는 2. 명 환자
1. My sister is **patient**. 내 여동생은 참을성이 있다.
2. He is a **patient** in this hospital.
그는 이 병원의 환자이다.

● **pretty** 1. 부 꽤, 상당히 2. 형 예쁜
1. She speaks English **pretty** well.
그녀는 영어를 꽤 잘 말한다.
2. My sister is **pretty**. 내 여동생은 예쁘다.

Words Plus

연습 문제

A 다음 뜻풀이에 알맞은 말을 [보기]에서 골라 쓴 후, 우리말 뜻을 쓰시오.

[보기]	arrive	banker	hug	invisible	normal	promise	shake	tear

1 _____ : to turn your head from side to side saying "no" : _____
2 _____ : to tell someone that you will or will not do something : _____
3 _____ : a drop of liquid that comes out of your eye when you cry : _____
4 _____ : to put your arms around someone to show love or friendship : _____
5 _____ : someone who owns a bank or has an important job at a bank : _____
6 _____ : to get to the place you are going to : _____
7 _____ : usual, not strange : _____
8 _____ : not able to be seen : _____

B 다음 짝 지어진 두 단어의 관계가 같도록 빈칸에 알맞은 말을 쓰시오.

1 arrive : leave = appear : _____
2 dishonest : honest = untidy : _____
3 outgoing : sociable = terrible : _____
4 humor : humorous = friend : _____
5 answer : reply = shout : _____

C 다음 빈칸에 알맞은 말을 [보기]에서 골라 쓰시오.

[보기]	abroad	donate	happen	normal	reply

1 Hot weather is _____ in summer.
2 I asked him his name, but he didn't _____.
3 Many accidents _____ because of careless driving.
4 If you want to help poor children, you can _____ your old toys.
5 She wants to learn other languages and cultures, so she will study _____.

D 다음 우리말과 같도록 빈칸에 알맞은 말을 쓰시오.

1 그 논은 황금 물결의 바다처럼 보인다.
   → The rice field looks like _____ _____ _____ golden waves.
2 너는 인터넷을 통해 친구를 사귈 수 있다. → You can _____ _____ through the Internet.
3 문 앞에 어린 소년이 있다. → There is a young boy _____ _____ _____ the door.
4 학생들은 자신이 하고 싶은 일을 할 수 있다.
   → The students can _____ _____ _____ _____.
5 무언가 먹을 것을 찾아 보자. → Let's _____ _____ something to eat.

W Words
실전 TEST

01 다음 중 단어의 성격이 <u>다른</u> 하나는?

① responsible　　② creative
③ honest　　④ humorous
⑤ thin

02 다음 영어 뜻풀이에 해당하는 단어를 주어진 철자로 시작하여 쓰시오.

to get to the place you are going to

→ a_____

03 다음 빈칸에 공통으로 들어갈 말로 알맞은 것은?

- There was a police car in front _____ the house.
- When my dog died, my family was a sea _____ tears.

① in　　② of　　③ off
④ on　　⑤ with

04 다음 중 밑줄 친 부분의 우리말 뜻으로 알맞지 <u>않은</u> 것은?

① That sounds <u>pretty</u> interesting. (꽤, 상당히)
② The weather last summer was <u>awful</u>. (괜찮은)
③ I'll <u>text</u> you when I get home. (문자를 보내다)
④ She's very <u>patient</u> with young children.
　(참을성이 있는)
⑤ Traveling <u>abroad</u> is a wonderful experience.
　(해외로)

05 다음 문장의 빈칸에 들어갈 말이 순서대로 짝 지어진 것은?

- He is very busy _____ his homework.
- She lost her bag. Let's look _____ it.

① be – have　　② get – make
③ make – get　　④ look – turn
⑤ with – for

06 다음 문장의 밑줄 친 단어와 같은 의미로 쓰인 것은?

She is in the third <u>grade</u>.

① Schools teach reading in the first <u>grade</u>.
② She got a good <u>grade</u> on the exam.
③ My science <u>grade</u> was always very high.
④ My <u>grade</u> isn't good, but I passed.
⑤ Carol got a <u>grade</u> A in math.

07 다음 우리말과 같도록 빈칸에 알맞은 말을 쓰시오.

Hurry up, and you will arrive _____

_____.

(서둘러라, 그러면 너는 시간 맞춰 도착할 것이다.)

1 확신 말하기

A: Sam plays the guitar really well.

B: **I'm sure** he will get first place in the contest.

Sam은 기타를 정말 잘 쳐.

나는 그가 대회에서 일등을 할 거라고 확신해.

「I'm sure (that)+주어+동사 ~.」는 '나는 ~을 확신해.'라는 의미로 확신을 말할 때 사용하는 표현이다. 상대방에게 확신하는지 물을 때에는 Are you sure? 또는 Are you sure about ~?이라고 말한다.

e.g. • A: I have an English speaking test tomorrow.

나는 내일 영어 말하기 시험이 있어.

• B: **I'm sure** you will do well. 나는 네가 잘할 거라고 확신해.

I'm certain (that) you will do well.

I'm quite(fairly) sure you will do well. 나는 네가 잘할 것이라고 상당히 확신해.

중요! sure 뒤에서 명사절을 이끄는 that은 주로 생략해요.

> **시험 포인트** **point**
> 미래의 일에 대한 확신을 말하는 표현을 쓰는 문제가 자주 출제돼요. 미래의 일이므로 sure 다음에 「주어+will+동사」의 어순으로 쓴다는 것에 유의하세요.

2 성격 묘사하기

A: **What is** she **like**?

B: She is active and outgoing.

그녀는 성격이 어떠니?

그녀는 활동적이고 외향적이야.

「What is+주어+like?」는 사람의 성격을 물을 때 사용하는 표현이다. 이에 답할 때는 성격을 묘사하는 형용사(kind, shy, quiet, nice, funny, active, friendly, humorous, outgoing 등)를 사용하여 He/She is ~.로 답한다.

e.g. • A: **What is** he **like**? 그는 성격이 어떠니?

What is his **personality**?

• B: He is very friendly and humorous. 그는 매우 친절하고 재미있어.

He is responsible and tidy. 그는 책임감 있고 깔끔해.

He is creative and intelligent. 그는 창의적이고 영리해.

He is helpful and hard-working. 그는 도움이 되고 근면해.

He is shy, but he is very kind. 그는 수줍음이 많지만, 매우 친절해.

> **시험 포인트** **point**
> 성격을 말하는 응답을 보고 적절한 질문을 고르는 문제가 자주 출제돼요. 외모를 묻는 표현인 What does he/she look like? 를 고르지 않도록 주의하세요.

L&S

Listen & Speak

만점 노트

대화문 해석 보기 >> 90~91쪽

주요 표현
구문 해설

STEP A

Listen and Speak 1-A

교과서 28쪽

G: Can we arrive ❶ in time?

B: Of course. The train leaves ❷ at 5:10.

G: But ❸ it's already 4:30.

B: The train station isn't very ❹ far from here. ❺ I'm sure we'll arrive there before 5.

Q1 지금 시각은 몇 시인가요?

❶ 시간 맞춰, 늦지 않게

❷ 구체적인 시각 앞에는 전치사 at을 쓴다.

❸ 시간을 나타내는 비인칭 주어

❹ (거리가) 먼

❺ 「I'm sure + 주어 + 동사 ~.」: '나는 ~을 확신해.'라는 뜻의 확신을 나타내는 표현

Listen and Speak 1-B

교과서 28쪽

G: Hey, Minsu. ❶ What's up? You ❷ look so worried.

B: The English speaking test is this afternoon.

G: Don't worry. You practiced ❸ a lot.

B: But I ❹ get so nervous when I'm ❺ in front of the teacher.

G: ❻ Everybody does. ❼ I'm sure you'll do well.

B: Do you really think so?

G: Of course. You are a great English speaker.

B: Thanks. I feel ❽ much better now.

Q2 민수는 무엇을 걱정하고 있나요?

Q3 How does Minsu feel when he's in front of the teacher? → He feels _____.

❶ '무슨 일이니?'라는 뜻의 안부를 묻는 표현

❷ look + 형용사: ~해 보이다

❸ 많이

❹ get + 형용사: ~해지다

❺ ~의 앞에

❻ everybody는 3인칭 단수로 취급하여 3인칭 동사 does가 뒤에 오고, does는 앞의 get so nervous를 대신한다.

❼ 「I'm sure + 주어 + 동사 ~.」로 확신을 나타내는 표현

❽ much는 '훨씬'이라는 뜻으로 비교급을 수식한다.

Listen and Speak 1-C

교과서 28쪽

A: Sam plays the guitar really well.

B: Yeah, I'm sure he will ❶ get first place in the contest.

A: I think so, ❷ too.

Q4 밑줄 친 문장을 우리말로 해석하시오.

❶ get first place: 일등을 하다

❷ 역시, 또한

Listen and Speak 2-A

교과서 29쪽

B: ❶ Who's that?

G: He's my new badminton ❷ coach.

B: He's very tall and handsome. ❸ What is he like?

G: ❹ He is very friendly and humorous. I like him a lot.

Q5 What does the girl's new badminton coach look like?

❶ 저 사람은 누구니?

❷ (운동선수의) 코치

❸ 「What is + 주어 + like?」: '(~는) 성격이 어떠니?'라는 뜻의 성격을 묻는 표현

❹ 성격을 나타내는 형용사 friendly(친절한)와 humorous(재미있는)로 대답

Listen and Speak 2-B

교과서 29쪽

M: Sue, ❶ how do you like your school ❷ these days?

G: I like it ❸ a lot, Dad. I already ❹ made two new friends, Rosa and Mike.

M: ❺ Happy to hear that. How did you become friends?

G: We all love English. We are also in the same club.

M: That's great. ❻ What are they like?

G: Rosa is very kind.

M: ❼ How about Mike?

G: He is outgoing.

M: ❽ Why don't you ❾ invite them over for dinner?

G: Okay, Dad.

Q6 Sue는 Rosa와 Mike와 어떻게 친구가 되었는지 우리말로 쓰시오.

Q7 What is Mike's personality?

❶ How do you like ~?: '~는 어떠니?'라는 뜻의 의견을 묻는 표현

❷ 요즘

❸ 많이

❹ make friends: 친구를 사귀다

❺ '그 말을 들으니 기쁘다.'라는 뜻으로 감정의 원인을 나타내는 to부정사의 부사적 용법이 쓰였다.

❻ 성격을 묻는 표현

❼ = What is Mike like?

❽ 「Why don't you+동사원형 ~?」: '~하는 게 어때?'라는 뜻의 제안하는 표현

❾ invite ~ over for dinner: ~를 저녁 식사에 초대하다

Listen and Speak 2-C

교과서 29쪽

A: I'm ❶ looking for a new member for my dance club.

B: ❷ How about Jenny?

A: What is she like?

B: She is active and outgoing.

A: Thanks. I'll ❸ ask her.

Q8 Jenny의 성격이 어떤지 우리말로 쓰시오.

❶ look for: ~을 찾다

❷ '~는 어때?'라는 뜻의 제안하는 표현

❸ 묻다

Real Life Talk > Watch a Video

교과서 30쪽

Judy: Hojin, I'm ❶ looking for a singer for my school band.

Hojin: ❷ How about Junho Kim?

Judy: Junho Kim? ❸ Who's that?

Hojin: Oh, he's my classmate. He just ❹ moved to our school ❺ last week.

Judy: Is he a good singer?

Hojin: Yeah, he sings beautifully. ❻ I'm sure he will be perfect for your band.

Judy: ❼ Can you tell me more about him? ❽ What's he like?

Hojin: Well, he is very outgoing and friendly.

Judy: Great. Can I have his phone number?

Hojin: Sure.

Q9 What is Judy looking for?

Q10 When did Junho move to their school?

Q11 What's Junho like?

❶ look for: ~을 찾다

❷ '~는 어때?'라는 뜻의 제안하는 표현

❸ 저 사람은 누구니?

❹ move to our school: 우리 학교로 전학오다

❺ 지난주

❻ 「I'm sure+주어+동사 ~.」로 확신을 나타내는 표현

❼ Can you tell me more about ~?: '~에 관해 나에게 좀 더 말해 줄 수 있니?'라는 뜻의 추가적인 정보를 묻는 표현

❽ 「What is+주어+like?」로 성격을 묻는 표현

빈칸 채우기

우리말과 일치하도록 대화의 빈칸에 알맞은 말을 쓰시오.

주요 표현

1 Listen and Speak 1-A

해석

교과서 28쪽

G: Can we arrive _____ _____?

B: Of course. The train leaves at 5:10.

G: But it's already 4:30.

B: The train station isn't very far from here. _____ _____ we'll arrive there before 5.

G: 우리가 늦지 않게 도착할 수 있을까?

B: 물론이야. 기차는 5시 10분에 떠나.

G: 하지만 벌써 4시 30분이야.

B: 기차역은 여기서 많이 멀지 않아. 나는 우리가 5시 전에 거기에 도착할 거라고 확신해.

2 Listen and Speak 1-B

교과서 28쪽

G: Hey, Minsu. _____ _____? You look so worried.

B: The English speaking test is this afternoon.

G: Don't worry. You practiced a lot.

B: But _____ _____ _____ _____ when I'm in front of the teacher.

G: Everybody does. _____ _____ you'll do well.

B: Do you really think so?

G: Of course. You are a great English speaker.

B: Thanks. _____ _____ _____ _____ _____.

G: 안녕, 민수야. 무슨 일 있니? 정말 걱정스러워 보여.

B: 오늘 오후에 영어 말하기 시험이 있어.

G: 걱정하지 마. 너는 연습을 많이 했잖아.

B: 하지만 선생님 앞에 있으면 너무 긴장돼.

G: 누구나 그래. 나는 네가 잘할 거라고 확신해.

B: 정말 그렇게 생각해?

G: 물론이야. 너는 정말 영어를 잘해.

B: 고마워. 이제 기분이 훨씬 나아.

3 Listen and Speak 1-C

교과서 28쪽

A: Sam plays the guitar really well.

B: Yeah, _____ _____ he will _____ _____ _____ in the contest.

A: I think so, too.

A: Sam은 기타를 정말 잘 쳐.

B: 응. 나는 그가 대회에서 일등을 할 거라고 확신해.

A: 나도 그렇게 생각해.

4 Listen and Speak 2-A

교과서 29쪽

B: _____ _____?

G: He's my new badminton coach.

B: He's very tall and handsome. _____ _____ _____ _____?

G: He is very _____ and _____. I like him a lot.

B: 저분은 누구시니?

G: 그분은 새로운 우리 배드민턴 코치님이셔.

B: 정말 키가 크고 잘생기셨구나. 성격은 어떠시니?

G: 코치님은 정말 친절하고 재미있으셔. 나는 코치님이 정말 좋아.

5 Listen and Speak 2-B

교과서 29쪽

M: Sue, how do you like your school these days?

G: I like it a lot, Dad. I already made two new friends, Rosa and Mike.

M: _____ _____ _____ _____. How did you become friends?

G: We all love English. We are also in the same club.

M: That's great. _____ _____ _____ _____?

G: Rosa is very _____.

M: How about Mike?

G: He is _____.

M: Why don't you _____ them _____ _____ _____?

G: Okay, Dad.

해석

M: Sue, 요즘 학교는 어떠니?

G: 정말 좋아요, 아빠. 벌써 Rosa와 Mike라는 새 친구 두 명을 사귀었어요.

M: 그 말을 들으니 좋구나. 너희들은 어떻게 친구가 되었니?

G: 우리 모두는 영어를 정말 좋아해요. 우리는 같은 동아리에 있기도 해요.

M: 잘됐구나. 그 친구들은 성격이 어떠니?

G: Rosa는 아주 상냥해요.

M: Mike는 어떠니?

G: 그는 외향적이에요.

M: 그 친구들을 저녁 식사에 초대하는 게 어떠니?

G: 좋아요, 아빠.

6 Listen and Speak 2-C

교과서 29쪽

A: _____ _____ _____ a new member for my dance club.

B: How about Jenny?

A: _____ _____ _____ _____?

B: She is _____ and _____.

A: Thanks. I'll ask her.

A: 나는 댄스 동아리를 위한 새 회원을 찾고 있어.

B: Jenny는 어때?

A: 그녀는 성격이 어떠니?

B: 그녀는 활동적이고 외향적이야.

A: 고마워. 그녀에게 물어볼게.

7 Real Life Talk > Watch a Video

교과서 30쪽

Judy: Hojin, I'm looking for a singer for my school band.

Hojin: _____ _____ Junho Kim?

Judy: Junho Kim? _____ _____?

Hojin: Oh, he's my classmate. He just moved to our school last week.

Judy: Is he a good singer?

Hojin: Yeah, he sings beautifully. _____ _____ _____ _____ _____ perfect for your band.

Judy: _____ _____ _____ _____ more about him? What's he like?

Hojin: Well, he is very _____ and _____.

Judy: Great. Can I have his phone number?

Hojin: Sure.

Judy: 호진아, 나는 우리 학교 밴드에서 노래 부를 사람을 찾고 있어.

호진: 김준호는 어때?

Judy: 김준호? 그 애가 누구야?

호진: 오, 우리 반 친구야. 그는 지난주에 우리 학교로 막 전학 왔어.

Judy: 그는 노래를 잘하니?

호진: 응, 그는 아름답게 노래를 해. 너희 밴드에 꼭 맞을 거라고 확신해.

Judy: 그에 관해 좀 더 말해 줄 수 있니? 그는 성격이 어떠니?

호진: 음, 그는 아주 외향적이고 친절해.

Judy: 잘됐네. 그의 전화번호를 알 수 있을까?

호진: 물론이지.

Listen & Speak
대화 순서 배열하기

자연스러운 대화가 되도록 순서를 바르게 배열하시오.

1 Listen and Speak 1-A

교과서 28쪽

ⓐ Of course. The train leaves at 5:10.
ⓑ The train station isn't very far from here. I'm sure we'll arrive there before 5.
ⓒ Can we arrive in time?
ⓓ But it's already 4:30.

( ) – ( ) – ( ) – ( )

2 Listen and Speak 1-B

교과서 28쪽

ⓐ Of course. You are a great English speaker.
ⓑ The English speaking test is this afternoon.
ⓒ But I get so nervous when I'm in front of the teacher.
ⓓ Hey, Minsu. What's up? You look so worried.
ⓔ Don't worry. You practiced a lot.
ⓕ Do you really think so?
ⓖ Thanks. I feel much better now.
ⓗ Everybody does. I'm sure you'll do well.

(ⓓ) – ( ) – ( ) – (ⓒ) – ( ) – ( ) – (ⓐ) – ( )

3 Listen and Speak 1-C

교과서 28쪽

ⓐ Yeah, I'm sure he will get first place in the contest.
ⓑ I think so, too.
ⓒ Sam plays the guitar really well.

( ) – ( ) – ( )

4 Listen and Speak 2-A

교과서 29쪽

ⓐ He's my new badminton coach.
ⓑ Who's that?
ⓒ He is very friendly and humorous. I like him a lot.
ⓓ He's very tall and handsome. What is he like?

( ) – ( ) – ( ) – ( )

5 Listen and Speak 2-B

ⓐ We all love English. We are also in the same club.

ⓑ How about Mike?

ⓒ I like it a lot, Dad. I already made two new friends, Rosa and Mike.

ⓓ Why don't you invite them over for dinner?

ⓔ That's great. What are they like?

ⓕ Happy to hear that. How did you become friends?

ⓖ He is outgoing.

ⓗ Sue, how do you like your school these days?

ⓘ Okay, Dad.

ⓙ Rosa is very kind.

(ⓗ) – ( ) – (①) – ( ) – (ⓔ) – ( ) – ( ) – (ⓖ) – ( ) – ( )

6 Listen and Speak 2-C

ⓐ How about Jenny?

ⓑ She is active and outgoing.

ⓒ I'm looking for a new member for my dance club.

ⓓ What is she like?

ⓔ Thanks. I'll ask her.

( ) – ( ) – ( ) – ( ) – ( )

7 Real Life Talk > Watch a Video

ⓐ Is he a good singer?

ⓑ Hojin, I'm looking for a singer for my school band.

ⓒ Junho Kim? Who's that?

ⓓ Well, he is very outgoing and friendly.

ⓔ Oh, he's my classmate. He just moved to our school last week.

ⓕ Sure.

ⓖ How about Junho Kim?

ⓗ Can you tell me more about him? What's he like?

ⓘ Great. Can I have his phone number?

ⓙ Yeah, he sings beautifully. I'm sure he will be perfect for your band.

(ⓑ) – ( ) – (ⓒ) – ( ) – ( ) – (①) – ( ) – ( ) – (ⓕ)

[01-02] 다음 대화의 빈칸에 들어갈 말로 알맞은 것을 고르시오.

01
A: Jane has a great voice.
B: _____
A: I think so, too.

① Are you sure about it?
② Sure, that's a great idea.
③ She is humorous and outgoing.
④ Yeah, I'm sure she will be a great singer.
⑤ No, I'm not sure that I have a great voice.

02
A: _____
B: He is kind and helpful.

① What is Tom like?
② What does Tom like?
③ How does Tom look?
④ How is Tom doing?
⑤ What is Tom doing?

03 자연스러운 대화가 되도록 (A)~(D)를 순서대로 배열한 것은?

(A) I'm sure he'll love it.
(B) Do you think he'll like it?
(C) How about baking a birthday cake?
(D) What should I do for my dad for his birthday?

① (A)–(B)–(C)–(D)　　② (B)–(A)–(C)–(D)
③ (B)–(A)–(D)–(C)　　④ (C)–(D)–(B)–(A)
⑤ (D)–(C)–(B)–(A)

04 다음 중 짝 지어진 대화가 자연스럽지 <u>않은</u> 것은?

① A: I'm looking for a new member for my dance club.
　 B: How about Jenny?
② A: What is John like?
　 B: He is creative and intelligent.
③ A: Who's that?
　 B: She is my new soccer coach.
④ A: Amy runs really fast.
　 B: Yeah, I'm sure she will win the race.
⑤ A: I'm sure you'll get first place in the singing contest.
　 B: Of course. You are a great singer.

05 (신유형) 다음 대화의 빈칸 ⓐ~ⓔ에 들어갈 말로 알맞지 <u>않은</u> 것은?

A: Can we arrive ___ⓐ___ time?
B: Of course. The train leaves ___ⓑ___ 5:10.
A: But it's ___ⓒ___ 4:30.
B: The train station isn't very far ___ⓓ___ here.
　 I'm sure we'll arrive there ___ⓔ___ 5.

① ⓐ: in　　② ⓑ: at　　③ ⓒ: already
④ ⓓ: to　　⑤ ⓔ: before

06 다음 대화의 밑줄 친 부분의 의도로 알맞은 것은?

A: Mia is helpful and hard-working.
B: <u>I'm sure she will be a good recycling helper.</u>

① 제안하기　　② 조언하기　　③ 위로하기
④ 확신 말하기　　⑤ 충고하기

[07-09] 다음 대화를 읽고, 물음에 답하시오.

A: Sue, ____ⓐ____ do you like your school these days?

B: I like it a lot, Dad. I already made two new friends, Rosa and Mike.

A: Happy to hear that. How did you become friends?

B: We all love English. We are also in the same club.

A: That's great. _____ⓑ_____

B: Rosa is very kind.

A: ____ⓒ____ about Mike?

B: He is outgoing.

A: Why don't you invite them over for dinner?

B: Okay, Dad.

07 위 대화의 빈칸 ⓐ와 ⓒ에 들어갈 말이 바르게 짝 지어진 것은?

① who – How
② why – How
③ how – How
④ who – What
⑤ why – Why

08 위 대화의 빈칸 ⓑ에 들어갈 말로 알맞은 것은?

① Who are they?
② What do they like?
③ What are they like?
④ Why do they like it?
⑤ What do they look like?

09 위 대화를 읽고 알 수 없는 것은?

① 대화를 나누는 두 사람의 관계
② Sue가 학교생활을 좋아하는지 여부
③ Sue가 Rosa, Mike와 친구가 된 계기
④ Rosa의 성격
⑤ Mike의 외모

서술형

[10-11] 다음 대화를 읽고, 물음에 답하시오.

A: Hey, Minsu. What's up? You look so worry.

B: The English speaking test is this afternoon.

A: Don't worry. You practiced a lot.

B: But I get so nervous when I'm in front of the teacher.

A: Everybody does. 너는 잘 할 수 있을 거라고 확신해.

B: Do you really think so?

A: Of course. You are a great English speaker.

B: Thanks. I feel very better now.

10 위 대화의 밑줄 친 우리말과 같도록 괄호 안의 단어들을 사용하여 문장을 쓰시오.

→ _____

(sure, do well)

11 위 대화에서 어법상 틀린 문장을 두 개 찾아 바르게 고쳐 쓰시오.

(1) _____

(2) _____

12 다음 글의 내용과 일치하도록 대화의 빈칸에 알맞은 말을 쓰시오.

Minsu is responsible and tidy, so other students think he will be a good board cleaner.

A: Who is the best person to be the board cleaner?

B: How about Minsu?

A: What is he like?

B: (1) _____

C: I'm sure (2) _____ for our class.

G ► Grammar
핵심 노트

1 현재완료

- My father **has been** invisible since last night.   우리 아버지가 어젯밤부터 보이지 않는다.

- I **have donated** my old clothes to charity before.   나는 전에 헌 옷을 자선 단체에 기부한 적이 있다.

- I **have never seen** a Chinese movie.   나는 중국 영화를 본 적이 없다.

(1) 형태: have(has) + 과거분사

(2) 쓰임   **주의!** 현재완료는 과거의 일이 현재까지 영향을 주는 것을 나타내기 때문에 명백한 과거를 나타내는 부사구(in 2018, two years ago, last week 등)와 함께 쓰일 수 없어요.
과거에 시작된 일이 현재까지 영향을 미칠 때 쓴다.

계속: '(과거부터 현재까지) 계속 ~해 왔다'의 의미로, 과거부터 현재까지 지속되는 일을 나타내며 for, since 등과 자주 쓰인다.
- I **have lived** in Seoul since 2015. 나는 2015년 이래로 서울에 살았다.

경험: '(과거부터 현재까지) ~한 적이 있다'는 의미로, 과거부터 현재까지의 경험을 나타내며 ever, never, before, once 등과 자주 쓰인다.
- I **have traveled** abroad before. 나는 전에 해외로 여행간 적이 있다.

한 단계 더!

완료: '(과거에 시작한 일이 현재) 막 ~했다, 이미 ~했다'의 의미로, 과거에 시작한 일이 현재 완료된 것을 나타낸다. 주로 just, already, yet 등과 자주 쓰인다.
- I **have** just **finished** my homework. 나는 내 숙제를 막 끝마쳤다.

결과: '(과거에) ~한 결과 (현재는) …이다'의 의미로, 과거에 행한 일의 결과가 현재까지 영향을 미치고 있음을 나타낸다.
- I **have lost** my umbrella.
  나는 우산을 잃어버렸다. (과거에 우산을 잃어버려서 현재에도 우산이 없다.)

시험 포인트 point
「have(has) + 과거분사」를 써서 현재완료 문장을 완성하는 문제가 자주 출제돼요. 동사의 과거분사 형태를 익혀 두세요.

과거시제
Last weekend, Harry's family **went** on a camping trip.
[중1 4과]

비교 have been to(경험)
vs. have gone to(결과)

have been to	~에 가 본 적이 있다
have gone to	~에 가고 (현재) 없다

- I **have been to** Canada.
  나는 캐나다에 가 본 적이 있다.
- She **has gone to** Canada.
  그녀는 캐나다로 가 버렸다. 그래서 지금 여기에 없다.

QUICK CHECK

1 다음 괄호 안의 단어를 이용하여 현재완료 문장을 완성하시오.

(1) Ted _____ _____ in New York since he was five. (live)

(2) Mia _____ _____ the movie before. (see)

(3) I _____ already _____ John. (meet)

2 다음 문장의 밑줄 친 부분이 어법상 틀렸으면 바르게 고쳐 쓰시오.

(1) Do you <u>have got</u> flu?   → _____

(2) I <u>have not cooked</u> for my family before. → _____

(3) He <u>has gone</u> to Busan yesterday.   → _____

2 ask/want/tell + 목적어 + to부정사

- We **asked** the doctor **to help** us.   우리는 의사에게 우리를 도와달라고 부탁했다.

- Jenny **wanted** me **to come** to the party.   Jenny는 내가 파티에 오기를 원했다.

- The teacher **told** the students **not to run** on the stairs.   선생님은 학생들에게 계단에서 뛰지 말라고 말씀하셨다.

(1) 형태: ask/want/tell + 목적어 + to부정사

(2) 쓰임

동사 ask, want, tell은 5형식으로 쓰이면 목적격보어 자리에 to부정사를 쓰며 '~가 …하라고(하기를) 부탁하다/원하다/말하다'라고 해석한다. to부정사의 부정은 to 앞에 not을 쓴다.

> **시험 포인트** point
> 5형식 문장의 어순을 묻는 문제가 자주 출제돼요. 「주어+ask/want/tell+목적어+to부정사」의 어순을 기억하세요.

- Mike's mom **asked** him **to clean** the house. Mike의 엄마는 그에게 집을 청소하라고 요청하셨다.
- Mike's mom **wanted** him **to come** home early. Mike의 엄마는 그가 집에 일찍 오기를 바라셨다.
- Mike's mom **told** him **to finish** his breakfast. Mike의 엄마는 그에게 아침식사를 마치라고 말씀하셨다.
- Mike's mom **told** him **not to stay up** late. Mike의 엄마는 그에게 늦게까지 깨어있지 말라고 말씀하셨다.

비교 want가 3형식으로 쓰이면 주어가 to부정사의 행위를 하는 주체이고, 5형식으로 쓰이면 목적어가 to부정사의 행위를 하는 주체가 된다.

- I **want to be** a teacher. 나는 선생님이 되고 싶다. (선생님이 되는 것 = 나, 원하는 사람 = 나)
- I **want** him **to be** a teacher. 나는 그가 선생님이 되기를 바란다. (선생님이 되는 것 = 그, 원하는 사람 = 나)

한 단계 더!

advise(충고하다), allow(허락하다), expect(기대하다), order(명령하다) 등의 동사도 목적격보어로 to부정사를 쓴다.

- My dad **allowed** me **to watch** TV at night. 우리 아빠는 내가 밤에 TV를 보도록 허락해 주셨다.
- The doctor **advised** him **to exercise** regularly. 의사는 그에게 규칙적으로 운동하라고 충고했다.

QUICK CHECK

1 다음 괄호 안에서 알맞은 것을 고르시오.

(1) Tony's mom asked him (watering / to water) the plant.

(2) She wanted me (turns on / to turn on) the TV.

(3) The doctor told Amy (not to eat / to eat not) too much fast food.

2 다음 문장의 밑줄 친 부분이 어법상 틀렸으면 바르게 고쳐 쓰시오.

(1) The teacher told us <u>open</u> the books. → _____

(2) She asked her son <u>clean</u> his room. → _____

(3) He told Mary <u>to be not</u> late for school. → _____

G Grammar
연습 문제

STEP A

1 현재완료

A 괄호 안에 주어진 동사를 이용하여 현재완료 문장을 완성하시오.

1 I _____ her for 3 years. (know)
2 They _____ to the museum twice. (be)
3 It _____ all day today. (snow)
4 Tom _____ a good start at school. (make)
5 I _____ Jane's mother many times. (meet)

B 다음 괄호 안에서 알맞은 것을 고르시오.

1 Have you ever (ate / eaten) an insect?
2 I (wrote / have written) a poem last night.
3 Two days (passed / have passed) since his last visit.
4 Mina is not here. She has (been / gone) to school.
5 He (watched / has watched) the movie yesterday.

C [보기]에서 알맞은 말을 골라 빈칸에 쓰시오. (단, [보기]의 단어들은 한 번씩만 사용할 것)

[보기]	ever	never	for	since	yet

1 Donald has lived in Paris _____ two years.
2 I have _____ seen a Chinese movie before.
3 She hasn't finished washing the dishes _____.
4 Have you _____ seen a musical?
5 We have lived here _____ September of last year.

D 다음 우리말과 같도록 괄호 안의 단어들을 바르게 배열하여 문장을 쓰시오.

1 너는 해외 여행을 해 본 적이 있니?
   → _____
   (abroad, ever, you, traveled, have)

2 나는 전에 멕시코 음식을 먹어 본 적이 없다.
   → _____
   (I, before, Mexican, food, eaten, have, not)

3 어제부터 비가 왔다.
   → _____
   (yesterday, it, rained, since, has)

2 ask/want/tell + 목적어 + to부정사

A 괄호 안에서 알맞은 것을 고르시오.

1 I want Sue (is / to be) happy.

2 She asked him (turn / to turn) down the music.

3 My parents wanted me (studied / to study) abroad.

4 Tom asked my sister (to come / coming) to the party.

5 My mother told me (not to watch / don't watch) TV too much.

B [보기]에서 알맞은 말을 골라 빈칸에 알맞은 형태로 바꾸어 쓰시오. (단, [보기]의 단어들은 한 번씩만 사용할 것)

[보기]	be	turn	clean	read	wear

1 My mother told me _____ the room.

2 Daisy asked her sister _____ off the TV.

3 She asked Tom _____ a book aloud for her.

4 James told the girl _____ her gloves.

5 My parents wanted me _____ a famous singer.

C 다음 문장에서 어법상 <u>틀린</u> 부분을 바르게 고쳐 다시 쓰시오.

1 Amy asked me feeding her dog every day. → _____

2 The teacher told Tom don't run in the classroom. → _____

3 What does the man want her doing? → _____

4 Mary told him listen to the radio. → _____

5 I asked him to not turn on the TV. → _____

D 다음 우리말과 같도록 괄호 안의 단어들을 바르게 배열하여 문장을 쓰시오.

1 그는 James에게 식물에 물을 주라고 요청했다.

→ _____

(James, water, he, the plant, to, asked)

2 나는 그녀에게 그곳에 가지 말라고 말했다.

→ _____

(I, her, there, go, to, told, not)

3 우리 부모님은 내가 열심히 공부하기를 바라신다.

→ _____

(my, me, parents, study, want, to, hard)

4 나는 그에게 책 몇 권을 빌려 달라고 요청했다.

→ _____

(him, some, asked, lend, I, me, to, books)

실전 TEST

[01-02] 다음 빈칸에 들어갈 말로 알맞은 것을 고르시오.

01 I want John _____ me.

① help　　　② helps　　　③ helping

④ to help　　　⑤ has helped

02 They _____ abroad before.

① travel　　　② traveling　　　③ has traveled

④ to travel　　　⑤ have traveled

[03-04] 다음 문장과 같은 의미로 쓰인 것을 고르시오.

03 I played the violin when I was a child. I still play the violin.

① I played the violin since I was a child.

② I was playing the violin when I was a child.

③ I have played the violin since I was a child.

④ I don't play the violin now.

⑤ I will play the violin forever.

한 단계 더!

04 He went to France. So he isn't here now.

① He has gone to France.

② He has been to France.

③ He has gone here.

④ He has never been to France.

⑤ He has come back here.

[05-06] 다음 빈칸에 들어갈 수 <u>없는</u> 것을 고르시오.

한 단계 더!

05 Jenny _____ me to come to the party.

① told　　　② asked　　　③ wanted

④ thought　　　⑤ allowed

06 He has taught students _____.

① before　　　　② in 2019

③ three times　　　④ for five years

⑤ since last year

[07-08] 다음 우리말을 영어로 바르게 옮긴 것을 고르시오.

07 그는 우리에게 계단에서 뛰지 말라고 말했다.

① He told us don't run on the stairs.

② He told us not to run on the stairs.

③ He told not to run on the stairs to us.

④ He didn't tell us not to run on the stairs.

⑤ He didn't tell us to run on the stairs.

08 그녀는 어제 이후로 나에게 전화하지 않고 있다.

① She doesn't call me since yesterday.

② She haven't called me since yesterday.

③ She won't call me since yesterday.

④ She hasn't called me since yesterday.

⑤ She didn't call me since yesterday.

09 다음 중 빈칸에 들어갈 말이 <u>다른</u> 하나는?

① He _____ lived there for two years.

② Sue _____ been sick since yesterday.

③ _____ Tom finished his homework?

④ What _____ Jane and you done together?

⑤ My sister _____ never cooked for my family before.

10 다음 단어들을 자연스러운 문장이 되도록 순서대로 배열할 때, 다섯 번째에 오는 단어는?

him, told, to, off, the TV, turn, she

① him ② told ③ to

④ off ⑤ turn

11 다음 문장에서 not이 들어갈 위치로 알맞은 곳을 고르시오.

My father told (①) me (②) to use (③) the smartphone (④) too much (⑤).

12 다음 문장에서 ever가 들어갈 위치로 알맞은 곳을 고르시오.

Have (①) you (②) been (③) to (④) Jeju-do (⑤)?

13 다음 빈칸에 to be가 들어갈 수 <u>없는</u> 것은?

① My parents want me _____ a scientist.

② Ann wanted her sister _____ happy.

③ The teacher told Sue _____ careful with the glasses.

④ She asked us _____ quiet in the library.

⑤ He asked me _____ a question.

14 다음 문장에 대한 설명으로 옳은 것을 <u>모두</u> 고르면?

We has been friends for elementary school.

① 특정 시점을 나타내는 부사(구)와 함께 쓰인다.

② 주어 We가 복수이므로 동사는 have로 고쳐야 한다.

③ 과거에 발생한 일을 나타낼 때 쓴다.

④ for 대신 '~이래로'라는 의미의 since로 고쳐야 한다.

⑤ has 뒤에는 동사원형이 와야 한다.

[15-16] 다음 우리말과 같도록 문장을 완성할 때, 빈칸에 쓰이지 <u>않는</u> 단어를 고르시오.

15　그는 나에게 일찍 떠나라고 요청했다.

→ He _____ _____ _____ _____ early.

① me ② leave ③ to

④ for ⑤ asked

16　나는 인도에 가 본 적이 없다.

→ I _____ _____ _____ _____ India.

① have ② never ③ to

④ gone ⑤ been

17 다음 질문에 대한 답으로 알맞은 것을 <u>모두</u> 고르면?

How long have you lived in Seoul?

① I want to live in Seoul.
② I have lived in Seoul for three years.
③ I lived in Seoul in 2018.
④ I lived in Seoul when I was a child.
⑤ I have lived in Seoul since I was ten years old.

18 다음 중 어법상 옳은 것은?

① Jisu asked Tony to helps her homework.
② I told him not be late for class.
③ We wanted her to happy all the time.
④ My uncle wanted me to do my best.
⑤ He asked to Jim exercise every day.

19 다음 중 어법상 <u>틀린</u> 것은?

① James has lost his computer.
② She has just finished her homework.
③ This machine has not worked for two hours.
④ I have seen his mother before.
⑤ I have never hearing this song.

 20 다음 밑줄 친 부분을 어법상 바르게 고쳐 쓴 것 중 <u>틀린</u> 것은?

① I have waited <u>since</u> two hours. → for
② He asked us <u>going</u> home early. → to go
③ <u>Do you have been</u> to Europe? → Have you
④ She told me <u>careful</u> with the knife. → to careful
⑤ Mary has been in her room <u>yesterday</u>.
   → since yesterday

 21 다음 중 어법상 <u>틀린</u> 것끼리 짝 지어진 것은?

ⓐ Mr. Green told them to save energy.
ⓑ Jack asked her to open the window.
ⓒ Tommy has sleep for three hours.
ⓓ I want you walk my dog every day.
ⓔ The train has already arrived at the station.

① ⓐ, ⓑ   ② ⓐ, ⓒ   ③ ⓒ, ⓓ
④ ⓑ, ⓒ, ⓓ   ⑤ ⓒ, ⓓ, ⓔ

 22 다음 중 어법상 옳은 문장의 개수는?

• Jane and I have written a book about our experience.
• I have read this novel twice.
• My parents don't want me to study abroad.
• She told me to get some sleep.

① 0개   ② 1개   ③ 2개
④ 3개   ⑤ 4개

서술형

23 다음 우리말과 같도록 괄호 안의 단어들을 이용하여 문장을 쓰시오.

(1) 나는 그 의사에게 우리를 도와달라고 부탁했다.

→ _____

(ask, help)

(2) 그는 그의 아들에게 신발을 신으라고 말했다.

→ _____

(tell, wear shoes)

(3) 당신의 어머니는 당신이 무엇이 되기를 원하시나요?

→ _____

(want, be)

24 다음 문장을 괄호 안의 지시대로 바꿔 쓰시오.

(1) I have seen a monkey. (부정문으로)

→ _____

(2) Jason has cooked for his family before. (의문문으로)

→ _____

(3) Sue has donated her old clothes to charity before. (부정문으로)

→ _____

25 어법상 틀린 부분을 바르게 고쳐 문장을 다시 쓰시오.

(1) Jim asked his mother buy him a new phone.

→ _____

(2) My father wanted me don't watch TV at night.

→ _____

(3) The book has arriving in the library.

→ _____

26 다음 그림과 Mike의 엄마가 Mike에게 적어 놓은 메모를 보고, [보기]와 같이 문장을 쓰시오. (단, 동사 ask를 이용할 것)

To Mike

- Turn off the TV.
- Clean the house.
- Water the plant.
- Wash the dishes after breakfast.

[보기] Mike's mom asked him to turn off the TV.

(1) _____
(2) _____
(3) _____

27 다음 수미의 경험 유무를 정리한 표를 보고, 수미에 관한 문장을 쓰시오.

Experience	Sumi's Answer
see a musical	×
travel abroad	○
go to the museum	○

[조건] 1. 현재완료를 사용할 것

2. 주어와 동사를 포함한 완전한 영어 문장으로 쓸 것

3. 대소문자와 문장 부호 등을 정확히 쓸 것

(1) _____
(2) _____
(3) _____

STEP
A

아빠는 어디에 계시지?

Where Is Daddy?

01 내 이름은 Jimmy다.

01 My name is Jimmy.

02 나는 8학년이고, 내 여동생 Hope는 3학년이다.

02 I am in the eighth grade and my sister, Hope, is in the third grade.
be in the + 서수 + grade: ~학년이다　　동격　　be in the + 서수 + grade: ~학년이다

03 우리 아버지는 은행원이시고, 어머니는 선생님이시다.

03 My father is a banker and my mother is a teacher.
그리고(등위 접속사, 문장과 문장을 연결)

04 우리에겐 Smiley라는 개가 한 마리 있다.

04 We have a dog, Smiley.
동격

05 꽤 평범한 것 같다, 그렇지?

sound + 형용사: ~하게 들리다, ~인 것 같다
05 Sounds pretty normal, right?
(부) 꽤, 상당히 (= quite)　　그렇지?(상대방의 동의를 구하는 표현)

06 그런데 말도 안 되는 일이 지난주에 일어났다.

06 But a crazy thing happened last week.
(형) 말도 안 되는　　(형) 지난

07 우리 아버지는 보통 회사에서 늦게 집에 오신다.

07 My father usually comes home late from work.
(부) 보통, 대개　　(부) 늦게

08 그래서 우리는 주말에만 아버지를 본다.

08 So, we only see him on the weekends.

09 그때조차도 아버지는 보통 주무시거나 텔레비전을 보신다.

또는(등위 접속사, 동사와 동사 연결)
09 Even then, he usually sleeps or watches television.
현재의 습관적인 행위를 나타내어 현재시제 사용

10 하지만 지난주 금요일에 아버지는 저녁을 드시러 일찍 집에 오셨다.

10 But last Friday, he came home early for dinner.
(형) 지난

11 식탁에서 우리는 모두 각자의 일을 하고 있었다.

11 At the table, we were all doing our own thing.
과거진행형

12 Hope는 Smiley에게 음식을 주고 있었다.

12 Hope was giving food to Smiley.
give + 직접목적어 + to + 간접목적어 (= give + 간접목적어 + 직접목적어)

13 어머니는 동생에게 그러지 말라고 말씀하고 계셨다.

13 My mother was telling her not to do so.
tell + 목적어 + not + to부정사

14 나는 문자를 보내고 있었다.

14 I was texting.
과거진행형

15 아버지가 말씀하셨다. "빵 좀 건네줘요."

15 My father said, "Pass me the bread, please."
pass + 간접목적어 + 직접목적어

16 아무도 그의 말을 듣지 못하자, 아버지는 다시 물으셨다. "누구 나한테 빵 좀 건네줄래?"

16 No one heard him, so he asked again, "Can someone pass me the bread?"
아무도 ~ 않다　　~해 주겠니?(요청)

17 I heard him this time, but I was too busy with my phone.

18 My mother was yelling, "Don't feed Smiley!"
Don't(Never)+동사원형 ~: ~하지 마라

19 Hope was feeding Smiley.

20 Smiley was jumping up and down.

21 My father shouted, "Am I invisible? Pass me the bread!"
형 보이지 않는   pass+간접목적어+직접목적어

22 Then, it happened. Poof!
= At the moment

23 My father disappeared like magic.
동 사라지다 (↔ appear)

24 He became invisible!
become+형용사: ~하게 되다

25 We could hear him, but we couldn't see him.

26 We asked, "Where are you?"

27 "I'm right in front of you," he replied.
분 바로

28 We couldn't do anything for him.

29 It was an awful night.
시간을 나타내는 비인칭 주어

30 Next morning, we went to the hospital and asked the doctor to help us.
ask+목적어+to부정사

31 I said, "He has been invisible since last night."
현재완료(계속)   ~부터, ~ 이후로

32 The doctor shook his head and said, "I can't help you.

33 I've never seen anything like this before."
현재완료(경험)   전 ~와 같은

---

17 이번에 나는 아버지의 말씀을 들었지만 휴대 전화에 빠져 너무 바빴다.

18 어머니는 소리치고 계셨다. "Smiley한테 음식을 주지 마!"

19 Hope는 Smiley에게 먹이를 주고 있었다.

20 Smiley는 펄쩍펄쩍 뛰고 있었다.

21 아버지가 소리치셨다. "내가 안 보이는 거야? 빵 좀 건네줘!"

22 그때 그 일이 일어났다. 뿅!

23 아버지가 마법처럼 사라지셨다.

24 아버지는 투명 인간이 되셨다!

25 우리는 그의 말을 들을 수는 있었지만 그를 볼 순 없었다.

26 우리는 물었다. "어디 계세요?"

27 아버지가 대답하셨다. "너희들 바로 앞에 있어."

28 우리는 그를 위해 아무것도 할 수 없었다.

29 끔찍한 밤이었다.

30 다음 날 아침, 우리는 병원에 가서 의사 선생님에게 우리를 도와달라고 부탁했다.

31 내가 말했다. "아버지가 어젯밤부터 안 보여요."

32 의사 선생님은 고개를 저으며 말씀하셨다. "도와드릴 수가 없네요.

33 이런 건 전에 본 적이 없어요."

STEP
A

34 집에 왔을 때 Hope가 말했다. "아빠가 보고 싶어요."

34 When we came home, Hope said, "I miss Daddy."
동 그리워하다

35 그녀는 울기 시작했다.

35 She started crying.
start는 동명사와 to부정사를 모두 목적어로 쓸 수 있음

36 어머니가 같이 우셨다.

36 My mother joined her.
= Hope

37 곧 우리는 눈물바다가 되었다.

37 In a few moments, we were a sea of tears.

38 "돌아오세요, 아빠! 매일 아빠한테 빵을 건네드리겠다고 약속해요!" 나는 울며 외쳤다.

38 "Come back, Dad! I promise to pass you the bread every day!" I cried.
promise의 목적어로 to부정사가 쓰임

39 그때 일이 일어났다.

39 Then, it happened.

40 아버지가 다시 나타나셨다!

40 My father appeared again!
동 나타나다 (↔ disappear)

41 아버지가 우리를 안고 말씀하셨다. "관심 가져줘서 고마워.

41 He hugged us and said, "Thank you for all the attention.
thank A for B: A에게 B에 대해 감사하다

42 집에 더 일찍 오고 주말에는 너희와 함께 놀겠다고 약속하마."

42 I promise to come home earlier and play with you on the weekends."
더 일찍 (early의 비교급)

빈칸 채우기

우리말 뜻과 일치하도록 교과서 본문의 문장을 완성하시오.

중요 문장

01 My _____ is Jimmy.

02 I am in the eighth grade and my sister, Hope, is _____ _____ _____ _____.

03 My father is a _____ and my mother is a teacher.

04 We _____ a dog, Smiley.

05 _____ _____ normal, right?

06 But a crazy thing _____ last week.

07 My father usually _____ _____ _____ from work.

08 So, we only see him _____ _____ _____.

09 _____ _____, he usually sleeps or watches television.

10 But last Friday, he _____ _____ _____ for dinner.

11 At the table, we were all _____ _____ _____.

12 Hope was _____ _____ to Smiley.

13 My mother was telling her _____ _____ _____ so.

14 I was _____.

15 My father said, "_____ me the bread, please."

16 _____ _____ heard him, so he asked again, "Can someone pass me the bread?"

17 I heard him this time, but I was too _____ _____ my phone.

18 My mother was _____, "Don't feed Smiley!"

19 Hope was _____ Smiley.

20 Smiley was _____ _____ _____ _____.

01 내 이름은 Jimmy다.

02 나는 8학년이고, 내 여동생 Hope는 3학년이다.

03 우리 아버지는 은행원이시고, 어머니는 선생님이시다.

04 우리에겐 Smiley라는 개가 한 마리 있다.

05 꽤 평범한 것 같다, 그렇지?

06 그런데 말도 안 되는 일이 지난주에 일어났다.

07 우리 아버지는 보통 회사에서 늦게 집에 오신다.

08 그래서 우리는 주말에만 아버지를 본다.

09 그때조차도 아버지는 보통 주무시거나 텔레비전을 보신다.

10 하지만 지난주 금요일에 아버지는 저녁을 드시러 일찍 집에 오셨다.

11 식탁에서 우리는 모두 각자의 일을 하고 있었다.

12 Hope는 Smiley에게 음식을 주고 있었다.

13 어머니는 동생에게 그러지 말라고 말씀하고 계셨다.

14 나는 문자를 보내고 있었다.

15 아버지가 말씀하셨다. "빵 좀 건네줘요."

16 아무도 그의 말을 듣지 못하자, 아버지는 다시 물으셨다. "누구 나한테 빵 좀 건네줄래?"

17 이번에 나는 아버지의 말씀을 들었지만 휴대 전화에 빠져 너무 바빴다.

18 어머니는 소리치고 계셨다. "Smiley한테 음식을 주지 마!"

19 Hope는 Smiley에게 먹이를 주고 있었다.

20 Smiley는 펄쩍펄쩍 뛰고 있었다.

21 My father shouted, "Am I _____? Pass me the bread!"

21 아버지가 소리치셨다. "내가 안 보이는 거야? 빵 좀 건네줘!"

22 Then, it _____. Poof!

22 그때 그 일이 일어났다. 뿅!

23 My father _____ like magic.

23 아버지가 마법처럼 사라지셨다.

24 He _____ invisible!

24 아버지는 투명 인간이 되셨다!

25 We could _____ him, but we couldn't _____ him.

25 우리는 그의 말을 들을 수는 있었지만 그를 볼 순 없었다.

26 We asked, "_____ are you?"

26 우리는 물었다. "어디 계세요?"

27 "I'm _____ _____ _____ _____ you," he replied.

27 아버지가 대답하셨다. "너희들 바로 앞에 있어."

28 We couldn't do _____ for him.

28 우리는 그를 위해 아무것도 할 수 없었다.

29 It was an _____ night.

29 끔찍한 밤이었다.

30 Next morning, we went to the hospital and _____ the doctor _____ _____ us.

30 다음 날 아침, 우리는 병원에 가서 의사 선생님에게 우리를 도와달라고 부탁했다.

31 I said, "He _____ _____ invisible _____ last night."

31 내가 말했다. "아버지가 어젯밤부터 안 보여요."

32 The doctor _____ his _____ and said, "I can't help you.

32 의사 선생님은 고개를 저으며 말씀하셨다. "도와드릴 수가 없네요.

33 I've _____ _____ anything like this before."

33 이런 건 전에 본 적이 없어요."

34 When we came home, Hope said, "I _____ Daddy."

34 집에 왔을 때 Hope가 말했다. "아빠가 보고 싶어요."

35 She _____ _____.

35 그녀는 울기 시작했다.

36 My mother _____ her.

36 어머니가 같이 우셨다.

37 In a few moments, we were _____ _____ _____ _____.

37 곧 우리는 눈물바다가 되었다.

38 "Come back, Dad! I _____ _____ _____ you the bread every day!" I cried.

38 "돌아오세요, 아빠! 매일 아빠한테 빵을 건네드리겠다고 약속해요!" 나는 울며 외쳤다.

39 Then, it _____.

39 그때 일이 일어났다.

40 My father _____ again!

40 아버지가 다시 나타나셨다!

41 He _____ _____ and said, "Thank you for all the attention.

41 아버지가 우리를 안고 말씀하셨다. "관심 가져줘서 고마워.

42 I promise to _____ _____ _____ and _____ _____ you on the weekends."

42 집에 더 일찍 오고 주말에는 너희와 함께 놀겠다고 약속하마."

바른 어휘 · 어법 고르기

글의 내용과 문장의 어법에 맞게 괄호 안에서 알맞은 어휘를 고르시오.

01 My name (is / are) Jimmy.

02 I am in the (eight / eighth) grade and my sister, Hope, is in the (three / third) grade.

03 My father is a (doctor / banker) and my mother is a teacher.

04 We (has / have) a dog, Smiley.

05 Sounds pretty (normal / normally), right?

06 But a crazy thing (happens / happened) last week.

07 My father usually comes home (late / early) from work.

08 So, we only see him (in / on) the weekends.

09 Even then, he (always / usually) sleeps or watches television.

10 But last Friday, he came home (late / early) for dinner.

11 At the table, we were all (doing / done) our own thing.

12 Hope was (given / giving) food to Smiley.

13 My mother was telling her not (do / to do) so.

14 I was (texting / texted).

15 My father said, "Pass (me / to me) the bread, please."

16 (No one / Everyone) heard him, so he asked again, "Can someone (pass / to pass) me the bread?"

17 I heard him this time, but I was too busy (in / with) my phone.

18 My mother was yelling, "(Let's / Don't) feed Smiley!"

19 Hope was (feeding / fed) Smiley.

20 Smiley was jumping (up and down / from side to side).

21   My father shouted, "(Am / Was) I invisible? Pass me the bread!"

22   Then, it (happened / happens). Poof!

23   My father (appeared / disappeared) like magic.

24   He (becomes / became) invisible!

25   We could (heard / hear) him, but we couldn't see him.

26   We asked, "(Where / How) are you?"

27   "I'm right (in front of / behind) you," he replied.

28   We couldn't do (nothing / anything) for him.

29   It was (a / an) awful night.

30   Next morning, we went to the hospital and asked the doctor (to help / help) us.

31   I said, "He (has / had) been invisible since last night."

32   The doctor (shaken / shook) his head and said, "I can't help you.

33   I've (never / ever) seen anything like this before."

34   When we came home, Hope said, "I (missing / miss) Daddy."

35   She started (sleeping / crying).

36   My mother (shouted / joined) her.

37   In a few (moments / hours), we were a sea of tears.

38   "Come back, Dad! I promise (pass / to pass) you the bread every day!" I cried.

39   (Then / But), it happened.

40   My father (appeared / disappeared) again!

41   He hugged us and said, "Thank you for all the (experience / attention).

42   I promise to come home (earlier / faster) and play with you on the weekends."

Reading
틀린 문장 고치기

밑줄 친 부분이 내용이나 어법상 바르면 ○, 어색하면 ✕에 표시하고 고쳐 쓰시오.

01 My name <u>am</u> Jimmy. ○ ✕

02 I am in the <u>eight grade</u> and my sister, Hope, is in the third grade. ○ ✕

03 My father <u>is</u> a banker and my mother is a teacher. ○ ✕

04 We have a <u>cat</u>, Smiley. ○ ✕

05 <u>Sound</u> pretty normal, right? ○ ✕

06 But a crazy thing <u>happened</u> last week. ○ ✕

07 My father usually comes home late <u>from work</u>. ○ ✕

08 So, we only see him on <u>weekdays</u>. ○ ✕

09 Even then, he usually sleeps or <u>watch</u> television. ○ ✕

10 But last Friday, he <u>comes</u> home early for dinner. ○ ✕

11 At the table, we were all doing <u>our thing own</u>. ○ ✕

12 Hope <u>was giving</u> food to Smiley. ○ ✕

13 My mother was telling her <u>do not</u> so. ○ ✕

14 I <u>was texting</u>. ○ ✕

15 My father said, "<u>Pass to me</u> the bread, please." ○ ✕

16 <u>No one</u> heard him, so he asked again, "Can someone pass me the bread?" ○ ✕

17 I heard him this time, but I was too <u>busy with</u> my phone. ○ ✕

18 My mother was yelling, "<u>Not feed</u> Smiley!" ○ ✕

19 Hope <u>was feed</u> Smiley. ○ ✕

20 Smiley was <u>jumping up and down</u>. ○ ✕

STEP A

21 My father shouted, "Did I invisible? Pass me the bread!" ○ ×

22 Then, it happened. Poof! ○ ×

23 My father disappeared unlike magic. ○ ×

24 He became visible! ○ ×

25 We could hear him, but we could see him. ○ ×

26 We asked, "Where are you?" ○ ×

27 "I'm right in front of you," he replied. ○ ×

28 We couldn't do something for him. ○ ×

29 It was an exciting night. ○ ×

30 Next morning, we went to the hospital and asked the doctor help us. ○ ×

31 I said, "He was invisible since last night." ○ ×

32 The doctor shake his head and said, "I can't help you. ○ ×

33 I've never saw anything like this before." ○ ×

34 When we came home, Hope said, "I miss Daddy." ○ ×

35 She started laughing. ○ ×

36 My mother joined him. ○ ×

37 In a few moments, we were a tears of sea. ○ ×

38 "Go back, Dad! I promise to pass you the bread every day!" I cried. ○ ×

39 Then, it happens. ○ ×

40 My father disappeared again! ○ ×

41 He hugged us and said, "Sorry for all the attention. ○ ×

42 I promise to come home earlier and play with you on the weekends." ○ ×

Reading
배열로 문장 완성하기

정답 보기 >> 104~106쪽

주어진 단어를 바르게 배열하여 문장을 쓰시오.

01 내 이름은 Jimmy다. (Jimmy / my name / is)

→

02 나는 8학년이고, 내 여동생 Hope는 3학년이다.

(am / grade / I / in the eighth / is / my sister, Hope, / and / grade / in the third)

→

03 우리 아버지는 은행원이시고, 어머니는 선생님이시다. (is / my father / a banker / and / is / my mother / a teacher)

→

04 우리에겐 Smiley라는 개가 한 마리 있다. (have / we / Smiley / a dog,)

→

05 꽤 평범한 것 같다. 그렇지? (pretty / sounds / right / normal,)

→

06 그런데 말도 안 되는 일이 지난주에 일어났다. (happened / but / thing / last / a crazy / week)

→

07 우리 아버지는 보통 회사에서 늦게 집에 오신다. (usually / my father / home / comes / late / work / from)

→

08 그래서 우리는 주말에만 아버지를 본다. (so, / only / see / we / him / on the weekends)

→

09 그때조차 아버지는 보통 주무시거나 텔레비전을 보신다. (he / even then, / usually / or / sleeps / television / watches)

→

10 하지만 지난주 금요일에 아버지는 저녁을 드시러 일찍 집에 오셨다.

(last Friday, / but / he / home / came / for / early / dinner)

→

11 식탁에서 우리는 모두 각자의 일을 하고 있었다. (were / at the table, / we / our / own thing / all doing)

→

12 Hope는 Smiley에게 음식을 주고 있었다. (Hope / giving / was / to Smiley / food)

→

13 어머니는 동생에게 그러지 말라고 말씀하고 계셨다. (telling / was / not to do / her / my mother / so)

→

14 나는 문자를 보내고 있었다. (I / texting / was)

→

15 아버지가 말씀하셨다. "빵 좀 건네줘요." (said, / me / "Pass / my father / please." / the bread,)

→

16 아무도 그의 말을 듣지 못하자, 아버지는 다시 물으셨다. "누구 나한테 빵 좀 건네줄래?"

(heard / no one / him, / he / so / asked / "Can / again, / pass / someone / the bread?" / me)

→

17 이번에 나는 아버지의 말씀을 들었지만 휴대 전화에 빠져 너무 바빴다.

(I / him / heard / this time, / I / but / was / with my phone / too busy)

→

18 어머니는 소리치고 계셨다. "Smiley한테 음식을 주지 마!" (was / my mother / "Don't / yelling, / Smiley!" / feed)

→

19 Hope는 Smiley에게 먹이를 주고 있었다. (feeding / Hope / Smiley / was)

→

20 Smiley는 펄쩍펄쩍 뛰고 있었다. (jumping / Smiley / and / was / up / down)

→

21 아버지가 소리치셨다. "내가 안 보이는 거야? 빵 좀 건네줘!"

(my father / "Am / shouted, / I / me / pass / invisible? / the bread!")

→

22 그때 그 일이 일어났다. 뿡! (it / then, / happened / poof)

→

23 아버지가 마법처럼 사라지셨다. (disappeared / my father / magic / like)

→

24 아버지는 투명 인간이 되셨다! (became / he / invisible)

→

25 우리는 그의 말을 들을 수는 있었지만 그를 볼 순 없었다. (could / we / him, / hear / we / but / see / couldn't / him)

→

26 우리는 물었다. "어디 계세요?" (asked, / we / are / you?" / "Where)

→

27 아버지가 대답하셨다. "너희들 바로 앞에 있어." (in front of / "I'm / you," / he / right / replied)

→

28 우리는 그를 위해 아무것도 할 수 없었다. (anything / we / do / for / couldn't / him)

→

29 끔찍한 밤이었다. (an awful night / it / was)

→

30 다음 날 아침, 우리는 병원에 가서 의사 선생님에게 우리를 도와달라고 부탁했다.

(we / next morning, / the hospital / went to / asked / and / us / to help / the doctor)

→

31 내가 말했다. "아버지가 어젯밤부터 안 보여요." (said, / I / "He / been / has / since / invisible / last night.")

→

32 의사 선생님은 고개를 저으며 말씀하셨다. "도와드릴 수가 없네요.

(his head / the doctor / and / shook / "I / said, / help / you / can't)

→

33 이런 건 전에 본 적이 없어요." (never / I've / anything / seen / this / like / before.")

→

34 집에 왔을 때 Hope가 말했다. "아빠가 보고 싶어요." (we / home, / when / came / Hope / "I / said, / Daddy." / miss)

→

35 그녀는 울기 시작했다. (started / she / crying)

→

36 어머니가 같이 우셨다. (joined / my mother / her)

→

37 곧 우리는 눈물바다가 되었다. (we / a sea of / in a few moments, / tears / were)

→

38 "돌아오세요, 아빠! 매일 아빠한테 빵을 건네드리겠다고 약속해요!" 나는 울며 외쳤다.

(back, / "Come / dad / I / to pass / promise / the bread / you / I / every day!" / cried)

→

39 그때 일이 일어났다. (it / then, / happened)

→

40 아버지가 다시 나타나셨다! (appeared / my father / again)

→

41 아버지가 우리를 안고 말씀하셨다. "관심 가져줘서 고마워.

(hugged / and / he / us / "Thank you for / said, / all the attention)

→

42 집에 더 일찍 오고 주말에는 너희와 함께 놀겠다고 약속하마."

(I / to come / promise / earlier / home / and / with / play / on the weekends." / you)

→

STEP
A

[01-04] 다음 글을 읽고, 물음에 답하시오.

My name is Jimmy. I am _____ the eighth grade and my sister, Hope, is _____ the third grade. My father is a banker and my mother is a teacher. We have a dog, Smiley. Sounds pretty normal, right? But a crazy thing happened last week.

01 윗글의 빈칸에 공통으로 들어갈 말로 알맞은 것은?

① at   ② on   ③ in
④ for   ⑤ from

02 다음 문장의 밑줄 친 단어와 바꿔 쓸 수 있는 단어를 윗글에서 찾아 한 단어로 쓰시오.

The food in this restaurant is <u>quite</u> good.

→ _____

03 윗글을 읽고, 알 수 <u>없는</u> 것은?

① Jimmy의 학년
② Jimmy 여동생의 이름
③ Jimmy 부모님의 직업
④ Jimmy 부모님의 이름
⑤ Jimmy의 개 이름

04 윗글 다음에 이어질 내용으로 알맞은 것은?

① Jimmy 가족의 특이한 생활 모습
② Jimmy 가족의 독특한 취미 생활
③ Jimmy 가족이 지난주에 한 특별한 여행
④ Jimmy 가족이 다른 가족과 다른 특별한 점
⑤ Jimmy 가족에게 지난주에 생긴 이상한 일

[05-07] 다음 글을 읽고, 물음에 답하시오.

My father usually comes home (A) late / lately from work. So, we only see him on the weekends. Even then, he usually sleeps or (B) watched / watches television. But last Friday, he came home early for dinner. At the table, we were all (C) done / doing our own thing. Hope was giving food to Smiley. My mother was telling (not, her, do, to) so. I was texting.   * I: Jimmy

신유형
05 윗글의 (A)~(C)에 들어갈 말이 바르게 짝 지어진 것은?

	(A)	(B)	(C)
①	late	watched	done
②	late	watches	done
③	late	watches	doing
④	lately	watched	doing
⑤	lately	watches	doing

06 윗글의 괄호 안의 단어들을 바르게 배열하시오.

→ _____

고난도
07 윗글을 읽고, 답할 수 <u>없는</u> 질문은?

① Why does Jimmy only see his father on the weekends?
② What does Jimmy's father usually do on the weekends?
③ When did Jimmy's father come home early for dinner?
④ What was Hope doing at the table?
⑤ Who was Jimmy texting to?

[08-11] 다음을 읽고, 물음에 답하시오.

(A) No one heard him, so he asked again, "Can ⓐsomeone pass me the bread?"

(B) I heard ⓑhim this time, but I was too busy with my phone.

(C) My father said, "Pass ⓒme the bread, please."

My mother was yelling, "Don't feed Smiley!" Hope was feeding Smiley. Smiley was jumping up and down. My father shouted, "Am ⓓI invisible? Pass me the bread!"

Then, it happened. Poof! ⓔMy father disappeared like magic. He became invisible!

* I: Jimmy

08 윗글의 (A)~(C)를 순서대로 배열한 것은?

① (A)-(B)-(C)　　　② (A)-(C)-(B)
③ (B)-(C)-(A)　　　④ (C)-(A)-(B)
⑤ (C)-(B)-(A)

09 윗글의 ⓐ~ⓔ 중 가리키는 대상이 다른 하나는?

① ⓐ someone　　　② ⓑ him
③ ⓒ me　　　④ ⓓ I
⑤ ⓔ My father

10 윗글의 밑줄 친 Then과 바꿔 쓸 수 있는 것은?

① In time　　　② Usually
③ For a long time　　　④ At that moment
⑤ From time to time

11 윗글 속 Jimmy의 아버지의 심정으로 알맞은 것은?

① excited　　② surprised　　③ upset
④ bored　　⑤ happy

[12-16] 다음을 읽고, 물음에 답하시오.

My father disappeared like magic. He became invisible!

My family could hear him, but we couldn't see him. We asked, "Where are ⓐyou?" "I'm right in front of ⓑyou," he replied. We couldn't do anything for him. ⓒIt was an awful night.

Next morning, we went to the hospital and ＿＿＿＿＿ⓓ＿＿＿＿＿. I said, "He has been invisible ＿＿ⓔ＿＿ last night." The doctor shook his head and said, "I can't help you. I've never seen anything like this before."

* I: Jimmy

12 윗글의 밑줄 친 ⓐ와 ⓑ가 지칭하는 대상이 바르게 짝 지어진 것은?

① Jimmy – Jimmy를 제외한 나머지 가족들
② Jimmy – Jimmy의 아버지
③ Jimmy의 아버지를 제외한 나머지 가족들
　 – Jimmy의 아버지
④ Jimmy의 아버지
　 – Jimmy의 아버지를 제외한 나머지 가족들
⑤ Jimmy의 아버지 – Jimmy의 아버지

13 윗글의 밑줄 친 ⓒ와 같은 의미로 쓰인 것은?

① I like it a lot.
② Is it the sun or the moon?
③ It is too cold today.
④ I'll do it right away.
⑤ It has beautiful colors.

14 윗글의 빈칸 ⓓ에 들어갈 말을 괄호 안의 단어들을 바르게 배열하여 쓰시오.

→ ＿＿＿＿＿＿＿＿＿＿＿＿＿＿＿＿

(the doctor, asked, help, us, to)

15 윗글의 빈칸 ⓔ에 들어갈 말로 알맞은 것은?

① in ② for ③ since
④ before ⑤ during

16 윗글을 읽고, 추론한 내용으로 알맞지 <u>않은</u> 것은?

① 아버지는 모습만 안 보일 뿐 대화를 할 수 있었다.
② Jimmy의 가족들만 아버지의 모습을 볼 수 없었다.
③ 하룻밤이 지나도 아버지의 모습은 돌아오지 않았다.
④ Jimmy의 가족들은 의사가 그들을 도와줄 수 있을 것이라고 생각했다.
⑤ 의사는 전에 아버지가 겪는 증세를 본 적이 없었다.

[17-21] 다음 글을 읽고, 물음에 답하시오.

When we came home, Hope said, "I ___ⓐ___ Daddy." (①) She started ⓑcrying. My mother joined her. In a few moments, we were a sea of tears. (②) "Come back, Dad! I ⓒpromise to pass you the bread every day!" I cried. (③) My father ___ⓓ___ again! (④) He hugged us and said, "Thank you for all the ___ⓔ___. I promise to come home earlier and play with you on the weekends." (⑤)   * I: Jimmy

17 윗글의 빈칸 ⓐ에 들어갈 말로 알맞은 것은?

① yell ② miss ③ know
④ see ⑤ shake

18 윗글의 밑줄 친 ⓑ와 어법상 쓰임이 같은 것은?

① The baby is crying.
② Why is your brother crying?
③ She hugged her crying son.
④ I'm very sad and I can't stop crying.
⑤ She was laughing and crying at the same time.

19 윗글의 ①~⑤ 중 주어진 문장이 들어갈 알맞은 곳은?

> Then, it happened.

① ② ③ ④ ⑤

20 윗글의 밑줄 친 ⓒ의 의미로 알맞은 것은?

① to say something very loudly
② to get to the place you are going to
③ to shout out or say something very loudly
④ to put your arms around someone to show love or friendship
⑤ to tell someone that you will or will not do something

21 윗글의 빈칸 ⓓ와 ⓔ에 들어갈 말이 순서대로 짝 지어진 것은?

① appeared – promise
② appeared – attention
③ appeared – moments
④ disappeared – promise
⑤ disappeared – attention

서술형

[22-24] 다음 글을 읽고, 물음에 답하시오.

My father usually comes home late from work. So, we only see him on the weekends. Even then, he usually sleeps or watches television. But last Friday, he came home early for dinner. At the table, we were all doing our own thing. Hope was giving food to Smiley. 나의 어머니는 그녀에게 그렇게 하지 말라고 말하고 계셨다. I was texting.　　　　　　　　　* I: Jimmy

22 윗글의 밑줄 친 우리말과 같도록 [조건]에 맞게 문장을 쓰시오.

> [조건]　1. 과거진행형으로 쓸 것
> 　　　　2. 9단어로 쓸 것
> 　　　　3. 동사 tell과 do를 이용할 것

→ _____

23 다음 질문에 대한 답을 윗글에서 찾아 영어로 쓰시오.

> What does Jimmy's father usually do on the weekends?

→ _____

24 다음 글에서 어법상 틀린 문장을 모두 찾아 바르게 고쳐 쓰시오.

My mother was yelling, "Don't feed Smiley!" Hope was feeding Smiley. Smiley was jumping up and down. My father shouted, "Am I invisible? Pass to me the bread!"

Then, it happened. Poof! My father was disappeared like magic. He became invisible!

→ _____

[25-27] 다음 글을 읽고, 물음에 답하시오.

Next morning, we went to the hospital and asked the doctor ⓐhelp us. I said, "He ⓑbe invisible since last night." The doctor shook his head and said, "I can't help you. 나는 이런 건 전에 본 적이 없어요."
　　　　　　　　　　　　　　　　* I: Jimmy

25 윗글의 밑줄 친 ⓐ와 ⓑ를 어법상 올바른 형태로 고쳐 쓰시오.

ⓐ _____

ⓑ _____

26 윗글의 밑줄 친 우리말과 같도록 괄호 안의 단어들을 바르게 배열하여 문장을 쓰시오.

→ _____

(I've, before, never, this, seen, like, anything)

27 다음 글을 읽고, 아빠의 약속 두 가지를 쓰시오.

"Come back, Dad! I promise to pass you the bread every day!" I cried. Then, it happened. My father appeared again! He hugged Hope and me, and said, "Thank you for all the attention. I promise to come home earlier and play with you on the weekends."　　　　* I: Jimmy

> [조건]　1. Jimmy's father will ~로 문장을 시작할 것
> 　　　　2. 인칭 대명사 대신 고유 명사를 쓸 것
> 　　　　3. 주어진 글에 있는 표현을 사용할 것

(1) _____

(2) _____

more M 기타 지문

만점 노트

After You Read B

Jimmy's family ❶ was having dinner.

The family ❷ went to see the doctor.

Jimmy's father disappeared and the family couldn't see him.

Jimmy promised ❸ to pass his father the bread every day, and his father appeared.

Jimmy's father ❹ asked his family to pass the bread, but no one ❺ passed it to him.

Jimmy의 가족은 저녁을 먹고 있었다.

가족은 병원에 갔다.

Jimmy의 아버지는 사라졌고 가족은 그를 볼 수 없었다.

Jimmy는 매일 아버지에게 빵을 건네드리겠다고 약속했고, 그의 아버지가 나타났다.

Jimmy의 아버지는 그의 가족에게 빵을 건네달라고 요청했지만, 아무도 그에게 빵을 건네주지 않았다.

❶ 과거진행형은 「was/were + 현재분사」로 쓰고, have는 '먹다'라는 뜻으로 쓰였다.

❷ go to see the doctor: 병원에 가다

❸ promise의 목적어로 쓰인 명사적 용법의 to부정사

❹ ask + 목적어 + to부정사

❺ pass + 직접목적어 + to + 간접목적어

Think and Write

My Best Friend, Subin

My best friend is Subin. I ❶ have known her ❷ for 3 years. She is humorous. She ❸ tells me many funny jokes. She and I ❹ both like movies. So we ❺ have watched many movies together. ❻ I'm sure we'll be friends forever.

나의 가장 친한 친구, 수빈

나의 가장 친한 친구는 수빈이다. 나는 그녀를 3년 동안 알아 왔다. 그녀는 재미있다. 그녀는 나에게 재미있는 농담을 많이 한다. 그녀와 나는 둘 다 영화를 좋아한다. 그래서 우리는 함께 영화를 많이 봤다. 나는 우리가 영원히 친구일 것이라고 확신한다.

❶ 현재완료 (계속)

❷ ~ 동안 (기간을 나타냄)

❸ tell + 간접목적어 + 직접목적어

❹ 둘 다

❺ 현재완료 (경험)

❻ '나는 ~라고 확신해'라는 뜻의 확신을 나타내는 표현

Project B

Dear Mina,

❶ I'm happy that you're my secret friend. I like you ❷ because you are very kind. I ❸ also like your big smile. ❹ I'm sure we'll be good friends this year.

                                                                          J

P.S. ❺ I've already helped you ❻ three times.

미나에게,

나는 네가 나의 비밀 친구라서 행복해. 나는 네가 매우 친절해서 너를 좋아해. 나는 또한 너의 환한 미소를 좋아해. 나는 올해 우리가 좋은 친구가 될 거라고 확신해.

                                                                          J

추신: 나는 이미 너를 세 번 도와줬어.

❶ 나는 ~해서 기쁘다

❷ 원인, 이유를 나타내는 접속사

❸ 또한, 역시

❹ '나는 ~라고 확신해'라는 뜻의 확신을 나타내는 표현

❺ 현재완료 (완료)

❻ 세 번

Project C

Mina is my secret friend. I ❶ helped her with her homework. I ❷ wrote her a letter in English. She ❸ looked happy when she ❹ was reading it. I know her ❺ better now. Her hobby is ❻ playing tennis. This is a great game!

미나는 나의 비밀 친구이다. 나는 그녀의 숙제를 도와줬다. 나는 그녀에게 영어로 편지를 썼다. 그녀가 그 편지를 읽고 있을 때 행복해 보였다. 나는 지금 그녀를 더 잘 안다. 그녀의 취미는 테니스를 치는 것이다. 이것은 정말 좋은 게임이다!

❶ help A with B: A를 B로 돕다

❷ write + 간접목적어 + 직접목적어

❸ look + 형용사: ~해 보이다

❹ 과거진행형

❺ well의 비교급

❻ 보어로 쓰인 동명사

실전 TEST

[01-02] 다음 글을 읽고, 물음에 답하시오.

　　Jimmy's family ⓐwas having dinner. Jimmy's father asked his family ⓑpass the bread, but no one passed it to him. Jimmy's father ⓒdisappeared and the family couldn't see him. The family went ⓓto see the doctor. Jimmy promised to pass his father the bread every day, and his father ⓔappeared.

01 윗글의 밑줄 친 ⓐ~ⓔ 중 어법상 틀린 것은?

① ⓐ　　② ⓑ　　③ ⓒ　　④ ⓓ　　⑤ ⓔ

02 윗글의 밑줄 친 문장을 3형식 문장으로 바꿔 쓰시오.

→ _____

[03-04] 다음 글을 읽고, 물음에 답하시오.

　　My best friend is Subin. I have known her for 3 years. She is humorous. She tells me many funny jokes. She and I both like movies. So we have watched many movies together. I'm _____ we'll be friends forever.

03 윗글의 빈칸에 들어갈 말로 알맞은 것은?

① sure　　② awful　　③ nervous
④ sorry　　⑤ terrible

04 윗글을 읽고, 알 수 없는 것은?

① 글쓴이의 이름
② 글쓴이와 수빈이가 알고 지낸 기간
③ 수빈이의 성격
④ 글쓴이와 수빈이가 공통으로 좋아하는 것
⑤ 글쓴이와 수빈이가 함께 한 일

[05-06] 다음 글을 읽고, 물음에 답하시오.

Dear Mina,
　　I'm happy _____ you're my secret friend. I like you _____ you are very kind. I _____ like your big smile. I'm _____ we'll be good friends this year.

　　　　　　　　　　　　　　　　　　　　　　　J

P.S. 나는 이미 너를 세 번 도와줬어.

05 다음 중 윗글의 빈칸에 들어갈 수 없는 것은?

① sure　　② that　　③ happen
④ also　　⑤ because

06 윗글의 밑줄 친 우리말과 같도록 괄호 안의 단어들을 바르게 배열하여 문장을 쓰시오.

→ _____

(three, I, you, helped, already, times, have)

07 다음 글을 읽고 답할 수 <u>없는</u> 질문은?

　　Mina is my secret friend. I helped her with her homework. I wrote her a letter in English. She looked happy when she was reading it. I know her better now. Her hobby is playing tennis. This is a great game!　　　　* I: Jimin

① Who is Jimin's secret friend?
② How did Jimin help Mina?
③ What did Jimin write to Mina?
④ How did Jimin give the letter to Mina?
⑤ What is Mina's hobby?

W Words
고득점 맞기

01 다음 중 짝 지어진 두 단어의 관계가 나머지와 <u>다른</u> 것은?

① arrive - leave
② tidy - untidy
③ late - early
④ shout - yell
⑤ visible - invisible

02 다음 단어의 영어 뜻풀이로 옳지 <u>않은</u> 것은?

① normal: very strange or unusual
② moment: a very short period of time
③ joke: something that you say or do to make people laugh
④ promise: to tell someone that you will or will not do something
⑤ tear: a drop of liquid that comes out of your eye when you cry

03 다음 중 어울리지 <u>않는</u> 단어가 포함된 것은?

① 성격: humorous, outgoing, responsible, caring
② 서수: second, third, seventh, eighth
③ 직업: banker, teacher, doctor, coach
④ 외모: tall, handsome, thin, pretty
⑤ 시간: morning, night, afternoon, dinner

고
산도
04 다음 영어 뜻풀이 모두에 해당하는 단어는?

• a letter or number that shows how good someone's work or performance is
• one of the levels of school that lasts one year

① text
② grade
③ charity
④ abroad
⑤ secret

05 다음 문장의 빈칸에 공통으로 알맞은 단어를 쓰시오.

• I feel nervous when I speak in front _____ many people.
• A spark can create a sea _____ fire.

→ _____

06 다음 중 밑줄 친 단어의 의미가 서로 <u>다른</u> 것은?

① Be <u>patient</u> and wait until he comes back.
  Jane is a very <u>patient</u> woman.
② Her eyes were wet with <u>tears</u>.
  He left the room in <u>tears</u>.
③ The bus came <u>right</u> on time.
  Tom was standing <u>right</u> behind her.
④ He <u>asked</u> me a question.
  Jason <u>asked</u> her to go.
⑤ I <u>miss</u> my friends and all of my family.
  We will <u>miss</u> you if you leave Korea.

07 다음 밑줄 친 우리말을 영어로 쓰시오. (4단어)

The children were excited about the news, so they <u>펄쩍펄쩍 뛰었다</u>.

→ _____

08 다음 중 단어의 성격이 <u>다른</u> 하나는?

① friendly
② awful
③ abroad
④ invisible
⑤ helpful

고난도 신유형
09 다음 중 밑줄 친 부분의 영어 뜻풀이로 알맞지 <u>않은</u> 것은?

① I like K-pop <u>a lot</u>. (very much)
② You will <u>make friends</u> easily. (become friends)
③ The students are <u>doing their own things</u>.
　　　　　　　　(to do what one wants to do)
④ We will be <u>in time</u> for the train. (not late)
⑤ They <u>invited</u> some friends <u>over</u> for dinner.
　　(to arrive at one's house after dinner)

고난도 신유형
10 다음 중 주어진 영어 뜻풀이 해당하는 단어가 쓰인 것은?

putting a lot of effort into something

① Mia is caring, so she will help anyone.
② Bill is a very hard-working student.
③ John will finish the work because he is responsible.
④ Sue will know the answer. She is very intelligent.
⑤ Ann is outgoing, so she likes meeting many people.

11 다음 우리말과 같도록 빈칸에 알맞은 말을 쓰시오.

Jimmy ＿＿＿＿ ＿＿＿＿ ＿＿＿＿ his
homework.
(Jimmy는 그의 숙제로 바빴다.)

12 다음 중 밑줄 친 부분의 우리말 뜻으로 알맞지 <u>않은</u> 것은?

① <u>In a few moments</u>, he will arrive here. (곧)
② The math exam was <u>pretty</u> difficult for me. (꽤)
③ I <u>passed</u> my father the newspaper. (지나가다)
④ <u>These days</u>, many students have smartphones. (요즘)
⑤ The teacher told us not to <u>yell</u> in the classroom.
　　　　　　　　　　　　　　　　(소리치다)

13 다음 밑줄 친 말과 비슷한 의미로 바꿔 쓸 수 있는 것은?

Today I forgot my homework and lost my wallet after school. It was <u>an awful day</u>.

① a quiet day　　　　② a terrific day
③ a happy day　　　　④ a terrible day
⑤ an excellent day

14 다음 (A), (B), (C)에서 알맞은 것을 각각 골라 쓰시오.

• Jack plays the piano very well. He will get first
　(A) grade / place in the contest.
• My mother sometimes comes home (B) late / lately from work.
• He will (C) shake / shout his head in answer to my question.

(A) ＿＿＿＿＿＿
(B) ＿＿＿＿＿＿
(C) ＿＿＿＿＿＿

15 다음 밑줄 친 ①~⑤ 중 쓰임이 어색한 것은?

Magic Hat
Do you want to become ①invisible? When you ②put on this hat, you will ③disappear ④like magic. Nobody can see you. When you take off the hat, you will ⑤disappear. This hat is very special!

우리말과 일치하도록 대화를 바르게 영작하시오.

STEP B

1 Listen and Speak 1-A

G: _____

B: _____

G: _____

B: _____

해석   교과서 28쪽

G: 우리가 늦지 않게 도착할 수 있을까?

B: 물론이야. 기차는 5시 10분에 떠나.

G: 하지만 벌써 4시 30분이야.

B: 기차역은 여기서 많이 멀지 않아. 나는 우리가 5시 전에 거기에 도착할 거라고 확신해.

2 Listen and Speak 1-B

G: _____

B: _____

G: _____

B: _____

G: _____

B: _____

G: _____

B: _____

교과서 28쪽

G: 안녕, 민수야. 무슨 일 있니? 정말 걱정스러워 보여.

B: 오늘 오후에 영어 말하기 시험이 있어.

G: 걱정하지 마. 너는 연습을 많이 했잖아.

B: 하지만 선생님 앞에 있으면 너무 긴장돼.

G: 누구나 그래. 나는 네가 잘할 거라고 확신해.

B: 정말 그렇게 생각해?

G: 물론이야. 너는 정말 영어를 잘해.

B: 고마워. 이제 기분이 훨씬 나아.

3 Listen and Speak 1-C

A: _____

B: _____

A: _____

교과서 28쪽

A: Sam은 기타를 정말 잘 쳐.

B: 응. 나는 그가 대회에서 일등을 할 거라고 확신해.

A: 나도 그렇게 생각해.

4 Listen and Speak 2-A

B: _____

G: _____

B: _____

G: _____

교과서 29쪽

B: 저분은 누구시니?

G: 그분은 새로운 우리 배드민턴 코치님이셔.

B: 정말 키가 크고 잘생기셨구나. 성격은 어떠시니?

G: 코치님은 정말 친절하고 재미있으셔. 나는 코치님이 정말 좋아.

5 Listen and Speak 2-B

교과서 29쪽

M: _____

G: _____

M: _____

G: _____

M: _____

G: _____

M: _____

G: _____

M: _____

G: _____

해석

M: Sue, 요즘 학교는 어떠니?

G: 정말 좋아요, 아빠. 벌써 Rosa와 Mike라는 새 친구 두 명을 사귀었어요.

M: 그 말을 들으니 좋구나. 너희들은 어떻게 친구가 되었니?

G: 우리 모두는 영어를 정말 좋아해요. 우리는 같은 동아리에 있기도 해요.

M: 잘됐구나. 그 친구들은 성격이 어떠니?

G: Rosa는 아주 상냥해요.

M: Mike는 어떠니?

G: 그는 외향적이에요.

M: 그 친구들을 저녁 식사에 초대하는 게 어떠니?

G: 좋아요, 아빠.

6 Listen and Speak 2-C

교과서 29쪽

A: _____

B: _____

A: _____

B: _____

A: _____

A: 나는 댄스 동아리를 위한 새 회원을 찾고 있어.

B: Jenny는 어때?

A: 그녀는 성격이 어떠니?

B: 그녀는 활동적이고 외향적이야.

A: 고마워. 그녀에게 물어볼게.

7 Real Life Talk > Watch a Video

교과서 30쪽

Judy: _____

Hojin: _____

Judy: _____

Hojin: _____

Judy: _____

Hojin: _____

Judy: _____

Hojin: _____

Judy: _____

Hojin: _____

Judy: 호진아, 나는 우리 학교 밴드에서 노래 부를 사람을 찾고 있어.

호진: 김준호는 어때?

Judy: 김준호? 그 애가 누구야?

호진: 오, 우리 반 친구야. 그는 지난주에 우리 학교로 막 전학 왔어.

Judy: 그는 노래를 잘하니?

호진: 응, 그는 아름답게 노래를 해. 너희 밴드에 꼭 맞을 거라고 확신해.

Judy: 그에 관해 좀 더 말해 줄 수 있니? 그는 성격이 어떠니?

호진: 음, 그는 아주 외향적이고 친절해.

Judy: 잘됐네. 그의 전화번호를 알 수 있을까?

호진: 물론이지.

01 자연스러운 대화가 되도록 (A)~(D)를 순서대로 배열한 것은?

> (A) What is she like?
> (B) How about Kathy?
> (C) She is creative and intelligent.
> (D) I'm looking for a new member for my science club.
> (E) Thanks. I'll ask her.

① (B)-(A)-(C)-(D)-(E) ② (B)-(C)-(D)-(A)-(E)
③ (D)-(A)-(C)-(B)-(E) ④ (D)-(B)-(A)-(C)-(E)
⑤ (D)-(B)-(E)-(A)-(C)

[02-03] 다음 대화를 읽고, 물음에 답하시오.

A: Hey, Minsu. What's up? You ⓐ look so worried.
B: The English speaking test is this afternoon.
A: Don't worry. You ⓑ practiced a lot.
B: But I ⓒ get so nervous when I'm in front of the teacher.
A: ⓓ Everybody do. I'm sure you'll do well.
B: Do you really think so?
A: Of course. You are a great English speaker.
B: Thanks. I ⓔ feel much better now.

02 다음 중 대화 내용이 위 대화와 일치하지 <u>않는</u> 것은?

① A: What is Minsu worried about?
　B: He is worried about the English speaking test.
② A: When is the English speaking test?
　B: It is this afternoon.
③ A: Did Minsu practice speaking English?
　B: Yes, he did.
④ A: How does he feel in front of the teacher?
　B: He feels so nervous.
⑤ A: Does Minsu speak English well?
　B: No, he doesn't.

03 위 대화의 밑줄 친 ⓐ~ⓔ 중 어법상 틀린 것은?

① ⓐ　② ⓑ　③ ⓒ　④ ⓓ　⑤ ⓔ

[04-05] 다음 대화를 읽고, 물음에 답하시오.

A: Sue, how do you like your school these days?
B: I like it a lot, Dad. I already made two new friends, Rosa and Mike.
A: ⓐ Happy to hear that. How did you become friends?
B: We all love English. We are also in the same club.
A: That's great. ⓑ What are they like?
B: Rosa is very kind.
A: ⓒ How about Mike?
B: ⓓ He is outgoing.
A: ⓔ Why don't you invite them over for dinner?
B: Okay, Dad.

04 위 대화의 밑줄 친 ⓐ~ⓔ를 바꿔서 표현할 때, 쓸 수 <u>없는</u> 것은?

① ⓐ Pleased to hear that.
② ⓑ What do they look like?
③ ⓒ What is Mike like?
④ ⓓ He is a sociable person.
⑤ ⓔ How about inviting them over for dinner?

05 위 대화의 내용과 일치하지 <u>않는</u> 것은?

① Sue and her father are having a conversation.
② Sue, Rosa, and Mike love English.
③ Sue and Mike are in different clubs.
④ Rosa is a very kind person.
⑤ Sue will invite Rosa and Mike for dinner.

06 다음 대화를 괄호 안의 단어들을 사용하여 완성하시오.

A: Amy runs really fast.
B: _____
 (sure, win the race)
A: I think so, too.

[07-08] 다음 대화를 읽고, 물음에 답하시오.

A: Hey, Minsu. What's up? You look so worried.
B: The English speaking test is this afternoon.
A: Don't worry. You practiced a lot.
B: But I get so nervous when I'm in front of the teacher.
A: Everybody does. I'm sure you'll do well.
B: Do you really think so?
A: Of course. 너는 정말 영어를 잘해.
B: Thanks. I feel much better now.

07 다음 질문에 대한 답을 [조건]에 맞게 쓰시오.

[조건] 1. 주어와 동사를 포함한 완전한 문장으로 쓸 것
     2. 대소문자와 문장 부호 등을 정확히 쓸 것

(1) What is Minsu worried about?
 → _____

(2) When does Minsu get so nervous?
 → _____

08 위 대화의 우리말과 같도록 괄호 안의 단어들을 바르게 배열하시오.

→ _____
(you, a, English, great, are, speaker)

고/난도

09 다음 대답에 대한 질문을 괄호 안의 단어를 사용하여 쓰시오.

A: _____? (like)
B: A plant keeper should be responsible and hard-working.

[10-11] 다음 대화를 읽고, 물음에 답하시오.

A: Hojin, I'm looking for a singer for my school band.
B: _____ ⓐ _____
A: Junho Kim? _____ ⓑ _____
B: Oh, he's my classmate. He just moved to our school last week.
A: Is he a good singer?
B: Yeah, he sings beautifully. I'm sure he will be perfect for your band.
A: Can you tell me more about him?
 _____ ⓒ _____
B: Well, he is very outgoing and friendly.

10 위 대화의 빈칸 ⓐ~ⓒ에 알맞은 말을 [보기]에서 골라 쓰시오.

[보기] • Who's that?
    • What's he like?
    • What does he like?
    • Why do you like him?
    • How about Junho Kim?

ⓐ _____
ⓑ _____
ⓒ _____

11 위 대화를 바탕으로 준호가 자신을 소개하는 글을 완성하시오.

Hi! My name is Junho Kim. I just moved to this school _____. I'm very _____. I can _____, so I want to be a singer. Nice to meet you!

[01-02] 다음 문장의 빈칸에 들어갈 수 <u>없는</u> 것을 고르시오.

01 I _____ him to come to the party.

① told   ② made   ③ asked
④ wanted   ⑤ expected

02 I have lived in Korea _____.

① twice   ② before
③ in 2015   ④ for ten years
⑤ since last year

[03-04] 다음 중 never가 들어갈 위치로 알맞은 곳을 고르시오.

03 Dad told (①) me (②) to give (③) up (④) on my dreams (⑤).

04 He (①) has (②) worked (③) a day (④) in his life (⑤).

신
/유형
05 다음 우리말을 영어로 쓸 때, 여섯 번째로 오는 단어는?

Brian은 그의 엄마에게 7시에 그를 깨워 달라고 요청했다.

① him   ② to   ③ wake
④ his   ⑤ asked

06 다음 문장을 의문문으로 바르게 바꾼 것은?

Tom has lived in Busan for two years.

① Has Tom live in Busan for two years?
② Has Tom lived in Busan for two years?
③ Have Tom live in Busan for two years?
④ Have Tom lived in Busan for two years?
⑤ Does Tom have lived in Busan for two years?

07 다음 문장의 의미가 서로 <u>다른</u> 것은?

① My son has been sick since last week.
   → My son began to be sick last week.
     He is still sick.
② Sue has slept for ten hours.
   → Sue started to sleep ten hours ago.
     She is still sleeping.
③ Jason has been in line for two hours.
   → Jason was in line two hours ago.
     He isn't in line now.
④ Ann has gone to Jeju-do.
   → Ann went to Jeju-do.
     She hasn't returned.
⑤ I have known her since I was a child.
   → I knew her when I was a child.
     I still know her.

한 단계 ┌─┐ 더!
08 다음 중 어법상 <u>틀린</u> 것은?

① I want you to walk my dog.
② She told me to put on my coat.
③ Minsu asked his brother not to make a noise.
④ Mr. Kim advised me to exercise every day.
⑤ Mom didn't allow me play games.

09 다음 대화 중 어색한 것은?

① A: Have you finished your homework?

　B: Yes, I have already finished it.

② A: Have you ever eaten an insect?

　B: No, I haven't. I don't want to eat one.

③ A: Have you ever seen a polar bear?

　B: Yes, I have seen one in the zoo.

④ A: Have you ever been to France?

　B: No, I haven't. I have traveled there before.

⑤ A: How long have you known Jenny?

　B: I have known her for 3 years.

10 다음 우리말을 영어로 옮긴 것 중 올바른 것은?

① 누가 그에게 파티에 오라고 말했니?

　→ Who told him to come to the party?

② 그녀는 내가 그녀와 함께 가기를 원했다.

　→ She wanted me going with her.

③ 그는 그녀에게 화분에 물을 주라고 요청했다.

　→ He asked to water the plant to her.

④ 그는 나에게 늦지 말라고 말했다.

　→ He didn't tell me to be late.

⑤ 그녀는 우리가 행복하기를 원했다.

　→ She wanted us to happy.

고난도 | 한 단계 | 더!

11 다음 밑줄 친 부분과 쓰임이 같은 것은?

I have donated my old clothes to charity before.

① He has gone to Brazil to see the festival.

② How long have you been in Korea?

③ I have had this car for ten years.

④ Sue has never eaten Mexican food.

⑤ They have already finished their science project.

12 다음 중 빈칸에 들어갈 말이 나머지와 다른 하나는?

① Your parents want you _____ study.

② I promised _____ be a good boy.

③ The teacher told us not _____ run.

④ I have lived here _____ I was ten.

⑤ I usually give food _____ my cat in the morning.

13 다음 밑줄 친 ⓐ~ⓔ 중 어법상 틀린 것은?

　My best friend is Homin. ⓐI have known him since 10 years. ⓑHe is active and outgoing. He enjoys outdoor activities. ⓒHe and I both like riding bikes. ⓓSo we often go bike riding together. ⓔI'm sure we'll be friends forever.

① ⓐ　　② ⓑ　　③ ⓒ　　④ ⓓ　　⑤ ⓔ

고난도 신유형

14 다음 중 어법상 틀린 문장의 개수는?

ⓐ When do you want me to leave here?

ⓑ I didn't have been to New York.

ⓒ He has lived alone last month.

ⓓ She told us to careful on the stairs.

ⓔ My sister has have this bag since she was a child.

ⓕ He asked James open the door.

① 1개　　② 2개　　③ 4개　　④ 5개　　⑤ 6개

서술형

15 [보기]에서 알맞은 동사를 골라 현재완료 문장을 완성하시오.

[보기]	know	go out	be	go

(1) The lights _____. It's very dark here.

(2) They first met 10 years ago. They _____ each other for 10 years.

(3) I _____ to Busan before. Busan is a very exciting city.

16 다음 우리말과 같도록 괄호 안의 단어들을 바르게 배열하여 문장을 쓰시오.

(1) 그녀는 나에게 TV를 끄라고 말했다.

(me, she, turn, told, to, off, the TV)

→ _____

(2) 우리 엄마는 내가 내 방을 청소하기를 원하신다.

(me, wants, clean, my, room, mom, my, to)

→ _____

(3) 그는 우리에게 도서관에서 어떤 소리도 내지 말라고 요청했다.

(asked, the library, any, in, he, to, us, make, noise, not)

→ _____

17 다음 대답에 대한 알맞은 질문을 쓰시오.

[조건] 1. 시제에 유의할 것

2. 대소문자와 문장 부호를 정확히 쓸 것

(1) Q: _____

A: Yes, I have eaten Italian food before.

(2) Q: _____

A: No, he has not finished his homework yet.

(3) Q: _____

A: I have lived in Mokpo for 3 years.

18 다음 Jason 선생님이 학생들에게 남긴 메모를 보고 각 사람에게 부탁한 일을 문장으로 쓰시오.

[조건] 1. ask나 want를 반드시 사용하여 과거시제로 쓸 것

2. 주어와 동사를 포함한 완전한 문장으로 쓸 것

3. 대소문자와 문장 부호를 정확히 쓸 것

Tommy, turn off the lights, please.

Jimmy, clean the board, please.

Alice, close the windows, please.

Thank you for your help!

from Jason

(1) _____

(2) _____

(3) _____

19 다음 Ann의 경험 유무를 정리한 표를 보고, 현재완료를 이용하여 글을 완성하시오.

Experience	○/×
learn Hangeul	○
visit a Korean traditional market	○
eat kimchi	×

Ann loves Korea. _____ before. She can read and write Hangeul a little. She _____ twice. She tried some Korean food there. But _____ _____.

한 단계 더!

20 다음 문장에서 어법상 틀린 부분을 바르게 고쳐 문장을 다시 쓰시오.

(1) Mr. Kim told me don't use my smartphone.

→ _____

(2) My mom allowed me inviting my friends over for dinner.

→ _____

다음 우리말과 일치하도록 각 문장을 바르게 영작하시오.

01
_____

내 이름은 Jimmy다.

02
_____

나는 8학년이고, 내 여동생 Hope는 3학년이다.

03
_____

우리 아버지는 은행원이시고, 어머니는 선생님이시다.

04
_____

우리에겐 Smiley라는 개가 한 마리 있다.

05
_____

꽤 평범한 것 같다, 그렇지?

06
_____

그런데 말도 안 되는 일이 지난주에 일어났다.

07
_____

우리 아버지는 보통 회사에서 늦게 집에 오신다.

08
_____

그래서 우리는 주말에만 아버지를 본다.

09
_____

그때조차도 아버지는 보통 주무시거나 텔레비전을 보신다.

10
_____

하지만 지난주 금요일에 아버지는 저녁을 드시러 일찍 집에 오셨다.

11
_____

☆ 식탁에서 우리는 모두 각자의 일을 하고 있었다.

12
_____

Hope는 Smiley에게 음식을 주고 있었다.

13
_____

☆ 어머니는 동생에게 그러지 말라고 말씀하고 계셨다.

14
_____

나는 문자를 보내고 있었다.

15
_____

아버지가 말씀하셨다. "빵 좀 건네줘요."

16
_____

아무도 그의 말을 듣지 못하자, 아버지는 다시 물으셨다. "누구 나한테 빵 좀 건네줄래?"

17
_____

이번에 나는 아버지의 말씀을 들었지만 휴대 전화에 빠져 너무 바빴다.

18
_____

어머니는 소리치고 계셨다. "Smiley한테 음식을 주지 마!"

19
_____

Hope는 Smiley에게 먹이를 주고 있었다.

20
_____

Smiley는 펄쩍펄쩍 뛰고 있었다.

STEP B

21

_____

아버지가 소리치셨다. "내가 안 보이는 거야? 빵 좀 건네줘!"

22

_____

그때 그 일이 일어났다. 뿅!

23

_____

☆ 아버지가 마법처럼 사라지셨다.

24

_____

☆ 아버지는 투명 인간이 되셨다!

25

_____

우리는 그의 말을 들을 수는 있었지만 그를 볼 순 없었다.

26

_____

우리는 물었다. "어디 계세요?"

27

_____

아버지가 대답하셨다. "너희들 바로 앞에 있어."

28

_____

우리는 그를 위해 아무것도 할 수 없었다.

29

_____

끔찍한 밤이었다.

30

_____

☆ 다음 날 아침. 우리는 병원에 가서 의사 선생님에게 우리를 도와달라고 부탁했다.

31

_____

☆ 내가 말했다. "아버지가 어젯밤부터 안 보여요."

32

_____

의사 선생님은 고개를 저으며 말씀하셨다. "도와드릴 수가 없네요.

33

_____

☆ 이런 건 전에 본 적이 없어요."

34

_____

집에 왔을 때 Hope가 말했다. "아빠가 보고 싶어요."

35

_____

그녀는 울기 시작했다.

36

_____

어머니가 같이 우셨다.

37

_____

곧 우리는 눈물바다가 되었다.

38

_____

"돌아오세요, 아빠! 매일 아빠한테 빵을 건네드리겠다고 약속해요!" 나는 울며 외쳤다.

39

_____

그때 일이 일어났다.

40

_____

아버지가 다시 나타나셨다!

41

_____

☆ 아버지가 우리를 안고 말씀하셨다. "관심 가져줘서 고마워.

42

_____

집에 더 일찍 오고 주말에는 너희와 함께 놀겠다고 약속하마."

고득점 맞기

[01-03] 다음 글을 읽고, 물음에 답하시오.

　　My name is Jimmy. I am in the eighth grade and my sister, Hope, is in the third grade. My father is a banker and my mother is a teacher. We have a dog, Smiley. <u>Sounds</u> pretty normal, right? But a crazy thing happened last week.

01 다음 유의어나 영어 뜻풀이에 해당하는 단어 중 윗글에서 찾을 수 **없는** 것은?

① quite
② terrible
③ usual, not strange
④ very strange or unusual
⑤ someone who has an important job at a bank

02 윗글을 읽고, 답할 수 **없는** 질문은?

① Which grade is Jimmy's sister in?
② What does Jimmy's mother do?
③ How many people are there in Jimmy's family?
④ How old is Smiley?
⑤ When did a crazy thing happen to Jimmy's family?

03 윗글의 밑줄 친 sounds와 같은 의미로 쓰인 것은?

① Could you turn the <u>sound</u> down?
② My car is making strange <u>sounds</u>.
③ Light travels much faster than <u>sound</u>.
④ The bell <u>sounded</u> for the end of the class.
⑤ It may <u>sound</u> strange, but it's true.

[04-07] 다음 글을 읽고, 물음에 답하시오.

(A) My father said, "Pass me the bread, please." No one heard him, so he asked again, "@Can someone pass me the bread?" I heard him this time, but I was too busy with my phone.

(B) Last Friday, my father came home early for dinner. At the table, we were all doing our own thing. ⓑHope was giving food Smiley. ⓒMy mother was telling her not to do so. I was texting.

(C) Then, it happened. Poof! My father _____ like magic. ⓓHe became invisible!

(D) My mother was yelling, "Don't feed Smiley!" ⓔHope was feeding Smiley. Smiley was jumping up and down. My father shouted, "Am I invisible? Pass me the bread!"

*I: Jimmy

04 윗글의 (A)~(D)를 순서대로 배열한 것은?

① (A)-(B)-(D)-(C)　　② (B)-(A)-(C)-(D)
③ (B)-(A)-(D)-(C)　　④ (C)-(B)-(A)-(D)
⑤ (D)-(A)-(C)-(B)

05 윗글의 밑줄 친 @~ⓔ 중 어법상 **틀린** 것은?

① @　　② ⓑ　　③ ⓒ　　④ ⓓ　　⑤ ⓔ

06 윗글의 빈칸에 들어갈 말로 알맞은 것은?

① flew　　　　　② appeared
③ disappeared　　④ grow bigger
⑤ couldn't speak

07 다음 중 윗글의 내용과 일치하지 <u>않는</u> 것은?

① Jimmy's family was having dinner.
② Jimmy's family didn't pass Jimmy's father the bread.
③ Jimmy didn't hear his father when he asked again.
④ Jimmy was texting with his phone.
⑤ Jimmy's mother told Hope not to feed Smiley.

[08-12] 다음 글을 읽고, 물음에 답하시오.

We could hear him, but we couldn't see him. We asked, "Where are you?" "I'm ⓐ<u>right</u> in front of you," he replied. We couldn't do anything for him. It was an ⓑ<u>awful</u> night.

Next morning, we went to the hospital and asked the doctor to (A) help / helping us. I said, "＿＿＿＿＿＿＿＿＿＿＿＿＿＿＿" The doctor shook his head and said, "I can't help you. <u>이런 건 전에 본 적이 없어요.</u>"

When we came home, Hope said, "I ⓒ<u>miss</u> Daddy." She started (B) cry / crying. My mother joined her. ⓓ<u>In a few moments</u>, we were a sea of tears. "Come back, Dad! I promise (C) pass / to pass you the bread every day!" I cried. Then, it happened. My father ⓔ<u>appeared</u> again!

* I: Jimmy

08 윗글의 밑줄 친 ⓐ~ⓔ의 우리말 뜻으로 알맞지 <u>않은</u> 것은?

① ⓐ: 바로
② ⓑ: 끔찍한
③ ⓒ: 그리워하다
④ ⓓ: 얼마 동안
⑤ ⓔ: 나타났다

09 윗글의 (A)~(C)에 들어갈 말이 순서대로 짝 지어진 것은?

① help – cry – pass
② help – crying – pass
③ help – crying – to pass
④ helping – cry – to pass
⑤ helping – crying – to pass

10 윗글의 빈칸에 들어갈 말로 알맞은 것은?

① He couldn't do anything for us.
② He couldn't see and hear us.
③ He has been sick for a week.
④ He has been angry since last night.
⑤ He has been invisible since last night.

11 윗글의 밑줄 친 우리말을 영어로 바르게 옮긴 것은?

① I have ever seen anything like this before.
② I have never seen anything like this before.
③ I have never saw anything like this before.
④ I has ever seen anything like this before.
⑤ I has never seen anything like this before.

12 다음 중 윗글의 내용과 일치하는 것의 개수는?

- Jimmy couldn't hear his father.
- The doctor couldn't help Jimmy's father.
- The doctor has seen the same thing before.
- Mom and Hope cried, but Jimmy didn't cry.

① 0개　　② 1개　　③ 2개　　④ 3개　　⑤ 4개

서술형

[13-15] 다음 글을 읽고, 물음에 답하시오.

My name is Jimmy. I am in the eighth grade and my sister, Hope, is in the third grade. My father is a banker and my mother is a teacher. We have a dog, Smiley. Sounds pretty normal, right? But a crazy thing happened last week.

My father usually comes home late from work. So, we only see him on the weekends. Even then, he usually sleep or watches television. But last Friday, he came home early for dinner. At the table, we were all done our own thing. Hope was giving food to Smiley. My mother was telling her not do so. I was texting.

* I: Jimmy

13 윗글을 바탕으로 Jimmy의 아버지가 자신을 소개하는 글을 완성하시오.

> Hi, I'm Jimmy's father and I work for a
> _____. I usually work until late, so I can only
> see my children _____. Actually, I
> have enough time to play with them, but I
> usually _____.

14 윗글에서 어법상 틀린 부분을 <u>모두</u> 찾아 바르게 고쳐 쓰시오.

_____ → _____

_____ → _____

_____ → _____

15 윗글에서 Jimmy의 가족이 하고 있던 일이 무엇인지 찾아 쓰시오.

(1) Hope _____.

(2) Jimmy's mother _____

_____.

(3) Jimmy _____.

[16-17] 다음 글을 읽고, 물음에 답하시오.

My father said, "Pass me the bread, please." No one heard him, so he asked again, "Can someone pass me the bread?" I heard him this time, but <u>나는 전화에 빠져 너무 바빴다.</u> My mother was yelling, "Don't feed Smiley!" Hope was feeding Smiley. Smiley was jumping up and down. My father shouted, "Am I invisible? Pass me the bread!"

Then, ⓐit happened. Poof! My father disappeared like magic. He became invisible!   * I: Jimmy

16 윗글의 밑줄 친 우리말과 같도록 [조건]에 맞게 문장을 쓰시오.

> [조건] 1. 주어와 동사를 포함한 완전한 문장으로 쓸 것
> 2. too, busy, phone을 반드시 사용할 것
> 3. 7단어로 쓸 것

→ _____

17 윗글의 밑줄 친 ⓐ에 해당하는 것을 윗글에서 찾아 한 문장으로 쓰시오.

→ _____

18 다음 글을 읽고, 주어진 질문에 완전한 문장으로 답하시오.

Next morning, we went to the hospital and asked the doctor to help us. I said, "He has been invisible since last night." The doctor shook his head and said, "I can't help you. I've never seen anything like this before."   * I: Jimmy

(1) What did Jimmy's family do the next morning?

_____

(2) Has the doctor seen anything like this before?

_____

서술형 100% TEST

01 다음 짝 지어진 단어의 관계가 같도록 빈칸에 알맞은 단어를 쓰시오.

(1) arrive: leave = appear: _____

(2) awful: terrible = sociable: _____

STEP B

02 다음 우리말과 같도록 빈칸에 알맞은 말을 쓰시오.

[조건] 1. 시제에 맞게 쓸 것
2. 인칭 대명사를 문맥에 맞게 쓸 것

We _____ _____ _____ _____ _____ in the park at that time.

(우리는 그때 공원에서 자기가 하고 싶은 일을 하고 있었다.)

03 다음 괄호 안의 단어들을 바르게 배열하여 대화를 완성하시오.

(1) A: Does Jane have a great voice?

B: Yes, she does.

_____

(sure, great, she, a, singer, will, I'm, be)

(2) A: Does Sam play the guitar really well?

B: Yes, he does.

_____

(sure, contest, in, get, the, he, place, first, will, I'm)

04 다음 대화의 빈칸에 알맞은 질문을 쓰시오.

A: Henry is my new badminton coach.

B: He's very tall and handsome.

_____

A: He is very friendly and humorous. I like him a lot.

05 다음 글을 읽고, 준호에게 해 줄 말을 쓰시오.

Junho is really worried about the math test today. He has studied a lot. However, he gets very nervous during the test. You think he will get a good grade on the test.

[조건] 1. 확신을 나타내는 표현을 반드시 쓸 것
2. 글에 주어진 표현을 사용할 것

→ _____

06 다음 표를 보고, 대화를 완성하시오.

이름	성격	특징
John	friendly, caring	play the guitar well
Henry	intelligent, creative	like science
Sam	outgoing, humorous	a great dancer

A: I'm looking for a new member for my science club.

B: _____

A: What is he like?

B: _____

A: Thanks. I'll ask him.

[07-08] 다음 대화를 읽고, 질문에 답하시오.

A: What should a recycling helper be?
B: A recycling helper should be responsible and tidy.
A: Who is the best person to be the recycling helper?
B: How about Sumi? She is responsible and tidy.
A: Yeah, I'm sure she will be a good recycling helper for our class.

07 위 대화에서 틀린 문장을 찾아 바르게 고쳐 쓰시오.

→ _____

08 위 대화의 내용과 일치하도록 다음 글을 완성하시오.

They chose Sumi to be _____ because she is _____. They're sure _____.

09 다음 표를 참고하여 문장을 쓰시오.

사람	내가 원하는 것
my parents	come home early from work
my sister	not be late for school
my friends	be happy all the time

[조건] 1. 주어를 I로 하여 현재시제의 완전한 문장으로 쓸 것
        2. 동사 want를 사용할 것
        3. 대문자와 문장 부호를 정확히 쓸 것

(1) _____
(2) _____
(3) _____

10 다음 우리말과 같도록 괄호 안의 단어들을 이용하여 문장을 완성하시오.

[조건] 1. 현재완료를 사용할 것
        2. 시제를 적절히 변형할 것

(1) 나는 그런 슬픈 이야기를 들어본 적이 없다.
I _____ such a sad story.
(never, hear)

(2) 그는 막 캐나다에서 돌아왔다.
He _____ from Canada.
(just, come back)

(3) 너는 러시아에 가 본 적이 있니?
_____ to Russia? (ever, be)

11 다음 대화의 내용과 일치하도록 문장을 완성하시오.

(1)
Mia: Can you pass me the salt, please?
You: Sure. Here it is.

Mia asked me _____.

(2)
Ann: Don't give food to the animals in the zoo.
Sam: I see.

Ann told Sam _____.

(3)
Tom: Would you donate your old clothes to charity?
Sue: OK.

Tom asked Sue _____.

12 다음 문장을 괄호 안의 지시대로 바꿔 쓰시오.

(1) I have been to Germany before. (부정문으로)
→ _____

(2) They have studied for two hours. (의문문으로)
→ _____

13 다음 문장들과 의미가 같도록 한 문장으로 다시 쓰시오.

> [조건] 1. 두 문장의 의미를 모두 포함할 것
>
> 2. 주어와 동사를 포함한 완전한 문장으로 쓸 것

(1) He began to be sick on Monday. He is still sick.

→ _____

(2) I started studying English five years ago. I still study English.

→ _____

(3) She went to France to meet her son. So she is not here now.

→ _____

14 다음 우리말과 같도록 〈보기〉의 단어들을 이용하여 쓰시오.

> [보기] advise   ask   tell   stay up   eat   help

(1) Jason은 나에게 그의 숙제를 도와 달라고 부탁했다.

→ _____

(2) 나의 어머니는 나에게 늦게까지 깨어 있지 말라고 말씀하셨다.

→ _____

(3) 그 의사는 Harry에게 채소를 많이 먹으라고 조언했다.

→ _____

15 고 난도 실 유형 다음 중 어법상 틀린 문장을 <u>모두</u> 찾아 기호를 쓰고, 바르게 고쳐 쓰시오.

> ⓐ My mom wanted me don't tell a lie.
>
> ⓑ I don't have been to Jeju-do before.
>
> ⓒ The doctor told me exercising three times a week.
>
> ⓓ She asked us to pay attention to her.
>
> ⓔ My sister has just finished her homework.

(   ) → _____

(   ) → _____

(   ) → _____

16 고 난도 다음 진수의 3년 동안의 기록을 보고 진수에 대해 문장을 쓰시오.

> [조건] 1. 현재완료를 사용할 것
>
> 2. 적절한 부사(구)를 사용할 것
>
> 3. 표의 정보를 모두 종합적으로 사용할 것

	2 years ago	Last year	This year
live in Busan		●————————→	
study Chinese	●————————————————→		
travel abroad	Italy로 첫 해외 여행을 다녀옴.		Vietnam으로 두 번째 해외 여행을 다녀옴.

(1) _____

(2) _____

(3) _____

[17-18] 다음 글을 읽고, 물음에 답하시오.

My name is Jimmy. I am in the eighth grade and my sister, Hope, is in the third grade. My father is a banker and my mother is a teacher. We have a dog, Smiley. My father usually comes home late from work. So, we only see him on the weekends. Even then, he usually sleeps or watches television. But last Friday, he came home early for dinner.

17 Jimmy 아빠의 말에서 윗글의 내용과 일치하지 <u>않는</u> 부분을 바르게 고쳐 쓰시오.

I work at a school. I usually come home early from work. I have a cat, Smiley.

→ _____

_____

18 다음 질문에 대한 답을 쓰시오.

[조건] 1. 주어와 동사를 포함한 완전한 문장으로 쓸 것
2. 시제와 인칭 대명사를 적절히 변형할 것
3. 대소문자와 문장 부호를 정확히 쓸 것

(1) Which grade is Jimmy in?

_____

(2) How many people are there in Jimmy's family?

_____

(3) What does Jimmy's father usually do on the weekends?

_____

[19-20] 다음 글을 읽고, 물음에 답하시오.

Next morning, we went to the hospital and asked the doctor to help us. I said, "<u>그는 어젯밤부터 보이지 않아요</u>." The doctor shook his head and said, "I can't help you. (like, before, seen, never, I've, anything, this)."

19 윗글의 밑줄 친 우리말과 같도록 문장을 쓰시오.

[조건] 1. 주어와 동사를 포함한 완전한 문장으로 쓸 것
2. invisible, since, last를 사용할 것

→ _____

20 윗글의 괄호 안의 단어들을 바르게 배열하여 문장을 쓰시오.

→ _____

[21-22] 다음 글을 읽고, 물음에 답하시오.

At the table, we were all doing our own thing. Hope was giving food to Smiley. My mother was telling her don't do so. I was texting. My father said, "Pass me the bread, please." No one heard him, so he asked again, "Can someone pass to me the bread?" I heard him this time, but I was too busy with my phone. My mother was yelling, "Don't feed Smiley!" Hope was feeding Smiley. Smiley was jumping up and down. My father shouted, "Am I invisible? Pass me the bread!" Then, it happened. Poof! My father disappeared like magic.　*I: Jimmy

21 ^고/_{난도} 윗글의 어법상 틀린 문장을 <u>모두</u> 찾아 바르게 고쳐 쓰시오.

(1) _____

(2) _____

22 Why did Jimmy's father disappear? Write the answer in Korean.

→ _____

23 다음 글의 밑줄 친 우리말과 같도록 괄호 안의 단어들을 이용하여 문장을 쓰시오.

Dear Mina,

I'm happy that you're my secret friend. I like you because you are very kind. I also like your big smile. I'm sure we'll be good friends this year.

J

P.S. <u>나는 이미 너를 세 번 도와줬어.</u>

→ _____

(help, three times)

모의고사

01 다음 중 짝 지어진 단어의 관계가 나머지와 다른 것은? [3점]

① awful - terrible
② reply - answer
③ outgoing - sociable
④ shout - yell
⑤ visible - invisible

02 다음 단어의 영어 뜻풀이로 옳지 않은 것은? [3점]

① arrive: to get to the place you are going to
② disappear: to pass out of sight
③ hug: to put your arms around someone to show love or friendship
④ promise: to tell someone that you will or will not do something
⑤ shake: to move your head up and down as a way of answering "yes"

03 다음 우리말과 같도록 문장을 완성할 때, 빈칸에 들어갈 말이 순서대로 짝 지어진 것은? [4점]

- I want to _____ my own thing.
  (나는 내가 하고 싶은 일을 하고 싶다.)
- He practiced hard to _____ first place in the contest.
  (그는 대회에서 일등을 하기 위해 열심히 연습했다.)
- Some people _____ friends easily.
  (몇몇 사람들은 쉽게 친구를 사귄다.)

① get – do – make
② do – get – make
③ do – take – have
④ make – get – take
⑤ take – do – get

04 다음 밑줄 친 말의 의도로 알맞은 것은? [4점]

A: Who's that?
B: He's my new badminton coach.
A: He's very tall and handsome. What is he like?
B: He is very friendly and humorous.

① to say hello
② to ask for advice
③ to ask preference
④ to ask about personality
⑤ to ask about appearance

[05-06] 다음 대화를 읽고, 물음에 답하시오.

A: Can we arrive ____ⓐ____ time?
B: Of course. The train leaves at 5:10.
A: But it's already 4:30.
B: The train station isn't very far ____ⓑ____ here. 나는 우리가 5시 전에 거기에 도착할 것이라고 확신해.

서술형 **1**

05 위 대화의 빈칸 ⓐ와 ⓑ에 들어갈 전치사를 각각 쓰시오. [각 2점]

ⓐ _____   ⓑ _____

06 위 대화의 밑줄 친 우리말과 같도록 주어진 단어를 배열할 때, 네 번째로 오는 단어는? [4점]

I'm, we'll, before, there, sure, arrive, 5

① sure
② we'll
③ before
④ arrive
⑤ there

[07-09] 다음 대화를 읽고, 물음에 답하시오.

> Amy: Hey, Minsu. What's up? You look so worried.
> Minsu: The English speaking test is this afternoon.
> Amy: Don't worry. You practiced a lot. (①)
> Minsu: But I get so nervous when I'm in front of the
>   teacher. (②)
> Amy: (③) I'm sure you'll do well.
> Minsu: Do you really think so?
> Amy: Of course. (④) <u>You are a great English speaker.</u>
> Minsu: (⑤) Thanks. I feel much better now.

07 위 대화의 ①～⑤ 중 주어진 문장이 들어갈 위치로 알맞은
것은? [4점]

> Everybody does.

①   ②   ③   ④   ⑤

08 위 대화의 밑줄 친 문장과 의미가 같은 것은? [4점]

① You like English very much.
② You can only speak English.
③ You speak English very well.
④ You study English very hard.
⑤ You speak English very loudly.

서술형 **2**

09 위 대화의 내용과 일치하도록 다음 질문에 대한 답을 쓰시
오. [4점]

> How does Minsu feel after the conversation?

> [조건]   1. 주어와 동사를 포함한 완전한 문장으로 쓸 것
>   2. 대소문자와 문장 부호를 정확히 쓸 것

→ _____

[10-12] 다음 대화를 읽고, 물음에 답하시오.

> A: Hojin, I'm looking _____ a singer for my
>   school band.
> B: How _____ Junho Kim?
> A: Junho Kim? Who's _____?
> B: Oh, he's my classmate. He just moved _____
>   our school last week.
> A: Is he a good singer?
> B: Yeah, he sings beautifully. I'm sure he will be
>   perfect for your band.
> A: Can you tell me more _____ him? <u>그는 성격이 어
>   떠니?</u>
> B: Well, he is very outgoing and friendly.
> A: Great. Can I have his phone number?
> B: Sure.

10 위 대화의 준호에 대한 설명으로 알맞지 <u>않은</u> 것은? [4점]

① 호진이의 반 친구이다.
② 지난주에 전학 왔다.
③ 노래를 잘한다.
④ 학교 밴드에서 노래를 부르고 있다.
⑤ 성격이 외향적이고 친절하다.

11 위 대화의 빈칸에 쓰이지 <u>않는</u> 것은? [4점]

① to   ② for   ③ with
④ that   ⑤ about

서술형 **3**

12 위 대화의 밑줄 친 우리말을 영작하시오. [4점]

→ _____

13 다음 빈칸에 들어갈 말로 알맞은 것을 고르시오. [4점]

> He _____ to Busan three times.

① has be　　② has been　　③ have been
④ is been　　⑤ is had

14 다음 우리말을 바르게 영작한 것은? [4점]

> 그는 우리에게 계단에서 뛰지 말라고 말했다.

① He told us run not on the stairs.
② He told not us to run on the stairs.
③ He told us not to run on the stairs.
④ He didn't tell us to run on the stairs.
⑤ He told us don't run on the stairs.

15 다음 밑줄 친 ⓐ~ⓔ 중 어법상 틀린 것의 개수는? [4점]

> My best friend is Subin. I ⓐunderline{knew} her for 3 years. She is humorous. She ⓑunderline{tells to me} many funny jokes. ⓒunderline{She and I both} like movies. So we ⓓunderline{have watch} many movies together. ⓔI'm sure we'll be friends forever.

① 0개　　② 1개　　③ 2개
④ 3개　　⑤ 4개

16 다음 말을 문장으로 표현한 것으로 알맞은 것은? [4점]

> **Mom**: Jason, can you open the door, please?

① Jason wanted to open the door.
② Mom didn't want to open the door.
③ Jason asked Mom to open the door.
④ Mom asked Jason to open the door.
⑤ Mom told Jason not to open the door.

서술형**4**

17 다음 중 어법상 틀린 문장을 두 개 찾아 기호를 쓰고, 바르게 고쳐 쓰시오. [각 3점]

> ⓐShe has not arrived at the airport yet.
> ⓑHe told me to go to bed early.
> ⓒMom asked me stop playing games.
> ⓓI have donated my old toys to charity before.
> ⓔDo you have ever heard the music of Queen?

(1) (　　　　) → _____
(2) (　　　　) → _____

서술형**5**

18 다음 두 문장의 의미가 일치하도록 빈칸에 알맞은 말을 쓰시오. [4점]

> She was sick yesterday. She is still sick today.

→ She _____ _____ sick _____ yesterday.

[19-21] 다음 글을 읽고, 물음에 답하시오.

> My name is Jimmy. I am in the eighth grade and my sister, Hope, is in the third grade. My father is a banker and my mother is a teacher. We have a dog, Smiley. Sounds ⓐpretty normal, right? But a crazy thing happened last week.
>
> My father usually comes home lately from work. So, we only see him on the weekends. Even then, he usually sleeps or watches television. But last Friday, he came home early for dinner. At the table, we were all ⓑdoing our own thing. Hope was giving food to Smiley. My mother was telling her not to do so. I was texting.　　　　　*I: Jimmy

19 Jimmy에 대한 설명 중 윗글의 내용과 일치하지 <u>않는</u> 것은? [3점]

① 8학년이다.
② 가족은 모두 4명이다.
③ 누나가 한 명 있다.
④ 부모님은 두 분 모두 직장에 다니신다.
⑤ 개를 키운다.

20 윗글의 밑줄 친 @와 바꿔 쓸 수 있는 것은? [3점]

① quite   ② only   ③ too
④ little   ⑤ nearly

서술형 **6**

21 밑줄 친 ⓑ에 해당하는 내용을 주어진 주어로 시작하는 문장으로 완성하시오. [각 2점]

(1) Hope _____.
(2) Jimmy's mother _____.
(3) Jimmy _____.

22 다음 글의 (A)~(C)에 들어갈 말이 바르게 짝 지어진 것은? [4점]

> Next morning, we went to the hospital and asked the doctor (A) help/to help us. I said, "He has been invisible (B) since/for last night." The doctor shook his head and said, "I can't help you. I've (C) ever/never seen anything like this before."

	(A)		(B)		(C)
①	help	–	for	–	ever
②	help	–	since	–	never
③	to help	–	for	–	never
④	to help	–	since	–	never
⑤	to help	–	since	–	ever

[23-25] 다음 글을 읽고, 물음에 답하시오.

> When we came home, Hope said, "I miss Daddy." She started crying. My mother joined her. In a few moments, <u>우리는 눈물바다가 되었다</u>. "Come back, Dad! I promise to pass you the bread every day!" I cried.
> Then, it happened. My father appeared again! He hugged us and said, "Thank you for all the attention. I promise to come home earlier and play with you on the weekends."   * I: Jimmy

23 윗글의 밑줄 친 miss와 같은 의미로 쓰인 것은? [4점]

① Why did you <u>miss</u> the ball?
② He doesn't <u>miss</u> a chance.
③ Hurry up, or you will <u>miss</u> the train.
④ I <u>miss</u> my friends and all of my family.
⑤ The house is next to the school. You can't <u>miss</u> it.

서술형 **7**

24 윗글의 밑줄 친 우리말을 괄호 안의 표현을 사용하여 영작하시오. [4점]

→ _____
    (a sea of)

서술형 **8**

25 After Jimmy cried, what happened to his father? [4점]

→ _____

모의고사

01 다음 단어를 반의어로 만들 때, 빈칸에 들어갈 접두사가 같은 것을 <u>모두</u> 고르면? [4점]

① _____appear ② _____visible
③ _____honest ④ _____happy
⑤ _____possible

02 다음 영어 뜻풀이에 해당하는 단어로 알맞은 것은? [3점]

very strange or unusual

① normal ② crazy ③ patient
④ outgoing ⑤ intelligent

03 다음 밑줄 친 부분의 우리말 뜻으로 알맞지 <u>않은</u> 것은? [3점]

① Tom practiced playing the piano <u>a lot</u>. (많이)
② I'm <u>busy with</u> my school project. (~로 바쁘다)
③ The children are <u>jumping up and down</u> with joy.
(펄쩍펄쩍 뛰다)
④ <u>In a few moments</u>, we will open the gates.
(한참 후에)
⑤ When my father died, the house became <u>a sea of tears</u>. (~의 바다, 다량의 ~)

[04-05] 다음 대화의 빈칸에 들어갈 말로 알맞은 것을 고르시오. [각 3점]

04
A: What is your English teacher like?
B: _____

① She looks like a pretty cat.
② She is very intelligent and kind.
③ She is my first English teacher.
④ She is tall. She is wearing glasses.
⑤ I want to be a teacher like her.

05
A: I have a math test tomorrow. I'm worried.
B: Don't worry. _____
A: Thanks.

① Are you sure?
② I'm sure you'll do great.
③ I feel much better now.
④ I'm sure I'll get first place.
⑤ I'm not sure you'll get a good grade.

[06-07] 다음 대화를 읽고, 물음에 답하시오.

A: Hey, Minsu. What's up? You look so worried.
B: The English speaking test is this afternoon.
A: Don't worry. You practiced a lot.
B: But I get so nervous when I'm in front of the teacher.
A: Everybody does. <u>나는 네가 잘할 거라고 확신해.</u>
B: Do you really think so?
A: Of course. You are a great English speaker.
B: Thanks. I feel much better now.

06 위 대화의 내용과 일치하는 것을 <u>모두</u> 고르면? [4점]

① 내일 오후에 영어 말하기 시험이 있다.

② 민수는 영어 말하기 시험을 걱정하고 있다.

③ 민수는 영어 말하기를 많이 연습하지 못했다.

④ 민수는 선생님 앞에 서면 긴장이 된다.

⑤ 민수는 대화가 끝난 후에도 기분이 나아지지 않았다.

서술형 1

07 위 대화의 밑줄 친 우리말과 같도록 괄호 안의 단어를 이용하여 문장을 쓰시오. [4점]

→ _____

(sure, well)

[08-10] 다음 대화를 읽고, 물음에 답하시오.

A: Sue, how do you like your school these days?

B: I like it a lot, Dad. I already made two new friends, Rosa and Mike.

A: Happy to hear that. ___ⓐ___ did you become friends?

B: We all love English. We are also in the same club.

A: That's great. What are they like?

B: Rosa is ___ⓑ___.

A: ___ⓐ___ about Mike?

B: He is outgoing.

A: <u>그들을 저녁 식사에 초대하는 게 어때?</u>

B: Okay, Dad.

08 위 대화의 빈칸 ⓐ에 공통으로 들어갈 말로 알맞은 것은? [4점]

① Why   ② How   ③ Who

④ When   ⑤ What

09 위 대화의 빈칸 ⓑ에 들어갈 수 <u>없는</u> 것을 <u>모두</u> 고르면? [4점]

① tall and thin

② very friendly

③ wearing glasses

④ active and caring

⑤ funny and humorous

서술형 2

10 위 대화의 밑줄 친 우리말과 같도록 문장을 쓰시오. [4점]

[조건]   1. 주어와 동사를 포함한 완전한 문장으로 쓸 것

         2. why, invite, over를 반드시 사용할 것

         3. 대소문자와 문장 부호 등을 정확히 쓸 것

→ _____

11 다음 문장의 빈칸에 들어갈 말로 알맞은 것은? [4점]

What did he ask you _____?

① do   ② did   ③ to do

④ done   ⑤ doing

서술형 3

12 다음 우리말과 같도록 [조건]에 맞게 문장을 쓰시오. [4점]

[조건]   1. 현재완료를 사용할 것

         2. 6단어로 쓸 것

         3. 시제에 유의할 것

나는 전에 Jane과 함께 일한 적이 있다.

→ _____

(work, before)

13 다음 우리말과 같도록 할 때, not이 들어갈 위치로 알맞은 곳은? [4점]

He (①) told (②) us (③) to go (④) there (⑤).

(그는 우리에게 거기에 가지 말라고 말했다.)

14 다음 문장의 빈칸에 들어갈 수 없는 것을 모두 고르면? [4점]

> I have _____ seen that musical.

① yet   ② often   ③ never
④ just   ⑤ already

15 다음 문장의 의미가 서로 다른 것은? [4점]

① I have lived here for three years.
  → I began to live here three years ago. I still live here.
② I have lost my bag.
  → I lost my bag. I don't have my bag now.
③ He has loved Amy since he was a child.
  → He loved Amy when he was a child. He still loves her.
④ I have turned off the TV.
  → I turned off the TV. The TV is off now.
⑤ She has been to Canada.
  → She went to Canada. She is not here now.

16 다음 주어진 단어를 변형하여 빈칸을 채울 때, 형태가 다른 하나는? [4점]

> clean

① He asked us _____ the table.
② I saw Thomas _____ his room.
③ Mom told me _____ the house.
④ I promise _____ my room every day.
⑤ I wanted my sister _____ the windows.

17 다음 문장에서 어법상 틀린 부분을 찾아 문장을 바르게 고쳐 쓰시오. [4점]

> My mother doesn't allow me watch TV at night.

→ _____

[18-19] 다음 글을 읽고, 물음에 답하시오.

> My father usually comes home late from work. So, we only see him (A) on / in the weekends. Even then, he usually sleeps or watches television. But last Friday, he came home early for dinner. (B) On / At the table, we were all doing our own thing. Hope was giving food (C) to / for Smiley. My mother was telling her not to do so. I was texting.   * I: Jimmy

18 윗글의 (A)~(C)에서 알맞은 것을 골라 쓰시오. [각 2점]

(A) _____
(B) _____
(C) _____

19 윗글의 내용과 일치하지 않는 것은? [4점]

① Jimmy의 아버지는 보통 늦게 퇴근하신다.
② Jimmy의 아버지는 주말에 주로 주무시거나 TV를 보신다.
③ 지난주 금요일에는 Jimmy의 아버지가 일찍 퇴근하셨다.
④ Jimmy의 어머니는 개에게 음식을 주라고 Hope에게 말씀하셨다.
⑤ Jimmy는 문자를 보내고 있었다.

[20-22] 다음 글을 읽고, 물음에 답하시오.

My father said, "Pass me the bread, please." No one heard him, so he asked again, "Can someone pass me the bread?" I heard him this time, but I was too busy with my phone. My mother was yelling, "Don't @give food to Smiley!" Hope was feeding Smiley. Smiley was jumping up and down. My father shouted, "Am I ____ⓑ____? Pass me the bread!"

Then, it happened. Poof! My father disappeared like magic. He became ____ⓒ____!   * I: Jimmy

20 윗글의 밑줄 친 @와 바꿔 쓸 수 있는 단어는? [4점]

① pass   ② feed   ③ yell
④ jump   ⑤ shout

21 윗글의 빈칸 ⓑ와 ⓒ에 공통으로 들어갈 말로 알맞은 것은? [4점]

① late   ② busy
③ normal   ④ visible
⑤ invisible

서술형**6**

22 다음 질문에 대한 답을 쓰시오. [4점]

> What did Jimmy's father want the other family members to do?

[조건]   1. 주어와 동사를 포함한 완전한 문장으로 쓸 것
        2. 윗글에 주어진 표현을 사용할 것
        3. 대소문자와 문장 부호 등을 정확히 쓸 것

→ _____

[23-24] 다음 글을 읽고, 물음에 답하시오.

We could hear him, but we couldn't see him. We ____ⓐ____, "Where are you?" "I'm right in front of you," he ____ⓑ____. We couldn't do anything for him. It was an awful night.

Next morning, we went to the hospital and ____ⓒ____ the doctor to help us. I said, "(since, been, he, last, invisible, has, night)" The doctor shook his head and ____ⓓ____, "I can't help you. I've never seen anything like this before."   * I: Jimmy

23 윗글의 밑줄 친 @~ⓓ 중 asked가 들어갈 수 있는 곳의 개수는? [4점]

① 0개   ② 1개   ③ 2개   ④ 3개   ⑤ 4개

서술형**7**

24 윗글의 괄호 안의 단어들을 바르게 배열하여 문장을 쓰시오. [4점]

→ _____

서술형**8**

25 다음 글의 밑줄 친 우리말을 영작하여 쓰시오. [각 3점]

My best friend is Subin. (1) 나는 그녀를 3년 동안 알아 왔다. She is humorous. She tells me many funny jokes. She and I both like movies. So we have watched many movies together. (2) 나는 우리가 영원히 친구일 것이라고 확신한다.

[조건]   1. 주어와 동사를 포함한 완전한 문장으로 쓸 것
        2. (1)에는 현재완료를, (2)에는 확신을 나타내는 표현을 반드시 사용할 것

(1) _____

(2) _____

01 다음 단어의 반의어 중 접두사가 <u>다른</u> 것은? [4점]

① like ② agree ③ appear
④ honest ⑤ visible

02 다음 대화의 빈칸에 들어갈 말로 알맞은 것은? [3점]

> A: Excuse me. Can you _____ me the salt, please?
> B: Sure. Here it is.

① hug ② pass ③ donate
④ shake ⑤ promise

03 다음 문장의 빈칸에 공통으로 들어갈 말로 알맞은 것은? [3점]

> • We are _____ the second grade in Donga Middle School.
> • Wait a minute! I'll be there _____ a few moments.

① in ② on ③ at
④ for ⑤ with

04 다음 대화의 빈칸에 들어갈 말로 알맞은 것을 <u>모두</u> 고르면? [4점]

> A: Jane has a great voice.
> B: Yeah, I'm _____ she will be a great singer.
> A: I think so, too.

① sure ② afraid ③ curious
④ against ⑤ certain

05 다음 중 밑줄 친 말과 바꿔 쓸 수 있는 것은? [4점]

> A: <u>What is Jenny like?</u>
> B: She is creative and intelligent.

① Who is Jenny?
② What does Jenny do?
③ How does Jenny feel?
④ What does Jenny look like?
⑤ What is Jenny's personality?

[06-07] 다음 대화를 읽고, 물음에 답하시오.

> A: Hey, Minsu. What's up? You look so ⓐ<u>worried</u>.
> B: The English speaking test is this afternoon.
> A: Don't worry. You practiced ⓑ<u>a lot</u>.
> B: But I get so ⓒ<u>nervous</u> when I'm in front of the teacher.
> A: Everybody ⓓ<u>does</u>. I'm sure you'll do well.
> B: Do you really think so?
> A: Of course. You are a great English speaker.
> B: Thanks. I feel ⓔ<u>very</u> better now.

06 위 대화를 읽고, 답할 수 <u>없는</u> 질문은? [4점]

① What is Minsu worried about?
② When is the English speaking test?
③ When does Minsu get so nervous?
④ Why does Minsu think he'll do well?
⑤ How does Minsu feel after the conversation?

서술형 **1**

07 위 대화의 밑줄 친 ⓐ~ⓔ 중 어법상 틀린 것을 찾아 기호를 쓰고, 바르게 고쳐 쓰시오. [4점]

(_____) → _____

08 다음 대화의 빈칸에 알맞은 말을 [보기]에서 골라 쓰시오. [각 2점]

A: Hojin, I'm looking for a singer for my school band.
B: (1) _____
A: Junho Kim? Who's that?
B: Oh, he's my classmate. He just moved to our school last week.
A: Is he a good singer?
B: Yeah, he sings beautifully. (2) _____
_____
A: Can you tell me more about him? What's he like?
B: (3) _____.
A: Great. Can I have his phone number?
B: Sure.

[보기]
- How does he look like?
- How about Junho Kim?
- Who's his favorite singer?
- Well, he is very outgoing and friendly.
- I'm sure he will be perfect for your band.

(1) _____
(2) _____
(3) _____

09 자연스러운 대화가 되도록 (A)~(D)를 순서대로 배열한 것은? [4점]

(A) Who's that?
(B) He's very tall and handsome. What is he like?
(C) He's my new badminton coach.
(D) He is very friendly and humorous. I like him a lot.

① (A)–(B)–(C)–(D)   ② (A)–(C)–(B)–(D)
③ (C)–(A)–(B)–(D)   ④ (C)–(B)–(A)–(D)
⑤ (D)–(B)–(A)–(C)

[10-11] 다음 빈칸에 들어갈 말로 알맞은 것을 고르시오. [각 3점]

10
Jenny wants him _____ happy.

① be   ② is   ③ being
④ to be   ⑤ to being

11
Eric _____ the guitar since he was 5 years old.

① have playing   ② have played
③ has play   ④ has played
⑤ played have

12 다음 우리말과 같도록 괄호 안의 단어들을 이용하여 문장을 쓰시오. [4점]

그 선생님은 그 학생들에게 계단에서 뛰지 말라고 말씀하셨다.

→ _____
(tell, run on the stairs)

13 다음 중 짝 지어진 대화가 어색한 것은? [4점]

① A: Have you eaten Mexican food before?
　 B: No, I haven't.
② A: Have you finished your homework yet?
　 B: Yes, I have already finished it.
③ A: How long have you lived here?
　 B: I have lived here for ten years.
④ A: What have you and Tom done together?
　 B: We have watched many movies together.
⑤ A: Has she gone to Paris?
　 B: Yes, she has been to Paris twice.

14 다음 문장과 의미가 같은 것은? [4점]

> Sue said, "John, give me some water."

① Sue told John to get some water.
② John told Sue to give him some water.
③ John wanted Sue to drink some water.
④ Sue wanted John to drink some water.
⑤ Sue asked John to get her some water.

15 다음 중 어법상 틀린 것은? [4점]

① My sister has gone to Mexico.
② It has snowed since last Friday.
③ I have lived in Seoul for three years.
④ She has never seen such a beautiful flower.
⑤ I have finished my homework two hours ago.

서술형 4

16 다음 중 어법상 틀린 문장을 두 개 찾아 기호를 쓰고, 바르게 고쳐 쓰시오. [각 3점]

> ⓐ I have travel abroad three times.
> ⓑ Have you ever eaten an insect?
> ⓒ He asked his son to water the plant.
> ⓓ What does Jenny want you do?

(1) (   ) → _____
(2) (   ) → _____

[17-19] 다음 글을 읽고, 물음에 답하시오.

> My name is Jimmy. I am in the ⓐeight grade and my sister, Hope, is in the ⓑthird grade. My father is a banker and my mother is a teacher. We have a dog, Smiley. ⓒSounds pretty ⓓnormal, right? But a crazy thing happened ⓔlast week.

17 다음 영어 뜻풀이에 해당하는 단어 중 윗글에서 찾을 수 없는 것은? [3점]

① to take place
② usual, not strange
③ very bad or unpleasant
④ very strange or unusual
⑤ one of the levels of school that lasts one year

18 윗글의 밑줄 친 ⓐ~ⓔ 중 어법상 틀린 것은? [4점]

① ⓐ   ② ⓑ   ③ ⓒ   ④ ⓓ   ⑤ ⓔ

서술형 5

19 윗글을 읽고 답할 수 있는 질문을 모두 골라 답하시오. [5점]

> ⓐ Which grade is Jimmy's sister in?
> ⓑ What is the name of Jimmy's father?
> ⓒ What does Jimmy's mother do?
> ⓓ How old is Smiley?

(   ) → _____
(   ) → _____

[20-22] 다음 글을 읽고, 물음에 답하시오.

We could hear my father, but we couldn't see ⓐhim. We asked, "Where are ⓑyou?" "I'm right in front of you," he replied. We couldn't do anything for ⓒhim. It was an awful night.

Next morning, we went to the hospital and 의사 선생님에게 우리를 도와달라고 요청했다. I said, "ⓓHe has been invisible since last night." The doctor shook his head and said, "ⓔI can't help you. I've never seen anything like this before."   * I: Jimmy

20 윗글의 밑줄 친 ⓐ~ⓔ 중 가리키는 대상이 다른 하나는? [4점]

① ⓐ   ② ⓑ   ③ ⓒ   ④ ⓓ   ⑤ ⓔ

21 윗글의 내용과 일치하면 T, 일치하지 않으면 F로 표현할 때, 순서대로 짝 지어진 것은? [4점]

> • Jimmy couldn't hear and see his father.
> • The doctor could help Jimmy's father.
> • The doctor has seen an invisible man before.

① T - T - T   ② T - F - T   ③ T - F - F
④ F - T - F   ⑤ F - F - F

서술형 6

22 윗글의 밑줄 친 우리말과 같도록 문장을 완성하시오. [4점]

> [조건]   1. and에 이어지는 문장으로 쓸 것
>   2. ask를 사용할 것
>   3. 시제에 유의할 것

→ _____

[23-24] 다음 글을 읽고, 물음에 답하시오.

(A) Then, it happened. My father appeared again!

(B) When we came home, Hope said, "I miss Daddy." She started crying. My mother joined her.

(C) He hugged us and said, "Thank you for all the attention. (to, I, home, promise, earlier, come) and play with you on the weekends."

(D) In a few moments, we were a sea of tears. "Come back, Dad! I promise to pass you the bread every day!" I cried.   * I: Jimmy

23 자연스러운 글이 되도록 (A)~(D)를 순서대로 배열한 것은? [4점]

① (A) - (B) - (D) - (C)   ② (A) - (C) - (B) - (D)
③ (B) - (C) - (A) - (D)   ④ (B) - (D) - (A) - (C)
⑤ (D) - (A) - (C) - (B)

서술형 7

24 윗글의 괄호 안의 단어들을 바르게 배열하시오. [4점]

→ _____

서술형 8

25 다음 Jason의 글을 읽고, 질문에 답하시오. [4점]

My best friend is Subin. I have known her for 3 years. She is humorous. She tells me many funny jokes. She and I both like movies. So we have watched many movies together. I'm sure we'll be friends forever.

> [조건]   1. 주어와 동사를 포함한 완전한 문장으로 쓸 것
>   2. 인칭 대명사, 시제, 대소문자 등을 정확히 쓸 것

How long has Jason been friends with Subin?

→ _____

01 다음 중 품사가 <u>다른</u> 단어를 포함하고 있는 것은? [3점]

① gladly, usually, friendly

② caring, outgoing, hard-working

③ awful, helpful, useful

④ promise, hug, work

⑤ banker, teacher, farmer

서술형 **1**

02 다음 영어 뜻풀이에 해당하는 단어를 주어진 철자로 시작하여 쓰시오. [3점]

- able to wait for a long time or accept difficulties
- a person who is receiving medical treatment from a doctor or hospital

→ p_____

03 다음 빈칸에 쓰이지 <u>않는</u> 것은? [4점]

I invite you _____ for dinner. We will meet in front _____ the school at six o'clock. please arrive _____ time. You can make many friends during dinner. I ask you to turn _____ your cell phone while eating.

① in   ② of   ③ to

④ off   ⑤ over

[04-05] 다음 대화를 읽고, 물음에 답하시오.

A: Sue, how do you like your school these days?

B: I like it a lot, Dad. I already made two new friends, Rosa and Mike.

A: Happy to hear that. How did you become friends?

B: We all love English. We are also in the same club.

A: That's great. <u>그들은 성격이 어떠니?</u>

B: Rosa is very kind.

A: How about Mike?

B: He is outgoing.

A: Why don't you invite them over for dinner?

B: Okay, Dad.

서술형 **2**

04 위 대화의 밑줄 친 우리말과 같도록 영작하시오. [4점]

→ _____

05 위 대화의 내용과 일치하면 T, 일치하지 <u>않으면</u> F라 할 때, 순서대로 짝 지어진 것은? [4점]

- Sue and Rosa have been friends for a long time.
- Sue, Rosa, and Mike love English, and they are in the different clubs.
- Sue will invite Rosa and Mike over for dinner.

① T - T - T   ② T - T - F   ③ T - F - T

④ F - F - T   ⑤ F - F - F

[06-07] 다음 대화를 읽고, 물음에 답하시오.

A: Hojin, I'm looking for a singer for my school band. (①)

B: Judy, how about Junho Kim?

A: Junho Kim? Who's that? (②)

B: Oh, he's my classmate. He just moved to our school last week.

A: Is he a good singer? (③)

B: Yeah, he sings beautifully. I'm sure he will be perfect for your band.

A: Can you tell me more about him? (④)

B: Well, he is very outgoing and friendly.

A: Great. Can I have his phone number? (⑤)

B: Sure.

06 위 대화의 ①~⑤ 중 주어진 문장이 들어갈 위치로 알맞은 곳은? [3점]

> What's he like?

①   ②   ③   ④   ⑤

07 위 대화의 내용과 일치하지 <u>않는</u> 것은? [4점]

① Judy is looking for a singer for her school band.
② Hojin recommends Junho as a singer.
③ Hojin has known Junho since last week.
④ Hojin thinks Junho is a perfect singer for Judy's band.
⑤ Judy already knows Junho's phone number.

서술형 **3**

08 다음 대화문의 괄호 안의 단어들을 바르게 배열하여 문장을 완성하시오. [4점]

> A: Can we arrive in time?
> B: Of course. The train leaves at 5:10.
> A: But it's already 4:30.
> B: The train station isn't very far from here.
>   (we, there, 5, sure, I'm, arrive, will, before)

→ _____

09 다음 중 짝 지어진 대화가 <u>어색한</u> 것은? [3점]

① A: Sam plays the guitar really well.
   B: Yeah, I'm sure he will be a famous guitarist in the future.
② A: I'm worried. The math test is this afternoon.
   B: Don't worry. I'm sure you'll get a good grade.
③ A: I'm sure Jenny will be a great singer.
   B: I think so, too.
④ A: Who is the best person to be the recycling helper?
   B: How about Sora? She is helpful.
⑤ A: Who's that?
   B: She is very tall. She is wearing glasses.

서술형 **4**

10 다음 글의 내용과 일치하도록 대화를 완성하시오. [각 3점]

> Tom thinks Miso can be a class comedian because she is outgoing and humorous. He is sure she will be a great class comedian.

A: Tom, I'm looking for a class comedian.
B: How about Miso?
A: (1) _____
B: She is outgoing and humorous.
  (2) _____

11 다음 빈칸에 들어갈 수 있는 것을 <u>모두</u> 고르면? [4점]

> Dad _____ me to turn off the TV.

① saw   ② told   ③ said
④ asked   ⑤ made

12 다음 중 빈칸에 들어갈 수 <u>없는</u> 것은? [4점]

> I have played tennis _____.

① before   ② in 2015
③ three times   ④ for five years
⑤ since I was ten years old

13 다음 우리말을 영어로 바르게 옮겨 쓴 것은? [4점]

① 그는 그녀에게 책을 펴라고 말했다.
   → He told her open the book.
② 우리는 그가 더 나은 세상을 만들기를 원했다.
   → We wanted him made the better world.
③ 엄마는 나에게 집을 청소하라고 요청했다.
   → Mom asked me to clean the house.
④ 그는 나에게 시험 공부를 하라고 강요했다.
   → He forced me to studying for the exam.
⑤ Mike는 그의 친구들이 파티에 오기를 원했다.
   → Mike wanted his friends coming to the party.

[14-15] 다음 문장과 의미가 같은 것은? [각 4점]

14 Sue went to New York. She is still in New York.

① Sue was going to New York.
② Sue has gone to New York.
③ Sue has been to New York.
④ Sue will be in New York.
⑤ Sue has not lived in New York.

15 He started teaching the students a year ago.
   He still teaches the students.

① He has not taught any students yet.
② He didn't teach any students last year.
③ He might teach the students for a year.
④ He has taught the students since last year.
⑤ He doesn't have to teach the students now.

서술형 5

16 다음 선생님의 말씀과 의미가 일치하도록 문장을 쓰시오. [4점]

> [조건] 1. 주어와 동사를 포함한 완전한 문장으로 쓸 것
>   2. the teacher로 문장을 시작할 것
>   3. 동사 tell을 사용할 것

> Tom, don't make any noise in the library.

→ _____

서술형 6

17 다음 중 어법상 틀린 문장을 모두 찾아 기호를 쓰고, 바르게 고쳐 쓰시오. [5점]

ⓐ She told her son to go to bed early.
ⓑ Your parents want you are a famous scientist.
ⓒ What did he advise you to do?
ⓓ I have never heard such a sad story.
ⓔ Tommy has slept since three hours.

(   ) → _____
(   ) → _____

[18-20] 다음 글을 읽고, 물음에 답하시오.

My father usually ⓐcome home late from work. So, we only see him on the weekends. Even then, he usually sleeps or watches television. But last Friday, he came home early for dinner. At the table, we were all ⓑdo our own thing. Hope ⓒgives food to Smiley. 우리 엄마는 그녀에게 그렇게 하지 말라고 말씀하고 계셨다. I was texting.   * I: Jimmy

서술형 7

18 윗글의 밑줄 친 ⓐ~ⓒ를 어법상 바르게 고쳐 쓰시오. [각 2점]

ⓐ _____
ⓑ _____
ⓒ _____

서술형 8

19 윗글의 우리말과 같도록 주어진 단어를 바르게 배열하여 문장을 쓰시오. [4점]

so, do, to, my, was, her, not, telling, mother

→ _____

20 윗글의 내용과 일치하지 <u>않는</u> 대화는? [3점]

① A: When does Jimmy see his father?
   B: He sees his father only on weekdays.
② A: What does Jimmy's father do on the weekends?
   B: He usually sleeps or watches TV.
③ A: Did Jimmy's father come home early last Friday?
   B: Yes, he did.
④ A: What was Hope doing at the table?
   B: She was giving food to Smiley.
⑤ A: What was Jimmy doing at the table?
   B: He was texting.

[21-25] 다음 글을 읽고, 물음에 답하시오.

We could hear him, but we couldn't see him. We asked, "Where are you?" (①) "I'm right in front of you," he replied. We couldn't do anything for him. (②)

Next morning, we went to the hospital and asked the doctor to help us. (③) I said, "He has been invisible since last night." (④) The doctor shook his head and said, "I can't help you. <u>나는 이런 건 전에 본 적이 없어요.</u>" (⑤)

When we came home, Hope said, "I miss Daddy." She started crying. My mother joined her. In a few moments, we were a sea of tears. "Come back, Dad! I promise to pass you the bread every day!" I cried.

Then, it happened. My father appeared again! He hugged us and said, "Thank you for all the attention. I promise to come home earlier and play with you on the weekends."   * I: Jimmy

21 윗글의 ①~⑤ 중 주어진 문장이 들어갈 위치로 알맞은 곳은? [3점]

It was an awful night.

①   ②   ③   ④   ⑤

---

22 윗글의 밑줄 친 우리말과 같도록 괄호 안의 단어들을 이용하여 문장을 쓰시오. [4점]

→ _____

(never, see, anything, like)

---

23 다음 영어 뜻풀이에 해당하는 단어를 윗글에서 찾아 쓰시오. [3점]

to tell someone that you will or will not do something

→ _____

---

24 윗글을 읽고 느낀 점을 말한 사람 중 윗글의 내용과 일치하지 <u>않는</u> 것은? [4점]

① 진아: 가족이 갑자기 사라지면 몹시 슬플 것 같아.
② 민수: 아빠의 소중함을 깨닫자 아빠가 정상으로 돌아오셨군.
③ 지수: 아빠도 아이들과 더 많은 시간을 보내기로 약속하고 계시네.
④ 지훈: 아빠에게 혼자 있는 시간이 필요한 것 같아.
⑤ 수미: 가족의 소중함을 다시 생각하게 되었어.

---

25 윗글의 요약문을 [보기]의 단어를 활용하여 완성하시오. (단, 단어의 형태를 변형할 수 있고 윗글의 단어를 추가로 사용할 수 있음) [각 3점]

[보기]   promise   pass   appear   bread

Jimmy's father disappeared and Jimmy's family couldn't see him. The family went to see the doctor, but he couldn't help them. When the family came home, they were a sea of tears. Jimmy (1) _____, and (2) _____ again.

● 틀린 문항을 표시해 보세요.

〈제1회〉 대표 기출로 내신 **적중** 모의고사　　총점 _____ / 100

문항	영역	문항	영역	문항	영역
01	p.84(W)	10	p.89(L&S)	19	pp.104-106(R)
02	p.84(W)	11	p.89(L&S)	20	pp.104-106(R)
03	p.82(W)	12	p.89(L&S)	21	pp.104-106(R)
04	p.88(L&S)	13	p.96(G)	22	pp.104-106(R)
05	p.88(L&S)	14	p.97(G)	23	pp.104-106(R)
06	p.88(L&S)	15	pp.96-97(G)	24	pp.104-106(R)
07	p.88(L&S)	16	p.97(G)	25	pp.104-106(R)
08	p.88(L&S)	17	pp.96-97(G)		
09	p.88(L&S)	18	p.96(G)		

〈제2회〉 대표 기출로 내신 **적중** 모의고사　　총점 _____ / 100

문항	영역	문항	영역	문항	영역
01	p.84(W)	10	p.89(L&S)	19	pp.104-106(R)
02	p.84(W)	11	p.97(G)	20	pp.104-106(R)
03	p.82(W)	12	p.96(G)	21	pp.104-106(R)
04	p.87(L&S)	13	p.97(G)	22	pp.104-106(R)
05	p.87(L&S)	14	p.96(G)	23	pp.104-106(R)
06	p.88(L&S)	15	p.96(G)	24	pp.104-106(R)
07	p.88(L&S)	16	p.97(G)	25	p.120(M)
08	p.89(L&S)	17	p.97(G)		
09	p.89(L&S)	18	pp.104-106(R)		

〈제3회〉 대표 기출로 내신 **적중** 모의고사　　총점 _____ / 100

문항	영역	문항	영역	문항	영역
01	p.84(W)	10	p.97(G)	19	pp.104-106(R)
02	p.82(W)	11	p.96(G)	20	pp.104-106(R)
03	p.82(W)	12	p.97(G)	21	pp.104-106(R)
04	p.87(L&S)	13	p.96(G)	22	pp.104-106(R)
05	p.87(L&S)	14	p.97(G)	23	pp.104-106(R)
06	p.88(L&S)	15	p.96(G)	24	pp.104-106(R)
07	p.88(L&S)	16	pp.96-97(G)	25	p.120(M)
08	p.89(L&S)	17	pp.104-106(R)		
09	p.88(L&S)	18	pp.104-106(R)		

〈제4회〉 고난도로 내신 **적중** 모의고사　　총점 _____ / 100

문항	영역	문항	영역	문항	영역
01	p.82(W)	10	p.87(L&S)	19	pp.104-106(R)
02	p.84(W)	11	p.97(G)	20	pp.104-106(R)
03	p.82(W)	12	p.96(G)	21	pp.104-106(R)
04	p.89(L&S)	13	p.97(G)	22	pp.104-106(R)
05	p.89(L&S)	14	p.96(G)	23	pp.104-106(R)
06	p.89(L&S)	15	p.96(G)	24	pp.104-106(R)
07	p.89(L&S)	16	p.97(G)	25	pp.104~106(R)
08	p.88(L&S)	17	pp.96-97(G)		
09	p.87(L&S)	18	pp.104-106(R)		

● 부족한 영역을 점검해 보고 어떻게 더 학습할지 학습 계획을 적어 보세요.

	오답 공략
부족한 영역	
학습 계획	

	오답 공략
부족한 영역	
학습 계획	

	오답 공략
부족한 영역	
학습 계획	

	오답 공략
부족한 영역	
학습 계획	

Lesson

3

The Music Goes On

주요 학습 내용	의사소통 기능	선호 말하기	A: **Which** sport **do you like best**? (너는 어떤 운동을 가장 좋아해?) B: **I like** tennis **best**. (나는 테니스를 가장 좋아해.)
		이유 말하기	A: **Why do you** want to visit Canada? (너는 왜 캐나다를 가 보고 싶니?) B: **Because** I want to see Niagara Falls. (나이아가라 폭포를 보고 싶기 때문이야.)
	언어 형식	수동태	The Beatles **were loved by** many people. (The Beatles는 많은 사람들에게 사랑받았다.)
		접속사 if	**If** you like today's idols, you will love the original idol. (만약 네가 요즘의 아이돌을 좋아한다면, 본래의 아이돌도 좋아할 것이다.)

W Words

만점 노트

Listen & Speak

□□ a big fan of	~의 열혈 팬	□□ flea market☆	벼룩시장
□□ because	웹 왜냐하면, ~ 때문에	□□ fold	통 접다
□□ cheer	통 힘을 북돋우다	□□ fun	명 재미 형 재미있는
□□ definitely	閉 단연, 틀림없이	□□ paper folding	종이접기
□□ down	형 우울한	□□ perfect	형 완벽한
□□ drummer	명 드러머	□□ take	통 (특정 과목을) 듣다, 수강하다
□□ fan	명 팬, 애호가	□□ these days	요즘
□□ fantastic	형 환상적인	□□ vacation	명 휴가

Reading

□□ at once☆	동시에, 한꺼번에 (= at the same time)	□□ movement	명 움직임
□□ audience	명 청중, 관람객	□□ note	명 음, 음표
□□ ballet	명 발레	□□ original	형 본래의
□□ breath☆	명 숨	□□ performance☆	명 공연
□□ build up	점점 높이다	□□ pianist	명 피아니스트
□□ composer	명 작곡가	□□ powerful☆	형 힘 있는, 강렬한
□□ creation	명 창조물, 창조	□□ press down☆	누르다
□□ end	통 끝나다, 끝내다	□□ recent	형 최근의
□□ face☆	통 ~을 마주 보다(향하다)	□□ rich	형 풍요로운
□□ fill	통 (가득) 채우다, 채워지다	□□ scream	통 괴성을 지르다
□□ from memory☆	기억해서, 외워서	□□ sheet music	명 악보
□□ go wild	미친 듯이 날뛰다, 열광하다	□□ single	형 단 하나의
□□ hold one's breath☆	숨을 참다, 숨죽이다	□□ softly	閉 부드럽게
□□ idol	명 우상, 아이돌	□□ successfully	閉 성공적으로
□□ key	명 (악기) 건반	□□ take pictures of	~의 사진을 찍다
□□ madly	閉 미친 듯이	□□ think of A as B	A를 B로 생각하다
□□ miss☆	통 놓치다	□□ unlike☆	전 ~와는 달리

Language Use

| □□ hurry | 통 서두르다 | □□ order | 통 주문하다 |
| □□ invent | 통 발명하다 | □□ send | 통 보내다 |

Think and Write

□□ acting	명 연기	□□ prepare for	~을 준비하다
□□ in person	직접	□□ real	형 진짜의, 현실적인
□□ novel	명 소설	□□ role	명 역할

연습 문제

A 다음 단어의 우리말 뜻을 쓰시오.

01 madly _____

02 scream _____

03 original _____

04 fold _____

05 unlike _____

06 role _____

07 face _____

08 audience _____

09 note _____

10 movement _____

11 composer _____

12 invent _____

13 creation _____

14 real _____

15 idol _____

16 acting _____

17 single _____

18 end _____

19 fill _____

20 rich _____

B 다음 우리말에 해당하는 영어 단어를 쓰시오.

21 공연 _____

22 숨 _____

23 최근의 _____

24 힘 있는, 강렬한 _____

25 완벽한 _____

26 우울한 _____

27 소설 _____

28 힘을 북돋우다 _____

29 피아니스트 _____

30 발레 _____

31 놓치다 _____

32 단연, 틀림없이 _____

33 (악기) 건반 _____

34 듣다, 수강하다 _____

35 드러머 _____

36 환상적인 _____

37 부드럽게 _____

38 팬, 애호가 _____

39 성공적으로 _____

40 악보 _____

C 다음 영어 표현의 우리말 뜻을 쓰시오.

01 go wild _____

02 hold one's breath _____

03 press down _____

04 at once _____

05 build up _____

06 think of A as B _____

07 from memory _____

08 in person _____

Words Plus

만점 노트

영어 뜻풀이

☐☐	**audience**	청중, 관람객	a group of listeners or spectators
☐☐	**breath**	숨	the air that you take into your lungs and send out again
☐☐	**composer**	작곡가	a person who writes music
☐☐	**creation**	창조물	something that is made
☐☐	**definitely**	단연, 틀림없이	without any doubt
☐☐	**face**	~을 마주 보다(향하다)	to have the front part toward
☐☐	**idol**	우상, 아이돌	a person who is loved and admired very much
☐☐	**invent**	발명하다	to make, design, or think of a new thing
☐☐	**madly**	미친 듯이	in a very strong way
☐☐	**movement**	움직임	an act or process of moving
☐☐	**note**	음, 음표	a specific musical tone
☐☐	**original**	본래의	happening or existing first or at the beginning
☐☐	**performance**	공연	the act of performing a play, concert, etc.
☐☐	**pianist**	피아니스트	a person who plays the piano
☐☐	**powerful**	힘 있는, 강렬한	having great strength or force; very effective
☐☐	**recent**	최근의	happening not long ago
☐☐	**scream**	괴성을 지르다	to cry out in a loud and high voice because of surprise, excitement, etc.
☐☐	**sheet music**	악보	music that is printed on sheets of paper
☐☐	**single**	단 하나의	only one
☐☐	**unlike**	~와는 달리	different from

단어의 의미 관계

● **유의어**

powerful (힘 있는) – strong (강한)
recent (최근의) – new (새로운, 최근의)
single (단 하나의) – one, only (하나의, 유일한)

● **명사 – 형용사**

origin (기원, 근원) – original (본래의)
power (힘) – powerful (힘 있는)

● **명사 – 동사**

breath (숨) – breathe (숨 쉬다)
creation (창조물, 창조) – create (창조하다)
invention (발명) – invent (발명하다)
movement (움직임) – move (움직이다)
performance (공연) – perform (공연하다)

● **형용사 – 부사**

definite (확실한) – definitely (단연, 틀림없이)
mad (미친) – madly (미친 듯이)

다의어

● **face** 1. 图 ~을 마주 보다(향하다) 2. 图 얼굴

1. The windows of the hotel room **face** the sea.
   그 호텔 방의 창문들은 바다를 향해 있다.
2. He had a serious look on his **face**.
   그는 얼굴에 진지한 표정을 지었다.

● **note** 1. 图 음, 음표 2. 图 (짧은) 쪽지, 편지 3. 图 메모

1. He didn't miss a single **note**.
   그는 하나의 음도 놓치지 않았다.
2. She sent me a thank-you **note**.
   그녀는 나에게 감사 쪽지를 보냈다.
3. Please make a **note** of the dates.
   날짜를 메모해 두세요.

● **miss** 1. 图 놓치다 2. 图 그리워하다

1. Hurry up, or you'll **miss** the train.
   서둘러라, 그렇지 않으면 너는 기차를 놓칠 것이다.
2. I **miss** my old friends a lot.
   나는 내 옛 친구들이 많이 그립다.

A 다음 뜻풀이에 알맞은 말을 [보기]에서 골라 쓴 후, 우리말 뜻을 쓰시오.

[보기]	audience	face	idol	composer	note	invent	original	scream

1 _____ : to make, design, or think of a new thing : _____
2 _____ : to have the front part toward : _____
3 _____ : a specific musical tone : _____
4 _____ : a person who is loved and admired very much : _____
5 _____ : happening or existing first or at the beginning : _____
6 _____ : a person who writes music : _____
7 _____ : to cry out in a loud and high voice because of surprise, excitement, etc. : _____
8 _____ : a group of listeners or spectators : _____

B 다음 짝 지어진 두 단어의 관계가 같도록 빈칸에 알맞은 말을 쓰시오.

1 mad : madly = definite : _____
2 power : powerful = origin : _____
3 move : movement = create : _____
4 invent : invention = perform : _____
5 recent : new = only : _____

C 다음 빈칸에 알맞은 말을 [보기]에서 골라 쓰시오.

[보기]	recent	unlike	powerful	movement	breath

1 The actor has gained a lot of popularity in _____ years.
2 Tony took a deep _____ before he made a speech.
3 The dancer's body _____ was so beautiful.
4 She performed a _____ dance on the stage.
5 _____ my brother, I don't like playing mobile games.

D 다음 우리말과 같도록 빈칸에 알맞은 말을 쓰시오.

1 두 가지 일을 한꺼번에 하는 것은 쉽지 않다. → It's not easy to do two things _____ _____.
2 너는 얼마나 오래 숨을 참을 수 있니? → How long can you _____ _____ _____?
3 손잡이를 꾹 누르시오. → _____ _____ firmly on the handle.
4 나는 언젠가 대통령을 직접 만나고 싶다. → I'd like to meet the president _____ _____ someday.
5 그녀는 그 연극을 외우고 있으므로 대본이 필요 없었다.
　　→ She didn't need the script because she knew the play _____ _____.

실전 TEST

01 다음 중 짝 지어진 두 단어의 관계가 나머지와 <u>다른</u> 것은?

① recent – new　　② single – only

③ scream – shout　　④ rich – poor

⑤ powerful – strong

02 다음 영어 뜻풀이에 해당하는 단어를 주어진 철자로 시작하여 쓰시오.

happening not long ago

→ r_____

03 다음 문장의 빈칸에 공통으로 들어갈 말로 알맞은 것은?

• I couldn't _____ my parents if I did such a thing.

• She washes her _____ with a foaming cleanser every day.

① note　　② face　　③ breath

④ scream　　⑤ creation

고
/단도
04 다음 두 문장의 의미가 같도록 빈칸에 알맞은 말을 쓰시오.

You can communicate with many people at once.

= You can communicate with many people _____ _____ _____ _____.

05 다음 중 밑줄 친 부분의 우리말 뜻으로 알맞지 <u>않은</u> 것은?

① I'm <u>a big fan of</u> The Beatles.
　(~의 열혈 팬)

② Mark read the poem <u>from memory</u>.
　　　　　　　　　(외워서)

③ It's best to <u>prepare for</u> a rainy day.
　　　　　(~을 준비하다)

④ He can <u>hold his breath</u> for 3 minutes.
　　　　(호흡하다)

⑤ I try not to <u>pay attention to</u> such rumors.
　　　　(~에 주의를 집중하다)

고
/단도
06 다음 문장의 밑줄 친 단어와 같은 의미로 쓰인 것은?

The pianist played the first <u>note</u> on the piano.

① She left a <u>note</u> for Jake on the kitchen table.

② Jessica put the <u>note</u> in her pocket.

③ John made a <u>note</u> of her phone number.

④ He wrote a <u>note</u> and put it in the window.

⑤ The singer found the high <u>note</u> very difficult.

07 다음 우리말과 같도록 빈칸에 알맞은 말을 쓰시오.

Most Koreans _____ _____ him _____ a hero.
(대부분의 한국인들은 그를 영웅이라고 생각한다.)

L&S Listen & Speak
핵심 노트

1 선호 말하기

A: **Which** sport **do you like best**?
B: **I like** tennis **best**.

너는 어떤 운동을 가장 좋아하니?
나는 테니스를 가장 좋아해.

Which ~ do you like best?는 '너는 어느 ~을 가장 좋아하니?'라는 뜻으로 상대방이 가장 선호하는 것을 묻는 표현이다. 이에 대해 답할 때는 Yes나 No로 말하지 않고, I like ~ best.와 같이 좋아하는 것을 구체적으로 넣어서 말한다.

e.g.
- A: **Which** book **do you like best**? 너는 어떤 책을 가장 좋아하니?
  B: **I like** *Charlotte's Web* **best**. 나는 "Charlotte's Web"을 가장 좋아해.
- A: **What kind of** sports **do you like best**? 너는 어떤 종류의 운동을 가장 좋아하니?
  B: **I like** soccer best. 나는 축구를 가장 좋아해.
- A: **Which do you prefer**, math or science? 너는 수학과 과학 중 어느 것을 더 좋아하니?
  B: **I prefer** science. 나는 과학을 더 좋아해.
- A: **Do you like** coffee more than tea? 너는 차보다 커피를 더 좋아하니?
  B: **Yes, I like** coffee more than tea. 응, 나는 차보다 커피를 더 좋아해.

> **point**
> 시험 포인트
> 선호하는 것을 묻는 말에 대한 적절한 답변을 고르거나 답변을 보고 적절한 질문을 고르는 문제가 자주 출제돼요.

2 이유 말하기

A: **Why do you** want to visit Canada?
B: **Because** I want to see Niagara Falls.

너는 왜 캐나다를 가 보고 싶니?
나이아가라 폭포를 보고 싶기 때문이야.

「Why do you+동사원형 ~?」은 상대방의 선택이나 결정에 대한 이유를 묻는 표현이다. 이에 답할 때는 Because 뒤에 구체적인 이유를 넣어 「Because+주어+동사 ~.」로 말하거나 Because를 생략하고 이유만 말할 수 있다.

e.g.
- A: **Why do you** want to be a pilot? 너는 왜 비행기 조종사가 되고 싶니?
  B: **Because** I want to travel around the world. 나는 세계 여행을 하고 싶기 때문이야.
- A: **Why do you** like Susie? 너는 왜 수지를 좋아하니?
  B: **Because** she is smart and kind. 그녀는 똑똑하고 친절하기 때문이야.
- A: **Why do you** think so? 너는 왜 그렇게 생각하니?
  What makes you think so? 무엇 때문에 너는 그렇게 생각하니?
  Can you tell me why you think so? 네가 왜 그렇게 생각하는지 내게 이야기해 줄래?
  B: **Because** I think it's helpful. 나는 그것이 도움이 된다고 생각하기 때문이야.

> **point**
> 시험 포인트
> 이유를 묻는 말에 대한 대답을 고르는 문제가 자주 출제돼요. Because는 생략할 수도 있다는 것에 주의하세요.

L&S 만점 노트

대화문 해석 보기 >> 166~167쪽

주요 표현
━━━━ 구문 해설

Listen and Speak 1-A

교과서 46쪽

B: Hi, Sumin. ❶ How's the book club going?

G: It's fun. I read ❷ lots of interesting books.

B: ❸ Which book do you like best?

G: ❹ I like *Charlotte's Web* best.

❶ How's ~ going?은 '~은 어떠니?, ~은 어떻게 되어 가니?' 라는 뜻의 상황이나 안부를 묻는 표현

❷ 많은 (= a lot of, many)

❸ Which ~ do you like best?는 '너는 어느 ~을 가장 좋아하니?'라는 뜻으로, 상대방이 가장 선호하는 것이 무엇인지 물을 때 사용하는 표현

❹ I like ~ best.는 자신이 가장 좋아하는 것을 말할 때 사용하는 표현

Q1 ❸을 해석해 보세요.

Listen and Speak 1-B

교과서 46쪽

G: Jiho, ❶ what are you going to do this Saturday?

B: ❷ I'm going to Blue Sky's fan meeting with my friends.

G: Wow, I'm also ❸ a big fan of the band.

B: Really? ❹ Which member do you like best, Amy?

G: I like Lucy best. She sings ❺ really well.

B: I like ❻ the drummer, Mike, best. He's fantastic! Do you want to join us?

G: Sure, I'd love to. ❼ I can't wait!

❶ What are you going to do ~?는 가까운 미래의 계획을 물을 때 사용하는 표현

❷ 현재 진행형을 써서 가까운 미래의 정해진 계획을 말할 수 있다.

❸ ~의 열혈 팬

❹ = Who is your favorite member?

❺ 부사 really(정말)가 부사 well(잘)을 수식하여 강조의 의미를 나타내며 very로 바꿔 쓸 수 있다.

❻ the drummer와 Mike는 동격으로 같은 대상이다.

❼ '기다릴 수 없을 만큼 기대된다!'는 마음을 표현하는 말

Q2 What is Jiho going to do this Saturday? → He is going to _____.

Q3 Amy가 가장 좋아하는 Blue Sky의 멤버는 누구인가요?

Listen and Speak 1-C

교과서 46쪽

A: Do you like sports?

B: ❶ Yes, I do. / ❷ No, I don't.

A: Which sport do you like best?

B: I like tennis best. It's so exciting!

❶ Do you like ~?에 대한 긍정의 응답

❷ Do you like ~?에 대한 부정의 응답

Q4 B가 가장 좋아하는 운동은 무엇인가요?

Listen and Speak 2-A

교과서 47쪽

B: ❶ Why do you have all those old clothes?

G: ❷ I'm going to sell ❸ them ❹ at the flea market.

B: Really? I have some old clothes, too.

G: Then ❺ why don't you join me this Saturday?

B: Okay.

❶ 「Why do you+동사원형 ~?」은 '너는 왜 ~하니?'라는 뜻으로, 상대방에게 이유를 물을 때 쓰는 표현

❷ 「be going to+동사원형」은 '~할 예정이다'라는 뜻으로 가까운 미래의 계획을 말할 때 사용한다.

❸ 앞에 나온 all those old clothes를 가리킨다.

❹ 비교적 좁은 장소를 나타내는 전치사

❺ 「Why don't you+동사원형 ~?」은 '~하는 게 어때?'라는 뜻으로 상대방에게 무언가를 제안하는 표현

Q5 소녀가 벼룩시장에서 팔 물건은 무엇인가요?

Listen and Speak 2-B

G: Tom, ❶ why do you have so many paper flowers?

B: ❷ They're for my mom's birthday.

G: They're so beautiful. Where did you get them?

B: I made them.

G: Wow, you're really good.

B: Thanks. I'm ❸ taking a paper folding class ❹ these days.

G: They are going to be the perfect gift for your mom.

B: I hope ❺ so, too.

❶ 상대방에게 이유를 물을 때 쓰는 표현
❷ so many paper flowers를 가리킨다.
❸ take a class: 수업을 듣다
❹ 요즘, 최근에
❺ '그렇게'라는 뜻의 부사로 앞에서 언급된 것을 다시 가리키는 말이다.

Q6 What did Tom make for his mom's birthday?

Q7 Tom이 최근에 듣고 있는 수업은 무엇인가요?

Listen and Speak 2-C

A: Which country do you want to visit for your dream vacation?

B: ❶ I want to visit Canada.

A: Why do you want to visit Canada?

B: ❷ Because I want to see Niagara Falls.

❶ I want to ~.는 자신이 원하는 것을 말할 때 쓰는 표현
❷ 이유를 말할 때 Because를 사용하여 말할 수 있다.

Q8 B가 캐나다에 가고 싶어 하는 이유는 무엇인가요?

Real Life Talk > Watch a Video

Mina: Good afternoon, friends. I'm Mina with the school radio show. Today ❶ Mr. Smith, our English teacher, is here with us. Hi, Mr. Smith.

Mr. Smith: Hello, everyone. I'm happy to be here with you.

Mina: ❷ Let's ❸ talk about music. Mr. Smith, what's your favorite band?

Mr. Smith: Definitely The Beatles.

Mina: Oh, I like them, too. ❹ Which song do you like best?

Mr. Smith: I like ❺ most of their songs, but I like *Hey Jude* best.

Mina: ❻ Why do you like it?

Mr. Smith: ❼ Because the song makes me feel better when I'm down.

Mina: That's great! Let's ❽ listen to the song.

❶ Mr. Smith와 our English teacher는 동격 관계이다.
❷ 「Let's+동사원형 ~.」은 '~ 하자.'라는 뜻의 제안하는 표현
❸ ~에 대해 이야기하다
❹ 가장 선호하는 것을 묻는 표현
❺ ~의 대부분
❻ 이유를 묻는 표현
❼ Because를 사용하여 이유를 말할 수 있는데 Because는 생략할 수도 있다.
❽ ~을 듣다

Q9 Smith 선생님은 어느 밴드를 가장 좋아하나요?

Q10. Smith 선생님이 "Hey Jude"를 좋아하는 이유는 무엇인가요?

빈칸 채우기

우리말과 일치하도록 빈칸에 알맞은 말을 쓰시오.

주요 표현

1 Listen and Speak 1-A

B: Hi, Sumin. How's the book club going?

G: It's fun. I read lots of _____ _____.

B: _____ _____ do you like _____?

G: I like *Charlotte's Web* best.

교과서 46쪽

B: 안녕, 수민아. 책 동아리는 어때?
G: 재미있어. 나는 흥미로운 책들을 많이 읽어.
B: 어떤 책을 가장 좋아하니?
G: 나는 "Charlotte's Web"을 가장 좋아해.

2 Listen and Speak 1-B

G: Jiho, what _____ _____ _____ _____ _____
this Saturday?

B: I'm going to Blue Sky's fan meeting with my friends.

G: Wow, I'm also _____ _____ _____ _____ the band.

B: Really? _____ _____ _____ _____ _____
_____, Amy?

G: I like Lucy best. She sings really well.

B: I like the drummer, Mike, best. He's fantastic! Do you want to join us?

G: Sure, I'd love to. I _____ _____!

교과서 46쪽

G: 지호야, 이번 주 토요일에 뭐 할 거니?
B: 나는 친구들이랑 Blue Sky 팬 모임에 갈 거야.
G: 와, 나도 그 밴드의 열혈 팬이야.
B: 정말? 너는 어느 멤버를 가장 좋아하니, Amy?
G: 나는 Lucy를 가장 좋아해. 그녀는 노래를 정말 잘해.
B: 나는 드러머인 Mike를 가장 좋아해. 그는 환상적이야! 우리와 함께 갈래?
G: 물론이지. 너무 좋아. 기대된다!

3 Listen and Speak 1-C

A: Do you like sports?

B: Yes, I do. / No, I don't.

A: _____ sport _____ _____ _____ _____?

B: _____ _____ tennis _____. It's so exciting!

교과서 46쪽

A: 너는 운동을 좋아하니?
B: 응, 좋아해. / 아니, 좋아하지 않아.
A: 너는 어떤 운동을 가장 좋아하니?
B: 나는 테니스를 가장 좋아해. 그것은 아주 흥미진진해!

4 Listen and Speak 2-A

B: _____ _____ _____ _____ all those old clothes?

G: I'm going to _____ them at the _____ _____.

B: Really? I have some old clothes, too.

G: Then _____ _____ _____ _____ _____ this
Saturday?

B: Okay.

교과서 47쪽

B: 너는 왜 그 헌 옷들을 모두 가지고 있니?
G: 나는 벼룩시장에서 그 옷들을 팔 거야.
B: 정말? 나도 헌 옷들이 조금 있어.
G: 그러면 이번 주 토요일에 나와 함께 파는 게 어때?
B: 좋아.

5 Listen and Speak 2-B

교과서 47쪽

G: Tom, _____ _____ _____ _____ so many paper flowers?

B: They're _____ _____ _____ _____.

G: They're so beautiful. Where did you get them?

B: I made them.

G: Wow, you're really good.

B: Thanks. I'm _____ _____ _____ _____ these days.

G: They are going to be _____ _____ _____ for your mom.

B: I hope so, too.

해석

G: Tom. 왜 그렇게 많은 종이꽃을 가지고 있니?
B: 이 꽃들은 엄마 생신을 위한 거야.
G: 정말 예쁘다. 그 꽃들을 어디서 구했니?
B: 내가 만들었어.
G: 와, 너 정말 잘 만든다.
B: 고마워. 나 요즘 종이접기 수업을 듣고 있어.
G: 그 꽃들은 너희 엄마에게 완벽한 선물이 될 거야.
B: 나도 그러길 바라.

6 Listen and Speak 2-C

교과서 47쪽

A: _____ _____ do you want to visit for _____ _____ _____?

B: I want to visit Canada.

A: _____ _____ _____ _____ to visit Canada?

B: _____ I want to see Niagara Falls.

A: 너는 꿈의 휴가로 어느 나라를 가 보고 싶니?
B: 나는 캐나다를 가 보고 싶어.
A: 왜 캐나다를 가 보고 싶니?
B: 나이아가라 폭포를 보고 싶기 때문이야.

7 Real Life Talk > Watch a Video

교과서 48쪽

Mina: Good afternoon, friends. I'm Mina with the school radio show. Today Mr. Smith, our English teacher, is here with us. Hi, Mr. Smith.

Mr. Smith: Hello, everyone. _____ _____ _____ _____ here with you.

Mina: Let's talk about music. Mr. Smith, _____ _____ _____ _____?

Mr. Smith: Definitely The Beatles.

Mina: Oh, I like them, too. _____ _____ _____ _____ _____ _____?

Mr. Smith: I like most of their songs, but I like *Hey Jude* best.

Mina: _____ _____ _____ _____ _____ _____?

Mr. Smith: Because the song _____ _____ _____ when I'm down.

Mina: That's great! Let's listen to the song.

미나: 안녕하세요, 여러분. 저는 학교 라디오 프로그램의 미나입니다. 오늘은 영어 선생님이신 Smith 선생님과 함께하겠습니다. 안녕하세요, Smith 선생님.
Smith 선생님: 안녕하세요, 여러분. 여러분과 함께하게 되어 기쁘군요.
미나: 음악에 관한 이야기를 나눠 보도록 하죠. Smith 선생님, 어느 밴드를 가장 좋아하시나요?
Smith 선생님: 두말할 것도 없이 The Beatles요.
미나: 오, 저도 그들을 좋아해요. 무슨 노래를 가장 좋아하시나요?
Smith 선생님: 그들의 노래 대부분을 좋아하지만, "Hey Jude"를 가장 좋아하죠.
미나: 왜 그 노래를 좋아하시나요?
Smith 선생님: 그 노래는 제가 우울할 때 기분이 나아지게 해 주기 때문이에요.
미나: 멋지군요! 그 노래를 들어 보죠.

Listen & Speak

대화 순서 배열하기

STEP
A

자연스러운 대화가 되도록 순서를 바르게 배열하시오.

1 Listen and Speak 1-A

ⓐ Which book do you like best?
ⓑ I like *Charlotte's Web* best.
ⓒ Hi, Sumin. How's the book club going?
ⓓ It's fun. I read lots of interesting books.

(   ) – (   ) – (   ) – (   )

2 Listen and Speak 1-B

ⓐ I like Lucy best. She sings really well.
ⓑ Wow, I'm also a big fan of the band.
ⓒ I'm going to Blue Sky's fan meeting with my friends.
ⓓ I like the drummer, Mike, best. He's fantastic! Do you want to join us?
ⓔ Jiho, what are you going to do this Saturday?
ⓕ Sure, I'd love to. I can't wait!
ⓖ Really? Which member do you like best, Amy?

(ⓔ   ) – (   ) – (ⓑ   ) – (   ) – (   ) – (ⓓ   ) – (   )

3 Listen and Speak 1-C

ⓐ Yes, I do.
ⓑ Which sport do you like best?
ⓒ Do you like sports?
ⓓ I like tennis best. It's so exciting!

(   ) – (   ) – (   ) – (   )

4 Listen and Speak 2-A

ⓐ Then why don't you join me this Saturday?
ⓑ Why do you have all those old clothes?
ⓒ Really? I have some old clothes, too.
ⓓ Okay.
ⓔ I'm going to sell them at the flea market.

(   ) – (   ) – (   ) – (   ) – (   )

5 Listen and Speak 2-B

ⓐ They're so beautiful. Where did you get them?

ⓑ Thanks. I'm taking a paper folding class these days.

ⓒ Tom, why do you have so many paper flowers?

ⓓ They're for my mom's birthday.

ⓔ They are going to be the perfect gift for your mom.

ⓕ Wow, you're really good.

ⓖ I hope so, too.

ⓗ I made them.

(ⓒ) – ( ) – ( ) – (ⓗ) – ( ) – (ⓑ) – ( ) – ( )

6 Listen and Speak 2-C

ⓐ I want to visit Canada.

ⓑ Because I want to see Niagara Falls.

ⓒ Why do you want to visit Canada?

ⓓ Which country do you want to visit for your dream vacation?

( ) – ( ) – ( ) – ( )

7 Real Life Talk > Watch a Video

ⓐ Good afternoon, friends. I'm Mina with the school radio show. Today Mr. Smith, our English teacher, is here with us. Hi, Mr. Smith.

ⓑ Let's talk about music. Mr. Smith, what's your favorite band?

ⓒ Why do you like it?

ⓓ Oh, I like them, too. Which song do you like best?

ⓔ Definitely The Beatles.

ⓕ That's great! Let's listen to the song.

ⓖ I like most of their songs, but I like *Hey Jude* best.

ⓗ Because the song makes me feel better when I'm down.

ⓘ Hello, everyone. I'm happy to be here with you.

(ⓐ) – ( ) – (ⓑ) – ( ) – ( ) – (ⓖ) – ( ) – ( ) – ( )

01 다음 대화의 밑줄 친 부분의 의도로 가장 알맞은 것은?

A: <u>Why do you exercise every day?</u>
B: Because I want to lose some weight.

① 선호 묻기   ② 이유 묻기
③ 제안하기   ④ 도움 요청하기
⑤ 조언 구하기

[02-03] 다음 대화의 빈칸에 들어갈 말로 알맞은 것을 고르시오.

02 A: Which book do you like best?
B: _____

① I like *Harry Potter* best.
② Reading is my hobby.
③ I read books in the library.
④ I like to go to the bookstore.
⑤ I'll borrow some comic books.

03 A: _____
B: Because I want to see the Grand Canyon.

① When do you visit the U.S.?
② Why do you want to visit the U.S.?
③ Are you going to visit the U.S.?
④ How often do you visit the U.S.?
⑤ How do you visit the U.S.?

04 다음 중 의미하는 바가 <u>다른</u> 하나는?

① What makes you think so?
② Why do you think that way?
③ Why do you think so?
④ What do you think of it?
⑤ Can you tell me why you think so?

[05-06] 다음 대화를 읽고, 물음에 답하시오.

A: Tom, _____ⓐ_____ do you have so many paper flowers?
B: They're for my mom's birthday.
A: They're so beautiful. _____ⓑ_____ did you get them?
B: I made them.
A: Wow, you're really good.
B: Thanks. I'm taking a paper folding class these days.
A: They are going to be the perfect gift for your mom.
B: I hope so, too.

05 위 대화의 빈칸 ⓐ와 ⓑ에 알맞은 의문사를 [보기]에서 골라 쓰시오.

[보기]   which   where   when   why   what

ⓐ _____   ⓑ _____

06 위 대화의 내용과 일치하도록 빈칸에 알맞은 말을 쓰시오.

Tom is taking a _____ _____ _____ these days. He made _____ _____ for his mother.

[07-09] 다음 대화를 읽고, 물음에 답하시오.

Mina: Good afternoon, friends. I'm Mina with the school radio show. Today Mr. Smith, our English teacher, is here with us. Hi, Mr. Smith.

Mr. Smith: Hello, everyone. I'm happy to be here with you. (①)

Mina: Let's talk about music. Mr. Smith, what's your favorite band?

Mr. Smith: Definitely The Beatles. (②)

Mina: Oh, I like them, too. (③)

Mr. Smith: I like most of their songs, but I like *Hey Jude* best. (④)

Mina: Why do you like it?

Mr. Smith: ____(A)____ the song makes me feel better when I'm down. (⑤)

Mina: That's great! Let's listen to the song.

07 위 대화의 ①~⑤ 중 주어진 문장이 들어갈 알맞은 곳은?

Which song do you like best?

①   ②   ③   ④   ⑤

08 위 대화의 빈칸 (A)에 들어갈 접속사를 쓰시오.

→ _____

09 위 대화의 내용과 일치하지 <u>않는</u> 것은?

① 미나는 학교 라디오 프로그램을 진행하고 있다.
② Smith 선생님은 영어 선생님이다.
③ Smith 선생님은 The Beatles를 좋아한다.
④ 미나는 The Beatles에 대해 잘 모른다.
⑤ 그들은 "Hey Jude"를 들을 것이다.

서술형

고/난도
10 다음 대화에서 문맥상 어색한 부분을 두 군데 찾아 바르게 고쳐 쓰시오.

A: What do you have all those old clothes?
B: I'm going to sell them at the flea market.
A: Really? I have some old clothes, too.
B: Then why do you join me this Saturday?
A: Okay.

(1) _____ → _____
(2) _____ → _____

11 다음 대화의 밑줄 친 우리말과 같도록 괄호 안의 단어들을 사용하여 영어로 쓰시오.

A: (1) <u>너는 어떤 동물을 가장 좋아하니?</u> (which, best)
B: I like dogs best.
A: (2) <u>너는 왜 그것들을 좋아하니?</u> (like, them)
B: Because they make me happy.

(1) _____
(2) _____

고/난도
12 다음 사진을 보고, [조건]에 맞게 대화를 완성하시오.

John   Lucy   Mike   Julie

[조건]   1. sing과 really를 반드시 사용할 것
       2. 4단어로 쓸 것
       3. 주어와 동사를 포함한 완전한 문장으로 쓸 것

A: Which member do you like best?
B: I like Lucy best. _____

G Grammar
핵심 노트

1 수동태

- The Beatles **were loved by** many people.
- Hangeul **was invented by** King Sejong.
- *Romeo and Juliet* **was written by** Shakespeare.

The Beatles는 많은 사람들에 의해 사랑받았다.

한글은 세종대왕에 의해 창제되었다.

"Romeo and Juliet"은 Shakespeare에 의해 쓰였다.

(1) 의미

수동태는 주어가 동작이나 행위의 대상이 되는 문장을 말한다. 수동태는 행위자보다 대상을 강조할 때 사용하며, '~해지다, ~되다' 등으로 해석한다.

- Ms. Han **is respected by** students. 한 선생님은 학생들에 의해 존경받는다.
- The telephone **was invented by** Bell. 전화기는 Bell에 의해 발명되었다.

(2) 형태: 주어 + be동사 + 과거분사 + by + 행위자(목적격)

- A lot of trees **are planted** every year. 매년 많은 나무들이 심어진다.

주의! 행위자가 일반인일 때 또는 중요하지 않거나 알 수 없을 때는 「by + 행위자」를 생략할 수 있어요.

(3) 부정문과 의문문

수동태의 부정문은 「주어 + be동사 + not + 과거분사 ~.」의 형태로 쓰고, 의문문은 「(의문사 +)be동사 + 주어 + 과거분사 + by + 행위자 ~?」의 형태로 쓴다.

- The picture **was not painted by** my brother.

  그 그림은 내 남동생에 의해 그려지지 않았다.

- **Was** this message **sent by** your friend? 이 메시지는 네 친구에 의해 보내졌니?

___한 단계 | 더!___

수동태에서 행위자를 나타낼 때 by 이외의 전치사를 쓰기도 한다.

- I **am interested in** taking pictures. 나는 사진 찍는 것에 관심이 있다.
- The bottle **was filled with** orange juice. 그 병은 오렌지 주스로 가득 차 있었다.

시험 포인트 **point**

- 수동태 문장에서 be동사 뒤에 오는 과거분사 형태를 묻는 문제가 자주 출제돼요. 동사의 과거분사 형태를 익혀 두세요.
- 문장이 능동태인지 수동태인지 구별하는 문제가 자구 출제돼요. 동작의 주체를 파악해서 능동태와 수동태를 구별할 수 있어야 해요.

＊능동태를 수동태로 바꾸는 방법

1. 능동태의 목적어 → 수동태의 주어
2. 능동태의 동사 → be동사 + 과거분사
   (시제와 인칭에 맞게 be동사를 써야 한다는 것에 유의한다.)
3. 능동태의 주어 → by + 행위자(목적격)

QUICK CHECK

1 다음 괄호 안에서 알맞은 것을 고르시오.

(1) This song is (love / loved) by many teenagers.

(2) These cookies (was / were) baked by the cook.

(3) The tower was designed (by / with) a famous architect.

2 다음 능동태 문장을 수동태 문장으로 바꿔 쓰시오.

(1) They broke the window.　→ _____

(2) My uncle caught the fish.　→ _____

(3) Sam carried the heavy boxes. → _____

2 접속사 if

- **If** you like today's idols, you will love the original idol.

  만약 네가 요즘의 아이돌을 좋아한다면, 본래의 아이돌도 좋아할 것이다.

- **If** it rains this afternoon, I will bring the umbrella to you.

  만약 오늘 오후에 비가 오면, 나는 너에게 우산을 가져다줄 것이다.

- **If** you don't hurry, you will miss the bus.

  만약 네가 서두르지 않으면, 너는 버스를 놓칠 것이다.

(1) 의미

조건을 나타내는 접속사 if는 '만약 ~한다면'이라는 뜻으로 부사절을 이끌며, 실제로 일어날 가능성이 있는 상황을 나타낸다.

(2) 시제

조건을 나타내는 접속사 if가 이끄는 조건절에서는 의미상 미래를 나타내더라도 현재시제를 쓴다.

- **If** it **snows** tomorrow, we will cancel the event.

  만약 내일 눈이 오면, 우리는 행사를 취소할 것이다.

- **If** you **have** breakfast, you can concentrate better.

  만약 네가 아침을 먹는다면, 너는 더 잘 집중할 수 있다.

- **If** you **forget** the password, you can't read the email.

  만약 네가 비밀번호를 잊어버리면, 너는 이메일을 읽을 수 없다.

(3) 부정문

if절의 부정문은 if ~ not으로 쓰며, 이는 unless(만약 ~하지 않으면)로 바꿔 쓸 수 있다. unless는 부정의 의미를 가지고 있으므로 not과 함께 쓰지 않는다.

- **If** you **don't** want to gain weight, you have to exercise regularly.

  = **Unless** you want to gain weight, you have to exercise regularly.

  만약 네가 살이 찌고 싶지 않다면, 너는 규칙적으로 운동을 해야 한다.

시험 포인트 **point**

If가 이끄는 조건절의 시제를 묻는 문제가 자주 출제돼요. 미래를 나타내도 현재시제를 쓰는 것을 기억하세요.

한 단계 | 더!

접속사 if는 '~인지 아닌지'라는 의미로 명사절을 이끌 수도 있다. if가 이끄는 명사절은 문장에서 주로 목적어 역할을 하는데, 이때 if절이 미래의 의미를 나타낼 경우에 현재시제가 아니라 미래시제를 쓴다는 점에 유의한다.

- I don't know **if** Sally **will** come to the party tomorrow.

  나는 Sally가 내일 파티에 올지 모르겠다.

QUICK CHECK

1 다음 괄호 안에서 알맞은 것을 고르시오.

(1) If you (take / will take) this medicine, you will feel better.

(2) If you (won't / don't) make noise, the baby will sleep well.

(3) (If / Unless) you hurry up, you can catch the first train.

2 다음 문장의 밑줄 친 부분이 문맥이나 어법상 틀렸으면 바르게 고쳐 쓰시오.

(1) If it <u>is</u> hot tomorrow, we will go to the beach. → _____

(2) If you <u>sick and tired</u>, you can go home early today. → _____

(3) If you eat too much, you will <u>stay</u> healthy. → _____

G Grammar
연습 문제

1 수동태

A [보기]에서 알맞은 단어를 골라 올바른 형태로 고쳐 쓰시오.

[보기]	speak	clean	break	paint	build

1 The classroom was _____ by the students.

2 The Empire State Building was _____ in 1931.

3 English is _____ all around the world.

4 The *Mona Lisa* was _____ by Leonardo da Vinci.

5 My cell phone was _____ by my brother.

B 다음 문장의 밑줄 친 부분이 어법상 틀렸으면 바르게 고쳐 쓰시오.

1 The machine was invented by <u>he</u>. → _____

2 The storybooks <u>was</u> written in easy English. → _____

3 The flowers in the garden <u>was</u> planted by my father. → _____

4 The trees on the mountain were <u>cutted</u> down. → _____

5 Math was <u>teached</u> by Mr. Smith last year. → _____

C 다음 우리말과 같도록 괄호 안의 단어를 사용하여 문장을 완성하시오.

1 영화 "겨울왕국"은 많은 한국인들에게 사랑받았다. (love)

→ The movie, *Frozen*, _____ _____ _____ many Koreans.

2 그 시는 요즘 많은 젊은이들에 의해 읽힌다. (read)

→ The poet _____ _____ _____ many young people these days.

3 비 때문에 현장 학습이 취소되었다. (cancel)

→ The field trip _____ _____ because of the rain.

D 다음 능동태 문장을 수동태 문장으로 바꿔 쓰시오.

1 Jane solved the difficult math problem.

→ _____

2 My father cooked a delicious meal.

→ _____

3 Tony waters the plants every day.

→ _____

2 접속사 if

A 다음 괄호 안에서 알맞은 것을 고르시오.

1   If the weather (is / be) fine this Saturday, we'll go camping.

2   (If / Unless) you practice harder, you can't win first prize.

3   If you (arrive / don't arrive) early, you'll get a good seat.

4   If he (tells / will tell) a lie, his parents will get angry at him.

5   (If / Unless) you feel hot in the room, you can turn on the air conditioner.

B 다음 문장의 빈칸에 If와 Unless 중 알맞은 접속사를 쓰시오.

1   _____ you keep a pet, you won't feel lonely.

2   _____ you run faster, you will miss the last bus.

3   _____ you turn to the right, you will see the bank.

4   _____ you speak louder, nobody will hear you.

5   _____ you eat too many sweets, you will have a bad toothache.

C 다음 문장의 밑줄 친 부분에서 틀린 부분을 찾아 바르게 고쳐 쓰시오.

1   If it rain tomorrow, I will stay home and take a rest.   _____ → _____

2   If you not study hard, you will fail the exam.   _____ → _____

3   If it will be sunny this weekend, we will go hiking.   _____ → _____

4   If you leave now, you will miss the bus.   _____ → _____

5   Unless you don't go to bed now, you can't get up early.   _____ → _____

D 다음 우리말과 같도록 접속사 if와 괄호 안의 말을 사용하여 영작하시오. (If절로 시작할 것)

1   만약 네가 코트를 입지 않으면, 너는 감기에 걸릴 것이다. (wear, coat, catch a cold)

→ _____

2   만약 네가 다른 사람들에게 친절하지 않다면, 너는 많은 친구들을 사귈 수 없다. (nice, others, make, a lot of)

→ _____

3   만약 네가 택시를 타면, 너는 제시간에 그곳에 도착할 수 있다. (take, get, on time)

→ _____

4   만약 네가 그 문제에 관해 선생님께 여쭤보면, 너는 답을 얻을 것이다. (ask, about, problem, get the answer)

→ _____

[01-03] 다음 문장의 빈칸에 들어갈 말로 알맞은 것을 고르시오.

01 If my father _____ home early, we will eat out for dinner.

① come ② comes ③ came
④ will come ⑤ has come

02 This letter was sent to me _____ my cousin.

① from ② to ③ by
④ for ⑤ with

03 These pictures were _____ by a famous photographer.

① take ② took ③ taking
④ taken ⑤ to take

고
/산도
04 다음 중 빈칸에 들어갈 make의 형태가 나머지와 다른 것은? (단, 시제는 모두 과거시제임)

① Her ring _____ of a precious stone.
② The movie _____ by Steven Spielberg.
③ Spaghetti _____ by Jenny last night.
④ The cleaning robot _____ by the scientist.
⑤ She felt nervous before she _____ the speech.

05 다음 중 빈칸에 들어갈 말이 나머지와 <u>다른</u> 것은?

① _____ he cleans the room, I'll wash the dishes.
② _____ you read the book, you can learn many things.
③ _____ you are more careful, you won't get hurt.
④ _____ she wears glasses, she can't see the small letters.
⑤ _____ you go two blocks, you can see the flower shop.

[06-07] 다음 우리말을 바르게 영작한 것을 고르시오.

06 그 박물관은 많은 관광객들에 의해 방문되어진다.

① The museum visited many tourists.
② The museum is visiting by many tourists.
③ The museum is visited from many tourists.
④ The museum visits many tourists.
⑤ The museum is visited by many tourists.

07 만약 오늘 오후에 비가 오면, 내가 너를 데리러 갈게.

① If it will rain this afternoon, I'll pick you up.
② If it rains this afternoon, I'll pick you up.
③ If it rains this afternoon, I picked you up.
④ If it will rain this afternoon, I pick you up.
⑤ If it rain this afternoon, I'll pick you up.

[08-09] 다음 두 문장의 의미가 같도록 빈칸에 알맞은 말을 쓰시오.

08 Unless you turn down the volume, the baby will wake up.

= _____ you _____ turn down the volume, the baby will wake up.

09 Many students watched a documentary about the environment.

= A documentary about the environment _____ _____ _____ many students.

한 단계 | 더!

10 다음 빈칸에 들어갈 말이 순서대로 짝 지어진 것은?

- The boy was taken care of _____ his grandmother.
- I am interested _____ drawing cartoons.

① by – by ② by – in
③ in – with ④ in – by
⑤ for – in

11 다음 빈칸에 들어갈 catch의 형태로 알맞은 것은?

A big fish _____ by my father last weekend.

① catch ② catches
③ is caught ④ was caught
⑤ was catching

고/난도
12 다음 중 어법상 옳은 것끼리 짝 지어진 것은?

ⓐ If you study hard, you will get good grades.
ⓑ If the schedule won't change, they will return next week.
ⓒ Unless you don't save money, you will regret it.
ⓓ Unless you will leave before 5, there will be a heavy traffic jam.
ⓔ If I meet Amy this afternoon, I will give your book to her.

① ⓐ, ⓑ ② ⓐ, ⓒ ③ ⓐ, ⓔ
④ ⓒ, ⓓ ⑤ ⓓ, ⓔ

[13-14] 다음 문장에서 어법상 틀린 부분을 찾아 바르게 고쳐 쓰시오.

13 The painting was painting by a five-year-old boy.

_____ → _____

14 If the weather will be fine, we'll go on a field trip.

_____ → _____

신/유형
15 다음 우리말과 같도록 괄호 안의 단어들을 배열하여 문장을 완성할 때, 다섯 번째로 오는 단어는?

그 규칙들은 몇몇 사람들에 의해 지켜지지 않았다.
(not, some, people, the, followed, were, by, rules)

① rules ② not ③ followed
④ by ⑤ were

STEP A

한 단계 더!

16 다음 문장의 밑줄 친 부분과 쓰임이 다른 것은?

If you help me, I can finish this work by noon.

① I don't know if she will get better.
② If you see Chris, tell him to call me.
③ You can use my phone if you want to.
④ If he is smart, he will pass the test easily.
⑤ They will catch the bus if they leave now.

17 다음 중 어법상 틀린 것은?

① The tower was built ten years ago.
② If you tell a lie again, I won't forgive you.
③ My uncle was not made the kite yesterday.
④ If you don't have any questions, I will finish the
class.
⑤ Unless you want to catch a cold, put on your coat.

한 단계 더!

18 다음 문장에서 어법상 틀린 부분을 바르게 고친 것은?

The room was filled by flowers and balloons.

① was → were
② filled → filling
③ by → with
④ flowers → flower
⑤ balloons → balloon

19 다음 두 문장에 대한 설명으로 올바른 것은?

(A) English and French are spoken in Quebec.
(B) If you don't take her advice, you will regret it.

① (A)는 능동태 문장이다.
② (A)는 「to+행위자」가 생략되었다.
③ (A)에서 are는 is로 바꿔야 한다.
④ (B)에서 If you don't는 Unless you로 바꿀 수 있다.
⑤ (B)에서 don't는 won't가 되어야 한다.

20 다음 대화의 빈칸에 들어갈 말로 알맞은 것은?

A: Who designed the Eiffel Tower?
B: It _____ by Gustave Eiffel.

① designed
② is designed
③ was designed
④ was designing
⑤ has designed

신유형

21 다음 능동태 문장을 수동태로 바꾼 것 중 어법상 옳은 문장
의 개수는?

ⓐ We made the graduation video.
→ The graduation video was made by we.
ⓑ Michael took the pictures of his pet dog.
→ The pictures of his pet dog were taken by
Michael.
ⓒ Edgar Degas painted *The Dance Class*.
→ *The Dance Class* was painted by Edgar
Degas.
ⓓ Thomas Edison invented the light bulb.
→ The light bulb were invented by Thomas
Edison.

① 0개
② 1개
③ 2개
④ 3개
⑤ 4개

22 다음 문장에서 틀린 부분을 찾아 바르게 고쳐 쓰고, 그 이유를 우리말로 쓰시오.

If you won't take the medicine, your headache will get worse.

(1) 틀린 부분: _____ → _____
(2) 틀린 이유: _____
_____

고
/ 단도 한 단계 │ 더!

23 다음 중 어법상 틀린 문장을 두 개 찾아 기호를 쓰고, 바르게 고쳐 쓰시오.

ⓐ I am interested by singing and dancing.
ⓑ Unless you take the subway, you will be late.
ⓒ My broken laptop was repaired by my father.
ⓓ The light was turned off by someone.
ⓔ If it will rain tomorrow, I will stay home.

(   ) _____ → _____
(   ) _____ → _____

고
/ 단도

24 다음 능동태 문장을 수동태 문장으로 바꿔 쓰시오.

(1) Many people use smartphones these days.
→ _____
(2) She bought a blue shirt.
→ _____
(3) J. K. Rowling wrote *Harry Potter*.
→ _____
(4) A famous artist painted the paintings.
→ _____

25 다음 사진을 보고, [조건]에 맞게 대화를 완성하시오.

Andy

[조건]   1. 수동태 문장으로 쓸 것
           2. play를 포함하여 4단어로 쓸 것

A: Who played the drums at the concert?
B: The drums _____.

26 (A), (B)에서 알맞은 말을 하나씩 골라 자연스러운 문장을 만드시오.

(A)   • If you jog every morning,
      • If you buy one more,
      • Unless you hurry,

(B)   • you will be late for school.
      • you will get a 30% discount.
      • you will be healthier.

(1) _____
(2) _____
(3) _____

스타 중의 스타

The Star of Stars

01 여러분은 가장 좋아하는 K팝 아이돌이 있는가?

01 Do you have a favorite K-pop idol?

02 많은 학생들이 "그렇다."라고 답할 것이다.

02 Many students will answer, "Yes."

03 이 학생들은 종종 자신들의 스타를 향해 큰 애정을 보인다.

03 These students often show great love for their stars.
　　　　　　　　　📘 종종 (빈도부사로 일반동사 앞에 위치)

04 어떤 학생들은 콘서트에서 미친 듯이 괴성을 지른다.

04 Some scream madly at concerts.
어떤 학생들은 (부정대명사)
　　　　　　　　　to부정사의 부사적 용법 (목적)

05 다른 학생들은 스타의 사진을 찍기 위해 몇 시간을 기다린다.

05 Others wait hours to take pictures of their stars.
다른 어떤 학생들은 (부정대명사)　　└ take pictures of: ~의 사진을 찍다

06 어떤 학생들은 심지어 가장 좋아하는 스타를 보기 위해 다른 도시로 여행을 가기도 한다.

06 Some students even travel to another city to see their favorite stars.
　　　　　📘 심지어　　　　　　　　　to부정사의 부사적 용법 (목적)

07 아이돌이 최근의 창조물일까?

07 Are idols a recent creation?

08 아니다!

08 No way!
절대 아니다! (부정의 표현)

09 아이돌은 1960년대의 The Beatles에서 시작됐을까?

09 Did idols begin with The Beatles in the 1960's?
　　　　　　　　　　　　　　　　　　1960년대에
　　　　　　　= many people

10 그들은 많은 사람들에게 사랑받았지만, 최초는 아니었다.

10 They were loved by many, but they were not the first.
주어 + be동사 + 과거분사 + by + 행위자 (수동태)

11 1950년대의 Elvis Presley는 어떤가?

11 How about Elvis Presley in the 1950's?
How about + 명사 ~?: ~은 어때?

12 완전히 헛짚었다.

12 Not even close.
Not 앞에 The answer is가 생략됨
　　　　　　　let's + 동사원형: ~하자

13 답을 찾기 위해서, 1845년에 빈에 있는 콘서트홀로 타임머신을 타고 가 보자.

13 To find the answer, let's take a time machine to a concert hall in Vienna
to부정사의 부사적 용법 (목적)　　　　　　　　　　　　　　　　　in + 도시 이름

in 1845.
in + 연도
　　　　수 일치
14 모든 좌석이 꽉 차 있다.

14 All the seats are filled.
All (of) + 복수명사: 모든 ~

15 다른 연주회와는 달리, 피아노의 옆면이 청중을 향해 있다.

15 Unlike other concerts, the side of the piano faces the audience.
📘 ~와 달리　　　　　　　　　　　　📘 ~을 마주 보다(향하다)

16 이렇게 함으로써, 청중은 잘생긴 185cm의 피아니스트를 더 잘 볼 수 있다.

16 This way, the audience can see the handsome 185cm pianist better.
　　　　　　　　　　　　　　　　　　　piano에 접미사 -ist를 붙임

17 그는 어떠한 악보도 가지고 있지 않다.

17 He doesn't have any sheet music with him.
　　　= has no

18 He begins to play from memory.
   to부정사의 명사적 용법 (목적어)

   by+동명사: ~함으로써 (softly는 touching 수식)
19 He starts slowly by softly touching the keys.
   동사 starts를 수식하는 부사

   ~ 때문에 (이유를 나타내는 접속사)
20 All the people hold their breath because they don't want to miss a single
   hold one's breath: 숨죽이다   ⑧ 놓치다

   note.

21 He builds up speed, and his long fingers press down on many keys at
   점점 높이다   누르다

   once.
   한꺼번에

22 This makes the music very powerful and rich.
   「주어(This)+make+목적어(the music)+목적격 보어(very powerful and rich)」의 5형식 문장

23 The audience pays attention to his every little body movement.
   pay attention to: ~에 주의를 집중하다   └「every+단수 명사」┘

24 His long beautiful hair flies everywhere.

25 It's like watching a piano and ballet performance at once.
   ⑩ ~와 같은, ~와 비슷한   = at the same time

   ┌─ 등위접속사
26 Time flies and the concert ends.
   └──── 3인칭 단수 동사 ────┘
   (병렬 구조)

27 People scream and throw flowers and pieces of clothing onto the stage.
   clothing(옷)은 단위명사로 piece 사용

28 The concert hall goes wild!
   go+형용사: ~하게 되다

29 Who was this amazing star?

30 His name was Franz Liszt and he was born in 1811 in Hungary.
   be born: 태어나다
   ┌─ ~할 때 (시간을 나타내는 접속사)
31 He first started playing the piano when he was seven.
   start+동명사(to부정사): ~하기 시작하다

32 Liszt later became a great pianist, composer and teacher.
   셋 이상의 명사를 나열할 경우 접속사를 마지막 문장 앞에 한 번만 사용
   = Liszt
33 But many people think of him as the first idol.
   think of A as B: A를 B로 생각하다
   give ~ a listen: ~을 듣다
34 Why don't you give his music a listen?
   Why don't you+동사원형 ~?: ~하는 게 어때?

35 If you like today's idols, you will love the original idol.
   만약 ~라면 (조건을 나타내는 접속사)

---

18 그는 외워서 연주하기 시작한다.

19 그는 건반을 부드럽게 누르면서 천천히 시작한다.

20 모든 사람들이 단 하나의 음도 놓치고 싶지 않아서 숨죽인다.

21 그는 속도를 점점 올리고, 그의 긴 손가락으로 많은 건반을 한꺼번에 누른다.

22 이것은 음악을 아주 힘 있고 풍성하게 만든다.

23 청중은 그의 모든 작은 몸짓에 주의를 집중한다.

24 그의 길고 아름다운 머리카락이 사방에 날린다.

25 그것은 마치 피아노와 발레 공연을 동시에 보는 것 같다.

26 시간은 쏜살같이 흐르고 연주회가 끝난다.

27 사람들은 소리를 지르며 꽃과 옷을 무대로 던진다.

28 콘서트홀은 열광의 도가니이다!

29 이 놀라운 스타는 누구였을까?

30 그의 이름은 Franz Liszt였고, 그는 1811년에 헝가리에서 태어났다.

31 그는 일곱 살 때 처음 피아노를 치기 시작했다.

32 Liszt는 나중에 훌륭한 피아니스트이며 작곡가이자 선생님이 되었다.

33 그러나 많은 사람들은 그를 첫 번째 아이돌이라고 생각한다.

34 그의 음악을 들어 보는 게 어떤가?

35 만약 당신이 요즘의 아이돌을 좋아한다면, 본래의 아이돌도 좋아할 것이다.

우리말 뜻과 일치하도록 교과서 본문의 문장을 완성하시오.

중요 문장

01 Do you have a _____ K-pop idol?

01 여러분은 가장 좋아하는 K팝 아이돌이 있는가?

02 Many students _____ _____, "Yes."

02 많은 학생들이 "그렇다."라고 답할 것이다.

03 These students often _____ _____ _____ for their stars.

03 이 학생들은 종종 자신들의 스타를 향해 큰 애정을 보인다.

04 Some _____ _____ at concerts.

04 어떤 학생들은 콘서트에서 미친 듯이 괴성을 지른다.

05 _____ wait hours _____ _____ _____ of their stars.

05 다른 학생들은 스타의 사진을 찍기 위해 몇 시간을 기다린다.

06 Some students even travel to another city _____ _____ their favorite stars.

06 어떤 학생들은 심지어 가장 좋아하는 스타를 보기 위해 다른 도시로 여행을 가기도 한다.

07 Are idols a _____ _____?

07 아이돌이 최근의 창조물일까?

08 No _____!

08 아니다!

09 _____ idols _____ with The Beatles in the 1960's?

09 아이돌은 1960년대의 The Beatles에서 시작됐을까?

10 They _____ _____ _____ many, but they were not the first.

10 그들은 많은 사람들에게 사랑받았지만, 최초는 아니었다.

11 _____ _____ Elvis Presley in the 1950's?

11 1950년대의 Elvis Presley는 어떤가?

12 _____ even close.

12 완전히 헛짚었다.

13 _____ _____ the answer, let's take a time machine to a concert hall in Vienna in 1845.

13 답을 찾기 위해서, 1845년에 빈에 있는 콘서트홀로 타임머신을 타고 가 보자.

14 All the seats _____ _____.

14 모든 좌석이 꽉 차 있다.

15 _____ other concerts, the side of the piano _____ the audience.

15 다른 연주회와는 달리, 피아노의 옆면이 청중을 향해 있다.

16 This way, the audience _____ _____ the handsome 185cm pianist _____.

16 이렇게 함으로써, 청중은 잘생긴 185cm의 피아니스트를 더 잘 볼 수 있다.

17 He doesn't have _____ _____ _____ with him.

17 그는 어떠한 악보도 가지고 있지 않다.

18 He begins to play _____ _____.

18 그는 외워서 연주하기 시작한다.

19 He starts slowly _____ _____ _____ the keys.

19 그는 건반을 부드럽게 누르면서 천천히 시작한다.

20 All the people _____ _____ _____ because they don't want to miss a single note.

20 모든 사람들이 단 하나의 음도 놓치고 싶지 않아서 숨죽인다.

21 He _____ _____ _____, and his long fingers press down on many keys at once.

21 그는 속도를 점점 올리고, 그의 긴 손가락으로 많은 건반을 한꺼번에 누른다.

22 This _____ the music very _____ and rich.

22 이것은 음악을 아주 힘 있고 풍성하게 만든다.

23 The audience _____ _____ _____ his every little body movement.

23 청중은 그의 모든 작은 몸짓에 주의를 집중한다.

24 His long beautiful hair flies _____.

24 그의 길고 아름다운 머리카락이 사방에 날린다.

25 It's _____ _____ a piano and ballet performance at once.

25 그것은 마치 피아노와 발레 공연을 동시에 보는 것 같다.

26 _____ _____ and the concert ends.

26 시간은 쏜살같이 흐르고 연주회가 끝난다.

27 People scream and _____ _____ and pieces of clothing onto the stage.

27 사람들은 소리를 지르며 꽃과 옷을 무대로 던진다.

28 The concert hall _____ _____!

28 콘서트홀은 열광의 도가니이다!

29 Who was this _____ _____?

29 이 놀라운 스타는 누구였을까?

30 His name was Franz Liszt and he _____ _____ in 1811 in Hungary.

30 그의 이름은 Franz Liszt였고, 그는 1811년에 헝가리에서 태어났다.

31 He first _____ _____ the piano when he was seven.

31 그는 일곱 살 때 처음 피아노를 치기 시작했다.

32 Liszt _____ _____ a great pianist, composer and teacher.

32 Liszt는 나중에 훌륭한 피아니스트이며 작곡가이자 선생님이 되었다.

33 But many people _____ _____ _____ _____ the first idol.

33 그러나 많은 사람들은 그를 첫 번째 아이돌이라고 생각한다.

34 _____ _____ _____ give his music a listen?

34 그의 음악을 들어 보는 게 어떤가?

35 _____ you like today's idols, you _____ _____ the original idol.

35 만약 당신이 요즘의 아이돌을 좋아한다면, 본래의 아이돌도 좋아할 것이다.

STEP
A

글의 내용과 문장의 어법에 맞게 괄호 안에서 알맞은 어휘를 고르시오.

01   Do you (has / have) a favorite K-pop idol?

02   Many (student / students) will answer, "Yes."

03   These students often show great love for (its / their) stars.

04   Some scream (mad / madly) at concerts.

05   Others wait hours to (taking / take) pictures of their stars.

06   Some students even (travels / travel) to another city to see their favorite stars.

07   (Is / Are) idols a recent creation?

08   (Not / No) way!

09   (Do / Did) idols begin with The Beatles in the 1960's?

10   They (was loving / were loved) by many, but they were not the first.

11   How about Elvis Presley (in / at) the 1950's?

12   Not even (close / closely).

13   To find the answer, let's (taking / take) a time machine to a concert hall in Vienna in 1845.

14   All the (seat / seats) are filled.

15   Unlike other concerts, the side of the piano (face / faces) the audience.

16   This way, the audience can (see / saw) the handsome 185cm pianist better.

17   He doesn't have (some / any) sheet music with him.

18   He begins to play (from / for) memory.

19   He starts slowly by softly (touched / touching) the keys.

20   All the people hold their (breath / breathe) because they don't want to miss a single note.

21   He builds (down / up) speed, and his long fingers press down on many keys (at / to) once.

22   This makes the music very (powerful / powerfully) and rich.

23   The audience pays attention (for / to) his every little body movement.

24   His long beautiful hair (fly / flies) everywhere.

25   It's like (to watch / watching) a piano and ballet performance at once.

26   Time flies and the concert (end / ends).

27   People scream and throw flowers and (slices / pieces) of clothing onto the stage.

28   The concert hall (goes / go) wild!

29   (Which / Who) was this amazing star?

30   His name was Franz Liszt and he (born / was born) in 1811 in Hungary.

31   He first started (playing / played) the piano when he was seven.

32   Liszt later became a great pianist, composer (and / but) teacher.

33   But many people think of him (as / to) the first idol.

34   Why don't you (give / gave) his music a listen?

35   (If / Although) you like today's idols, you will love the original idol.

밑줄 친 부분이 내용이나 어법상 바르면 ○, 어색하면 ×에 표시하고 고쳐 쓰시오.

01 <u>Do</u> you have a favorite K-pop idol? ○ ×

02 <u>Every students</u> will answer, "Yes." ○ ×

03 These <u>student</u> often show great love for their stars. ○ ×

04 <u>Some</u> scream madly at concerts. ○ ×

05 Others <u>waits</u> hours to take pictures of their stars. ○ ×

06 Some students even travel to another city <u>to see</u> their favorite stars. ○ ×

07 Are idols a <u>recently</u> creation? ○ ×

08 No <u>way</u>! ○ ×

09 Did idols <u>began</u> with The Beatles in the 1960's? ○ ×

10 They were <u>love</u> by many, but they were not the first. ○ ×

11 <u>How about</u> Elvis Presley in the 1950's? ○ ×

12 Not <u>even close</u>. ○ ×

13 To find answer, let's take a time machine to a concert hall <u>on</u> Vienna in 1845. × ×

14 All the seats <u>is</u> filled. × ×

15 <u>Unlike</u> other concerts, the side of the piano faces the audience. ○ ×

16 This way, the audience can see the handsome 185cm pianist <u>better</u>. ○ ×

17 He doesn't have any sheet music with <u>his</u>. × ×

18 He begins to <u>played</u> from memory. × ×

19 He starts slowly for softly touching the keys. ○ ×

20 All the people hold their breath because they don't want missing a single note. ○ ×

21 He builds up speed, and his long fingers press down on many keys at once. ○ ×

22 This makes the music very powerful and rich. ○ ×

23 The audience pays attention to his every little body movements. ○ ×

24 His long beautiful hair flies everywhere. ○ ×

25 It's like watching a piano and ballet performance at once. ○ ×

26 Time fly and the concert ends. ○ ×

27 People scream and throw flowers and pieces of clothing onto the stage. ○ ×

28 The concert hall goes wildly! ○ ×

29 Who was this amazing star? ○ ×

30 His name was Franz Liszt and he was born at 1811 in Hungary. ○ ×

31 He first started playing the piano while he was seven. ○ ×

32 Liszt later became a great pianist, composer and teacher. ○ ×

33 But many people think for him as the first idol. ○ ×

34 Why don't you give his music a listening? ○ ×

35 If you like today's idols, you will love the original idol. ○ ×

Reading
배열로 문장 완성하기

정답 보기 >> 180~181쪽

STEP A

주어진 단어를 바르게 배열하여 문장을 쓰시오.

01 여러분은 가장 좋아하는 K팝 아이돌이 있는가? (favorite / do / K-pop idol / have / you / a)
→

02 많은 학생들이 "그렇다."라고 답할 것이다. (will / "Yes" / many / answer, / students)
→

03 이 학생들은 종종 자신들의 스타를 향해 큰 애정을 보인다. (great love / often / show / for their stars / these students)
→

04 어떤 학생들은 콘서트에서 미친 듯이 괴성을 지른다. (scream / some / at concerts /madly)
→

05 다른 학생들은 스타의 사진을 찍기 위해 몇 시간을 기다린다. (wait / to take pictures / hours / of their stars / others)
→

06 어떤 학생들은 심지어 가장 좋아하는 스타를 보기 위해 다른 도시로 여행을 가기도 한다.
(to see / even travel / their favorite stars / to another city / some students)
→

07 아이돌이 최근의 창조물일까? (a recent creation / idols / are)
→

08 아니다! (way / no)
→

09 아이돌은 1960년대의 The Beatles에서 시작됐을까? (begin with / did / idols / in the 1960's / The Beatles)
→

10 그들은 많은 사람들에게 사랑받았지만, 최초는 아니었다. (but / they / by many, / not the first / they / were / were loved)
→

11 1950년대의 Elvis Presley는 어떤가? (Elvis Presley / how about / in the 1950's)
→

12 완전히 헛짚었다. (even / not / close)
→

13 답을 찾기 위해서, 1845년에 빈에 있는 콘서트홀로 타임머신을 타고 가 보자.
(a time machine / to find / let's / take / the answer, / in 1845 / to a concert hall / in Vienna)
→

14 모든 좌석이 꽉 차 있다. (all / are filled / the seats)
→

15 다른 연주회와는 달리, 피아노의 옆면이 청중을 향해 있다.
(unlike / the side / the audience / of the piano / faces / other concerts,)
→

16 이렇게 함으로써, 청중은 잘생긴 185cm의 피아니스트를 더 잘 볼 수 있다.
(the audience / the handsome 185cm pianist / can see / better / this way,)
→

17 그는 어떠한 악보도 가지고 있지 않다. (with him / he / any sheet music / doesn't have)
→

18 그는 외워서 연주하기 시작한다. (to play / begins / from memory / he)

→

19 그는 건반을 부드럽게 누르면서 천천히 시작한다. (slowly / he / by softly touching / starts / the keys)

→

20 모든 사람들이 단 하나의 음도 놓치고 싶지 않아서 숨죽인다.

(hold their breath / because / a single note / they / all the people / don't want / to miss)

→

21 그는 속도를 점점 올리고, 그의 긴 손가락으로 많은 건반을 한꺼번에 누른다.

(he / at once / on many keys / and / his long fingers / builds up / press down / speed,)

→

22 이것은 음악을 아주 힘 있고 풍성하게 만든다. (makes / this / very powerful / the music / and rich)

→

23 청중은 그의 모든 작은 몸짓에 주의를 집중한다. (his every little / the audience / attention / pays / body movement / to)

→

24 그의 길고 아름다운 머리카락이 사방에 날린다. (flies / everywhere / his long beautiful hair)

→

25 그것은 마치 피아노와 발레 공연을 동시에 보는 것 같다. (like / a piano / it's / at once / and / watching / ballet performance)

→

26 시간은 쏜살같이 흐르고 연주회가 끝난다. (time / and / ends / the concert / flies)

→

27 사람들은 소리를 지르며 꽃과 옷을 무대로 던진다.

(throw / pieces of clothing / people / and / onto the stage / scream / flowers / and)

→

28 콘서트홀은 열광의 도가니이다! (the concert hall / wild / goes)

→

29 이 놀라운 스타는 누구였을까? (this amazing star / was / who)

→

30 그의 이름은 Franz Liszt였고 그는 1811년에 헝가리에서 태어났다.

(was / in Hungary / Franz Liszt / was born / and / he / his name / in 1811)

→

31 그는 일곱 살 때 처음 피아노를 치기 시작했다. (was / he / the piano / seven / playing / he first / when / started)

→

32 Liszt는 나중에 훌륭한 피아니스트이며 작곡가이자 선생님이 되었다.

(later / a great pianist, / Liszt / composer and teacher / became)

→

33 그러나 많은 사람들은 그를 첫 번째 아이돌이라고 생각한다. (as / him / the first idol / but / think of / many people)

→

34 그의 음악을 들어 보는 게 어떤가? (a listen / give / don't / why / his music / you)

→

35 만약 당신이 요즘의 아이돌을 좋아한다면, 본래의 아이돌도 좋아할 것이다.

(will love / today's idols, / if / you / the original idol / like / you)

→

[01-03] 다음 글을 읽고, 물음에 답하시오.

Do you have a favorite K-pop idol? Many students will answer, "Yes." These students often show great love for their stars. ____ⓐ____ scream madly at concerts. ____ⓑ____ wait hours to take pictures of their stars. Some students even travel to another city to see their favorite stars.

01 윗글의 빈칸 ⓐ와 ⓑ에 들어갈 말이 순서대로 짝 지어진 것은?

① One – The other
② One – Another
③ Some – Other
④ Some – Others
⑤ Some – The others

02 다음 영어 뜻풀이에 해당하는 단어를 윗글에서 찾아 쓰시오.

> to cry out in a loud and high voice because of surprise, excitement, etc.

→ _____

03 윗글의 내용과 일치하지 <u>않는</u> 것은?

① 많은 학생들이 K팝에 관심이 많다.
② 어떤 학생들은 콘서트에서 괴성을 지른다.
③ 많은 스타들이 팬들을 향해 큰 애정을 보인다.
④ 어떤 학생들은 스타의 사진을 찍기 위해 몇 시간을 기다린다.
⑤ 어떤 학생들은 스타를 보기 위해 다른 도시로 여행을 가기도 한다.

[04-06] 다음 글을 읽고, 물음에 답하시오.

Are idols a recent creation? No way! Did idols begin with The Beatles ⓐin the 1960's? 그들은 많은 사람들에게 사랑받았다, but they were not the first. ⓑHow about Elvis Presley in the 1950's? ⓒNot even close. ⓓTo find the answer, let's ⓔtake a time machine to a concert hall in Vienna in 1845.

04 윗글의 밑줄 친 ⓐ~ⓔ의 우리말 뜻이 알맞지 <u>않은</u> 것은?

① ⓐ: 1960년대에
② ⓑ: ~은 어떠니?
③ ⓒ: 완전히 가깝다
④ ⓓ: 답을 찾기 위해서
⑤ ⓔ: 타임머신을 타다

05 윗글의 밑줄 친 우리말을 영어로 바르게 옮긴 것은?

① They loved by many
② They were loved by many
③ They was loved by many
④ They have loved by many
⑤ They are loved by many

06 윗글 다음에 이어질 내용으로 가장 알맞은 것은?

① 1845년의 타임머신 모습
② Elvis Presley에 관한 설명
③ The Beatles에 관한 설명
④ 1845년의 빈에 있는 콘서트홀의 모습
⑤ 1845년의 학생들 모습

[07-10] 다음 글을 읽고, 물음에 답하시오.

(①) All the seats ⓐfill. (②) Unlike other concerts, the side of the piano faces the audience. (③) ⓑHe doesn't have any sheet music with him. (④) He begins ⓒto play from memory. (⑤)

07 윗글의 ①~⑤ 중 주어진 문장이 들어갈 알맞은 곳은?

> This way, the audience can see the handsome 185cm pianist better.

①   ②   ③   ④   ⑤

08 윗글의 밑줄 친 ⓐ의 형태로 알맞은 것은?

① fill   ② filling   ③ filled
④ to fill   ⑤ are filled

09 윗글의 밑줄 친 ⓑ와 주어진 문장이 같은 뜻이 되도록 할 때, 빈칸에 알맞은 말은?

> He has _____ sheet music with him.

① some   ② not   ③ no
④ a few   ⑤ a little

10 윗글의 밑줄 친 ⓒ와 쓰임이 다른 것끼리 짝 지어진 것은?

> ⓐ I am happy to see the Statue of Liberty.
> ⓑ Do you like to play board games?
> ⓒ I hope to visit Italy someday.
> ⓓ He wants to be a K-pop star.
> ⓔ I studied hard to pass the exam.

① ⓐ, ⓑ   ② ⓐ, ⓒ   ③ ⓐ, ⓔ
④ ⓑ, ⓒ, ⓔ   ⑤ ⓒ, ⓓ, ⓔ

[11-14] 다음 글을 읽고, 물음에 답하시오.

He starts slowly by softly ⓐtouch the keys. All the people hold their breath ⓑbecause they don't want ⓒto miss a single note. He _____(A)_____ speed, and his long fingers _____(B)_____ on many keys ⓓat once. (C)This makes the music very ⓔpowerfully and rich.

11 윗글의 밑줄 친 ⓐ~ⓔ 중 어법상 틀린 것의 개수는?

① 1개   ② 2개   ③ 3개   ④ 4개   ⑤ 5개

12 윗글의 빈칸 (A)와 (B)에 들어갈 말이 바르게 짝 지어진 것은?

	(A)	(B)
①	presses down –	build up
②	presses down –	think of
③	builds up –	press down
④	builds up –	go wild
⑤	goes wild –	build up

13 윗글의 밑줄 친 (C)This가 가리키는 것을 우리말로 쓰시오.

→ _____

14 윗글을 읽고 알 수 있는 것은?

① 피아니스트의 키
② 무대에서 피아노의 방향
③ 피아니스트의 연주 방식
④ 콘서트홀의 좌석 수
⑤ 콘서트홀의 만석 여부

STEP A

[15-18] 다음 글을 읽고, 물음에 답하시오.

The audience pays attention to his every little body movement. His long beautiful hair flies everywhere. It's ⓐlike watching a piano and ballet performance at once. Time ⓑflies and the concert ends. People scream and throw flowers and pieces of clothing onto the stage. The concert hall goes wild!

15 윗글의 밑줄 친 ⓐlike와 쓰임이 같은 것은?

① I like to ride my bike on the weekend.
② He really likes to watch comedy shows.
③ She walks like a fashion model.
④ I like the dress that I bought yesterday.
⑤ What would you like to do tomorrow?

16 윗글의 밑줄 친 ⓑ의 영어 뜻풀이로 알맞은 것은? 고난도

① to take a flight
② to move or pass quickly
③ to have small insects with two wings
④ to move through the air using wings
⑤ to cause to fly, float, or hang in the air

17 윗글을 읽고 답할 수 있는 질문의 개수는? 신유형

- How long does the concert last?
- How many people are in the concert hall?
- What do people do when the concert ends?
- Which performance do people like better?

① 0개　② 1개　③ 2개　④ 3개　⑤ 4개

18 윗글을 읽고 한 문장으로 요약할 때, 빈칸에 알맞은 말을 본문에서 찾아 쓰시오. 고난도

The _____ was moved by his _____.

[19-21] 다음 글을 읽고, 물음에 답하시오.

Who was this ①amazed star? His name was Franz Liszt and he ②was born in 1811 ___ⓐ___ Hungary. He first started ③playing the piano when he was seven. Liszt later became a great pianist, composer and teacher. But many people think of him ___ⓑ___ the first idol. Why don't you ④give his music a listen? ⑤If you like today's idols, you will love the original idol.

19 윗글의 밑줄 친 ①~⑤ 중 어법상 틀린 것은?

①　　②　　③　　④　　⑤

20 윗글의 빈칸 ⓐ와 ⓑ에 들어갈 말이 순서대로 짝 지어진 것은?

① in – for　　　② in – as
③ on – as　　　④ on – with
⑤ as – for

21 다음 중 Franz Liszt에 관한 내용과 일치하는 것은?

① 1811년 헝가리에서 태어났다.
② 일곱 살에 피아노를 처음 샀다.
③ 나중에 위대한 가수가 되었다.
④ 많은 사람들은 그를 첫 번째 아이돌이라고 생각하지 않는다.
⑤ 어렸을 때 피아노 치는 것을 싫어했다.

서술형

22 다음 글을 읽고, 주어진 질문에 영어로 답하시오.

Do you have a favorite K-pop idol? Many students will answer, "Yes." These students often show great love for their stars. Some scream madly at concerts. Others wait hours to take pictures of their stars. Some students even travel to another city to see their favorite stars.

Q: How do students show great love for their stars?

A: (1) _____

(2) _____

(3) _____

[23-24] 다음 글을 읽고, 물음에 답하시오.

All the seats are filled. Unlike other concerts, the side of the piano faces the audience. This way, the audience can see the handsome 185cm pianist better. He doesn't have any sheet music with him. He begins to play from memory.

He starts slowly by softly touching the keys. All the people hold their breath because they don't want to miss a single note. He builds up speed, and his long fingers press down on many keys at once. This makes the music very powerful and rich.

23 윗글 속 피아니스트의 연주법을 설명하는 글을 완성하시오.

At first, the pianist _____
_____. And then, he _____,
and _____
_____.

24 윗글을 읽고, 다음 질문에 대한 답을 영어로 쓰시오.

(1) **Q**: Why can the audience see the pianist better during the performance?

A: _____
_____

(2) **Q**: Why do people hold their breath at Liszt's concert?

A: _____

25 다음 글의 내용과 일치하도록 대화문의 빈칸에 알맞은 질문을 [보기]에서 골라 쓰시오.

Who was this amazing star? His name was Franz Liszt and he was born in 1811 in Hungary. He first started playing the piano when he was seven. Liszt later became a great pianist, composer and teacher. But many people think of him as the first idol. Why don't you give his music a listen? If you like today's idols, you will love the original idol.

A: (1) _____
B: He was born in 1811 in Hungary.
A: (2) _____
B: He first started playing the piano when he was seven.
A: (3) _____
B: They think of him as the first idol.

[보기] • When did he first start playing the piano?
• What do many people think of Liszt?
• When and where was Franz Liszt born?

STEP A **READING** 193

만점 노트

After You Read_B

Vienna Daily

August 11, 1845

The Star of Our Time

Yesterday Franz Liszt performed his piano concert very successfully ❶ in Vienna. This concert ❷ was different from ❸ others. The side of the piano ❹ faced the audience. They ❺ could see Liszt better this way. He didn't have any sheet music and played ❻ from memory. His music was so powerful and rich. When the concert ended, the concert hall ❼ went wild.

빈 일간지

1845년 8월 11일

우리 시대의 스타

어제 빈에서 Franz Liszt는 그의 피아노 연주회를 매우 성공적으로 마쳤다. 이 연주회는 다른 연주회와는 달랐다. 피아노의 옆면이 청중을 향해 있었다. 이렇게 함으로써, 청중은 Liszt를 더 잘 볼 수 있었다. 그는 어떠한 악보도 가지고 있지 않았고 외워서 연주했다. 그의 음악은 매우 힘 있고 풍성했다. 연주회가 끝났을 때, 콘서트홀은 열광의 도가니였다.

❶ in+도시 이름

❸ others = other concerts

❺ could: 할 수 있었다 (= were able to)

❼ go+형용사: ~하게 되다

❷ be different from: ~와 다르다

❹ face: ~을 향해 있다

❻ from memory: 외워서, 기억해서

Think and Write

Dear Sandra,

Hello, my name is Jina and I'm ❶ a big fan of yours. I watched all of your movies and I love "Into the Sky" best. I think ❷ that your acting is so real. How do you ❸ prepare for your roles? ❹ If I meet you ❺ in person, I will ask you many more questions. I hope ❻ to see you soon.

Love,
Jina

Sandra 씨에게,

안녕하세요. 제 이름은 지나이고 저는 당신의 열혈 팬이에요. 저는 당신의 영화를 모두 다 봤고 "Into the Sky"를 가장 좋아해요. 저는 당신의 연기가 정말 실제 같다고 생각해요. 당신의 역할들을 어떻게 준비하시나요? 만약 당신을 직접 만나게 된다면, 저는 더 많은 질문을 할 거예요. 당신을 곧 보게 되기를 바라요.

사랑을 담아,
지나

❶ a big fan of: ~의 열혈 팬

❸ prepare for: ~을 준비하다

❺ in person: 직접

❷ 명사절을 이끄는 접속사 that

❹ if가 이끄는 조건절에서는 미래를 나타낼 때 현재시제를 쓴다.

❻ hope는 to부정사를 목적어로 취하는 동사이다.

Project

❶ There's a place in your heart
And I know ❷ that it is love
And this place could be
❸ Much brighter than tomorrow
And ❹ if you really try
You'll find there's no need to cry

너의 마음에는 한 장소가 있어
그리고 난 그게 사랑이라는 것을 알아
그리고 이 장소는
내일보다 훨씬 더 밝아질 수 있어
그리고 정말 노력한다면
울 필요가 없다는 것을 알게 될 거야

❶ There is+단수 명사: ~이 있다

❸ 「비교급+than」: ~보다 더 …한, much는 비교급 수식 부사

❷ 명사절을 이끄는 접속사 that

❹ 접속사 if가 이끄는 조건절

실전 TEST

[01-03] 다음 글을 읽고, 물음에 답하시오.

The Star of Our Time

Yesterday Franz Liszt ①performs his piano concert very successfully in Vienna. This concert was different _____ⓐ_____ others. The side of the piano ②faced the audience. They ③could see Liszt better this way. He ④didn't have any sheet music and played _____ⓑ_____ memory. His music was so powerful and rich. When the concert ended, the concert hall ⑤went wild.

01 윗글의 밑줄 친 ①~⑤ 중 어법상 **틀린** 것의 개수는?

① 1개　　② 2개　　③ 3개　　④ 4개　　⑤ 5개

02 윗글의 빈칸 ⓐ와 ⓑ에 공통으로 들어갈 말로 알맞은 것은?

① in　　　　② by　　　　③ from
④ at　　　　⑤ with

03 윗글의 내용과 일치하지 <u>않는</u> 것은?

① Liszt는 빈에서 성공적으로 연주회를 했다.
② Liszt는 청중들을 마주 보며 연주했다.
③ Liszt는 악보 없이 외워서 연주했다.
④ Liszt의 음악은 힘 있고 풍성했다.
⑤ 연주회 후 콘서트홀은 열광의 도가니였다.

[04-06] 다음 글을 읽고, 물음에 답하시오.

Dear Sandra,

Hello, my name is Jina and ⓐ저는 당신의 열혈 팬이에요. I watched all of your movies and I love "Into the Sky" best. I think that your acting is so real. How do you prepare for your roles? ⓑIf I will meet you in person, I will ask you many more questions. I hope to see you soon.

Love,
Jina

서술형 1

04 윗글의 우리말 ⓐ와 같도록 주어진 단어를 바르게 배열하여 문장을 쓰시오.

→ _____

(I'm, of, a, fan, yours, big)

서술형 2

05 윗글의 밑줄 친 ⓑ에서 **틀린** 부분을 찾아 바르게 고쳐 쓰시오.

_____ → _____

06 윗글을 읽고 답할 수 있는 질문을 <u>모두</u> 고르면?

① What does Sandra do?
② When did Jina watch "Into the Sky"?
③ What is Sandra's role in "Into the Sky"?
④ What does Jina think about Sandra's acting?
⑤ How many movies has Sandra appeared in?

Words

고득점 맞기

01 다음 중 짝 지어진 두 단어의 관계가 나머지와 <u>다른</u> 것은?

① breathe – breath ② move – movement

③ create – creation ④ power – powerful

⑤ perform – performance

02 다음 영어 뜻풀이가 설명하는 단어로 알맞은 것은?

a person who is loved and admired very much

① idol ② audience ③ teacher

④ composer ⑤ pianist

03 다음 문장의 빈칸에 공통으로 들어갈 말로 알맞은 것은?

• Mike got up late and _____ the flight.

• I really _____ him when he went away.

① filled ② ordered ③ found

④ missed ⑤ ended

04 다음 중 밑줄 친 부분과 바꿔 쓸 수 있는 것은?

We can't be in two places <u>at once</u>.

① slowly ② at most

③ at least ④ from time to time

⑤ at the same time

신
유형

05 다음 문장의 빈칸에 들어갈 수 <u>없는</u> 것은?

ⓐ They were watching her every _____.

ⓑ The cake was a delicious _____ of cream and fruit.

ⓒ The _____ will start at seven.

ⓓ I forgot to bring _____, so I played from memory.

① creation ② sheet music ③ movement

④ audience ⑤ performance

06 다음 단어의 영어 뜻풀이가 알맞지 <u>않은</u> 것은?

① recent: happening not long ago

② madly: in a very strong way

③ composer: something that is made

④ audience: a group of listeners or spectators

⑤ invent: to make, design, or think of a new thing

[07-08] 다음 문장의 빈칸에 들어갈 말로 가장 알맞은 것을 [보기]에서 골라 쓰시오.

| [보기] | original | madly | definitely |
| | powerful | softly | recent |

07 She is the most _____ person in the company.

08 He is _____ satisfied with his current job.

09 다음 문장의 빈칸에 들어갈 말이 순서대로 짝 지어진 것은?

- Press _____ firmly on the rectangular button.
- I hope I can see my favorite singer _____ person.

① down – in   ② at – in
③ down – with   ④ at – for
⑤ with – for

10 다음 중 밑줄 친 단어의 의미가 같은 것끼리 짝 지어진 것은?

ⓐ The apartments face south.
ⓑ She turned and faced him.
ⓒ Wash your face before you go to bed.
ⓓ He always has a smile on his face.
ⓔ Most of the rooms face the sea.

① ⓐ, ⓑ   ② ⓐ, ⓑ, ⓔ
③ ⓑ, ⓒ, ⓓ   ④ ⓑ, ⓓ, ⓔ
⑤ ⓒ, ⓓ, ⓔ

11 다음 중 밑줄 친 부분의 우리말 뜻을 잘못 말한 사람은?

① I got this backpack in the flea market.
② Don't press down on the accelerator pedal.
③ Megan sang the song from memory.
④ My sister is good at paper folding.
⑤ I want to see the composer in person.

① 정아: 벼룩시장   ② 지호: 속도를 올리다
③ 민호: 외워서   ④ 유진: 종이접기
⑤ 영미: 직접

12 다음 문장의 밑줄 친 단어의 영어 뜻풀이로 알맞은 것은?

He has trouble hitting the high note.

① a specific musical tone
② a piece of paper money
③ a short letter to someone
④ an extra piece of information about something in a book
⑤ something that you write down to remind you of something

13 다음 중 밑줄 친 단어의 쓰임이 어색한 것은?

① If we hurry, we'll get there on time.
② The coffee has a smooth, rich taste.
③ Close the door madly, or the baby will wake up.
④ The doctor told me to take a deep breath.
⑤ I'm not tall, but unlike me, my brother is very tall.

14 다음 (A)~(C)에서 문맥상 알맞은 것을 골라 쓰시오.

- They waited for hours to (A) let / take pictures of the band members.
- You need something to (B) cheer / end you up.
- We gave a big hand when the (C) audience / pianist finished her performance.

(A) _____
(B) _____
(C) _____

15 다음 중 주어진 영어 뜻풀이에 해당하는 단어가 쓰인 문장은?

happening or existing first or at the beginning

① Suddenly, I felt madly jealous.
② The original plan was to fly out to New York.
③ There have been many changes in recent years.
④ Our team won the game by a single point.
⑤ Music played softly in the background.

우리말과 일치하도록 대화를 바르게 영작하시오.

1 Listen and Speak 1-A

B: _____
G: _____
B: _____
G: _____

해석

교과서 46쪽

B: 안녕, 수민아. 책 동아리는 어때?
G: 재미있어. 나는 흥미로운 책들을 많이 읽어.
B: 어떤 책을 가장 좋아하니?
G: 나는 "Charlotte's Web"을 가장 좋아해.

2 Listen and Speak 1-B

G: _____
B: _____
G: _____
B: _____
G: _____
B: _____
G: _____

교과서 46쪽

G: 지호야. 이번 주 토요일에 뭐 할 거니?
B: 나는 친구들이랑 Blue Sky 팬 모임에 갈 거야.
G: 와, 나도 그 밴드의 열혈 팬이야.
B: 정말? 너는 어느 멤버를 가장 좋아하니, Amy?
G: 나는 Lucy를 가장 좋아해. 그녀는 노래를 정말 잘해.
B: 나는 드러머인 Mike를 가장 좋아해. 그는 환상적이야! 우리와 함께 갈래?
G: 물론이지. 너무 좋아. 기대된다!

3 Listen and Speak 1-C

A: _____
B: _____
A: _____
B: _____

교과서 46쪽

A: 너는 운동을 좋아하니?
B: 응, 좋아해.
A: 너는 어떤 운동을 가장 좋아하니?
B: 나는 테니스를 가장 좋아해. 그것은 아주 흥미진진해!

4 Listen and Speak 2-A

B: _____
G: _____
B: _____
G: _____
B: _____

교과서 47쪽

B: 너는 왜 그 헌 옷들을 모두 가지고 있니?
G: 나는 벼룩시장에서 그 옷들을 팔 거야.
B: 정말? 나도 헌 옷들이 조금 있어.
G: 그러면 이번 주 토요일에 나와 함께 파는 게 어때?
B: 좋아.

5 Listen and Speak 2-B

교과서 47쪽

G: _____

B: _____

G: _____

B: _____

G: _____

B: _____

G: _____

B: _____

해석

G: Tom, 왜 그렇게 많은 종이꽃을 가지고 있니?

B: 이 꽃들은 엄마 생신을 위한 거야.

G: 정말 예쁘다. 그 꽃들을 어디서 구했니?

B: 내가 만들었어.

G: 와, 너 정말 잘 만든다.

B: 고마워. 나 요즘 종이접기 수업을 듣고 있어.

G: 그 꽃들은 너희 엄마에게 완벽한 선물이 될 거야.

B: 나도 그러길 바라.

6 Listen and Speak 2-C

교과서 47쪽

A: _____

B: _____

A: _____

B: _____

A: 너는 꿈의 휴가로 어느 나라를 가 보고 싶니?

B: 나는 캐나다를 가 보고 싶어.

A: 왜 캐나다를 가 보고 싶니?

B: 나이아가라 폭포를 보고 싶기 때문이야.

7 Real Life Talk > Watch a Video

교과서 48쪽

Mina: _____

_____

Mr. Smith: _____

Mina: _____

Mr. Smith: _____

Mina: _____

Mr. Smith: _____

Mina: _____

Mr. Smith: _____

Mina: _____

미나: 안녕하세요, 여러분. 저는 학교 라디오 프로그램의 미나입니다. 오늘은 영어 선생님이신 Smith 선생님과 함께하겠습니다. 안녕하세요, Smith 선생님.

Smith 선생님: 안녕하세요, 여러분. 여러분과 함께하게 되어 기쁘군요.

미나: 음악에 관한 이야기를 나눠 보도록 하죠. Smith 선생님, 어느 밴드를 가장 좋아하시나요?

Smith 선생님: 두말할 것도 없이 The Beatles요.

미나: 오, 저도 그들을 좋아해요. 무슨 노래를 가장 좋아하시나요?

Smith 선생님: 그들의 노래 대부분을 좋아하지만, "Hey Jude"를 가장 좋아하죠.

미나: 왜 그 노래를 좋아하시나요?

Smith 선생님: 그 노래는 제가 우울할 때 기분이 나아지게 해 주기 때문이에요.

미나: 멋지군요! 그 노래를 들어 보죠.

01 다음 대화의 빈칸에 들어갈 말로 알맞은 것은?

> A: Do you like animals?
> B: Yes, I do.
> A: _____
> B: I like giraffes best. Their necks are so long.

① Do you like plants, too?
② Why do you like animals?
③ Have you ever had a pet?
④ Which animal do you like best?
⑤ Do you know that animals like tigers are disappearing?

02 다음 대화의 밑줄 친 부분과 바꿔 쓸 수 있는 것을 <u>모두</u> 고르면?

> A: I want to visit Canada someday.
> B: <u>Why do you want to visit Canada?</u>
> A: Because I want to see Niagara Falls.

① Why don't you visit Canada?
② What makes you want to visit Canada?
③ What do you want to do when you visit Canada?
④ Can you tell me why you want to visit Canada?
⑤ Is there another reason why you want to visit Canada?

03 다음 중 짝 지어진 대화가 <u>어색한</u> 것은?

① A: What are you going to do this Saturday?
  B: I'm going to go on a picnic with my family.
② A: Which music do you like best, Amy?
  B: I like classical music best.
③ A: Why do you want to visit France?
  B: Because I want to see the Eiffel Tower.
④ A: I like *Charlotte's Web* best. How about you?
  B: I like *The Wizard of Oz*.
⑤ A: How's the book club going?
  B: It's boring. I read lots of interesting books.

04 다음 문장에 이어질 대화를 순서대로 배열한 것은?

> Why do you have all those old clothes?

> (A) Really? I have some old clothes, too.
> (B) Okay.
> (C) I'm going to sell them at the flea market.
> (D) Then why don't you join me this Saturday?

① (A) – (B) – (C) – (D)   ② (A) – (C) – (B) – (D)
③ (C) – (A) – (D) – (B)   ④ (C) – (B) – (A) – (D)
⑤ (D) – (B) – (C) – (A)

[05-06] 다음 대화를 읽고, 물음에 답하시오.

> Mina: Let's talk about music. Mr. Smith, (A)<u>what's your favorite band?</u>
> Mr. Smith: Definitely The Beatles.
> Mina: Oh, I like them, too. Which song do you like best?
> Mr. Smith: I like most of their songs, but I like *Hey Jude* best.
> Mina: ____ⓐ____ do you like it?
> Mr. Smith: ____ⓑ____ the song makes me feel better when I'm down.
> Mina: That's great! Let's listen to the song.

05 위 대화의 밑줄 친 (A)와 바꿔 쓸 수 있는 표현을 완성하시오. 〔고난도〕

> = _____ _____ do you _____ _____?

06 위 대화의 빈칸 ⓐ와 ⓑ에 알맞은 말을 넣어 이유를 묻고 답하는 대화를 완성하시오.

> ⓐ _____   ⓑ _____

서술형

[07-09] 다음 대화를 읽고, 물음에 답하시오.

A: Jiho, what are you going to do this Saturday?
B: I'm going to Blue Sky's fan meeting with my friends.
A: Wow, ⓐ나 또한 그 밴드의 열혈 팬이야.
B: Really? Which member do you like best, Amy?
A: I like Lucy best. She sings really well.
B: I like the drummer, Mike, best. He's fantastic! Do you want to join us?
A: Sure, I'd love to. ⓑ난 기다릴 수 없을 만큼 기대돼!

07 위 대화의 밑줄 친 우리말 ⓐ와 같도록 주어진 말을 바르게 배열하여 문장을 쓰시오.

the band, a, fan, of, also, big, I'm

→ _____

08 위 대화의 밑줄 친 우리말 ⓑ를 [조건]에 맞게 영작하시오.

[조건] 1. wait를 포함하여 3단어로 쓸 것
2. 주어와 동사를 포함한 완전한 문장으로 쓸 것

→ _____

09 위 대화의 내용과 일치하도록 Amy가 쓴 일기를 완성하시오.

Today, I found out that Jiho also likes the band, Blue Sky. His (1)_____ is Mike. Jiho thinks Mike is a (2)_____ _____. I like Lucy the best because (3)_____. We're going to (4)_____ together this Saturday.

[10-12] 다음 대화를 읽고, 물음에 답하시오.

G: Tom, why do you have so many paper flowers?
B: They're for my mom's birthday.
G: They're so beautiful. Where did you get them?
B: I made them.
G: Wow, you're really good.
B: Thanks. I'm taking a paper folding class these days.
G: 그것들은 너희 엄마에게 완벽한 선물이 될 거야.
B: I hope so, too.

10 Read the dialogue and fill in the blanks.

The speakers are talking about Tom's _____ _____.

11 위 대화의 우리말과 같도록 [조건]에 맞게 쓰시오.

[조건] 1. they, be, gift를 포함할 것
2. 시제에 유의할 것

→ _____

12 다음 [조건]에 맞게 질문에 대한 답을 쓰시오.

[조건] 1. 주어와 동사를 포함한 완전한 문장으로 쓸 것
2. 대소문자와 문장 부호를 정확히 쓸 것

(1) Q: What class is Tom taking these days?
    A: _____

(2) Q: What does Tom's friend think about his paper flowers?
    A: _____

(3) Q: Why did Tom make paper flowers?
    A: _____

G Grammar
고득점 맞기

한 단계 | 더!

01 다음 중 빈칸에 들어갈 말이 나머지와 <u>다른</u> 것은?

① The actor is loved _____ many teenagers.
② Spanish was taught _____ Mr. Kim last year.
③ The meal was made _____ my mother.
④ *Hey Jude* was sung _____ the famous band.
⑤ I'm interested _____ starting my own business.

02 다음 문장의 빈칸에 들어갈 말로 알맞지 <u>않은</u> 것은?

If _____ tomorrow, I will go camping.

① it doesn't snow   ② the weather is fine
③ it won't rain   ④ I finish the work
⑤ he takes care of my cat

03 Which one is grammatically <u>incorrect</u>?

① If you are hungry, you can eat the pizza.
② The building was designed by a famous architect.
③ Andy's room is filled with books.
④ The window was broke by someone.
⑤ If you don't mind, I will turn off the TV.

04 다음 중 빈칸에 들어갈 동사 write의 형태가 같은 것끼리 짝 지어진 것은?

ⓐ The song _____ by a talented songwriter two years ago.
ⓑ He _____ these poems when he was young.
ⓒ The letter _____ by my cousin in Canada last month.
ⓓ We will _____ the report together.

① ⓐ, ⓑ   ② ⓐ, ⓒ   ③ ⓐ, ⓓ
④ ⓑ, ⓒ   ⑤ ⓒ, ⓓ

05 다음 두 문장의 의미가 같도록 빈칸에 알맞은 말을 쓰시오.

If you don't have a passport, you can't travel around the world.

= _____ you have a passport, you can't travel around the world.

06 다음 능동태 문장을 수동태 문장으로 바꾼 것 중 어법상 <u>틀린</u> 것을 <u>모두</u> 고르면?

① The birds built the nest.
　→ The nest was built by the birds.
② The bus driver saved the girl.
　→ The girl is saved by the bus driver.
③ King Sejong invented Hangeul.
　→ Hangeul was invented by King Sejong.
④ My little brother painted this painting.
　→ This painting was painted by my little brother.
⑤ Amy solved the difficult math problems.
　→ The difficult math problems was solved by Amy.

07 다음 중 어법상 옳은 문장을 <u>모두</u> 고르면?

① The World Cup is holding every four years.
② The car stopped by the police.
③ The building is built a few months ago.
④ The TV show was watched by many people.
⑤ My wallet was stolen on the bus.

08 다음 문장과 의미가 <u>다른</u> 것은?

> If you don't follow this rule, we can't work together.

① Follow this rule, or we can't work together.

② If you follow this rule, we can work together.

③ Unless you follow this rule, we can't work together.

④ Follow this rule, and we can work together.

⑤ Unless you follow this rule, we can work together.

09 다음 문장에서 어법상 <u>틀린</u> 부분을 바르게 고친 것은?

> A lot of detective stories were written by he.

① A lot of → Much   ② were → was

③ written → writing   ④ by → to

⑤ he → him

10 다음 우리말을 영어로 옮긴 것 중 옳은 것은?

① 그 소식은 모두를 놀라게 했다.

→ The news was surprised everyone.

② 이 추리 소설은 많은 학생들에 의해 읽힌다.

→ This mystery novel is readed by many students.

③ 만약 네가 추위를 느낀다면, 나는 창문을 닫을 것이다.

→ If you feel cold, I'll close the window.

④ 만약 그들이 마지막 버스를 놓치면, 그들은 집에 걸어가야 할 것이다.

→ If they'll miss the last bus, they'll have to walk home.

⑤ 만약 네가 그녀에게 진실을 말하지 않으면, 그녀는 너를 용서하지 않을 것이다.

→ She won't forgive you if you tell her the truth.

11 다음 각 문장에 대한 설명으로 알맞지 <u>않은</u> 것은?

① The coin was picked up by the boy.

→ 능동태 문장으로 바꿀 경우, the boy가 주어가 된다.

② I'll go swimming tomorrow if it is not too cold.

→ If ~ not은 Unless로 바꿔 쓸 수 있다.

③ Jessica's friends trusted her.

→ 수동태 문장으로 바꿀 경우, 동사는 were trusted가 된다.

④ If it snows this weekend, I'll stay at home.

→ if절이 미래의 의미를 나타내더라도 현재시제를 쓴다.

⑤ English is spoken all over the world.

→ 행위자가 일반적인 사람인 경우이므로 「by+행위자」가 생략되었다.

12 다음 중 어법상 <u>틀린</u> 것끼리 짝 지어진 것은?

ⓐ I will be happy if you come to my birthday party.

ⓑ You can get there on time if you will hurry.

ⓒ Can you lend me the book unless you don't read it now?

ⓓ If you see Kevin, tell him to call me.

ⓔ If you try harder, you will get a perfect score.

① ⓐ, ⓑ   ② ⓐ, ⓑ, ⓓ

③ ⓐ, ⓒ   ④ ⓑ, ⓒ

⑤ ⓒ, ⓓ, ⓔ

 한 단계 더!

13 다음 중 어법상 옳은 문장의 개수는?

ⓐ The room was filled with many students.

ⓑ The toy robot wasn't fixed by him.

ⓒ I won't forgive him if he tell a lie again.

ⓓ If you are kind to others, they will like you.

① 0개   ② 1개   ③ 2개

④ 3개   ⑤ 4개

서술형

14 다음 정보를 보고, 대화의 빈칸에 알맞은 말을 [조건]에 맞게 쓰시오.

> [조건] 1. 반드시 수동태 문장으로 쓸 것
>   2. (1)은 평서문으로, (2)는 의문사를 포함한 의문문으로 쓸 것

The Starry Night
• painter: Vincent van Gogh
• year: 1889

Charlotte's Web
• writer: E. B. White
• year: 1952

(1) A: Who painted *The Starry Night*?

  B: _____

(2) A: _____

  B: *Charlotte's Web* was written in 1952.

15 다음 표를 보고, 조건에 따른 각 사람의 할 일을 나타내는 문장을 완성하시오.

	조건	할 일
Peter	wake up early	ride a bike
Mike	have free time	watch a movie
Lisa	go to the zoo	take pictures of animals

(1) If Peter _____,

_____.

(2) If Mike _____,

_____.

(3) If Lisa _____,

_____.

16 다음 우리말과 같도록 [조건]에 맞게 영작하시오.

> [조건] 1. 반드시 수동태 문장으로 쓸 것
>   2. 괄호 안의 말을 이용할 것
>   3. 필요 시 주어진 말의 형태를 바꿀 것

(1) 그 사진들은 Sam에 의해 찍히지 않았다.

  → _____

  (the pictures, take)

(2) 이 표현은 많은 사람들에 의해 사용된다.

  → _____

  (expression, use)

(3) Jim의 집이 화재에 의해 타 버렸다.

  → _____

  (burn down, fire)

17 다음 글을 읽고, 여러분이 각 사람에게 할 말을 [조건]에 맞게 쓰시오.

> [조건] 1. 반드시 if를 사용할 것
>   2. 주어진 상황에 어울리는 말을 쓸 것
>   3. 주어와 동사를 포함한 완전한 문장으로 쓸 것

Suji and Jason have problems these days. Suji usually goes to bed late. So she always feels tired at school and can't concentrate on the lessons. Jason is interested in English. He wants to improve his English, but he doesn't know how to do it. In these situations, what would you like to tell them?

(1) Suji, _____

_____.

(2) Jason, _____

_____.

다음 우리말과 일치하도록 각 문장을 바르게 영작하시오.

01
_____

여러분은 가장 좋아하는 K팝 아이돌이 있는가?

02
_____

많은 학생들이 "그렇다."라고 답할 것이다.

03
_____

이 학생들은 종종 자신들의 스타를 향해 큰 애정을 보인다.

04
_____

어떤 학생들은 콘서트에서 미친 듯이 괴성을 지른다.

05
_____

☆ 다른 학생들은 스타의 사진을 찍기 위해 몇 시간을 기다린다.

06
_____

어떤 학생들은 심지어 가장 좋아하는 스타를 보기 위해 다른 도시로 여행을 가기도 한다.

07
_____

아이돌이 최근의 창조물일까?

08
_____

아니다!

09
_____

아이돌은 1960년대의 The Beatles에서 시작됐을까?

10
_____

☆ 그들은 많은 사람들에게 사랑받았지만, 최초는 아니었다.

11
_____

1950년대의 Elvis Presley는 어떤가?

12
_____

완전히 헛짚었다.

13
_____

☆ 답을 찾기 위해서, 1845년에 빈에 있는 콘서트홀로 타임머신을 타고 가 보자.

14
_____

☆ 모든 좌석이 꽉 차 있다.

15
_____

다른 연주회와는 달리, 피아노의 옆면이 청중을 향해 있다.

16
_____

이렇게 함으로써, 청중은 잘생긴 185cm의 피아니스트를 더 잘 볼 수 있다.

17
_____

그는 어떠한 악보도 가지고 있지 않다.

18

_____

☆ 그는 외워서 연주하기 시작한다.

19

_____

그는 건반을 부드럽게 누르면서 천천히 시작한다.

20

_____

모든 사람들이 단 하나의 음도 놓치고 싶지 않아서 숨죽인다.

21

_____

☆ 그는 속도를 점점 올리고, 그의 긴 손가락으로 많은 건반을 한꺼번에 누른다.

22

_____

이것은 음악을 아주 힘 있고 풍성하게 만든다.

23

_____

☆ 청중은 그의 모든 작은 몸짓에 주의를 집중한다.

24

_____

그의 길고 아름다운 머리카락이 사방에 날린다.

25

_____

그것은 마치 피아노와 발레 공연을 동시에 보는 것 같다.

26

_____

시간은 쏜살같이 흐르고 연주회가 끝난다.

27

_____

사람들은 소리를 지르며 꽃과 옷을 무대로 던진다.

28

_____

☆ 콘서트홀은 열광의 도가니이다!

29

_____

이 놀라운 스타는 누구였을까?

30

_____

그의 이름은 Franz Liszt였고, 그는 1811년에 헝가리에서 태어났다.

31

_____

☆ 그는 일곱 살 때 처음 피아노를 치기 시작했다.

32

_____

Liszt는 나중에 훌륭한 피아니스트이며 작곡가이자 선생님이 되었다.

33

_____

그러나 많은 사람들은 그를 첫 번째 아이돌이라고 생각한다.

34

_____

그의 음악을 들어 보는 게 어떤가?

35

_____

☆ 만약 당신이 요즘의 아이돌을 좋아한다면, 본래의 아이돌도 좋아할 것이다.

R Reading

고득점 맞기

[01-03] 다음 글을 읽고, 물음에 답하시오.

　　Do you have a favorite K-pop idol? Many students will answer, "Yes." These students ①often show great love for their stars. ___(A)___ scream ②mad at concerts. ___(B)___ wait ③hours to take pictures of their stars. Some students ④even travel to another city ⑤to see their favorite stars.

01 윗글의 밑줄 친 ①~⑤ 중 어법상 틀린 것은?

① 　　　② 　　　③ 　　　④ 　　　⑤

02 윗글의 빈칸 (A)와 (B)에 들어갈 알맞은 말을 [보기]에서 골라 쓰시오.

> [보기]　　One　　Another　　Some
> 　　　　　The other　　Others

(A) _____　　(B) _____

03 윗글의 밑줄 친 great love의 예로 제시되지 않은 것을 모두 고르면?

① 스타에게 선물을 보낸다.
② 스타의 콘서트에서 괴성을 지른다.
③ 스타의 이름으로 기부를 하거나 선행을 한다.
④ 스타의 사진을 찍기 위해 몇 시간을 기다린다.
⑤ 스타를 보기 위해 다른 도시로 여행을 가기도 한다.

[04-06] 다음 글을 읽고, 물음에 답하시오.

　　Are idols a recent _____? No way! Did idols begin with The Beatles in the 1960's? ⓐThey were loved by many, but they were not the first. How about Elvis Presley in the 1950's? Not even close. To find the answer, let's take a time machine to a concert hall in Vienna in 1845.

04 윗글의 빈칸에 들어갈 말로 가장 알맞은 것은?

① role　　　　　　② movement
③ invention　　　④ creation
⑤ original

05 윗글의 밑줄 친 문장 ⓐ에 대해 잘못 설명한 사람은?

① 지윤: 수동태 문장이다.
② 유준: many는 many people을 의미한다.
③ 미영: They는 앞에 나온 The Beatles를 가리킨다.
④ 민준: by가 아니라 from을 써야 한다.
⑤ 정민: 능동태로 바꾸면 Many loved them.이다.

06 윗글의 내용과 일치하지 않는 것은?

① 아이돌은 최근의 창조물이 아니다.
② The Beatles는 많은 사람들의 사랑을 받았다.
③ The Beatles가 최초의 아이돌은 아니다.
④ Elvis Presley가 최초의 아이돌이다.
⑤ Elvis Presley는 1950년대 인물이다.

[07-09] 다음 글을 읽고, 물음에 답하시오.

All the seats are (A) | filling / filled |. ①Unlike other concerts, the side of the piano faces the audience. ②Actually, the audience wants to see the piano more. ③This way, the audience can see the handsome 185cm pianist better. ④He doesn't have any sheet music with him. ⑤He begins to play from memory.

He starts slowly by softly (B) | touching / touched | the keys. All the people hold their breath because they don't want to miss a single note. He builds up speed, and his long fingers press down on many keys at once. This makes the music very (C) | powerful / powerfully | and rich.

07 윗글의 밑줄 친 ①~⑤ 중 흐름상 어색한 것은?

①   ②   ③   ④   ⑤

08 윗글의 (A)~(C)에서 알맞은 말이 순서대로 짝 지어진 것은?

	(A)	(B)	(C)
①	filling	– touching	– powerfully
②	filling	– touched	– powerful
③	filled	– touching	– powerful
④	filled	– touching	– powerfully
⑤	filled	– touched	– powerful

09 윗글을 읽고 답할 수 없는 질문은?

① Were all seats filled?

② How many seats are there in the concert hall?

③ Which direction does the side of the piano face on the stage?

④ How tall is the pianist?

⑤ How does the pianist play?

[10-11] 다음 글을 읽고, 물음에 답하시오.

The audience pays attention to his every little body movement. His long beautiful hair flies everywhere. It's like watching a piano and ballet performance at once. Time flies and the concert ends. People scream and throw flowers and pieces of clothing onto the stage. The concert hall goes wild!

10 윗글에 나타난 청중의 심경으로 알맞은 것은?

① scared   ② bored   ③ tired

④ excited   ⑤ disappointed

11 다음 영어 뜻풀이에 해당하는 단어 중 윗글에서 찾을 수 없는 것은?

① an act or process of moving

② a group of listeners or spectators

③ the act of performing a play, concert, etc.

④ happening or existing first or at the beginning

⑤ to cry out in a loud and high voice because of surprise, excitements, etc.

신유형
12 다음 글의 빈칸에 들어갈 수 없는 것은?

> **Vienna Daily**
>
> August 11, 1845
> **The Star of Our Time**
> Yesterday Franz Liszt performed his piano concert very _____ in Vienna. This concert was _____ from others. The side of the piano faced the audience. They could see Liszt _____ this way. He didn't have any sheet music and played from memory. His music was so powerful and rich. When the concert ended, the concert hall went _____.

① wild   ② different

③ madly   ④ better

⑤ successfully

서술형

[13-14] 다음 글을 읽고, 물음에 답하시오.

Are idols a recent creation? No way! Did idols begin with The Beatles ___ⓐ___ the 1960's? They loved by many, but they were not the first. How ___ⓑ___ Elvis Presley in the 1950's? Not even close. To find the answer, let's take a time machine to a concert hall in Vienna in 1845.

13 윗글의 빈칸 ⓐ와 ⓑ에 들어갈 알맞은 말을 쓰시오.

ⓐ _____ ⓑ _____

고난도

14 윗글에서 어법상 틀린 문장을 찾아 바르게 고쳐 쓰시오.

→ _____

고난도

15 다음 글을 읽고, 연주를 하고 있는 피아니스트를 설명하는 말 세 가지를 영어로 쓰시오.

All the seats are filled. Unlike other concerts, the side of the piano faces the audience. This way, the audience can see the handsome 185cm pianist better. He doesn't have any sheet music with him. He begins to play from memory.

(1) _____

(2) _____

(3) _____

[16-18] 다음 글을 읽고, 물음에 답하시오.

The audience pays attention to his every little body movement. His long beautiful hair flies everywhere. It's like ⓐto watch a piano and ballet performance at once. Time flies and the concert ends. People scream and throw flowers and pieces of clothing onto the stage. The concert hall goes ⓑwild!

___(A)___ was this ⓒamazing star? His name was Franz Liszt and he ⓓwas born in 1811 in Hungary. He first started playing the piano when he was seven. Liszt ⓔlater became a great pianist, composer and teacher. But many people think of him as the first idol. ___(B)___ don't you give his music a listen? (C)만약 당신이 요즘의 아이돌을 좋아한다면, 본래의 아이돌도 좋아할 것이다.

16 윗글의 밑줄 친 ⓐ~ⓔ 중 어법상 틀린 것을 골라 기호를 쓰고 바르게 고쳐 쓴 후, 틀린 이유를 우리말로 쓰시오.

(1) 틀린 부분: (_____) _____ → _____
(2) 틀린 이유: _____

17 윗글의 밑줄 친 (C)의 우리말을 [조건]에 맞게 영작하시오.

> [조건] 1. 반드시 if로 시작하여 쓸 것
> 2. if를 포함한 11개의 단어로 쓸 것
> 3. 괄호 안의 단어를 사용할 것

→ _____

(like, today's idols, will, love, original)

18 윗글의 내용과 일치하도록 다음 글을 완성하시오.

> Franz Liszt was the first idol. He was an amazing star. At his concert, everyone _____ his every little body movement. When the concert ended, the hall _____.

서술형 100% TEST

01 다음 빈칸에 들어갈 알맞은 말을 [보기]에서 골라 쓰시오.

> [보기] idol   note   performance   role

- All the fans screamed when they saw their
  (1) _____.
- The band's final (2) _____ was
  fantastic.
- The singer missed a (3) _____ in
  the middle of the song.

02 다음 주어진 문장의 밑줄 친 단어를 포함하는 문장을 [조건]에 맞게 자유롭게 영작하시오.

> [조건] 1. 주어진 문장의 face와 같은 의미로 쓸 것
>   2. 주어와 동사를 포함한 완전한 문장으로 쓸 것

The windows of this room face the sea.

→ _____

03 다음 빈칸에 알맞은 말을 써넣어 대화를 완성하시오.

A: Hi, Sumin. (1) _____'s the book club going?
B: It's fun. I read lots of interesting books.
A: (2) _____ book do you like (3) _____?
B: I like *Charlotte's* Web best.

(1) _____   (2) _____
(3) _____

[04-05] 다음 대화를 읽고, 물음에 답하시오.

Mina: Let's talk about music. Mr. Smith, what's
            your favorite band?
Mr. Smith: Definitely The Beatles.
Mina: Oh, I like them, too. (1) _____
Mr. Smith: I like most of their songs, but I like *Hey
            Jude* best.
Mina: (2) _____
Mr. Smith: Because the song makes me feel better
            when I'm down.
Mina: That's great! Let's listen to the song.

04 위 대화의 빈칸에 알맞은 말을 [보기]에서 골라 쓰시오.

> [보기] • What do you like to do?
>   • Why do you like it?
>   • Which member do you like best?
>   • Which song do you like best?

(1) _____
(2) _____

05 위 대화의 청취자가 쓴 다음 글에서 내용과 일치하지 <u>않는</u>
부분을 <u>모두</u> 찾아 바르게 고쳐 쓰시오.

Mina and Mr. Smith had an interview today.
They talked about music. Mr. Smith's favorite
band is The Beatles. He likes *Hey Jude* worst,
because the song makes him feel sad when
he's down. So after the interview, Mina played
the song for us today.

(1) _____ → _____
(2) _____ → _____

06 다음 표를 참고하여 대화를 완성하시오.

좋아하는 가수	Michael Jackson
좋아하는 이유	sing so well
좋아하는 노래	*Heal the World*

A: Which singer do you like best?
B: (1) _____
A: Why do you like him?
B: (2) _____
A: Which song do you like best?
B: (3) _____

07 다음 대화를 읽고, 주어진 질문에 영어로 답하시오.

A: Why do you have all those old clothes?
B: I'm going to sell them at the flea market.
A: Really? I have some old clothes, too.
B: Then why don't you join me this Saturday?
A: Okay.

Q: Why are they going to meet this Saturday?
A: _____

08 다음 빈칸에 알맞은 말을 써넣어 이유를 묻고 답하는 대화를 완성하시오.

A: I want to visit Venice.
B: (1) _____ to visit Venice?
A: (2) _____ I want to ride a gondola.

(1) _____
(2) _____

고
난도
09 다음 대화의 빈칸에 여러분 자신의 답을 쓰시오.

A: Which season do you like best?
B: (1) _____
A: Why do you like it?
B: (2) _____
_____

10 다음 우리말과 같도록 괄호 안의 단어를 사용하여 빈칸에 알맞은 말을 쓰시오.

(1) 서울 올림픽 게임이 1988년에 개최되었다.
　　→ The Seoul Olympic Games _____
　　　_____ in 1988. (hold)
(2) 아름다운 미술관이 건축가에 의해 지어졌다.
　　→ A beautiful art gallery _____ _____
　　　_____ an architect. (build)
(3) 나는 꽃 사진을 찍는 것에 관심이 있다.
　　→ I _____ _____ _____ taking pictures
　　　of flowers. (interest)

11 다음 문장을 각 지시대로 바꿔 쓰시오.

His family planted the trees yesterday.

(1) 수동태 문장으로 바꿔 쓰시오.
　　→ _____
(2) 수동태 부정문으로 바꿔 쓰시오.
　　→ _____
(3) 수동태 의문문으로 바꿔 쓰시오.
　　→ _____

12 다음 우리말과 같도록 [조건]에 맞게 영작하시오.

네가 그의 충고를 받아들이지 않는다면, 너는 실수를 할 것이다.

[조건]	1. 접속사 unless를 사용할 것
	2. 괄호 안의 말을 사용할 것

→ _____
(take his advice, make a mistake)

13 다음 (A)와 (B)에서 알맞은 말을 하나씩 골라 문장을 완성하시오.

(A)
- take the subway
- read English books
- stay up late

(B)
- get there very quickly
- feel tired tomorrow
- improve your English

(1) If you _____.
(2) If you _____.
(3) If you _____.

14 동사 paint를 활용하여 다음 대화의 빈칸에 알맞은 말을 쓰시오.

A: This painting is called *Sunflowers*.
B: (1) _____ by Picasso?
A: No, it wasn't. (2) _____
   by Vincent van Gogh.
B: Oh, I see.

15 다음 우리말과 같도록 괄호 안의 단어들을 사용하여 문장을 쓰시오.

(1) 돈을 낭비하지 않는다면, 너는 부자가 될 것이다.
   → _____
   (waste, rich)
(2) 이 소설은 Karen에 의해 쓰였다.
   → _____
   (write, by)

16 다음 동아리 홍보 문구를 보고, 동아리 구성원을 모집하는 말을 [조건]에 맞게 쓰시오.

Magic Club
Join our club and learn magic tricks!

[조건] 1. 조건을 나타내는 접속사 if를 사용할 것
       2. 주어진 정보를 활용할 것
       3. 주어와 동사를 포함한 완전한 문장으로 쓸 것

→ _____

17 다음 글을 읽고, 질문에 답하시오.

Do you have a favorite K-pop idol? Many students will answer, "Yes." These students often show great love for their stars. Some scream madly at concerts. Others wait hours to take pictures of their stars. Some students even travel to another city to see their favorite stars.

Q: How do fans show love for their stars? Find three things in the text and write them in Korean.

(1) _____
(2) _____
(3) _____

고
/난도
18 다음 글의 밑줄 친 문장이 의미하는 바와 같도록 주어진 문장을 완성하시오.

Are idols a recent creation? No way! Did idols begin with The Beatles in the 1960's? They were loved by many, but they were not the first. How about Elvis Presley in the 1950's? <u>Not even close.</u> To find the answer, let's take a time machine to a concert hall in Vienna in 1845.

→ Elvis Presley was not the _____ _____.

19 다음 글의 내용을 바탕으로, Franz Liszt의 팬이 친구에게 보내는 편지글을 완성하시오.

The audience pays attention to his every little body movement. His long beautiful hair flies everywhere. It's like watching a piano and ballet performance at once. Time flies and the concert ends. People scream and throw flowers and pieces of clothing onto the stage. The concert hall goes wild!

Dear Luna,

I went to Franz Liszt's concert last week. It was so amazing. It was like watching (1) _____ _____ at once when he played the piano. When the concert ended, we (2) _____ onto the stage. The concert hall went wild!

[20-21] 다음 글을 읽고, 물음에 답하시오.

Who was this amazing star? His name was Franz Liszt and he was born in 1811 in Hungary. He first started playing the piano when he was seven. Liszt later became a great pianist, composer and teacher. But many people think of him as the first idol. 그의 음악을 들어 보는게 어떤가? If you like today's idols, you will love the original idol.

^고/_{난도}
20 윗글의 내용과 일치하도록 주어진 질문에 완전한 영어 문장으로 답하시오.

(1) Q: Where was Franz Liszt born?
   A: _____

(2) Q: When did Franz Liszt start playing the piano?
   A: _____

(3) Q: What did Franz Liszt later become?
   A: _____

21 윗글의 밑줄 친 우리말을 [조건]에 맞게 영작하시오.

[조건] 1. why, give, a listen을 사용할 것
        2. 주어와 동사를 포함한 완전한 문장으로 쓸 것

→ _____

22 다음 글의 밑줄 친 ⓐ~ⓔ 중 어법상 틀린 것을 찾아 기호를 쓰고 바르게 고쳐 쓴 후, 틀린 이유를 우리말로 쓰시오.

Dear Sandra,

Hello, my name is Jina and I'm ⓐa big fan of yours. I watched all of your movies and I love "Into the Sky" best. ⓑI think that your acting is so real. How do you ⓒprepare for your roles? If I meet you ⓓin person, I will ask you many more questions. I hope ⓔseeing you soon.

Love,
Jina

(1) 틀린 부분: (_____) _____ → _____
(2) 틀린 이유: _____

^고/_{난도}
23 다음 각 문장을 [조건]에 맞게 완성하시오.

[조건] • 문맥상 어울리는 내용으로 자유롭게 쓸 것
        • 대소문자와 문장 부호를 정확히 쓸 것

(1) If _____, I'll ride my bike in the park.

(2) If _____, I'll make the breakfast for my family.

(3) Unless I'm busy this evening, _____.

01 다음 중 짝 지어진 두 단어의 관계가 나머지와 다른 것은? [3점]

① invent – invention   ② create – creation

③ breathe – breath   ④ move – movement

⑤ like – unlike

02 다음 영어 뜻풀이에 해당하는 단어는? [3점]

> to have the front part toward

① face   ② fold   ③ cheer

④ miss   ⑤ scream

03 다음 중 밑줄 친 부분의 우리말 뜻으로 알맞지 않은 것은? [4점]

① I met a famous movie star in person. (직접)

② Is there anything I can do to prepare for it?
（～을 준비하다）

③ He read the letter from memory. (외워서)

④ You can communicate with many people at once.
（갑자기）

⑤ I can't pay attention to anything in noisy places.
（～에 주의를 집중하다）

04 다음 문장의 빈칸에 공통으로 들어갈 말로 알맞은 것은? [4점]

> • This afternoon, we _____ a taxi to get to the concert on time.
> • She _____ the speech class to get a good result on English speaking contest.

① took   ② made   ③ got

④ did   ⑤ missed

05 다음 대화의 빈칸에 들어갈 말로 알맞은 것은? [4점]

> A: _____
> B: I like dogs best.

① Do you like animals?

② Why do you have cats?

③ Why do you like animals?

④ Which animal do you like best?

⑤ Which do you prefer, dogs or cats?

06 자연스러운 대화가 되도록 (A)～(D)를 순서대로 배열한 것은? [4점]

> (A) I want to visit Canada.
> (B) Which country do you want to visit for your dream vacation?
> (C) Why do you want to visit Canada?
> (D) Because I want to see Niagara Falls.

① (A) – (C) – (B) – (D)   ② (A) – (D) – (B) – (C)

③ (B) – (A) – (C) – (D)   ④ (B) – (D) – (C) – (A)

⑤ (C) – (D) – (A) – (B)

[07-08] 다음 대화를 읽고, 물음에 답하시오.

> A: Tom, why do you have so many paper flowers?
> B: ⓐThey're for my mom's birthday.
> A: ⓑThey're so beautiful. Where did you get ⓒthem?
> B: I made ⓓthem.
> A: Wow, you're really good.
> B: Thanks. I'm taking a paper folding class these days.
> A: ⓔThey are going to be the perfect gift for your mom.
> B: (A) I hope that they are going to be the perfect gift for my mom, too.

서술형 1

07 위 대화의 ⓐ~ⓔ가 공통으로 가리키는 것을 대화에서 찾아 두 단어로 쓰시오. [3점]

→ _____

서술형 2

08 위 대화의 밑줄 친 (A)와 바꿔 쓸 수 있는 말을 [조건]에 맞게 영작하시오. [4점]

> [조건] 1. I hope ~. 표현을 사용할 것
>   2. 4단어로 쓸 것

→ _____

[09-11] 다음 대화를 읽고, 물음에 답하시오.

> Mina: Good afternoon, friends. I'm Mina with the school radio show. Today Mr. Smith, our English teacher, is here with us. Hi, Mr. Smith.
> Mr. Smith: Hello, everyone. I'm happy ⓐto be here with you.
> Mina: Let's talk about music. Mr. Smith, what's your favorite band?
> Mr. Smith: Definitely The Beatles.
> Mina: Oh, I like them, too. Which song do you like best?
> Mr. Smith: I like most of their songs, ____ⓑ____ I like *Hey Jude* best.
> Mina: Why do you like it?
> Mr. Smith: ____ⓒ____ the song makes me feel better when I'm down.
> Mina: That's great! Let's listen to the song.

09 위 대화의 밑줄 친 ⓐ와 쓰임이 같은 것은? [4점]

① I hope to visit New York someday.
② I tried my best to win the race.
③ My dream is to be a great scientist.
④ I'm glad to hear you are safe.
⑤ Do you have something to tell me?

10 위 대화의 빈칸 ⓑ와 ⓒ에 들어갈 말이 순서대로 짝 지어진 것은? [4점]

① and – When   ② and – Because
③ but – If   ④ but – Because
⑤ or – When

서술형 3

11 What are Mina and Mr. Smith going to do right after the dialogue? Answer in English. [4점]

→ _____

12 다음 문장에서 not이 들어갈 알맞은 곳은? [4점]

> Your packages (①) were (②) sent (③) by (④) your friends (⑤) yesterday.

13 다음 중 어법상 틀린 것은? [4점]

① If the weather will be fine, I will go hiking.
② *Hamlet* was written by William Shakespeare.
③ If you don't hurry, you won't arrive at the theater on time.
④ We were surprised at the result of the game.
⑤ Unless you walk more quickly, you will miss the train.

서술형**4**

14 다음 빈칸에 알맞은 말을 [조건]에 맞게 쓰시오. [4점]

> [조건]　1. if나 unless를 사용하여 문장을 시작할 것
> 　　　　2. study hard를 사용할 것

_____, you
won't pass the exam.

---

15 다음 우리말을 영어로 옮길 때, 네 번째로 오는 단어는? [4점]

> 이 피아노는 그에 의해 연주되었다.

① him　　　　② piano　　　　③ by
④ was　　　　⑤ played

16 다음 밑줄 친 부분을 어법상 바르게 고쳐 쓴 것 중 틀린 것은? [4점]

① If you will see Max, give him this cap.
　　　　(→ see)
② The students were sung at the festival.
　　　　(→ sang)
③ The TV show is watch around the world.
　　　　(→ is watched)
④ The last cookie in the box was eat by John.
　　　　(→ was ate)
⑤ Unless it doesn't rain tomorrow, we'll go fishing.
　　　　(→ rains)

[17-20] 다음 글을 읽고, 물음에 답하시오.

> Do you have a favorite K-pop idol? Many students will answer, "Yes." These students often show great love ___(A)___ their stars. Some scream madly at concerts. _____ⓐ_____ Some students even travel to another city to see their favorite stars.
>
> Are idols a recent creation? No way! Did idols begin with The Beatles in the 1960's? ⓑ그들은 많은 사람들에게 사랑받았지만, 최초는 아니었다. How about Elvis Presley in the 1950's? ⓒNot even close. To find the answer, let's take a time machine to a concert hall ___(B)___ Vienna in 1845.

17 윗글의 밑줄 친 (A)와 (B)에 들어갈 말이 순서대로 짝 지어진 것은? [4점]

① for – in　　② for – of　　③ of – in
④ of – with　　⑤ in – for

서술형**5**

18 윗글의 빈칸 ⓐ에 알맞은 말이 되도록 괄호 안의 단어들을 바르게 배열하여 문장을 쓰시오. [4점]

→ _____

(wait, hours, others, pictures, to, their stars, take, of)

서술형**6**

19 윗글의 밑줄 친 우리말 ⓑ와 같도록 빈칸에 알맞은 말을 써 넣어 문장을 완성하시오. [4점]

→ _____ many, but they were not the first.

20 윗글의 밑줄 친 ⓒ의 의미로 알맞은 것은? [4점]

① 아이돌은 최근의 창조물이 아니다.
② Elvis Presley는 최초의 아이돌이 아니었다.
③ 최초의 아이돌은 누군지 알 수 없다.
④ Elvis Presley는 1950년대의 인물이 아니었다.
⑤ 아이돌은 The Beatles가 아닌 Elvis Presley부터 시작된다.

[21-22] 다음 글을 읽고, 물음에 답하시오.

All the seats are filled. Unlike other concerts, the side of the piano ⓐfaces the audience. This way, the audience can see the handsome 185cm pianist better. He doesn't have any sheet music with him. He begins to play ___(A)___.

He starts slowly by softly touching the keys. All the people ⓑhold their breath because they don't want to ⓒmiss a single note. He ⓓbuilds up speed, and his long fingers ⓔpress down on many keys ___(B)___. This makes the music very powerful and rich.

21 윗글의 밑줄 친 ⓐ~ⓔ의 우리말 뜻으로 알맞지 <u>않은</u> 것은? [4점]

① ⓐ: 청중을 마주 향해 있다 ② ⓑ: 심호흡을 하다
③ ⓒ: 한 음을 놓치다 ④ ⓓ: 속도를 올리다
⑤ ⓔ: 누르다

서술형**7**

22 윗글의 빈칸 (A)와 (B)에 알맞은 표현을 다음 영어 뜻풀이를 참고하여 쓰시오. (각각 2단어) [각 2점]

(A) _____: without reading or looking at notes

(B) _____: all at one time, at the same time

[23-24] 다음 글을 읽고, 물음에 답하시오.

Vienna Daily

August 11, 1845

The Star of Our Time

Yesterday Franz Liszt performed his piano concert very ⓐsuccess in Vienna. (①) The side of the piano faced the audience. (②) They could see Liszt better this way. (③) He didn't have any sheet music and played from memory. (④) His music was so ⓑpower and rich. (⑤) When the concert ended, the concert hall went wild.

23 윗글의 ①~⑤ 중 주어진 문장이 들어갈 알맞은 곳은? [4점]

This concert was different from others.

①   ②   ③   ④   ⑤

서술형**8**

24 윗글의 밑줄 친 ⓐsuccess와 ⓑpower를 알맞은 형태로 바꿔 쓰시오. [각 3점]

ⓐ _____   ⓑ _____

서술형**9**

25 다음 표를 보고, 빈칸에 알맞은 말을 써넣어 글을 완성하시오. [5점]

이름	Franz Liszt
출생 연도	1811년
출생 국가	Hungary
직업	pianist, composer, teacher

Who was this amazing star? His name was _____ _____ and he was born _____ 1811 _____ _____. He first started playing the piano when he was seven. Liszt later became a great _____, _____ and _____. But many people think of him as the first idol. Why don't you give his music a listen? If you like today's idols, you will love the original idol.

01 다음 중 나머지 넷과 성격이 <u>다른</u> 하나는? [3점]

① pianist   ② composer   ③ better
④ teacher   ⑤ singer

02 다음 중 밑줄 친 단어가 같은 의미로 쓰인 것은? [4점]

① Look at your <u>face</u> in the mirror.
    The hotel <u>faces</u> a beautiful view.
② I always <u>miss</u> my hometown.
    Hurry up, or you'll <u>miss</u> the school bus.
③ The movie star was surrounded by <u>fans</u>.
    Many <u>fans</u> came to the concert to see him.
④ My friend gave me a birthday <u>gift</u>.
    She has a <u>gift</u> for telling stories.
⑤ He left a <u>note</u> for Amy on the table.
    She played a few <u>notes</u> on the piano.

서술형**1**

03 다음 그림에 알맞은 표현을 [보기]에서 골라 쓰시오. [각 1점]

[보기]	hold one's breath	press down
	play from memory	build up speed

(1)

_____

(2)

_____

(3)

_____

(4)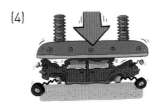

_____

04 다음 문장의 빈칸에 들어가지 <u>않는</u> 단어는? [3점]

> • First, _____ the paper in half.
> • The castle was returned to its _____ owner.
> • David had a major _____ in the school play.
> • We completed the work in a _____ day.

① original   ② fold   ③ single
④ unlike   ⑤ role

05 다음 대화의 밑줄 친 부분의 의도로 가장 알맞은 것은? [4점]

> A: <u>Which fruits do you like best?</u>
> B: I like pineapples. It has lots of vitamin C.

① to give advice
② to ask the preference
③ to describe personality
④ to explain the detailed information
⑤ to give a suggestion

[06-07] 다음 대화를 읽고, 물음에 답하시오.

> A: Jiho, what are you going to do this Saturday?
> B: I'm going to Blue Sky's fan meeting with my friends.
> A: Wow, _____(A)_____
> B: Really? Which member do you like best, Amy?
> A: I like Lucy best. She sings really well.
> B: I like the drummer, Mike, best. He's fantastic! Do you want to join us?
> A: Sure, I'd love to. _____(B)_____

서술형2

06 위 대화의 빈칸 (A)와 (B)에 알맞은 문장을 [조건]에 맞게 영어로 쓰시오. [각 2점]

> [조건]　1. 괄호 안의 단어들을 반드시 사용할 것
> 　　　　2. (A)는 8단어, (B)는 3단어로 쓸 것
> 　　　　3. 대소문자와 문장 부호를 정확히 쓸 것

(A) _____
　　　　　　　(also, big, fan, band)

(B) _____
　　　　　　　　　　(wait)

서술형3

07 What is Amy going to do this Saturday? Answer in English. [3점]

→ _____

08 다음 대화의 ①~⑤ 중 주어진 문장이 들어갈 알맞은 곳은? [4점]

> I have some old clothes, too.

> A: Why do you have all those old clothes? (①)
> B: I'm going to sell them at the flea market. (②)
> A: Really? (③)
> B: Then why don't you join me this Saturday? (④)
> A: Okay. (⑤)

서술형4

09 다음 우리말과 같도록 괄호 안의 단어들을 사용하여 대화를 완성하시오. [각 3점]

> A: (1) 너는 왜 학교 밴드에 가입하고 싶니?
> B: Because I want to play many kinds of music.
> A: (2) 너는 어떤 음악을 가장 좋아하니?
> B: I like rock music best.

(1) _____
　　　　　　　(join, the school band)

(2) _____
　　　　　　　　(which, best)

[10-11] 다음 대화를 읽고, 물음에 답하시오.

> Mina: Let's talk about music. Mr. Smith, what's your favorite band?
> Mr. Smith: Definitely The Beatles.
> Mina: Oh, I like them, too. Which song do you like best?
> Mr. Smith: I like most of their songs, but I like *Hey Jude* best.
> Mina: Why do you like it?
> Mr. Smith: Because the song makes me _____ better when I'm down.
> Mina: That's great! Let's listen to the song.

10 위 대화의 빈칸에 들어갈 동사의 형태로 알맞은 것은? [4점]

① feels　　　　　　② feel
③ feeling　　　　　④ to feel
⑤ felt

11 윗글의 내용과 일치하지 **않는** 것은? [3점]

① 미나와 Smith 선생님은 음악에 대해 이야기하고 있다.
② Smith 선생님은 The Beatles를 좋아한다.
③ 미나는 The Beatles를 좋아한다.
④ 미나는 The Beatles의 노래 중 "Hey Jude"를 가장 좋아한다.
⑤ "Hey Jude"는 Smith 선생님이 우울할 때 기분이 나아지게 해 준다.

12 다음 중 짝 지어진 대화가 **어색한** 것은? [4점]

① A: Where did you get the paper flowers?
　B: I made them.
② A: How's your movie club going?
　B: It's fun. I have watched lots of interesting movies.
③ A: Why do you like Andy?
　B: No. He likes listening to K-pop.
④ A: Which subject do you like best?
　B: I like math best.
⑤ A: Why do you want to visit Spain?
　B: Because I want to see the Alhambra.

13 다음 밑줄 친 부분의 쓰임이 나머지와 <u>다른</u> 것은? [4점]

① <u>If</u> it rains, we won't go to the beach.

② <u>If</u> you take a bath, you will feel better.

③ <u>If</u> you keep practicing, you will win the contest.

④ You will have many friends <u>if</u> you are honest.

⑤ I don't know <u>if</u> it will be sunny this Saturday.

14 다음 두 문장의 의미가 같도록 빈칸에 알맞은 것은? [4점]

> People in that nation speak four different languages.
> = Four different languages _____ in that nation.

① is speaking

② was speaking

③ is spoken

④ are spoken

⑤ has spoken

서술형 5

15 다음 중 어법상 틀린 문장을 두 개 찾아 기호를 쓰고, 바르게 고쳐 문장을 다시 쓰시오. [각 2점]

> ⓐ Her pet cat are loved Angela.
> ⓑ Unless you exercise, you cannot be in good shape.
> ⓒ My laptop was stolen in the library.
> ⓓ If you will keep a diary in English, you can improve your English.

(1) (   ) → _____

(2) (   ) → _____

서술형 6

16 다음 [보기]에서 알맞은 표현을 골라 접속사 if를 사용한 문장을 완성하시오. [각 2점]

> [보기]   work together   study harder
>   take this medicine

(1) _____, he will pass the exam.

(2) _____, you won't get better.

(3) _____, we can finish the work by noon.

서술형 7

17 다음 우리말과 같도록 [조건]에 맞게 문장을 쓰시오. [각 2점]

> [조건]   1. 수동태 문장으로 쓸 것
>   2. 괄호 안의 말을 이용할 것

(1) 그 소설은 나의 딸에 의해 쓰였다.

→ _____

(novel, write, daughter)

(2) 그 상자는 장난감 자동차들로 가득 차 있다.

→ _____

(box, fill, toy cars)

(3) Emma는 그에 의해 생일 파티에 초대되었다.

→ _____

(invite, the birthday party)

[18-19] 다음 글을 읽고, 물음에 답하시오.

> Do you have a favorite K-pop idol? ⓐ Many students will answer, "Yes." ⓑ These students often (A)show great love for ⓒ their stars. Some scream madly at concerts. Others wait hours to take pictures of ⓓ their stars. Some students even travel to another city to see ⓔ their favorite stars.

18 다음 글의 밑줄 친 ⓐ~ⓔ 중 가리키는 대상이 같은 것끼리 짝 지어진 것은? [3점]

① ⓐ, ⓑ   ② ⓐ, ⓑ, ⓒ   ③ ⓒ, ⓓ

④ ⓑ, ⓒ, ⓓ   ⑤ ⓑ, ⓒ, ⓓ, ⓔ

19 윗글의 밑줄 친 (A)의 예 중 윗글에 언급된 것은? [4점]

① writing letters

② buying the stars' albums

③ visiting the stars' hometown

④ joining the fan club

⑤ screaming at the stars' concerts

[20-21] 다음 글을 읽고, 물음에 답하시오.

Are idols a recent creation? No way! Did idols begin with The Beatles in the 1960's? They were loved by many, but they were not the first. How about Elvis Presley ___(A)___ the 1950's? Not even close. ⓐTo find the answer, let's take a time machine to a concert hall ___(B)___ Vienna ___(C)___ 1845.

20 윗글의 빈칸 (A), (B), (C)에 공통으로 들어갈 말로 알맞은 것은? [3점]

① on   ② to   ③ in
④ from   ⑤ with

21 윗글의 밑줄 친 ⓐTo find와 쓰임이 같은 것은? [4점]

① I decided to be a musician in the future.
② I'm so surprised to hear the bad news.
③ It's not easy to learn a foreign language.
④ I went to the theater to watch a movie.
⑤ Do you have a lot of work to do today?

[22-23] 다음 글을 읽고, 물음에 답하시오.

All the seats filled. Unlike other concerts, the side of the piano faces the audience. This way, the audience can see the handsome 185cm pianist better. He doesn't have any sheet music with him. He begins to play from memory.

He starts slowly by softly touching the keys. All the people hold their breath because they don't want to miss a single note. He builds up speed, and his long fingers press down on many keys at once. This makes the music very powerfully and richly.

서술형**8**

22 윗글의 밑줄 친 문장을 어법상 바르게 고쳐 다시 쓰시오. [4점]

→ _____

23 윗글의 읽고 추론할 수 있는 것은? [4점]

① Liszt는 청중들에게 자신이 연주하는 모습을 보여 주는 것이 부끄러워 피아노의 방향을 바꿨다.
② 연주회에서 피아노 옆면이 청중을 향하도록 배치하는 것은 일반적인 경우가 아니었다.
③ Liszt는 즉흥 연주를 하는 것을 좋아했다.
④ 연주회 표를 구하지 못한 사람은 서서 음악을 감상했다.
⑤ 청중들은 연주에 집중하기 위해 눈을 감고 음악을 감상했다.

[24-25] 다음 글을 읽고, 물음에 답하시오.

Who was this amazing star? His name was Franz Liszt and he was born in 1811 in Hungary. He first started playing the piano ___ⓐ___ he was seven. Liszt later became a great pianist, composer and teacher. But many people think of him ___ⓑ___ the first idol. Why don't you give his music a listen? If you like today's idols, you will love the original idol.

24 윗글을 통해 Franz Liszt에 대해 알 수 없는 것은? [4점]

① 출생 국가   ② 출생 연도
③ 직업   ④ 가족 관계
⑤ 피아노를 치기 시작한 나이

25 윗글의 빈칸 ⓐ와 ⓑ에 들어갈 말이 순서대로 짝 지어진 것은? [4점]

① when – to   ② when – as
③ when – from   ④ because – as
⑤ because – in

01 다음 영어 뜻풀이의 빈칸에 들어갈 말로 알맞은 것은? [3점]

> breath: the air that you take into your _____ and send out again

① heart   ② lungs   ③ blood
④ bone   ⑤ stomach

02 다음 빈칸에 공통으로 들어갈 말로 알맞은 것은? [3점]

> • When was the first World Cup _____?
> • I _____ my breath underwater for 30 seconds.

① took   ② got   ③ made
④ held   ⑤ built

03 다음 중 밑줄 친 부분의 의미가 같은 것끼리 짝 지어진 것은? [4점]

> ⓐ Sally blew a few notes on the trumpet.
> ⓑ There's a note from dad on the kitchen table.
> ⓒ He left a note to say he would be home late.
> ⓓ Can you play the guitar and sing the high notes?
> ⓔ I was going to write Mr. Taylor a note, but I decided to call him instead.

① ⓐ, ⓑ   ② ⓐ, ⓑ, ⓓ
③ ⓑ, ⓒ, ⓔ   ④ ⓑ, ⓓ, ⓔ
⑤ ⓒ, ⓓ, ⓔ

04 다음 대화의 빈칸에 알맞은 말이 순서대로 짝 지어진 것은? [3점]

> A: Hi, Sumin. _____ is the book club going?
> B: It's fun. I read lots of interesting books.
> A: _____ book do you like best?
> B: I like *Charlotte's Web* best.

① How – Why   ② How – Which
③ What – What   ④ What – Which
⑤ When – How

[05-06] 다음 대화를 읽고, 물음에 답하시오.

> A: Jiho, what are you going to do this Saturday?
> B: I'm going to Blue Sky's fan meeting with my friends.
> A: Wow, I'm also ①a big fan of the band.
> B: Really? ②Which member do you like best, Amy?
> A: I like Lucy best. She ③sings really well.
> B: I like the drummer, Mike, best. He's ④poor! Do you want to join us?
> A: Sure, I'd love to. I ⑤can't wait!

05 위 대화의 밑줄 친 ①~⑤ 중 흐름상 어색한 것은? [4점]

①   ②   ③   ④   ⑤

서술형1

06 위 대화의 내용과 일치하도록 빈칸에 알맞은 말을 쓰시오. [4점]

> Amy and Jiho are fans of the Band, Blue Sky. Among the members of the band, Amy likes _____ best and Jiho likes _____ best. They are going to _____ _____ _____ _____ this Saturday.

[07-09] 다음 대화를 읽고, 물음에 답하시오.

> A: Tom, why do you have so many paper flowers?
> B: They're for my mom's birthday.
> A: They're so beautiful. _____ (A)
> B: I made them.
> A: Wow, you're really good.
> B: Thanks. ⓐ나는 요즘 종이접기 수업을 듣고 있어.
> A: They are going to be the perfect ⓑgift for your mom.
> B: I hope so, too.

07 위 대화의 빈칸 (A)에 들어갈 말로 알맞은 것은? [3점]

① How did you make them?
② Why did you make them?
③ When did you make them?
④ Where did you get them?
⑤ For whom did you get them?

서술형2

08 위 대화의 밑줄 친 우리말 ⓐ와 같도록 [조건]에 맞게 문장을 완성하시오. [4점]

> [조건]   1. 진행 시제의 8단어로 된 문장을 쓸 것
>   2. 주어와 동사는 축약형으로 쓸 것(축약형은 1단어임)
>   3. 괄호 안의 말을 이용할 것

→ _____

(take, class, these days)

09 위 대화의 밑줄 친 ⓐgift와 바꿔 쓸 수 있는 것은? [3점]

① note   ② breath   ③ idol
④ creation   ⑤ present

서술형3

10 다음 대화의 괄호 안의 말을 바르게 배열하여 쓰시오. [각 3점]

> A: (1) (which, to, you, visit, for, country, your, do, want, dream vacation)?
> B: I want to visit Canada.
> A: (2) (you, want, to, why, do, Canada, visit)?
> B: Because I want to see Niagara Falls.

(1) _____
(2) _____

[11-12] 다음 대화를 읽고, 물음에 답하시오.

> Mina: Let's talk about music. Mr. Smith, what's your favorite band?
> Mr. Smith: Definitely The Beatles.
> Mina: Oh, I like them, too. Which song do you like best?
> Mr. Smith: I like most of their songs, but I like *Hey Jude* best.
> Mina: Why do you like it?
> Mr. Smith: Because the song makes me feel better when I'm down.
> Mina: That's great! Let's listen to the song.

서술형4

11 위 대화의 밑줄 친 them이 가리키는 것을 찾아 쓰시오. [3점]

→ _____

12 위 대화를 읽고 답할 수 없는 것은? [4점]

① What are Mina and Mr. Smith talking about?
② What is Mr. Smith's favorite band?
③ Why does Mr. Smith like the song *Hey Jude* best?
④ Which song does Mina like best among The Beatles' songs?
⑤ What are Mina and Mr. Smith going to do right after the dialogue?

13 다음 대화의 빈칸에 알맞은 말을 모두 고르면? [4점]

> A: Did you break the window?
> B: No, I didn't. _____

① I did it.

② Tony broke it.

③ It was broken by Tony.

④ It was broken by me.

⑤ I broke the window.

서술형 5

14 다음 그림을 보고, 각 물건을 주어로 하는 문장을 쓰시오.
[각 2점]

> [조건] 1. 그림 속 단어를 이용할 것
>   2. 각 문장은 7단어 이내로 쓸 것
>   3. 시제에 유의할 것

Today is Lucy's birthday. There are many gifts for Lucy on the table.

(1) _____

(2) _____

(3) _____

15 다음 우리말과 같도록 할 때 빈칸에 알맞은 것은? [4점]

> 웃는 법을 모르면 가게를 열지 마라.
> → Don't open a shop _____ you know how to smile.

① if   ② when   ③ as

④ unless   ⑤ because

서술형 6

16 다음 표를 보고, [조건]에 맞게 문장을 쓰시오. [각 3점]

> [조건] 1. if를 반드시 사용할 것
>   2. tomorrow와 표에 주어진 표현을 이용할 것

	내일의 날씨	우리의 계획
(1)	sunny	go on a picnic
(2)	rain	visit the museum

(1) _____

(2) _____

서술형 7

17 다음 문장에서 틀린 부분을 찾아 바르게 고쳐 쓰고, 그 이유를 우리말로 쓰시오. [4점]

> You will get hungry during class if you eat breakfast.

(1) 틀린 부분: _____ → _____

(2) 틀린 이유: _____

_____

18 다음 우리말과 같도록 [조건]에 맞게 문장을 쓸 때, 세 번째로 오는 단어는? [4점]

> [조건] • 접속사 unless로 문장을 시작할 것

> 그가 열심히 연습하지 않는다면, 우리 감독님이 화가 날 것이다.

① will   ② hard   ③ coach

④ our   ⑤ practices

19 다음 문장의 빈칸에 들어갈 말로 알맞은 것은? [4점]

> This family picture _____ three years ago.

① took   ② takes   ③ is taken

④ was taken   ⑤ was taking

20 다음 글의 밑줄 친 ①~⑤ 중 어법상 틀린 것은? [4점]

> Are idols a recent creation? No way! Did idols begin with The Beatles ①in the 1960's? They ②were loved to many, but they were not the first. How about Elvis Presley in the 1950's? ③Not even close. ④To find the answer, let's take a time machine to a concert hall ⑤in Vienna in 1845.

[21-22] 다음 글을 읽고, 물음에 답하시오.

> All the seats (A) fill/are filled/are filling. Unlike other concerts, the side of the piano faces the audience. This way, the audience can see the handsome 185cm pianist better. He doesn't have some sheet music with him. He begins to play from memory.
>
> He starts slowly by softly (B) touch/touching/to touch the keys. All the people hold their breath because they don't want to miss a single note. He builds up speed, and his long fingers press down on many keys at once. This makes the music very (C) power/powerful/powerfully and rich.

서술형8

21 윗글의 (A), (B), (C)에서 어법상 알맞은 말을 골라 쓰시오. [각 2점]

(A) _____   (B) _____   (C) _____

22 윗글의 내용과 일치하지 <u>않는</u> 것은? [3점]

① 모든 좌석이 꽉 차 있다.

② 피아노의 옆면이 청중을 향해 있다.

③ 피아니스트는 잘생기고 키가 크다.

④ 청중들은 숨죽이며 연주에 집중한다.

⑤ 피아니스트는 처음부터 힘 있게 연주한다.

23 다음 글의 밑줄 친 ①~⑤의 우리말 뜻으로 알맞지 <u>않은</u> 것은? [3점]

> The audience ①pays attention to his every little body movement. His long beautiful hair flies everywhere. It's ②like watching a piano and ballet performance ③at once. Time flies and the concert ends. People ④scream and throw flowers and pieces of clothing onto the stage. The concert hall ⑤goes wild!

① ~에 주의를 집중하다   ② ~을 좋아하다

③ 동시에   ④ 소리를 지르다

⑤ 열광의 도가니이다

[24-25] 다음 글을 읽고, 물음에 답하시오.

> Who was this amazing star? His name was Franz Liszt and he was born in 1811 in Hungary. He first started playing the piano when he was seven. Liszt later became a great pianist, composer and teacher. But many people think of him as the first idol. 그의 음악을 들어보는 게 어떤가? If you _____ today's idols, you will love the original idol.

서술형9

24 윗글의 밑줄 친 우리말과 같도록 괄호 안의 말을 바르게 배열하시오. [4점]

→ _____

(don't, give, why, his music, you, a listen)

25 윗글의 빈칸에 들어갈 동사의 형태로 알맞은 것은? [4점]

① like   ② liked   ③ liking

④ will like   ⑤ are liked

01 다음 단어의 영어 뜻풀이가 알맞지 <u>않은</u> 것은? [3점]

① unlike: different from something
② invent: to make, design, or think of a new thing
③ idol: a person who is loved and admired very much
④ original: happening or existing first or at the beginning
⑤ madly: having great strength or force

02 다음 빈칸에 들어갈 말이 순서대로 짝 지어진 것은? [3점]

- Melisa thinks of herself _____ a good writer.
- Pay attention _____ the warnings over there.

① as – to   ② for – to   ③ as – in
④ to – as   ⑤ for – in

03 다음 빈칸에 들어갈 수 있는 단어를 <u>모두</u> 고른 것은? [3점]

- This storybook is my own _____.
- You didn't _____ the main point of the story.
- Emily held her _____ and dived under the surface.

ⓐ breath   ⓑ creation   ⓒ breathe
ⓓ miss   ⓔ cheer   ⓕ composer

① ⓐ, ⓑ, ⓓ   ② ⓐ, ⓒ, ⓔ   ③ ⓑ, ⓒ, ⓓ
④ ⓑ, ⓓ, ⓕ   ⑤ ⓒ, ⓓ, ⓔ

04 다음 대화의 밑줄 친 부분의 의도로 알맞은 것은? [4점]

A: <u>Why do you want to visit the U.S.?</u>
B: Because I want to see the Grand Canyon.

① to ask for help
② to ask for advice
③ to ask for a reason
④ to ask for direction
⑤ to ask about an experience

[05-06] 다음 대화를 읽고, 물음에 답하시오.

A: Jiho, what are you going to do this Saturday?
B: I'm going to Blue Sky's fan meeting with my friends.
A: Wow, I'm also a big fan of the band.
B: Really? Which member do you like best, Amy?
A: I like Lucy best. She sings really well.
B: I like the drummer, Mike, best. He's fantastic! Do you want to join us?
A: _____ I can't wait!

05 위 대화의 빈칸에 들어갈 말로 알맞지 <u>않은</u> 것을 <u>모두</u> 고르면? [4점]

① Yes, I do.   ② No, I don't.
③ Sorry, I can't.   ④ Of course, I do.
⑤ Sure, I'd love to.

06 위 대화의 내용과 일치하지 <u>않는</u> 것은? [3점]

① Amy는 Blue Sky의 팬이다.
② 이번 주 토요일에 Blue Sky 팬 모임이 있다.
③ Amy가 좋아하는 멤버는 Lucy이다.
④ 지호는 드럼 연주자 Mike를 가장 좋아한다.
⑤ Amy는 지호에게 팬 모임에 함께 가자고 제안하였다.

[07-09] 다음 대화를 읽고, 물음에 답하시오.

Mina: Good afternoon, friends. I'm Mina with the school radio show. Today Mr. Smith, our English teacher, is here with us. Hi, Mr. Smith.

Mr. Smith: Hello, everyone. I'm happy to be here with you.

Mina: Let's talk about music. Mr. Smith, what's your favorite band?

Mr. Smith: Definitely The Beatles.

Mina: Oh, I like them, too. _____

Mr. Smith: I like most of their songs, but I like *Hey Jude* best.

Mina: Why do you like it?

Mr. Smith: 그 노래는 내가 우울할 때 기분이 나아지게 해 주기 때문이야.

Mina: That's great! Let's listen ____ⓑ____ the song.

07 위 대화의 Mina와 Mr. Smith의 관계로 알맞은 것은? [4점]

① singer – fan
② clerk – customer
③ host – guest
④ doctor – patient
⑤ writer – reader

08 위 대화의 빈칸에 들어갈 말로 알맞은 것은? [3점]

① Do you like *Hey Jude* best?
② When do you listen to the song?
③ Which member do you like best?
④ Which song do you like best?
⑤ Which song do you listen to when you are down?

서술형**1**

09 위 대화의 밑줄 친 우리말과 같도록 괄호 안의 말을 바르게 배열하시오. [4점]

→ _____

(because, makes, feel, the song, when, I'm, me, better, down)

서술형**2**

10 다음 글의 내용과 일치하도록 아래의 대화를 완성하시오. [각 2점]

Sumin is interviewing Brian for the survey. She starts by asking Brian which singer he likes best. Brian is a big fan of Jason Mraz. He thinks Jason Mraz sings very well. Brian likes *Lucky* best among his songs because the melody is beautiful.

A: Hi, Brian. Thank you for responding to the survey.

B: Don't mention it. I'm glad to help.

A: (1) _____

B: I like Jason Mraz best.

A: (2) _____

B: Because he sings very well.

A: (3) _____

B: I like *Lucky* best. The melody is beautiful.

서술형**3**

11 다음 문장에서 어법상 **틀린** 부분을 찾아 문장을 바르게 고쳐 쓰시오. [각 2점]

(1) If you will mix red and yellow, you will get orange.

_____

(2) Unless he is not busy this weekend, he will go to the movies.

_____

12 다음 중 어법상 옳은 문장끼리 짝 지어진 것은? [4점]

ⓐ The tree was hit by lightning.
ⓑ He didn't invited to the rock festival.
ⓒ French is spoken in many countries.
ⓓ This report was written Tom and Mary.
ⓔ The room was filled with smoke.

① ⓐ, ⓑ
② ⓐ, ⓒ, ⓔ
③ ⓑ, ⓒ, ⓓ
④ ⓑ, ⓓ, ⓔ
⑤ ⓒ, ⓓ, ⓔ

서술형 4

13 (A)와 (B)에서 알맞은 말을 하나씩 골라 [조건]에 맞게 문장을 쓰시오. [각 2점]

(A)
- go to India
- listen to the music
- hurry up

(B)
- feel better
- see the Taj Mahal
- miss the beginning of the movie

[조건]
1. if나 unless를 반드시 사용할 것
2. 문맥상 자연스러운 문장을 완성할 것
3. (A)와 (B)의 각 표현을 한 번씩만 이용할 것

(1) _____
(2) _____
(3) _____

서술형 5

14 다음 문장을 수동태 문장으로 바꿔 쓰시오. [각 2점]

(1) They didn't clean the classroom.
  → _____

(2) Did Picasso paint this picture?
  → _____

서술형 6

15 다음 괄호 안의 말을 활용하여 빈칸에 알맞은 말을 쓰시오. [각 2점]

(1) I am _____ collecting coins. (interest)

(2) The channel's schedules are _____ old films and dramas. (fill)

[16-17] 다음 글을 읽고, 물음에 답하시오.

Do you have a favorite K-pop idol? Many students will answer, "Yes." These students often show great love ___(A)___ their stars. Some scream madly at concerts. Others wait hours to take pictures ___(B)___ their stars. Some students even travel ___(C)___ another city to see their favorite stars.

16 윗글의 빈칸 (A)~(C)에 들어갈 말이 순서대로 짝 지어진 것은? [4점]

① at – of – with
② of – to – at
③ with – in – to
④ for – to – at
⑤ for – of – to

서술형 7

17 윗글의 내용과 일치하도록 다음 질문에 대한 답을 완전한 영어 문장으로 쓰시오. [5점]

How do fans show their great love for their stars? Give three examples.

_____
_____
_____

[18-20] 다음 글을 읽고, 물음에 답하시오.

The audience pays attention to his every little body movement. His long beautiful hair flies everywhere. It's (A)like watching a piano and ballet performance at once. Time flies and the concert ends. People scream and throw flowers and pieces of clothing onto the stage. (B)The concert hall goes wildly!

18 윗글의 밑줄 친 (A)와 쓰임이 같은 것의 개수는? [4점]

ⓐ He started running like the wind.
ⓑ I like to play board games.
ⓒ Jane looked like a princess.
ⓓ You can have as much as you like.
ⓔ Did you ever hear anything like that?

① 1개
② 2개
③ 3개
④ 4개
⑤ 5개

서술형 8

19 윗글의 밑줄 친 문장 (B)를 어법상 바르게 고쳐 다시 쓰시오. [4점]

→ _____

20 윗글을 바르게 이해하지 못한 사람은? [4점]

① 수민: 청중들은 Liszt의 몸짓 하나하나에 주의를 집중했어.

② 민호: 청중들은 Liszt의 연주에 푹 빠져 시간 가는 줄도 몰랐어.

③ 하나: Liszt는 피아노를 연주하는 동시에 발레도 공연했어.

④ 혜리: 사람들은 공연을 무척 좋아했어.

⑤ 재민: 콘서트홀은 열광의 도가니였어.

[21-22] 다음 글을 읽고, 물음에 답하시오.

Who was this amazing star? His name was Franz Liszt and he was born in 1811 in Hungary. He first started playing the piano when he was seven. Liszt later became a great pianist, composer and teacher. But many people think of him as the first idol. Why don't you give his music a listen? If you like today's idols, you will love the original idol.

서술형 9

21 윗글의 내용과 일치하도록 다음 질문에 대한 답을 완성하시오. [4점]

Q: What does the writer think of Franz Liszt?

A: The writer thinks that Franz Liszt was the _____ idol.

서술형 10

22 윗글을 읽고 답할 수 있는 질문의 기호를 쓰고 그 답을 영어로 쓰시오. [각 3점]

ⓐ What was Liszt's job?

ⓑ When was Liszt born?

ⓒ How did Liszt become the first idol?

ⓓ When did Liszt give up playing the piano?

(1) (   ) _____

(2) (   ) _____

[23-24] 다음 글을 읽고, 물음에 답하시오.

Vienna Daily

August 11, 1845

The Star of Our Time

Yesterday Franz Liszt performed his piano concert very successfully in Vienna. This concert was different from others. The side of the piano faced the audience. They could see Liszt better this way. He didn't have any sheet music and played from memory. His music was so powerful and rich. When the concert ended, the concert hall went wild.

서술형 11

23 다음 영어 뜻풀이에 해당하는 단어를 윗글에서 찾아 쓰시오. [3점]

to have the front part toward

→ _____

24 윗글의 내용과 일치하지 않는 것은? [3점]

① Franz Liszt는 연주회를 성공적으로 마쳤다.

② Franz Liszt의 연주회는 다른 연주회와 달랐다.

③ 피아노의 옆면이 청중을 향해 있었다.

④ Franz Liszt는 악보 없이 외워서 연주했다.

⑤ 연주회가 끝났을 때 청중들은 연주에 감동을 받아 아무 소리도 내지 못했다.

25 다음 글의 밑줄 친 ①~⑤ 중 어법상 틀린 것은? [4점]

Dear Sandra,

Hello, my name is Jina and I'm a big fan of yours. I ①watched all of your movies and I love "Into the Sky" ②best. I think that your acting is so real. How do you ③prepare for your roles? If I ④will meet you in person, I will ask you many more questions. I hope ⑤to see you soon.

Love,

Jina

①   ②   ③   ④   ⑤

● 틀린 문항을 표시해 보세요.

● 부족한 영역을 점검해 보고 어떻게 더 학습할지 학습 계획을 적어 보세요.

〈제1회〉 대표 기출로 내신 **적중** 모의고사　　총점 _____ / 100

문항	영역	문항	영역	문항	영역
01	p.160(W)	10	p.165(L&S)	19	pp.180-181(R)
02	p.160(W)	11	p.165(L&S)	20	pp.180-181(R)
03	p.158(W)	12	p.172(G)	21	pp.180-181(R)
04	p.158(W)	13	pp.172-173(G)	22	pp.180-181(R)
05	p.163(L&S)	14	p.173(G)	23	p.194(M)
06	p.165(L&S)	15	p.172(G)	24	p.194(M)
07	p.165(L&S)	16	pp.172-173(G)	25	pp.180-181(R)
08	p.165(L&S)	17	pp.180-181(R)		
09	p.165(L&S)	18	pp.180-181(R)		

오답 공략
부족한 영역
학습 계획

〈제2회〉 대표 기출로 내신 **적중** 모의고사　　총점 _____ / 100

문항	영역	문항	영역	문항	영역
01	p.158(W)	10	p.165(L&S)	19	pp.180-181(R)
02	p.160(W)	11	p.165(L&S)	20	pp.180-181(R)
03	p.158(W)	12	p.163(L&S)	21	pp.180-181(R)
04	p.158(W)	13	p.173(G)	22	pp.180-181(R)
05	p.163(L&S)	14	p.172(G)	23	pp.180-181(R)
06	p.164(L&S)	15	pp.172-173(G)	24	pp.180-181(R)
07	p.164(L&S)	16	p.173(G)	25	pp.180-181(R)
08	p.164(L&S)	17	p.172(G)		
09	p.163(L&S)	18	pp.180-181(R)		

오답 공략
부족한 영역
학습 계획

〈제3회〉 대표 기출로 내신 **적중** 모의고사　　총점 _____ / 100

문항	영역	문항	영역	문항	영역
01	p.160(W)	10	p.165(L&S)	19	p.172(G)
02	p.158(W)	11	p.165(L&S)	20	p.180(R)
03	p.160(W)	12	p.165(L&S)	21	pp.180-181(R)
04	p.164(L&S)	13	p.172(G)	22	pp.180-181(R)
05	p.164(L&S)	14	p.172(G)	23	pp.180-181(R)
06	p.164(L&S)	15	p.173(G)	24	pp.180-181(R)
07	p.165(L&S)	16	p.173(G)	25	pp.180-181(R)
08	p.165(L&S)	17	p.173(G)		
09	p.165(L&S)	18	p.173(G)		

오답 공략
부족한 영역
학습 계획

〈제4회〉 고난도로 내신 **적중** 모의고사　　총점 _____ / 100

문항	영역	문항	영역	문항	영역
01	p.160(W)	10	p.163(L&S)	19	pp.180-181(R)
02	p.158(W)	11	p.173(G)	20	pp.180-181(R)
03	p.158(W)	12	p.172(G)	21	pp.180-181(R)
04	p.163(L&S)	13	p.173(G)	22	pp.180-181(R)
05	p.164(L&S)	14	p.172(G)	23	p.194(M)
06	p.164(L&S)	15	p.172(G)	24	p.194(M)
07	p.165(L&S)	16	pp.180-181(R)	25	p.194(M)
08	p.165(L&S)	17	pp.180-181(R)		
09	p.165(L&S)	18	pp.180-181(R)		

오답 공략
부족한 영역
학습 계획

동아출판 영어 교재 가이드

영역	브랜드	초1~2	초3~4	초5~6	중1	중2	중3	고1	고2	고3
문법	[초·중등] 개념서 그래머 클리어 스타터 중학 영문법 클리어									
	[중등] 문법 문제서 그래머 클라우드 3000제									
	[중등] 실전 문제서 빠르게 통하는 영문법 핵심 1200제									
	[중등] 서술형 영문법 서술형에 더 강해지는 중학 영문법									
	[고등] 시험 영문법 시험에 더 강해지는 고등 영문법									
	[고등] 개념서 Supreme 고등 영문법									
어법	[고등] 기본서 Supreme 수능 어법 기본 실전									
쓰기	[중등] 영작 집중 훈련서 중학 문법+쓰기 클리어									

특급기출

이병민

중간고사

중학 영어 **2-1**

정답 및 해설

동아출판

Lesson 1
Can We Talk?

STEP A

C 1 information 2 president 3 conversation
 4 direction 5 chance
D 1 pay attention to 2 have trouble starting
 3 look, in the eye 4 put, first 5 have in common

W Words 연습 문제 p.9

A 01 연습하다
02 도움이 되는, 유용한
03 관심사, 흥미
04 떠나다
05 관리하다
06 긴장한
07 주의
08 글자, 문자
09 의견
10 잘 못하는, 형편없는
11 유용한
12 올리다, 게시하다
13 회장
14 존중하다
15 나누다, 공유하다
16 대답하다
17 때때로, 가끔
18 화제, 주제
19 곤란, 어려움
20 적극적인, 능동적인

B 21 gladly
22 foreigner
23 feedback
24 mad
25 direction
26 terrible
27 wet
28 chance
29 nod
30 conversation
31 probably
32 excited
33 join
34 tip
35 bulletin board
36 improve
37 capital
38 healthily
39 language
40 waste

C 01 ~을 공통적으로 지니다 02 ~을 우선시하다
03 ~의 눈을 똑바로 쳐다보다 04 제시간에, 정시에
05 ~은 당연하다 06 ~하는 데 어려움을 겪다
07 가끔 08 ~에 주의를 기울이다

W Words Plus 연습 문제 p.11

A 1 manage, 관리하다 2 improve, 향상시키다
3 foreigner, 외국인 4 feedback, 반응, 피드백
5 nervous, 긴장한 6 post, 올리다, 게시하다
7 nod, 끄덕이다 8 poor, 잘 못하는, 형편없는
B 1 trouble 2 helpful 3 active 4 waste
5 healthily

W Words 실전 TEST p.12

01 ③ 02 (r)espond 03 ② 04 has trouble 05 ② 06 from time to time 07 ③

01 ③ tip과 advice는 '조언'이라는 의미로 유의어 관계이고, 나머지는 모두 반의어 관계이다.
|해석| ① 마른 – 젖은 ② 절약하다 – 낭비하다 ④ 유용한 – 쓸모없는
⑤ 능동적인 – 수동적인

02 '대답하다'라는 의미의 단어는 respond이다.

03 첫 번째 문장은 '(옷을) 입다'라는 의미의 put on이 쓰여야 하고, 두 번째 문장은 '우선시하다'라는 의미의 put ~ first가 쓰여야 하므로, 빈칸에는 공통으로 put이 알맞다.
|해석| • 매우 추워. 너는 코트를 입어야 해.
• 우리는 항상 안전을 우선시해야 해.

04 '~하는 데 어려움을 겪다'는 have trouble -ing를 써서 표현한다. 주어가 3인칭 단수이고 현재시제이므로 has를 쓰는 것에 유의한다.

05 ② space out은 '딴생각하다'라는 의미이다.
|해석| ① 나는 즉시 너에게 갚을 것이다.
② 나는 엄마가 나에게 이야기를 할 때 딴생각을 했다.
③ 너는 네 남동생과 화해해야 한다.
④ 너는 그녀의 말에 주의를 기울여야 한다.
⑤ 그는 일정표를 게시판에 붙였다.

06 sometimes는 '가끔'을 뜻하는 말로 from time to time과 바꿔 쓸 수 있다.
|해석| 가끔 나는 나의 부모님을 도와드린다.

07 주어진 문장과 ③의 poor는 '잘 못하는, 형편없는'이라는 의미로 쓰였다. ①, ⑤의 poor는 '가난한'의 의미로, ②, ④의 poor는 '(질적으로) 좋지 못한'의 의미로 쓰였다.
|해석| 나는 학교 다닐 때 수학이 아주 형편없었다.
① Tom은 어렸을 때 가난했다.
② 이 지역의 땅은 매우 척박하다.
③ Amy는 수영을 잘 못한다.
④ 아이들은 그렇게 질이 나쁜 음식으로 건강을 유지할 수 없다.
⑤ 그들은 가난한 사람들을 돕길 원했다.

LS Listen & Speak 만점 노트 pp.14~15

Q1 새 친구를 많이 사귀려면 어떻게 해야 할까?
Q2 마술 동아리
Q3 post an ad on the school bulletin board

Q4 자기 전에 따뜻한 우유를 마시라고 조언했다.

Q5 너희 선생님께 여쭤보는 게 어떠니?

Q6 Talk Smart

Q7 그 앱은 한 언어를 다른 언어로 바꿔 준다.

Q8 서점에 가기로 했다.

Q9 미나가 Kate의 새로운 머리 모양이 꼭 자기 개의 머리 모양처럼 귀엽다고 말해서

Q10 Kate에게 문자를 보낼 것이다.

Listen & Speak 빈칸 채우기 pp. 16~17

1 excited, What can, to, You can

2 did you join, What's wrong, What can I do to get, Why don't you post, right away

3 can, sleep better, before bed

4 what, mean, no idea, How about

5 On the way, Why didn't you, How about using, What kind of app, changes, to, I'll try it

6 want to, How about going

7 is mad at, What happened, like my dog's, No wonder, What can I do to make up with, How about sending

---

Listen & Speak 대화 순서 배열하기 pp. 18~19

1 ⓒ - ⓐ - ⓓ - ⓑ - ⓔ

2 ⓓ - ⓒ - ⓐ - ⓕ - ⓔ - ⓑ - ⓗ - ⓖ - ⓘ

3 ⓒ - ⓐ - ⓑ

4 ⓐ - ⓒ - ⓑ

5 ⓐ - ⓗ - ⓒ - ⓓ - ⓔ - ⓑ - ⓘ - ⓖ - ⓕ - ⓙ

6 ⓓ - ⓐ - ⓒ - ⓑ

7 ⓖ - ⓑ - ⓘ - ⓙ - ⓗ - ⓐ - ⓒ - ⓕ - ⓓ - ⓔ

Listen & Speak 실전 TEST pp. 20~21

01 ⑤ 02 ④ 03 ② 04 ④ 05 ④ 06 ③ 07 ③ 08 don't you send 09 ③

[서술형]

10 What can(should) I do to save the Earth?

11 (1) How about playing soccer

　(2) how about going to the movies

12 (1) What's wrong

　(2) That's terrible.

　(3) What can I do to get more members?

　(4) That's a good idea.

---

01 What can I do to ~?는 '~하려면 어떻게 해야 할까?'라는 의미로, 조언을 구하는 표현이다.

l해석l A: 건강하게 먹으려면 어떻게 해야 할까?

B: 야채를 많이 먹어 봐.

02 일요일에 무언가를 같이 하자는 제안에 동의했으므로 그에 대한 구체적인 활동을 제안하는 표현이 이어지는 것이 자연스럽다.

l해석l A: 일요일에 무언가를 같이 하자.

B: 좋아! 박물관에 가는 게 어때?

① 나는 다른 계획이 있어.

② 나는 당장 해야겠어.

③ 매일 조깅을 해 봐.

⑤ 우리가 시간을 더 잘 관리하려면 어떻게 해야 할까?

03 영어 책을 많이 읽으라고 조언해 주는 것으로 보아 빈칸에는 조언을 구하는 표현이 들어가는 것이 알맞다.

l해석l A: Jane, 영어 실력을 키우려면 어떻게 해야 할까?

B: 영어 책을 많이 읽어 봐.

①, ⑤ 영어 실력을 키우는 게 어때?

③ 재미있는 영어 책 좀 아니?

④ 더 많은 영어 책을 읽을 수 있는 가장 좋은 방법이 뭐니?

04 '전혀 모르겠다'는 뜻의 ④는 제안에 대한 답으로 어색하다. ①, ②, ③은 제안을 수락하는 표현이고, ⑤는 '미안, 나는 이미 먹었어.'라는 뜻으로 제안을 거절하는 표현이다.

05 (A)에는 이유를 묻는 Why가 알맞고, (B)에는 제안하는 표현이 되도록 How나 What이 알맞으며, (C)에는 kind of와 함께 쓰여 '어떤 종류의'라고 묻는 표현이 되도록 What이 알맞다.

06 민수가 아니라 외국인이 영어를 잘하지 못해서 직접 데려다주었다고 했다.

07 Kate가 Mina에게 화가 난 상황이므로 Brian이 '그녀가 너에게 감사하는 게 당연해.'라고 말하는 ③은 흐름상 어색하다.

08 「How about+동사원형-ing ~?」는 제안을 하는 표현으로 「Why don't you+동사원형 ~?」으로 바꿔 쓸 수 있다. 동사의 형태가 바뀌는 것에 유의한다.

09 Brian이 문자를 보내 보라고 하자 좋은 생각이라고 동의했으므로 미나는 Kate에게 문자를 보낼 것이다.

10 '~하려면 어떻게 해야 할까?'라는 뜻으로 상대방에게 조언을 구할 때 What can(should) I do to ~?라는 표현을 쓴다.

11 제안할 때 「How about+동사원형-ing ~?」를 쓸 수 있다.

l해석l A: 이번 주말에 무언가를 같이 하자.

B: 물론이지. 축구를 하는 게 어때?

A: 미안하지만 나는 축구를 좋아하지 않아.

B: 그러면 영화를 보러 가는 게 어때?

A: 그거 좋다!

12 무슨 일이 있는지 묻는 말에 고민을 말한 다음, 고민에 대한 조언을 구하고 이에 대해 조언을 제안하는 흐름의 대화가 되는 것이 자연스럽다.

G Grammar 핵심 노트 1　　　　　p. 22

QUICK CHECK

1 (1) to read　(2) cold to drink　(3) write with
2 (1) something to wear　(2) a chair to sit on
　(3) friends to play with

1 |해석| (1) 나는 읽을 책이 없다.
　(2) 그는 마실 차가운 무언가가 필요하다.
　(3) 나는 쓸 연필을 샀다.
2 |해석| (1) 나는 입을 무언가가 필요하다.
　(2) 그녀는 앉을 의자를 발견했다.
　(3) 그는 같이 놀 친구들이 많다.

G Grammar 핵심 노트 2　　　　　p. 23

QUICK CHECK

1 (1) and　(2) or　(3) and
2 (1) or　(2) and　(3) Take

1 |해석| (1) 버튼을 눌러라, 그러면 차가 출발할 것이다.
　(2) 서둘러라, 그렇지 않으면 너는 늦을 것이다.
　(3) 잠을 더 자라, 그러면 너는 기분이 나아질 것이다.
2 |해석| (1) 재킷을 입어라, 그러면(→ 그렇지 않으면) 너는 감기에 걸릴
　것이다.
　(2) 채소를 많이 먹어라, 그렇지 않으면(→ 그러면) 너는 건강해질 것이다.
　(3) 우산을 가져가라, 그렇지 않으면 너는 젖을 것이다.

G Grammar 연습 문제 1　　　　　p. 24

A **1** to drink　**2** to answer　**3** to visit　**4** to live
　5 to talk
B **1** It's time to study for the exam.
　2 I have some good news to tell you.
　3 He needs a pencil to write with.
　4 Do you have something exciting to read?
C **1** Please give me something cold to drink. /
　　Give me something cold to drink, please.
　2 She has many children to take care of.
　3 This hotel is a good place to stay.
D **1** My brother doesn't have any money to give me.
　2 He has something interesting to tell her.
　3 We bought a big house to live in.

A |해석| **1** 이 방에 마실 물이 없다.
　2 Jane은 질문에 대답한 첫 번째 학생이었다.
　3 한국에는 방문할 곳이 많다.

4 그들은 살 멋진 집이 있다.
　5 나는 이야기할 것이 많다.
B |해석| **1** 시험을 위해 공부할 시간이다.
　2 나는 네게 말해 줄 좋은 소식이 있어.
　3 그는 쓸 연필이 필요하다.
　4 너는 흥미로운 읽을 것이 있니?

G Grammar 연습 문제 2　　　　　p. 25

A **1** and　**2** or　**3** or　**4** or　**5** and
B **1** and　**2** and　**3** or　**4** and　**5** or
C **1** or　**2** Take　**3** Be careful　**4** 옳음　**5** Don't eat
D **1** Close the window, or you will catch a cold.
　2 Eat a lot of vegetables, and you will be healthy.
　3 Exercise regularly, or you'll gain weight.
　4 Drive carefully, or you will have an accident.
　5 Take my advice, and she will smile at you.

A |해석| **1** 운동을 좀 해라, 그러면 너는 기분이 나아질 것이다.
　2 휴식을 좀 취해라, 그렇지 않으면 너는 피곤할 것이다.
　3 물을 충분히 마셔라, 그렇지 않으면 너는 목마를 것이다.
　4 시끄럽게 하지 마라, 그렇지 않으면 아기가 깰 것이다.
　5 택시를 타라, 그러면 너는 제시간에 도착할 것이다.
B |해석| **1** 규칙적으로 운동해라, 그러면 너는 건강해질 것이다.
　2 영어 일기를 써라, 그러면 네 영어 실력이 향상될 것이다.
　3 사탕을 너무 많이 먹지 마라, 그렇지 않으면 너는 치통이 생길 것이다.
　4 다른 사람들에게 친절해라, 그러면 그들은 네게 친절할 것이다.
　5 더 크게 이야기해라, 그렇지 않으면 아무도 네 말을 듣지 못할 것이다.
C |해석| **1** 커피를 너무 많이 마시지 마라, 그러면(→ 그렇지 않으면) 너는
　　밤에 잠을 못 잘 것이다.
　2 이 약을 먹어라, 그러면 너는 곧 나아질 것이다.
　3 조심해라, 그렇지 않으면 너는 얼음 위에서 미끄러져 넘어질 것이다.
　4 극장에서 조용히 해라, 그렇지 않으면 너는 다른 사람들을 화나게 할
　　것이다.
　5 너무 빨리 먹지 마라, 그렇지 않으면 너는 배가 아플 것이다.
D |해석| **1** 만약 네가 창문을 닫지 않으면, 너는 감기에 걸릴 것이다.
　　= 창문을 닫아라, 그렇지 않으면 너는 감기에 걸릴 것이다.
　2 만약 네가 채소를 많이 먹으면, 너는 건강해질 것이다.
　　= 채소를 많이 먹어라, 그러면 너는 건강해질 것이다.
　3 만약 네가 규칙적으로 운동하지 않는다면, 너는 체중이 늘 것이다.
　　= 규칙적으로 운동해라, 그렇지 않으면 너는 체중이 늘 것이다.
　4 만약 네가 조심스럽게 운전하지 않는다면, 너는 사고를 낼 것이다.
　　= 조심스럽게 운전해라, 그렇지 않으면 너는 사고를 낼 것이다.
　5 만약 네가 내 조언을 받아들인다면, 그녀는 네게 미소 지을 것이다.
　　= 내 조언을 받아들여라, 그러면 그녀는 내게 미소 지을 것이다.

01 ③　02 ①　03 ④　04 ⑤　05 ④　06 ④　07 ②　08
and　09 or　10 ②　11 to make　12 ④　13 cold
something → something cold　14 to sit → to sit on　15 ①
16 ② take → don't take　17 ④　18 ⑤　19 ③　20 ③
21 ③, ⑤　22 ③
[서술형]
23 (1) to eat　(2) to wear　(3) to play with
24 (1) Go to bed early, and　(2) Take the subway, or
　　(3) Be quiet in the library, or
25 (1) Tom has English homework to finish today.
　　(2) She gave me a pencil to write with.
　　(3) I don't have anything to wear.
26 ⓓ or → and
　　ⓔ interesting something → something interesting
27 (1) Study hard, and you will pass the exam.
　　(2) Put on your coat, or you will catch a cold.
　　(2) Exercise every day, and you will be healthier.

01 앞에 있는 명사 something을 꾸며 주는 형용사적 용법의 to부정사
　가 들어가야 한다.
　|해석| 나는 지금 먹을 것을 원한다.
02 '지금 일어나라, 그렇지 않으면 너는 버스를 놓칠 것이다.'라는 의미가 자
　연스러우므로 '그렇지 않으면'의 의미를 나타내는 or가 들어가야 한다.
03 -thing으로 끝나는 대명사를 to부정사와 형용사(delicious)가 함께
　수식하는 경우 「-thing+형용사+to부정사」의 순서로 써야 한다.
　|해석| 그는 나에게 맛있는 먹을 것을 주었다.
04 ⑤는 '그러면'의 의미를 나타내는 and가 들어가고 나머지에는 모두 '그
　렇지 않으면'의 의미를 나타내는 or가 들어가는 것이 의미상 알맞다.
　|해석| ① 조심해라, 그렇지 않으면 너는 다칠 것이다.
　　② 서둘러라, 그렇지 않으면 너는 학교에 늦을 것이다.
　　③ 조심해라, 그렇지 않으면 너는 창문을 깰 것이다.
　　④ 불을 켜라, 그렇지 않으면 너는 아무것도 볼 수 없다.
　　⑤ 이 색을 사용해라, 그러면 그림이 더 좋아 보일 것이다.
05 ④는 목적을 나타내는 부사적 용법으로 쓰였고, 나머지는 모두 앞에 있
　는 명사를 수식하는 형용사적 용법으로 쓰였다.
　|해석| ① 나는 읽을 책이 없다.
　　② 읽을 책을 좀 사자.
　　③ 그는 나에게 읽을 무언가를 주었다.
　　④ 그들은 책을 읽기 위해서 도서관에 갔다.
　　⑤ 이 도서관에는 읽을 잡지가 많다.
06 to부정사는 꾸며 주는 말을 뒤에서 수식하므로, '말할 사람'은 someone
　to talk로 쓸 수 있다. 이때 '(누군가)에게 말하다'는 talk to someone
　으로 쓰므로 to부정사(to talk) 뒤에 전치사 to를 붙여서 someone
　to talk to로 써야 정확하다.
07 be동사의 명령문은 주어 없이 Be로 시작하고, '그러면'의 의미를 나타

내는 and를 써서 문장을 연결한다.
08 의미상 '그러면'의 의미를 나타내는 and가 알맞다.
　|해석| 만약 네가 지하철을 타면, 너는 제시간에 도착할 것이다.
　　= 지하철을 타라, 그러면 너는 제시간에 도착할 것이다.
09 의미상 '그렇지 않으면'의 의미를 나타내는 or가 알맞다.
　|해석| 만약 네가 지금 출발하지 않으면, 너는 영화를 놓칠 것이다.
　　= 지금 출발해라, 그렇지 않으면 너는 영화를 놓칠 것이다.
10 첫 번째 문장은 '식물에 물을 주어라, 그렇지 않으면 식물들은 죽을 것이
　다.'라는 의미가 되도록 or가 들어가야 하고, 두 번째 문장은 '동아리
　에 가입해라, 그러면 너는 많은 친구를 만날 것이다.'라는 의미가 되도
　록 and가 들어가야 한다.
11 '만든 (첫 번째) 사람'의 의미가 되도록 the first person을 수식하는
　형용사적 용법의 to부정사 형태가 알맞다.
　|해석| Levi Strauss는 청바지를 만든 첫 번째 사람이다.
12 ④는 서두르지 않으면 너는 마지막 버스를 탈 수 있다는 의미이므로 나
　머지 문장과 의미가 다르다.
　|해석| ① 서둘러라, 그러면 너는 마지막 버스를 탈 수 있다.
　　② 서두르면, 너는 마지막 버스를 탈 수 있다.
　　③ 서둘러라, 그렇지 않으면 너는 마지막 버스를 탈 수 없다.
　　⑤ 서두르지 않으면, 너는 마지막 버스를 탈 수 없다.
13 -thing으로 끝나는 대명사(something)를 to부정사와 형용사(cold)
　가 함께 수식하는 경우 「-thing+형용사+to부정사」의 어순으로 쓴다.
　|해석| 나는 마실 차가운 무언가를 원한다.
14 '벤치에 앉다'를 sit on a bench로 쓰므로 to부정사가 bench를 뒤에
　서 수식할 때도 sit 다음에 전치사 on을 써야 한다.
　|해석| Jack은 공원에서 앉을 의자를 찾고 있었다.
15 ① eat with a spoon으로 쓰므로 to eat 다음에 with를 써야 한다.
　|해석| ① 나는 먹을 숟가락이 필요하다.
　　② 그녀는 이야기할 친구가 있다.
　　③ 그들은 놀 장소가 필요하다.
　　④ 나는 쓸 연필을 가져왔다.
　　⑤ 그는 같이 놀 많은 친구가 있다.
16 두 번째 문장이 '네 여동생을 잘 돌보지 않으면, 네 엄마가 화가 날 것이
　다'라는 뜻이 되어야 두 문장의 의미가 같아지므로, ② take를 don't
　take로 고쳐야 한다.
　|해석| 네 여동생을 잘 돌봐라, 그렇지 않으면 네 엄마가 화가 날 것이다.
17 주어진 문장과 ④는 to부정사의 형용사적 용법으로 쓰였고, ①, ②, ③,
　⑤는 to부정사의 부사적 용법으로 쓰였다.
　|해석| 우리는 이야기할 것이 있다.
　　① 나는 너와 여기에 있어서 아주 행복하다.
　　② Jim은 뉴스를 보기 위해 TV를 켰다.
　　③ 나는 버스 정류장에서 그녀를 봐서 놀랐다.
　　④ 그는 쓸 펜이 없었다.
　　⑤ 그녀는 영어를 배우기 위해 미국으로 갔다.
18 Exercise regularly, and you will be healthier.의 문장이 되므로
　여섯 번째 오는 단어는 be이다.
19 ⓐ와 ⓓ는 to부정사의 형용사적 용법으로 쓰였고, ⓑ, ⓒ는 부사적 용

법으로 쓰였다.

|해석| ⓐ 나는 낭비할 시간이 없다.

ⓑ 그들은 가방을 사기 위해 가게에 갔다.

ⓒ 그녀는 경주에서 이기기 위해 빨리 뛰었다.

ⓓ 그들은 들어가 살 새 집을 지었다.

20 unless는 '~하지 않으면'이라는 의미이므로 「명령문, or ~.」로 바꿔 쓸 수 있다.

|해석| 네가 다른 사람에게 정직하지 않으면, 아무도 너를 믿지 않을 것이다.

21 ⓐ의 to call은 '전화할'이라는 의미로 명사 time을 수식하는 형용사적 용법의 to부정사이다.

|해석| ⓐ 나는 네게 전화할 충분한 시간이 없었다.

ⓑ 버튼을 눌러라, 그러면 문이 열릴 것이다.

22 첫 번째 문장은 something cold to drink의 어순이 되어야 한다. 「-thing+형용사+to부정사」의 어순으로 쓰이는 것에 유의한다. 두 번째 문장의 or는 문맥상 and가 되어야 한다.

|해석| • 차가운 것 좀 마실래?

• 애완동물을 길러라, 그렇지 않으면(→ 그러면) 너는 외로움을 느끼지 않을 것이다.

• 수업 시간에 깨어 있어라, 그렇지 않으면 선생님이 화가 날 것이다.

• 파리에는 방문할 장소가 많다.

23 앞의 명사를 수식하는 형용사적 용법의 to부정사가 들어가야 한다.

24 (1) If 조건절이 쓰인 문장은 '…해라, 그러면 ~.'을 뜻하는 「명령문, and ~.」로 바꿔 쓸 수 있다.

(2), (3) If ~ not 조건절이나 Unless가 쓰인 문장은 '…해라, 그렇지 않으면 ~.'을 뜻하는 「명령문, or ~.」로 바꿔 쓸 수 있다.

|해석| (1) 일찍 잠자리에 든다면, 너는 기분이 더 나아질 것이다.

(2) 지하철을 타지 않는다면, 너는 늦을 것이다.

(3) 도서관에서 조용히 하지 않는다면, 다른 사람들이 네게 화를 낼 것이다.

25 (1), (3) 앞의 명사를 수식하는 형용사적 용법의 to부정사를 이용하여 문장을 완성한다.

(2) write with a pencil로 쓰므로 to부정사 뒤에 전치사 with를 써야 한다.

26 ⓓ '그러면'이라는 의미가 되어야 하므로 or를 and로 고쳐야 한다.

ⓔ 「-thing+형용사+to부정사」의 어순이 되어야 한다.

|해석| ⓐ 마을의 도서관은 공부하기에 가장 좋은 장소이다.

ⓑ 우산을 가져가라, 그렇지 않으면 너는 젖게 될 것이다.

ⓒ 제주도에는 방문할 장소가 많다.

ⓓ 직진해라, 그렇지 않으면(→ 그러면) 너는 역이 보일 것이다.

ⓔ 나는 재미있는 볼 무언가를 찾고 있다.

27 (1), (3) '…해라, 그러면 ~.'을 뜻하는 「명령문, and ~.」 형태의 문장을 쓴다.

(2) '…해라, 그렇지 않으면 ~.'을 뜻하는 「명령문, or ~.」 형태의 문장을 쓴다.

|해석| (A) • 공부해라.

• 코트를 입어라.

• 매일 운동해라.

(B) • 너는 더 건강해질 것이다.

• 너는 감기에 걸릴 것이다.

• 너는 시험에 통과할 것이다.

(R) Reading 빈칸 채우기　　　　　pp.32~33

01 here　**02** Are, nervous about　**03** have trouble starting　**04** keeping, going　**05** worry　**06** to become　**07** by asking　**08** love to talk　**09** give, the chance　**10** answer　**11** listener　**12** poor　**13** how can　**14** Look, in the eye　**15** Listen carefully　**16** look at, space out　**17** feedback　**18** active　**19** from time to time　**20** like　**21** something, interesting　**22** Giving feedback　**23** common interests　**24** have a conversation　**25** have in common　**26** both　**27** talk about　**28** Pay attention to　**29** be interested in　**30** wake up　**31** or, fall asleep　**32** a chance to talk　**33** Practice, and you will　**34** Put others first

---

(R) Reading 바른 어휘 · 어법 고르기　　pp.34~35

01 is　**02** about　**03** starting　**04** keeping　**05** Don't　**06** to become　**07** by　**08** themselves　**09** them　**10** When, gladly　**11** Be　**12** are　**13** be　**14** in　**15** carefully　**16** Don't　**17** Give　**18** active　**19** from　**20** can　**21** something like　**22** shows　**23** common　**24** have　**25** have　**26** both　**27** your　**28** listener　**29** in　**30** Why　**31** or　**32** to talk　**33** and　**34** talk

---

(R) Reading 틀린 문장 고치기　　　　pp.36~37

01 ○　**02** ×, talk → talking　**03** ×, to start → starting　**04** ×, go → going　**05** ○　**06** ×, five tips become → five tips to become　**07** ×, by ask → by asking　**08** ○　**09** ○　**10** ×, Why → When　**11** ○　**12** ×, listener → listeners　**13** ×, you can be → can you be　**14** ○　**15** ×, careful → carefully　**16** ×, look after → look at　**17** ×, Gave → Give　**18** ×, a → an　**19** ×, from time at time → from time to time　**20** ×, unlike → like　**21** ○　**22** ×, show → shows　**23** ×, interesting → interests　**24** ○　**25** ×, do in common → have in common　**26** ○　**27** ○　**28** ×, Pay attention → Pay attention to　**29** ×, may be not interested → may not be interested　**30** ×, Why isn't you → Why aren't you　**31** ×, and → or　**32** ×, for talking → to talk　**33** ×, or → and　**34** ○

® Reading 실전 TEST

01 ⑤ 02 ④ 03 ⑤ 04 nervous 05 ⑤ 06 themselves
07 So give them the chance. 08 ②, ③ 09 ① 10 ⑤
11 ② 12 ④ 13 feedback 14 ③ 15 ④ 16 ⑤ 17 ①
18 ③ 19 ⑤ 20 ④ 21 ④ 22 ④ 23 ⑤

[서술형]
24 They(Most people) love to talk about themselves.
25 Look people in the eye.
26 (1) Look people in the eye.
　 (2) Listen carefully to their words.
　 (3) Don't look at your cell phone.
　 (4) Don't space out.
27 (1) What do you and your partner have in common?
　 (2) Change the topic, or your partner will fall asleep.
28 Put others first, and everyone will want to talk with you.
29 (1) Pay attention to the listener.
　 (2) Give the other person a chance to talk.

01 ⑤ 주어 five tips가 복수이므로 복수 동사 are가 되어야 한다.
02 윗글의 밑줄 친 ⓐ와 ④는 to부정사의 형용사적 용법으로 쓰였고, ①, ②는 to부정사의 명사적 용법으로, ③, ⑤는 to부정사의 부사적 용법으로 쓰였다.
　|해석| ① 그녀는 파티에 가기를 원한다.
　② 소민이는 피아노 치는 것을 좋아한다.
　③ 나는 그 경기에서 이기기 위해 열심히 연습했다.
　④ 잠을 잘 시간이다.
　⑤ Tony는 가장 좋아하는 배우를 직접 만나게 되어 신났다.
03 마지막 문장 five tips to become a better talker(대화를 더 잘하는 사람이 되기 위한 다섯 가지 조건)에서 뒤에 이어질 내용을 알 수 있다.
04 nervous(긴장한)의 영어 뜻풀이이다.
05 사람들이 자신에 대해 이야기하는 것을 좋아하고 자신에 관한 질문을 하면 기쁘게 대답할 것이라고 했으므로, 흥미로운 질문을 하는 것으로 대화를 시작하라는 조언이 알맞다.
06 '그들 자신'이라는 의미의 재귀대명사 형태가 알맞다.
07 「give+간접목적어+직접목적어」 형태의 4형식 문장으로 쓴다.
08 상대방에 대한 질문으로 대화를 시작하라고 조언하고 있으므로 상대방에 대해 묻는 질문이 적절하다.
　|해석| ① 오늘 날씨 어때?
　② 너는 무엇을 하기를 좋아하니?
　③ 너는 지난 주말에 뭐 했니?
　④ 왜 우리 영어 선생님은 화가 났지?
　⑤ 내가 너에게 내가 가장 좋아하는 가수에 관해 이야기했니?
09 잘 듣는 사람이 되는 방법을 설명하고 있으므로 Be a good listener.(잘 듣는 사람이 돼라.)가 제목으로 알맞다.
10 ⑤ '많이 들음으로써 영어 실력을 향상시킬 수 있다.'는 잘 듣는 사람이 돼라는 글의 내용과 어울리지 않는다.

11 space out은 '딴생각하다'라는 의미이다.
12 ④ 상대방과 간격을 두고 대화하라는 내용은 주어진 글에 제시되어 있지 않다.
13 상대방의 말에 적절한 반응을 보이라는 글이므로 빈칸에는 feedback (반응)이 들어가는 것이 알맞다.
14 from time to time은 '때때로'라는 의미로 sometimes와 같은 의미이다.
15 '~과 같은'이라는 의미의 전치사 like가 들어가야 한다.
16 "흥미롭다. 더 이야기해 봐."와 같은 것을 말해도 좋다고 했으므로 ⑤는 글의 내용과 일치하지 않는다.
17 공통의 관심사로 대화하는 것이 중요함을 설명하는 글이다.
18 ⓐ는 '대화를 나누다'는 뜻의 have a conversation이, ⓑ는 '~을 공통적으로 지니다'는 뜻의 have in common이 되는 것이 알맞으므로, 공통으로 들어갈 말은 have이다.
19 공통의 관심사에 관한 대화를 나누는 것이 좋다고 하면서 두 사람 모두 스포츠를 좋아하는 경우를 예로 들었으므로, 좋아하는 야구팀에 관해 이야기하라고 하는 것이 자연스럽다.
　|해석| ① 오늘의 날씨
　② 유명한 사람들
　③ 너의 가장 친한 친구
　④ 너의 가장 좋아하는 가수
　⑤ 너의 가장 좋아하는 야구팀
20 공통의 관심사를 나누라는 조언에 알맞은 대화는 K팝이라는 공통의 관심사에 관해 대화를 나누는 ④이다.
　|해석| ① A: 내가 네게 내가 가장 좋아하는 선수에 관해 이야기했었니?
　　　 B: 미안하지만, 나는 흥미가 없어.
　② A: 방학 동안 너는 무엇을 했니?
　　　 B: 네 말이 들리지 않아. 더 크게 말해 줘.
　③ A: 나는 지난 여름 제주도를 여행했어.
　　　 B: 나는 집에 있는 걸 더 좋아해.
　④ A: 너는 K팝을 듣고 있구나. 나도 K팝을 좋아해.
　　　 B: 정말? 네가 가장 좋아하는 K팝 가수는 누구니?
　⑤ A: 나는 오늘 아침에 넘어졌어.
　　　 B: 오, 저런! 너 다쳤니?
21 듣는 사람에게 주의를 기울이라는 내용의 글이므로 Pay attention to 가 알맞다. 또한 화제를 바꾸라는 것이 한 방법으로 언급되었으므로, 글의 제목이 '듣는 이에게 흥미로운 질문을 하라'가 되는 것은 적절하지 않다.
22 '말할 기회'라는 뜻이 되는 것이 자연스러우므로 명사 a chance를 꾸며 주는 형용사적 용법의 to부정사가 되는 것이 알맞다.
23 둘 다 '그러면'의 의미를 나타내는 and가 들어가야 한다.
24 첫 단락의 앞 부분에서 답을 찾을 수 있다.
25 '사람들과 눈을 마주 봐라.'라는 뜻의 문장은 Look people in the eye.이다.
26 두 번째 단락의 마지막 세 문장에서 답을 찾을 수 있다. 할 일은 명령문의 형태로 쓰고, 하지 말아야 할 일은 부정명령문의 형태로 쓴다.
27 (1) '~을 공통적으로 지니다'는 뜻의 have ~ in common을 사용하

여 문장을 완성한다.

(2) '…해라, 그렇지 않으면 ~.'의 의미로, 「명령문, or ~.」구문을 사용하고, '잠들다'라는 뜻을 나타내는 fall asleep을 사용하여 문장을 완성한다.

28 '…해라, 그러면 ~.'의 의미로, 「명령문, and ~.」구문으로 쓴다.

29 (1) '~에 주의를 기울이다'는 pay attention to로 표현한다.

(2) '말할 기회'라는 의미가 되어야 하므로 앞의 명사 a chance를 수식하는 형용사적 용법의 to부정사가 되어야 한다.

 기타 지문 실전 TEST p. 45

01 ③ **02** ② **03** ③ **04** ③ **05** Post useful information, or you will waste others' time. **06** ③

01 잘 듣는 방법과 잘 말하는 방법 2가지를 모두 설명하고 있으므로 '대화를 더 잘하는 사람이 되는 법'을 물었음을 알 수 있다.

02 ⓑ, ⓓ는 등위접속사 and로 인해 명령문이 대등하게 연결된 문장이므로 각각 동사원형인 listen과 be가 되어야 한다.

03 ③은 위 대화에서 언급되지 않았다.

04 A는 상대방의 말에 반응을 보여 이야기를 이어갈 수 있도록 하고 있다.

05 If ~ not은 「명령문, or ~.」로 바꿔 쓸 수 있다.

06 소리치는 것처럼 보이지 않으려면 대문자(capital letters)로만 쓰지 말라고 하는 것이 알맞다.

|해석| ① 감정 ② 소문자 ③ 대문자 ④ 외국어 ⑤ 수화

 STEP B

Words 고득점 맞기 pp. 46~47

01 ① **02** ① **03** have **04** ①, ④ **05** ④ **06** ② **07** ① **08** ③ **09** ① **10** (A) in (B) On (C) from **11** ⑤ **12** ② **13** Pay attention to **14** in the eye

01 ①은 반의어 관계이고, 나머지는 모두 유의어 관계이다.

|해석| ① 적극적인 – 수동적인 ② 주제 ③ 대답하다 ④ 기쁘게 ⑤ 기회

02 ①은 '정시에'라는 의미이고, 나머지는 모두 '가끔'이라는 뜻이다.

03 have ~ in common: ~을 공통적으로 지니다

have trouble -ing: ~하는 데 어려움을 겪다

|해석| • 내 남동생과 나는 공통점이 전혀 없다.

• 나는 밤에 잠을 자는 데 어려움을 겪는다.

04 ① respect는 '존중하다'라는 의미이고, ④ waste는 '낭비하다'라는 의미이다.

|해석| ① 우리는 다른 사람의 의견을 존중해야 한다.

② 그녀는 매일 피아노를 연습한다.

③ 우리는 인터넷에서 많은 정보를 공유한다.

④ 너는 시간을 낭비하지 말아야 한다.

⑤ 그는 내 질문에 대답하지 않았다.

05 걱정스러워 보인다는 말에 말하기 대회 준비를 전혀 하지 못했다고 했으므로 빈칸에는 nervous(긴장한)가 들어가는 것이 자연스럽다.

|해석| A: 무슨 일 있니? 너 걱정스러워 보여.

B: 나는 말하기 대회가 너무 걱정돼. 나는 그것을 전혀 준비하지 못했어.

06 ② foreigner(외국인)는 '다른 나라에서 온 사람'을 가리키는 말이므로 someone who comes from a different country가 되어야 한다. '조직의 책임을 맡은 사람'은 president(회장)의 영어 뜻풀이이다.

07 nod는 '(고개를) 끄덕이다'라는 의미로, 머리를 위아래로 움직인다고 하는 것이 알맞다.

08 ③ space out은 '멍해 있다, 딴생각하다'라는 뜻으로, 생각을 하거나 피곤하거나 지루해서 뭔가에 집중하지 못하는 상태를 의미하므로 to pay를 not to pay로 바꿔야 한다.

① ~을 우선시하다 ② ~와 화해하다 ④ ~와 우연히 만나다

⑤ (옷 등을) 입다, 신다

|해석| ① 의사와 간호사는 환자를 우선시한다.

② Tom은 Alice와 화해하기를 원한다.

③ 나는 네가 말할 때 잠시 동안 딴생각을 했다.

④ 나는 공원에서 그녀와 우연히 만났다.

⑤ Dorothy는 코트를 입고 나갔다.

09 종이에 적어 누군가에게 보내는 메시지는 '편지'를 의미하고, 말에 사용되는 소리를 표현하는 데 사용하는 쓰여진 기호는 '글자'를 의미한다. '편지'와 '글자' 둘 다를 뜻하는 단어는 letter이다.

10 be interested in: ~에 관심이 있다

정답 및 해설 **7**

on the way: 도중에

from time to time: 때때로

|해석| • Tom은 영어에 관심이 있다.

　• 역으로 가는 도중에 나는 내 오랜 친구를 만났다.

　• 모두가 때때로 슬픔을 느낀다.

11 ⑤의 tip은 둘 다 '조언'이라는 뜻으로 쓰였다.

　① 가난한 / 잘 못하는　② 편지 / 글자　③ 글자 / 등장인물

　④ 서늘한 / 멋진

　|해석| ① 그는 매우 가난해서 코트를 살 수 없다.

　　그녀는 영어를 잘 못한다.

　② 그녀는 어머니께 편지를 썼다.

　　네 이름을 대문자로 써라.

　③ 이 한자를 읽을 수 있니?

　　나는 그 소설에서 중심 등장인물을 좋아한다.

　④ 아침에는 여전히 서늘하다.

　　세상에는 멋지고 흥미로운 직업들이 많다.

　⑤ 내가 네게 훌륭한 학생이 되기 위한 유용한 조언을 줄게.

　　만약 네가 돈을 절약하고 싶다면, 너는 이 조언을 따라야 한다.

12 ② be동사의 보어로 형용사인 glad를 써야 한다.

　|해석| ① 나의 가장 큰 관심사는 음악이다.

　② 나는 너를 만나 매우 기쁘다.

　③ 수업 중에 잠들지 마라.

　④ 나는 내 블로그에 사진들을 올릴 것이다.

　⑤ 나는 그녀에게 말을 걸 기회를 얻지 못했다.

13 pay attention to: ~에 주의를 기울이다

14 '~의 눈을 똑바로 쳐다보다'라는 말은 look ~ in the eye로 표현한다.

　|해석| 너는 아이들과 이야기할 때 그들의 눈을 똑바로 쳐다봐야 한다.

L·S　Listen & Speak 고득점 맞기　pp. 50~51

01 ⑤　02 ③, ⑤　03 ⑤　04 ⑤　05 ⑤　06 ⑤

[서술형]

07 What can I do to sleep better

08 How about taking a walk in the park?

09 I said her new hairstyle was cute just like my dog's.

10 No wonder

11 How about sending her a text?

12 It(The app) changes one language to another.

13 a foreigner, had to take him to the subway station, the *Talk Smart* app

01 스포츠 클럽에 가입하라고 조언을 하는 것으로 보아, 조언을 구하는 질문이 들어가는 것이 알맞다.

|해석| A: 친구를 많이 사귀려면 어떻게 해야 할까?

B: 스포츠 동아리에 가입해 봐.

A: 그거 좋은 생각이다!

① 무슨 일이 있었니?

② 너 동아리에 가입했니?

③ 스포츠 동아리에 가입하는 게 어때?

④ 친구를 많이 사귀는 게 어때?

02 한자의 의미를 묻는 말에 모르겠다고 한 뒤 선생님께 여쭤보는 것이 어떠냐고 제안하는 말을 하는 것이 알맞다.

|해석| ① 너희 선생님께 무엇을 여쭤봤니?

② 너희 선생님께 여쭤보려면 어떻게 해야 할까?

③ 너희 선생님께 여쭤보는 게 어떠니?

④ 왜 너희 선생님께 여쭤보니?

⑤ 너희 선생님께 여쭤보는 게 어떠니?

03 ⓐ 조언을 구하는 표현 「What can I do to ~?」가 되는 것이 알맞으므로 to improve로 고쳐야 한다.

　ⓑ 제안하는 표현 「How about+동사원형-ing ~?」가 되는 것이 알맞으므로 reading으로 고쳐야 한다.

　ⓒ 제안을 수락하는 표현은 Sounds great!으로 쓴다.

04 ⑤ 대화를 더 잘하는 사람이 되기 위해 무엇을 해야 할지 물었으므로 구체적인 제안을 하는 응답이 이어져야 한다.

|해석| ① A: 지구를 지키기 위한 방법으로 무엇이 있을까?

　B: 종이와 플라스틱을 재활용해 봐.

② A: 우리의 시간을 더 잘 관리하려면 무엇을 해야 할까?

　B: 주간 계획을 세우는 게 어때?

③ A: 건강을 유지하려면 규칙적으로 운동해 봐.

　B: 그거 좋은 생각이다. 그렇게 할게.

④ A: 금요일에 소풍 가는 게 어때?

　B: 미안하지만, 나는 갈 수 없어. 나는 다른 계획이 있어.

⑤ A: 대화를 더 잘하는 사람이 되려면 어떻게 해야 할까?

　B: 대화를 더 잘하는 사람이 돼 봐.

05 ⑤는 대화에서 언급되지 않았다.

06 대화의 마지막 부분에서 Jenny는 학교 게시판에 광고를 붙이라는 Mike의 제안을 받아들여서 바로 하겠다고 했다.

|해석| Jenny는 회원을 더 모으기 위해 무엇을 할 것인가?

① 그녀는 노래 동아리에 가입할 것이다.

② 그녀는 마술 공연을 할 것이다.

③ 그녀는 Mike에게 조언을 요청할 것이다.

④ 그녀는 마술 동아리 회장이 될 것이다.

⑤ 그녀는 학교 게시판에 광고를 붙일 것이다.

07 조언을 구할 때 What can I do to ~?를 사용한다.

|해석| A: 잠을 더 잘 자려면 무엇을 해야 할까?

B: 자기 전에 따뜻한 우유를 마셔 봐.

08 '~하는 게 어때?'라는 의미로 How about ~?을 쓸 수 있는데 about 다음에는 동명사를 쓰는 것에 유의한다.

09 「I said (that)+주어+동사 ~.」 형태의 문장을 완성한다. like는 '~처럼'이라는 뜻의 전치사로 사용한다.

10 「No wonder+주어+동사 ~.」는 '~하는 것이 당연하다'라는 의미이다.

11 제안하는 말인 How about 다음에는 동명사를 쓴다.

12 Talk Smart 앱은 한 언어를 다른 언어로 바꿔 준다고 설명하고 있다.

13 민수는 영어를 잘 못하는 외국인을 지하철역까지 데려다주고 오느라 Ann과의 약속에 늦었다. 이를 듣고 Ann은 민수에게 번역 앱 Talk Smart 사용을 제안했다.

|해석| 나는 오늘 Ann을 만나러 가는 길에 한 외국인을 만났다. 그는 지하철역을 찾고 있었다. 그가 영어를 잘하지 못해서 나는 그를 지하철역까지 데려다주어야 했다. 내 말을 들은 후 Ann은 내가 다음에는 Talk Smart 앱을 사용할 것을 제안했다. 나는 다음에는 그것을 사용해 봐야겠다.

G Grammar 고득점 맞기 pp. 52~54

01 ⑤ **02** ① **03** ④ **04** ③ **05** ④ **06** ④ **07** ③
08 ③ **09** ② **10** ⑤ **11** ②, ③ **12** ③ **13** ④ **14** ①

[서술형]

15 (1) Change the topic, or your partner will fall asleep.
(2) Put others first, and everyone will like you.

16 (1) something cold to drink
(2) something to read
(3) many interesting books to read

17 (모범답) Eat a lot of vegetables, and you will be healthy. / Eat a lot of vegetables, and you won't feel tired.

18 (1) He didn't have enough money to buy a house.
(2) It's time to finish your homework.
(3) There are some pencils to write with on the table.

19 ⓐ We need a small house to stay in during our vacation.
ⓑ Please give me something to sit on.
ⓓ Be kind to others, or you won't make new friends.

20 (1) Drink warm milk before bed, and you will sleep better
(2) Recycle paper, or global warming will get worse

---

01 앞에 있는 명사 homework를 수식하는 형용사적 용법의 to부정사 형태가 들어가야 한다.

|해석| 그는 오늘 끝내야 할 숙제가 많다.

02 지금 떠나면 정시에 도착할 것이라는 의미가 되어야 하므로 명령문이 되어야 하는데 명령문은 동사원형으로 시작한다.

|해석| 지금 떠나라, 그러면 너는 제시간에 그곳에 도착할 것이다.

03 ⓐ는 to부정사의 명사적 용법, ⓑ, ⓓ는 형용사적 용법, ⓒ, ⓔ는 부사적 용법으로 쓰였다.

|해석| ⓐ 나는 중국어 배우는 것을 원한다.
ⓑ John은 그를 도와줄 누군가가 필요하다.
ⓒ 우리는 경기에서 이겨서 기뻤다.
ⓓ 그녀는 영화배우를 볼 기회를 놓쳤다.
ⓔ 나는 책을 좀 사기 위해 서점에 갔다.

04 의미상 '그러면'의 의미를 나타내는 and가 알맞다.

|해석| 만약 네가 부모님께 정직하다면, 그들은 너를 이해할 것이다.

05 or는 '그렇지 않으면'이라는 의미로 if ~ not이나 unless로 바꿔 쓸 수 있는데, 빈칸 뒤에 not이 없으므로 unless가 들어가야 한다.

|해석| 휴식을 취해라, 그렇지 않으면 너는 피곤할 것이다.

06 sit on comfortable chairs로 쓰므로 전치사 on은 to부정사 to sit 다음에 써야 한다.

|해석| 사무실에 앉을 편안한 의자들이 있다.

07 ③에는 '그러면'의 의미를 나타내는 and가 들어가고, 나머지에는 모두 '그렇지 않으면'의 의미를 나타내는 or가 들어간다.

|해석| ① 젖은 머리를 말려라, 그렇지 않으면 너는 감기에 걸릴 것이다.
② 종이를 재활용해라, 그렇지 않으면 더 많은 나무가 베어질 것이다.
③ 네 친구들에게 친절해라, 그러면 그들은 네게 친절할 것이다.
④ 열심히 공부해라, 그렇지 않으면 너는 시험에 떨어질 것이다.
⑤ 무례한 말을 쓰지 마라, 그렇지 않으면 너는 다른 사람의 기분을 상하게 할 것이다.

08 He wants something cold to drink.로 쓸 수 있으므로 네 번째 오는 단어는 cold이다.

09 부정명령문은 Don't 다음에 동사원형을 쓰므로 using을 use로 고쳐야 한다.

|해석| 대문자로만 쓰지 마라, 그렇지 않으면 네가 소리치고 있는 것처럼 보일 것이다.

10 ⑤ '~이 있다'라는 의미의 There are 뒤에 주어 a lot of things가 와야 한다. 그리고 그 뒤에 형용사적 용법의 to부정사 to see를 써서 명사 things를 꾸며 주도록 한다. (→ There are a lot of things to see in this city.)

11 「명령문, or ~」는 '…해라, 그렇지 않으면 ~'이라는 의미로 If ~ not이나 Unless로 바꿔 쓸 수 있다.

|해석| 유용한 정보를 올려라, 그렇지 않으면 너는 다른 사람들의 시간을 낭비할 것이다.

12 '그녀는 돌볼 두 명의 어린 남동생이 있다.'는 뜻의 문장이 되도록 two little brothers 뒤에 to take care of를 쓴다.

|해석| • 그녀는 두 명의 어린 남동생이 있다.
• 그녀는 그들을 돌본다.
→ 그녀는 돌볼 두 명의 어린 남동생이 있다.

13 ④ 명령문은 동사원형으로 시작하고 '그러면'을 뜻하는 and를 사용한다. respect는 '존중하다'라는 의미의 동사이므로 be동사 없이 Respect로 문장을 시작한다.

14 ⓑ 명사 time을 수식하는 to부정사 to go가 되어야 한다.
ⓒ play with many friends로 쓰므로 to부정사 to play 뒤에 전치사 with를 써야 한다.
ⓓ 명령문 뒤에서 '그러면'을 뜻하는 and가 되어야 한다.
ⓔ 의미상 미래의 일을 나타내야 하므로 heard를 will hear로 고쳐야 한다.

|해석| ⓐ 여기 읽을 만한 흥미로운 책들이 많이 있다.
ⓑ 겨울은 아프리카에 가기 가장 좋은 때이다.
ⓒ 나는 놀 친구가 많다.

ⓓ 택시를 타라, 그렇지 않으면(→ 그러면) 너는 제시간에 공항에 도착할 수 있다.

ⓔ 여기 와라, 그러면 너는 그 소리를 들을 것이다.

15 if ~ not은 「명령문, or ~」를 사용하여 바꿔 쓸 수 있고, if ~는 「명령문, and ~」를 사용하여 바꿔 쓸 수 있다.

16 (1) -thing으로 끝나는 대명사(something)를 to부정사와 형용사(cold)가 함께 수식하는 경우 「-thing+형용사+to부정사」의 어순으로 쓴다.

(2), (3) 형용사적 용법의 to부정사는 명사 뒤에서 명사를 수식한다.

|해석| A: 도와드릴까요?

B: 네. 저는 너무 목이 말라요. 차가운 마실 것 좀 가져다 주시겠어요?

A: 물론이죠. 다른 것은요?

B: 읽을 것이 있나요?

A: 네. 저희는 읽을 많은 흥미로운 책들이 있어요.

17 James가 채소를 먹는 것을 좋아하지 않고 자주 피곤함을 느낀다고 했으므로, a lot of를 포함해서 Eat a lot of vegetables, and you will(won't) ~.로 엄마의 말을 쓸 수 있다.

|해석| James는 야채를 먹는 것을 좋아하지 않고 종종 피곤함을 느낀다. 그의 어머니는 그의 건강에 관해 걱정을 한다. 이런 상황에서, James의 어머니는 그에게 뭐라고 말할 것인가?

18 명사를 수식하는 형용사적 용법의 to부정사는 명사 뒤에 쓴다.

19 ⓐ, ⓑ 명사를 수식하는 형용사적 용법의 to부정사는 명사 뒤에 쓴다.

ⓓ be동사의 명령문은 문장 맨 앞에 Be를 쓴다.

|해석| ⓐ 우리는 방학 동안 머물 작은 집이 필요하다.

ⓑ 저에게 앉을 것 좀 주세요.

ⓒ 수업 시간 동안 오직 영어로만 말해라, 그러면 너의 영어 실력이 향상될 것이다.

ⓓ 다른 사람들에게 친절해라, 그렇지 않으면 너는 새 친구들을 사귈 수 없을 것이다.

20 (1)은 '자기 전에 따뜻한 우유를 마셔라, 그러면 너는 잠을 잘 잘 것이다.'의 의미로, 「명령문, and ~.」 구문을 쓰고, (2)는 '종이를 재활용해라, 그렇지 않으면 지구 온난화가 심해질 것이다.'의 의미로 「명령문, or ~.」 구문을 쓴다.

Ⓡ Reading 고득점 맞기 pp.57~59

01 ④ 02 ② 03 ③ 04 ③ 05 ③ 06 ② 07 ③
08 ④ 09 ③ 10 ④ 11 ③ 12 ④ 13 ②

[서술형]

14 ⓐ talking ⓑ starting ⓒ going ⓓ to become

15 Be a good listener.

16 [모범답] I can nod my head from time to time.

I can say little things like, "Wow!" or "Cool."

I can also say something like, "That's interesting. Tell me more."

17 They should share common interests.

18 change the topic, a chance to talk

---

01 '대화를 시작하는 데 어려움이 있는가? 대화를 계속 이어가는 것은 어떤가?'라고 물으면서 조언을 시작하고 있으므로 도움을 주고자 하는 대상은 ④이다.

02 다른 사람과 대화하는 것이 어려운지 물었으므로 대화를 더 잘하는 사람(a better talker)이 되는 방법을 알려 준다는 내용이 되는 것이 알맞다.

03 ⓐ 「have+trouble+동사원형-ing」의 형태가 되도록 동명사 starting이 되어야 한다.

ⓒ '재미있는'을 뜻하는 형용사 interesting이 되어야 한다.

ⓔ 동사 answer를 수식하는 부사 gladly가 되어야 한다.

04 첫 번째 단락은 잘 듣는 법에 관해 이야기하고 있으므로 빈칸 (A)에는 Be a good listener.(잘 듣는 사람이 돼라.)가 알맞고, 두 번째 단락은 반응을 보이라고 말하고 있으므로 빈칸 (B)에는 Give feedback.(반응을 보여 줘라.)이 알맞다.

05 글의 흐름상 많은 사람들이 잘 듣지 못한다는 의미가 되어야 하므로 poor(잘 못하는)가 알맞다.

06 ⓐ 조동사를 포함하는 의문문은 「(의문사+)조동사(can)+주어+동사원형 ~?」의 형태로 쓰므로 be가 알맞다.

ⓑ '주의 깊게 듣다'라는 의미의 동사 listen을 수식하는 부사로 carefully가 알맞다.

07 상대방의 말을 잘 들어 주며 적절한 반응을 보여 주는 것의 중요성을 말하는 두 번째 단락에서, 크게 말하면 아주 멋져 보인다는 의미의 ③은 어울리지 않는다.

08 ④는 주어진 글에서 언급되지 않았다.

|해석| 누군가 당신에게 말할 때, 당신은 무엇을 해야 하는가?

① 나는 그 사람의 눈을 똑바로 봐야 한다.

② 나는 딴생각을 하면 안 된다.

③ 나는 때때로 고개를 끄덕여야 한다.

④ 나는 적극적으로 나의 생각을 말할 수 있다.

⑤ 나는 그 사람에게 반응을 보여 줄 수 있다.

09 ⓐ by+-ing: ~함으로써

ⓑ have ~ in common: ~을 공통적으로 지니다

ⓒ be interested in: ~에 관심이 있다

ⓓ wake up: 정신을 차리다, (잠에서) 깨다

ⓔ talk with: ~와 이야기하다

10 밑줄 친 to talk와 ④의 to drink는 to부정사의 형용사적 용법으로 쓰였고, ①, ③은 to부정사의 명사적 용법, ②는 결과를 나타내는 to부정사의 부사적 용법, ⑤는 감정의 원인을 나타내는 to부정사의 부사적 용법으로 쓰였다.

|해석| ① 캐나다를 방문하는 것이 이번 여름 우리의 계획이다.

② Mike는 자라서 과학자가 되었다.

③ 수지는 공원에서 산책하는 것을 원한다.

④ Chris는 차가운 마실 것이 필요하다.

⑤ 그들은 경기에서 이겨서 기뻤다.

11 '…해라, 그러면 ~.'의 의미이므로 「명령문, and ~.」의 형태로 써야 한다.

12 공통의 관심사를 찾아서 대화를 하라는 내용의 단락이다.

13 ② 공통의 관심사가 있으면 그 관심사에 관해 대화를 나누라고 했다.

| 해석 | ① 너는 단지 듣는 것만으로 대화를 나눌 수 있다.

② 만약 너와 네 상대방 모두 음악을 좋아한다면, 너는 음악에 관해 이야기해야 한다.

③ 너는 듣는 사람이 아니라 주제에 집중해야 한다.

④ 너는 말할 때 주제를 바꿀 필요는 없다.

⑤ 너는 말을 훌륭히 잘하는 사람이 되기 위해 네 자신을 우선시해야 한다.

14 ⓐ 전치사 about 뒤이므로 동명사 talking이 되어야 한다.

ⓑ '~하는 데 어려움을 겪다'라는 의미의 「have trouble -ing」가 되어야 하므로 starting이 되어야 한다.

ⓒ '~을 계속 …하게 하다'라는 의미의 「keep+목적어+-ing」의 형태가 되어야 하므로 going이 와야 한다.

ⓓ tips를 수식하는 형용사적 용법의 to부정사 to become이 되어야 한다.

15 윗글은 잘 듣는 사람이 되기 위해서 어떻게 해야 하는지 설명하고 있으므로 단락의 2번째 문장에서 주제를 알 수 있다.

16 반응을 보여 주는 것이 상대방에게 내가 잘 듣고 있음을 보여 준다면서 세 가지 예시를 들었다.

| 해석 | 당신은 상대방에게 당신이 듣고 있음을 어떻게 보여 줄 수 있는가? 최소한 두 가지의 예시를 들으시오. 영어로 답하시오.

17 대화를 잘하기 위해서 상대방과 공통의 관심사를 공유하라고 했다.

| 해석 | 대화를 잘하기 위해서 사람들은 그들의 상대방과 무엇을 공유해야 하는가? 영어로 답하시오.

18 상대방이 당신의 화제에 관심이 없을 때는 화제를 바꾸고 상대방에게 말할 기회를 주라고 조언하고 있다.

| 해석 | 상대방이 당신의 화제에 관심이 없을 때 당신은 화제를 바꿔야 한다. 당신은 상대방에게 말할 기회를 주어야 한다.

서술형 **100% TEST**

pp. 60~63

01 foreigner

02 (1) terrible (2) pay (3) nervous (4) fall (5) have

03 Why don't we go to the art museum?

04 (1) What can I do to manage my time better?

(2) You can(should) also make a to-do list.

05 (1) He joined the singing club.

(2) She only has two members.

06 (1) president of the magic club

(2) get more members

(3) on the school bulletin board

07 (1) You can keep a diary in English.

(2) How about speaking only in English during class?

08 (1) anything to drink (2) to write with

(3) something to tell you

09 (1) or you will be thirsty (2) and you will get better

10 (1) I need something cold to drink.

(2) He needs some money to buy a new car.

(3) They need a bench to sit on.

11 모범답 Don't play computer games at night, or you'll feel sleepy during class. / Go to bed early, or you'll feel sleepy during class.

12 (1) going → to go (2) visit → to visit (3) eat → to eat

13 (1) Respect others' opinions, and you'll make many friends.

(2) Don't use rude language, or you will hurt others' feelings.

(3) Post useful information, or you will waste others' time.

14 ⓐ starting ⓑ keeping ⓒ interesting

15 Here are five tips to become a better talker.

16 a good listener, in the eye, look at, space out

17 from time to time

18 give feedback

19 (1) Change the topic, or your partner will fall asleep.

(2) Give the other person a chance to talk. /
Give a chance to talk to the other person.

20 (A) Start by asking interesting questions.

(B) Give feedback.

(C) Share common interests.

21 Pay attention to the listener.

01 '다른 나라에서 온 누군가'라는 뜻의 foreigner(외국인)가 알맞다.

| 해석 | 학교에 가는 도중에 나는 외국인을 만났다.

02 (1) 문맥상 traffic accident(교통사고)를 꾸며 주는 형용사 terrible (끔찍한)이 알맞다.

(2) pay attention to: ~에 주의를 기울이다

(3) 문맥상 '긴장한'의 뜻이 되도록 nervous가 들어가는 것이 알맞다.

(4) fall asleep: 잠들다

(5) have trouble -ing: ~하는 데 어려움을 겪다

| 해석 | • 어제 끔찍한 교통사고가 있었습니다. 뉴스에 주의를 기울여 주세요.

• Emily는 내일 수학 시험이 있다. 그녀는 긴장해서 잠들 수 없다.

• 새 학년이 시작되면, 많은 학생이 새 친구들을 사귀는 데 어려움을 겪는다.

03 두 사람이 함께 할 일을 제안하는 표현이므로 Why don't we ~?로 바꿔 쓸 수 있다.

| 해석 | A: 토요일에 함께 무언가를 하자.

B: 그래. 미술관에 가는 게 어때?

A: 좋아!

04 (1) can이 포함된 조언을 구하는 표현 「What can I do to+동사원형

~?」으로 쓴다.

(2) 「You can(should)+동사원형 ~.」으로 조언하는 표현을 쓴다.

l해석l A: 나는 결코 숙제를 시간 맞춰 끝내지 못해. 시간을 더 잘 관리하려면 어떻게 해야 할까?

B: 주간 계획을 세우는 게 어때?

A: 좋아!

B: 해야 할 일 리스트도 만들어 봐.

A: 아이디어 고마워! 그것들을 지금 당장 시도해 볼게.

05 (1) Mike는 노래 동아리에 가입했다.

(2) Jenny의 동아리 회원은 2명뿐이라고 했다.

l해석l (1) Mike는 무슨 동아리에 가입했나요?

(2) Jenny는 그녀의 동아리에 얼마나 많은 회원이 있나요?

06 (1) Jenny는 마술 동아리의 회장이라고 했다.

(2) Jenny는 동아리 회원을 더 모집하고 싶다고 했다.

(3) Mike는 Jenny에게 학교 게시판에 광고를 붙이라고 제안했다.

l해석l Jenny는 마술 동아리의 회장이지만, 동아리에 회원이 몇 명밖에 없다. 그녀는 마술 동아리에 더 많은 회원을 모으고 싶어 한다. Mike는 그녀가 학교 게시판에 광고를 붙일 것을 제안했다.

07 영어 실력을 향상시키기 위해 할 수 있는 일을 You can ~. 또는 제안하는 표현 How about ~? 등을 사용하여 말할 수 있다.

l해석l 〈영어 실력을 향상시키기 위한 방법〉

• 영어로 일기를 써라.

• 수업 시간에 영어로만 말해라.

A: 나는 새 학년이 너무 신이 나.

B: 나도. 아주 멋질 거야.

A: 영어 실력을 향상시키기 위해 무엇을 해야 할까?

B: 영어로 일기를 써 봐.

A: 그거 좋은 생각이다. 다른 건?

B: 수업 시간에 영어로만 말하는 건 어때?

A: 좋아!

08 명사를 수식하는 형용사적 용법의 to부정사는 수식하고자 하는 명사 뒤에 쓴다. (2) write with a pencil이라고 쓰므로 to부정사 to write 뒤에 전치사 with를 쓴다.

09 (1)은 「명령문, or ~.」 형태의 문장을 완성하고, (2)는 「명령문, and ~.」 형태의 문장을 완성한다.

l해석l (1) 충분한 물을 마셔라, 그렇지 않으면 목이 마를 것이다.

(2) 약을 먹어라, 그러면 병이 나을 것이다.

10 형용사적 용법의 to부정사는 수식하고자 하는 명사 뒤에 온다.

l해석l (1) 너무 덥다. 난 목이 말라. 나는 차가운 마실 것이 필요해.

(2) Tom의 차는 최근 고장 났다. 그는 새 차를 살 돈이 필요하다.

(3) 아이들은 매우 피곤하다. 그들은 앉을 벤치가 필요하다.

11 Eric이 밤에 컴퓨터 게임을 하다가 늦게 자서 수업 시간에 졸리다고 했으므로 '밤에 컴퓨터 게임을 하지 마라, 그렇지 않으면 ~.' 혹은 '잠자리에 일찍 들어라, 그렇지 않으면 ~.'이라고 조언해야 한다.

l해석l Eric은 밤에 컴퓨터 게임을 하고 늦게 잔다. 그래서 그는 항상 수업 시간에 졸린다. 이런 상황에서, 너는 그에게 뭐라고 말할 것인가?

12 (1) 명사 a plan을 수식하는 형용사적 용법의 to부정사 to go가 되어야 한다.

(2) 명사 places를 수식하는 형용사적 용법의 to부정사 to visit이 되어야 한다.

(3) 명사 food를 수식하는 형용사적 용법의 to부정사 to eat이 되어야 한다.

l해석l 나는 이번 여름 이탈리아에 갈 계획이 있다. 이탈리아에는 방문할 곳이 많다. 예를 들어, 로마는 콜로세움과 판테온 같은 유명한 건물이 많다. 이탈리아는 또한 음식으로 유명하다. 많은 종류의 먹을 음식이 있다.

13 「명령문, and ~」는 '…해라, 그러면 ~'의 의미이고, 「명령문, or ~」는 '…해라, 그렇지 않으면 ~'의 의미이다.

l해석l (1) 만약 네가 다른 사람들의 의견을 존중한다면, 너는 많은 친구를 사귈 것이다.

(2) 만약 네가 무례한 말을 쓴다면, 너는 다른 사람들의 감정을 상하게 할 것이다.

(3) 만약 네가 유용한 정보를 올리지 않는다면, 너는 다른 사람들의 시간을 낭비할 것이다.

14 ⓐ 「have trouble -ing」 형태가 되는 것이 알맞으므로 동명사 starting으로 써야 한다.

ⓑ 전치사 뒤에는 동명사를 쓰므로 keeping이 되어야 알맞다.

ⓒ '재미있는'이라는 의미의 형용사 interesting이 되어야 한다.

15 '여기에 ~이 있다.'는 「Here+be동사+주어 ~.」의 어순으로 쓰고, 형용사적 용법의 to부정사는 수식하고자 하는 명사 다음에 쓴다.

16 **l해석l** Tom: 엄마, 저는 대화를 더 잘하는 사람이 되고 싶어요. 어떻게 해야 하죠?

엄마: 먼저, 너는 잘 듣는 사람이 되어야 해. 누군가 너에게 이야기를 할 때, 그 사람의 눈을 보고 주의 깊게 들으렴.

Tom: 알겠어요. 그렇게 할게요.

엄마: 또한 대화 중에 휴대 전화를 보거나 딴생각을 하지 않아야 해.

17 '가끔씩, 때때로'는 from time to time으로 쓸 수 있다.

18 마지막 문장에서 주제를 추론할 수 있다.

l해석l 대화를 할 때, 상대방에게 반응을 보여 줘라.

19 (1) '…해라, 그렇지 않으면 ~'의 의미의 「명령문, or ~.」 형태로 쓴다.

(2) 「give+간접목적어+직접목적어」 또는 「give+직접목적어+to+간접목적어」의 어순으로 쓰고, to부정사(to talk)가 a chance를 뒤에서 수식하는 형태로 쓴다.

20 (A) 남학생은 여학생에게 방학 때 무엇을 했는지 묻는 질문으로 대화를 시작했으므로 '흥미로운 질문을 하는 것으로 시작해라.'의 조언을 적용한 것으로 볼 수 있다.

(B) 남학생은 여학생의 말을 듣고 더 말해 달라며 적극적으로 반응을 보이고 있으므로 '반응을 보여 줘라.'의 조언을 적용한 것으로 볼 수 있다.

(C) 남학생은 여학생이 축구를 좋아한다는 사실을 알고, 축구에 관해 대화를 하자고 제안하고 있으므로 '공통 관심사를 공유해라.'의 조언을 적용한 것으로 볼 수 있다.

21 그림 속 남학생은 혼자 이야기를 계속하고 있고, 여학생은 지루해서 하품을 하고 있다. 따라서 듣는 사람에게 주의를 기울이라는 조언을 하는 것이 알맞다.

01 ③   02 ④   03 ②   04 ①   05 ④   06 What can I do to sleep better?   07 ④   08 How about using the *Talk Smart* app next time?   09 (A) What happened? (B) No wonder (C) make up with   10 ⑤   11 It's(Kate is mad at Mina) because Mina said Kate's new hairstyle was cute just like her dog's.   12 ③   13 ①   14 ③   15 ④   16 ⑤   17 Jenny has a little puppy to take care of.   18 ⓑ Post useful information, or you will waste others' time.   ⓒ Don't use only capital letters, or you will sound like you're shouting.   19 ④   20 ①   21 ②   22 ④   23 Look people in the eye., Listen carefully to their words., Don't look at your cell phone or space out!   24 ⑤   25 Change the topic, or your partner will fall asleep.

01 ③ improve(향상시키다)는 '전보다 뭔가를 더 나아지게 만들다'라는 뜻이므로 to make something better than before가 되어야 한다.

02 be interested in: ~에 흥미가 있다
look ~ in the eye: ~의 눈을 똑바로 쳐다보다
|해석| • 나는 한국사에 관심이 있다.
• 내가 너에게 이야기할 때 내 눈을 똑바로 쳐다봐라.

03 ②의 poor는 모두 '잘 못하는'의 의미로 쓰였다.
|해석| ① 서울은 한국의 수도이다.
문장을 대문자로 시작해라.
② 그는 영어로 말하는 것을 잘 못한다.
그녀는 수영을 잘 못하는 사람이다.
③ 사람들은 블로그에 많은 사진을 올리는 것을 매우 좋아한다.
나를 위해 이 편지를 우편으로 부쳐 줄 수 있니?
④ 그리스 문자를 읽을 수 있니?
그 영화의 중심 등장인물은 작은 개다.
⑤ 나는 내 이모에게 이 편지를 보내고 싶다.
'B'는 알파벳의 두 번째 글자이다.

04 월요일에 농구를 하자는 제안을 수락하거나 거절하는 응답이 이어져야 한다. ①은 '잘 모르겠어.'라는 의미로 제안에 대한 응답 표현이 아니다. ②, ③은 제안을 승낙하는 표현이고, ④, ⑤는 제안을 거절하는 표현이다.
|해석| ① 나는 모르겠어.
② 좋아!
③ 그거 좋은 생각이야.
④ 미안하지만, 난 안 되겠어.
⑤ 미안하지만, 난 다른 계획이 있어.

05 목요일에 무언가를 같이 하자는 제안(D)을 수락하고 무엇을 할지 물은 후(B), 서점에 가자는 구체적인 활동을 제안(A)하고 그에 대한 수락하

는 말(C)을 하는 순서로 이어지는 것이 자연스럽다.

06 잠을 더 잘 잘 수 있는 방법을 말해 주고 있는 것으로 보아 조언을 구하는 표현인 What can I do to ~?를 쓰는 것이 알맞다.
|해석| A: 잠을 더 잘 자려면 어떻게 해야 할까?
B: 자기 전에 따뜻한 우유를 마셔 봐.
A: 그거 좋은 생각이다. 그렇게 할게.

07 ④ Talk Smart 앱은 한 언어를 다른 언어로 바꿔 주는 앱이라고 한 것에서 앱의 기능을 알 수 있지만, 나머지는 모두 대화에 나와 있지 않다.

08 How about 다음에는 동명사 형태가 와야 한다.

09 (A) 무슨 일이 있었는지 물을 때 What happened?라고 한다.
(B) no wonder: ~은 당연하다
(C) make up with: ~와 화해하다

10 ⑤ Brian이 미나에게 Kate에게 문자를 보내 보라고 제안했고 이에 미나가 그렇게 하겠다고 했으므로, 미나가 Kate에게 문자를 보낼 것이다.
|해석| ① Kate는 미나의 가장 친한 친구이다.
② Kate는 미나에게 화가 났다.
③ 미나는 Kate와 화해하고 싶어 한다.
④ 미나는 Brian에게 조언을 구한다.
⑤ Brian은 미나를 위해 Kate에게 문자를 보낼 것이다.

11 미나가 Kate의 새로운 머리 모양이 자신의 개의 머리 모양처럼 귀엽다고 말해서 Kate는 미나에게 화가 났다고 했다.

12 앞에 있는 명사 work를 수식하는 형용사적 용법의 to부정사 형태가 알맞다.
|해석| 그는 할 일이 많다.

13 「명령문, or ~」 구문이므로 동사원형으로 문장이 시작되어야 한다.
|해석| 우산을 가져가라, 그렇지 않으면 너는 젖을 것이다.

14 문맥상 첫 번째와 두 번째 문장에는 '그러면'의 의미를 나타내는 and가 들어가야 하고, 세 번째 문장에는 '그렇지 않으면'을 의미하는 or가 들어가야 한다.
|해석| • 이 조언들을 연습해라, 그러면 너는 곧 대화를 잘 하는 사람이 될 것이다.
• 열심히 공부해라, 그러면 너는 시험을 통과할 것이다.
• 부츠를 신어라, 그렇지 않으면 발이 젖을 것이다.

15 ⓐ의 to부정사는 명사적 용법, ⓑ와 ⓕ는 부사적 용법, 나머지는 형용사적 용법으로 쓰였다.
|해석| ⓐ Jane은 무언가를 먹기를 원한다.
ⓑ 나는 책을 좀 사기 위해 종종 서점에 간다.
ⓒ 나에게 마실 것을 줘.
ⓓ 나는 오늘 할 것이 너무 많다.
ⓔ 물어볼 질문이 있니?
ⓕ 건강을 유지하기 위해서 나는 어떻게 해야 할까?

16 ① sit on many chairs라고 쓰므로 to부정사 to sit 뒤에 전치사 on을 써야 한다.
② 명사 a pencil을 수식하는 형용사적 용법의 to부정사 to write with로 써야 한다.
③ think about a problem이라고 쓰므로 to부정사 to think 뒤에

전치사 about을 써야 한다.

④ 명사 money를 수식하는 형용사적 용법의 to부정사 to buy가 되어야 한다.

17 '돌볼 강아지'라는 의미가 되도록 to부정사가 명사 puppy를 뒤에서 수식하는 형태로 쓴다.

18 ⓑ '유용한 정보를 게시하라, 그렇지 않으면 다른 사람들의 시간을 낭비하게 될 것이다.'라는 뜻이 되도록 and를 or로 고쳐 써야 한다.

ⓒ '대문자로만 쓰지 마라, 그렇지 않으면 당신이 소리치고 있는 것처럼 보일 것이다.'라는 뜻이 되도록 부정명령문으로 고쳐 써야 한다.

19 ④는 '공통적으로 지니다'라는 의미의 have in common이 되도록 to가 in이 되어야 한다.

20 첫 번째 조언은 상대방에게 흥미로운 질문을 하는 것으로 대화를 시작하라는 내용이므로, 상대방이 무엇을 좋아하는지 묻는 질문인 ①이 이 조언을 따른 말이다.

|해석| ① 너는 무엇을 하는 것을 좋아하니?

② 너는 왜 내 말을 안 듣는 거니?

③ 그거 흥미롭구나. 내게 더 말해 줘.

④ 내가 너무 많이 말하고 있네. 화제를 바꾸자.

⑤ 우리 둘 다 축구를 좋아해. 축구에 대해 이야기해 보자.

21 ② 첫 번째 단락에서 대부분의 사람들이 그들 자신에 대해 말하는 것을 아주 좋아한다고 했다.

|해석| ① 대화를 시작할 때 몇 가지 흥미로운 질문을 해라.

② 대부분의 사람들이 그들 자신에 관해 이야기하는 것을 좋아하지 않는다(→ 좋아한다).

③ 사람들에 관해 질문을 할 때 그들은 기쁘게 대답할 것이다.

④ 공통의 관심사에 관한 주제를 찾아야 한다.

⑤ 당신과 상대방 둘 다 운동을 좋아한다면, 당신은 야구에 관해 이야기를 해도 좋다.

22 글쓴이는 상대방의 말을 잘 듣고, 반응을 함으로써 듣고 있음을 보여 주라고 조언했다.

23 첫 번째 단락에서 잘 듣는 사람이 되는 방법을 찾을 수 있다.

|해석| 당신은 어떻게 잘 듣는 사람이 될 수 있는가? 예를 세 가지 들으시오.

24 듣고 있는 사람이 대화 주제에 흥미를 느끼지 못하면 대화의 주제를 바꾸라고 했으므로, 듣는 사람에게 주의를 기울이라는 주제로 이야기하고 있음을 알 수 있다.

|해석| ① 흥미로운 질문을 해라.

② 잘 듣는 사람이 돼라.

③ 반응을 보여 줘라.

④ 공통 관심사를 나눠라.

⑤ 듣는 사람에게 주의를 기울여라.

25 '…해라, 그렇지 않으면 ~.'은 「명령문, or ~.」 구문으로 쓴다.

제 2 회 대표 기출로 내신 **적중** 모의고사   pp. 68~71

01 ③ 02 ④ 03 (1) No wonder (2) has trouble 04 ②
05 ⑤ 06 ④ 07 ③ 08 ⑤ 09 She will post an ad on the school bulletin board. 10 ④ 11 ③ 12 ⑤ 13 ③
14 (1) I have a lot of homework to finish today. (2) 모범답 Please give me something hot to drink. / Give me something hot to drink, please. 15 ⑤ 16 ② 17 Put on your coat, or you will catch a cold. 18 ⓐ I need something cold to drink. ⓒ She has three cats to take care of. 19 ⑤ 20 ④ 21 ② 22 ② 23 Give the other person a chance to talk. 24 모범답 What kind of movies do you like?, Who is your favorite actor?, Do you like action movies? 25 Give feedback.

01 nervous(긴장한)는 '일어날 수 있는 것에 대해 걱정하는'을 뜻한다.

02 ④ make up with는 '~와 화해하다'라는 의미이다.

|해석| ① 그는 즉시 경찰을 불렀다.

② 나는 너를 우연히 만나게 되어 정말 기뻐.

③ 너는 가족을 우선시해야 해.

④ 너의 부모님과 화해하렴.

⑤ Tom과 그의 형은 공통점이 있다.

03 (1) no wonder ~: ~은 당연하다

(2) have trouble -ing: ~하는 데 어려움을 겪다

04 제안을 수락하는 응답이 나오고 빈칸 뒤에 동명사 형태가 이어지고 있는 것으로 보아, 빈칸에는 제안하는 표현 How about ~?이 알맞다.

|해석| A: 너는 항상 학교에 지각하네. 일찍 일어나는 게 어떠니?

B: 응, 그렇게 할게.

05 Why don't you ~?는 제안하는 표현이고, 나머지는 모두 조언을 구하는 표현이다.

|해석| ① 영어 실력을 키우려면 무엇을 할 수 있을까?

② 영어 실력을 키우려면 무엇을 해야 할까?

③ 영어 실력을 키우기 위한 가장 좋은 방법은 무엇이니?

④ 영어 실력을 키우기 위해 나에게 무엇을 하라고 조언해 주겠니?

⑤ 영어 실력을 키우는 게 어떠니?

06 새 학년이 되어 설렌다는 말에 동의하고(C), 새 친구를 만들기 위해 무엇을 하면 좋을지 묻는 말(D)에 스포츠 동아리에 가입하라고 제안하고(B) 그에 동의하는 표현(A)이 이어지는 것이 자연스럽다.

07 주어진 문장은 상대방의 좋지 않은 상황에 공감을 표현하는 말이므로 회원이 두 명밖에 없다는 말 다음인 ③에 들어가는 것이 알맞다.

08 ⑤는 위 대화에 언급되어 있지 않다.

09 Jenny는 학교 게시판에 광고를 붙이라는 Mike의 제안을 받아들여 그렇게 하겠다고 했다.

10 첫 번째 빈칸에는 왜 늦었는지 묻는 ①이, 직접 지하철역까지 데려다주어야 했다는 말 다음인 두 번째 빈칸에는 그 이유를 묻는 ③이, 세 번째 빈칸에는 앱을 사용할 것을 제안하는 말인 ⑤가, 네 번째 빈칸에는 그 앱이 어떤 앱인지 묻는 ②가 들어가는 것이 알맞다.

|해석| ① 너는 왜 늦었니?

② 그건 어떤 종류의 앱이야?

③ 너는 왜 그에게 그냥 방향을 말해 주지 않았니?

④ 외국인을 만나려면 내가 어떻게 해야 할까?

⑤ 다음에는 'Talk Smart' 앱을 사용하는 게 어떠니?

11 It changes one language to another.에서 Talk Smart에는 한 언어를 다른 언어로 변환해 주는 기능이 있음을 알 수 있다.

12 write with pencils로 쓰므로 to부정사 to write 뒤에 전치사 with 를 써야 한다.

|해석| 책상에 쓸 연필이 많이 있다.

13 지금 출발하면 제시간에 도착할 수 있을 것이라는 의미이므로 「명령문, and ~」를 써서 표현할 수 있다.

|해석| 만약 네가 지금 출발한다면, 제시간에 그곳에 도착할 것이다.
= 지금 출발해라, 그러면 제시간에 그곳에 도착할 것이다.

14 to부정사가 명사 뒤에서 앞의 명사를 수식하는 형태로 문장을 쓴다. 「-thing+형용사+to부정사」의 어순에 유의한다.

15 주어진 문장과 ⑤의 and는 명령문 다음에 쓰여 '그러면'의 의미를 나타낸다. 나머지는 '와/과, 그리고'의 의미를 나타내는 등위접속사이다.

|해석| 이 조언들을 연습해라, 그러면 당신은 곧 대화를 잘하는 사람이 될 것이다.

① 우리는 춥고 배가 고프다.

② 그는 탁자, 의자, 그리고 침대를 샀다.

③ 당신과 상대방은 어떤 공통점을 가지고 있는가?

④ 선생님께 주의를 기울이고 주의 깊게 들어라.

⑤ 다른 사람들의 의견을 존중해라, 그러면 너는 많은 친구를 사귀게 될 것이다.

16 ① 명사 something을 수식하는 형용사적 용법의 to부정사 to tell이 되어야 한다.

③ read some books로 쓰므로, to부정사 to read 뒤에 전치사 about은 삭제해야 한다.

④ visit many famous places로 쓰므로, to부정사 to visit 뒤에 전치사 in은 삭제해야 한다.

⑤ 명사 time을 수식하는 형용사적 용법의 to부정사 to finish가 되어야 한다.

17 If ~ not은 「…해라, 그렇지 않으면 ~.」의 의미를 나타내는 「명령문, or ~.」로 바꿔 쓸 수 있다.

18 ⓐ -thing으로 끝나는 대명사를 수식하는 형용사는 -thing 뒤에 쓴다.
ⓒ take care of three cats로 쓰므로 to부정사 to take care 뒤에 전치사 of를 써야 한다.

19 대부분의 사람들이 자신의 이야기를 하는 것을 좋아하므로 그들에게 말할 기회를 주라고 했으므로, 흥미로운 질문을 하는 것으로 대화를 시작하라고 조언하는 것이 알맞다.

20 ⓓ 동사 Listen을 꾸며 주는 '주의 깊게'라는 의미의 부사 carefully 로 고쳐야 한다.

21 사람들은 자신에 관한 이야기를 하는 것을 좋아한다고 했으므로 주어진 글을 바르게 이해하지 못한 사람은 서진이다.

22 공통의 관심사를 공유하라는 내용의 단락이므로 잘 듣는 사람이 되기

위해서 어떻게 해야 하냐고 묻는 질문은 글의 흐름상 어울리지 않는다.

23 「give+간접목적어+직접목적어」의 어순으로 쓰고 talk는 형용사적 용법의 to부정사로 써서 명사 chance를 뒤에서 수식하게 한다.

24 대화를 잘하기 위해서는 공통의 관심사를 공유하라는 조언에 따라 두 사람의 공통 관심사인 영화와 관련한 질문을 하는 것이 알맞다.

|해석| 어제 새 학년이 시작되었다. Emma는 John과 이야기하고 싶어 한다. Emma는 영화에 관심이 있다. 그녀는 John도 영화 보는 것을 좋아한다는 것을 안다.

25 여학생은 남학생의 대답을 듣고 더 이야기해 달라며 적극적으로 반응을 보이고 있다.

제 **3** 회 대표 기출로 내신 **적중** 모의고사 pp. 72~75

01 ② **02** post **03** ③ **04** ④ **05** ③ **06** ③ **07** What can I do to make up with her **08** ①, ③ **09** ④ **10** ③ **11** ② **12** ② **13** A girl gave the dog something to eat. **14** Call her soon, she'll be worried about you **15** ④ **16** ⓑ Study hard, and you will pass the test. ⓓ Is there anything delicious to eat in your house? **17** ① **18** ⓐ starting ⓑ going ⓒ are **19** ④ **20** ⑤ **21** ③ **22** ⑤ **23** ⓐ Share common interests. ⓑ Pay attention to the listener(your partner). **24** ④ **25** (1) Change the topic, or your partner will fall asleep. (2) Give the other person a chance to talk.

01 ②는 반의어 관계이고, 나머지는 모두 유의어 관계이다.

|해석| ① 기쁘게 ② 능동적인 – 수동적인 ③ 대답하다 ④ 글자
⑤ 기회

02 post는 '올리다, 게시하다'라는 의미이고 post office는 '우체국'이라는 의미이다.

|해석| • 웹사이트에 유용한 정보를 올려야 한다.
• 나는 이 편지를 보내기 위해 우체국에 가고 있다.

03 ③ run into는 '우연히 만나다'라는 의미이다.

|해석| ① Tom은 그의 형과 화해하고 싶어 한다.

② 수업 시간에 딴생각하지 마라.

③ 나는 거리에서 내 영어 선생님을 우연히 만났다.

④ 나는 겨울마다 감기에 걸린다.

⑤ Mike와 나는 공통점이 하나도 없다.

04 새 친구를 많이 사귀기 위해서 무엇을 하면 좋을지 조언을 구하는 말이다.

|해석| ① 인사를 하려고 ② 충고를 하려고

③ 제안을 하려고 ④ 조언을 구하려고

⑤ 정보를 요청하려고

05 How about ~?은 제안을 하는 표현으로 Why don't we ~?와 바꿔 쓸 수 있다.

06 ⓐ 앞서 미나가 말한 상황이 좋지 않은 상황이므로 terrible(끔찍한)이

정답 및 해설 **15**

들어가는 것이 알맞다. That's terrible.은 '큰일이구나'라는 뜻으로 상대방의 좋지 않은 일에 공감하는 표현이다.

ⓑ 그녀(Kate)가 화가 난 것이 당연하다는 의미가 되도록 빈칸에 mad(화가 난)가 들어가는 것이 알맞다.

07 What can I do to ~?를 이용하여 조언을 구할 수 있다.

08 ① 화가 난 사람은 미나가 아니라 Kate이고, Kate는 미나가 한 말 때문에 화가 났다.

③ '그녀가 화가 난 것은 당연해.'라고 말한 것으로 보아, Brian은 Kate가 왜 미나에게 화가 났는지 이해하고 있음을 알 수 있다.

|해석| ① Mina는 Kate가 그녀와 말을 하려고 하지 않을 것이기 때문에 Kate에게 화가 났다.

② 미나는 Kate의 새로운 머리 모양이 그녀의 개의 머리 모양처럼 보인다고 말했다.

③ Brian은 Kate가 미나에게 왜 그렇게 화가 났는지 이해하지 못한다.

④ 미나는 Kate와 화해하고 싶어 한다.

⑤ 미나는 Kate에게 문자를 보낼 것이다.

09 Talk Smart 앱을 써 보라고 권하고(C), 그것이 무엇인지 묻는 말에 (A), 그 앱의 기능을 설명한 후(B), 다음에 써 보겠다는 응답(D)이 이어지는 것이 자연스럽다.

10 ③ 'Talk Smart' 앱이 비행기 모드에서 작동하는지는 알 수 없다.

|해석| ① 민수는 Amy와의 약속에 늦었다.

② 민수는 외국인을 지하철역까지 데려다주었다.

③ 'Talk Smart' 앱은 비행기 모드에서 작동할 수 있다.

④ 그 외국인은 영어로 잘 말하지 못했다.

⑤ 사람들은 'Talk Smart' 앱을 사용해서 한 언어를 다른 언어로 바꿀 수 있다.

11 ② 자원봉사를 하러 가자는 제안을 수락한 후, 다른 계획이 있다고 말하는 것은 어색하다.

|해석| ① A: 건강을 유지하기 위해 무엇을 해야 할까?

　　B: 매일 운동해야 해.

② A: 도서관에서 자원봉사를 하는 게 어때?

　　B: 좋아, 난 다른 계획이 있어.

③ A: 사용한 종이를 재활용하자!

　　B: 좋은 생각이야!

④ A: 잠을 더 잘 자기 위해 어떻게 해야 할까?

　　B: 자기 전에 따뜻한 우유를 마셔 봐.

⑤ A: 난 새 학년이 되어 아주 신이 나.

　　B: 나도 그래. 정말 좋을 것 같아!

12 첫 번째 문장과 두 번째 문장은 '그렇지 않으면'을 의미하는 or가, 세 번째 문장에는 '그러면'을 의미하는 and가 들어가는 것이 알맞다.

|해석| ・재킷을 입어라, 그렇지 않으면 감기에 걸릴 것이다.

・서두르지 마라, 그렇지 않으면 실수할 것이다.

・규칙적으로 운동해라, 그러면 건강을 유지할 것이다.

13 「give+간접목적어+직접목적어」의 어순으로 쓰고, something 뒤에 형용사적 용법의 to부정사 to eat을 쓴다.

14 unless는 '만약 ~하지 않는다면'의 의미로 「명령문, or ~.」 형태로 바꿔 쓸 수 있다.

15 ① play with a lot of friends로 쓰므로, to부정사 to play 뒤에 전치사 with를 써야 한다.

② live in a big house로 쓰므로, to부정사 to live 뒤에 전치사 in을 써야 한다.

③ write on some paper로 쓰므로, to부정사 to write 뒤에 전치사 on을 써야 한다.

⑤ put things in pockets로 쓰므로, to부정사 to put things 뒤에 전치사 in을 써야 한다.

|해석| ① 나는 (함께) 놀 친구들이 많다.

② 나는 (안에서) 살 큰 집이 필요하다.

③ 너는 (위에) 쓸 종이가 필요하다.

④ 파리에는 방문할 장소들이 많다.

⑤ 이 재킷은 (안에) 물건들을 넣을 주머니가 없다.

16 ⓑ 명령문 뒤에 의미상 '그러면'에 해당하는 and를 써야 한다.

ⓓ -thing으로 끝나는 대명사를 수식하는 형용사(delicious)는 대명사 뒤에 오는 것에 유의한다.

|해석| ⓐ 앉을 의자들이 많다.

ⓑ 열심히 공부해라, (그러면) 너는 시험을 통과할 것이다.

ⓒ 장화를 신어라, 그렇지 않으면 네 발이 젖을 것이다.

ⓓ 너의 집에 맛있는 먹을 것이 좀 있니?

17 ①에는 '그러면'을 뜻하는 and가 알맞고, 나머지에는 모두 '그렇지 않으면'을 뜻하는 or가 알맞다.

|해석| ① 빠르게 반응해라, 그러면 너는 많은 친구들을 사귈 것이다.

② 유용한 정보를 게시해라, 그렇지 않으면 너는 다른 사람들의 시간을 낭비하게 될 것이다.

③ 다른 사람들의 의견을 존중해라, 그렇지 않으면 너는 다른 사람들을 화나게 할 것이다.

④ 무례한 언어를 사용하지 마라, 그렇지 않으면 너는 다른 사람들의 감정을 상하게 할 것이다.

⑤ 대문자로만 쓰지 마라, 그렇지 않으면 너는 소리치고 있는 것처럼 보일 것이다.

18 ⓐ 「have trouble -ing」의 형태가 되어야 하므로 동명사로 쓴다.

ⓑ 「keep+목적어+-ing」의 형태가 되어야 하므로 동명사로 쓴다.

ⓒ 주어가 복수 명사(five tips)이므로 복수 동사 are로 쓴다.

19 ⓓ와 ④의 to부정사는 형용사적 용법으로 쓰였다. ①, ③은 명사적 용법으로, ②, ⑤는 부사적 용법으로 쓰였다.

|해석| ① 나는 위대한 음악가가 되기를 원한다.

② 나는 과학자가 되기 위해 열심히 공부하고 있다.

③ 우리의 목표는 건강을 유지하는 것이다.

④ 나는 입을 것이 없다.

⑤ 나는 너를 다시 만나서 기쁘다.

20 첫 번째 빈칸에는 '~에 관하여'를 뜻하는 전치사 about이 들어가는 것이 알맞다. 두 번째 빈칸에는 '~의 눈을 똑바로 쳐다보다'는 뜻의 look ~ in the eye가 되도록 전치사 in이 들어가는 것이 알맞다. 세 번째 빈칸에는 '~을 듣다'는 뜻의 listen to가 되도록 전치사 to가 들어가는 것이 알맞다. 네 번째 빈칸에는 '~을 보다'를 뜻하는 look at이 되도록 전치사 at이 들어가는 것이 알맞다.

21 첫 번째 단락의 마지막 문장에서 대화를 더 잘하고 싶은 사람이 될 수 있는 조언을 해 주겠다고 했다.

22 ⑤ 대화를 더 잘하는 사람이 되기 위해서 다른 사람의 말을 들을 때 딴 생각을 하지 말라고 하였다. (should → shouldn't)

|해석| 어떻게 우리는 대화를 더 잘 하는 사람이 될 수 있는가?
① 우리는 흥미로운 질문을 하는 것으로 시작할 수 있다.
② 우리는 상대방의 눈을 봐야 한다.
③ 우리는 주의 깊게 들어야 한다.
④ 우리는 다른 사람들의 말을 들을 때 휴대 전화를 보면 안 된다.
⑤ 우리는 대화하는 동안 딴생각해야 한다.(→ 하면 안 된다)

23 첫 번째 단락은 '공통 관심사를 나누라.'는 내용의 글이고, 두 번째 단락은 '듣는 사람에게 주의를 기울여라.'는 내용의 글이다.

24 사람들이 대화 주제에 관심이 없다면 대화의 주제를 바꾸라고 했으므로 ④가 글의 내용과 일치하지 않는다.

25 사람들이 대화의 주제에 관심이 없다면 주제를 바꾸거나 상대방에게 말할 기회를 주라고 했다.

제4회 고난도로 내신 적중 모의고사 pp.76~79

01 (c)haracter **02** ④ **03** ⑤ **04** (1) [모범답] What can (should) I do to manage my time better? (2) [모범답] Sounds great! (3) [모범답] You can(should) also make a to-do list. **05** ④ **06** How about posting an ad on the school bulletin board? **07** ② **08** That's a good(great) idea. **09** said Kate's new hairstyle was cute just like her dog's, send her a text **10** ⑤ **11** ⓒ He has no time to take a rest. ⓓ I don't have enough time to finish the report. ⓔ This jacket has no pockets to put things in. **12** ②, ④ **13** ④ **14** ③ **15** ⑤ **16** I have something interesting to talk about. **17** ② **18** Do you have trouble starting conversations? **19** ② **20** ① **21** [모범답] You should talk about common interests. **22** ④ **23** If you don't change the topic, your partner will fall asleep. **24** ② **25** ⑤

01 '쓰여지거나 인쇄된 글자, 숫자, 혹은 다른 기호(→ 글자)'를 의미하고 '책, 연극, 영화 등에 나오는 사람(→ 등장인물)'을 의미하는 단어는 character이다.

02 ④ respond는 '응답하다, 대답하다'라는 의미로 answer와 바꿔 쓸 수 있다.

|해석| ① 나는 그에게 다른 기회를 줄 거야.
② 질문을 하신다면, 기쁘게 답해 드리겠습니다.
③ 사전은 언어를 공부하는 데 있어 매우 유용하다.
④ 나는 그에게 그의 이름을 물었지만 그는 대답해 주지 않았다.
⑤ 우리 엄마는 내가 사실을 이야기하지 않아서 내게 화가 나셨다.

03 pay attention to: ~에 주의를 기울이다, space out: 딴생각하다,

---

fall asleep: 잠들다

|해석| • 학생들은 선생님에게 주의를 기울여야 한다.
• 내가 너에게 이야기할 때 너는 딴생각하면 안 된다.
• 만약 부드러운 음악을 듣는다면, 너는 쉽게 잠들 것이다.

04 (1) 조언을 구하는 표현은 What can(should) I do to ~?로 쓸 수 있다. (2) 제안을 수락하는 표현은 Sounds great!, That's a great idea! 등으로 쓸 수 있다. (3) 조언하는 표현은 You can(should) ~. 또는 Why don't you ~? 등으로 쓸 수 있다.

|해석| Dan은 그의 시간을 더 잘 관리하고 싶다. 그는 수미에게 조언을 구한다. 수미는 그가 주간 계획을 세우고 할 일 목록을 만들 것을 제안한다. 그는 그녀의 생각이 마음에 든다.

05 ④ Mike가 학교 게시판에 광고를 붙여 보라고 제안해 주고 있을 뿐 직접 붙이겠다고 하지는 않았다.

|해석| ① Mike는 무슨 동아리에 가입했는가?
② 미술 동아리의 회장은 누구인가?
③ 얼마나 많은 회원이 미술 동아리에 있는가?
④ 왜 Mike는 미술 동아리 광고를 게시했는가?
⑤ Jenny는 이 대화 후 무엇을 할 것인가?

06 Why don't you ~?는 제안하는 표현으로 「How about+동명사 ~?」 형태로 바꿔 쓸 수 있다.

07 첫 번째 빈칸에는 wrong, 두 번째 빈칸에는 terrible, 세 번째 빈칸에는 '~처럼'의 의미를 나타내는 like, 마지막 빈칸에는 '당연하다'의 의미가 되도록 wonder가 들어간다.

08 제안을 수락하는 표현으로 That's a good(great) idea.를 쓸 수 있다.

09 미나가 Kate의 새로운 머리 모양이 자신의 개의 머리 모양과 비슷하다고 말해서 Kate는 화가 났다. 미나는 친구의 조언을 받아들여 Kate와 화해를 하기 위해 그녀에게 문자를 보내겠다고 했다.

|해석| 미나의 가장 친한 친구 Kate는 미나가 Kate의 새로운 머리 모양이 꼭 자신의 개의 머리 모양과 같아서 귀엽다고 말해서 미나에게 화가 났다. 미나는 Kate와 화해하기 위해 그녀에게 문자를 보낼 것이다.

10 ⑤ 영어 실력을 향상시키려면 어떻게 해야 하는지 조언을 구하고 있으므로 조언을 하는 말이 이어져야 한다. Why do you ~?는 이유를 묻는 말이다.

|해석| ① A: 이 한자가 의미하는 게 뭐니?
B: 음... 모르겠어. 너희 선생님께 여쭤보는 게 어떠니?
② A: 잠을 더 잘 자려면 어떻게 해야 할까?
B: 자기 전에 따뜻한 우유를 마시는 게 어떠니?
③ A: 새 학년이 시작되어 너무 신이 나!
B: 나도. 정말 멋질 거야!
④ A: 목요일에 함께 무언가를 하자.
B: 좋아! 무엇을 하고 싶니?
⑤ A: 내 영어 실력을 키우려면 어떻게 해야 할까?
B: 너는 왜 매달 영어책을 읽니?

11 ⓒ, ⓓ 각각 명사 time을 수식하는 형용사적 용법의 to부정사 to take와 to finish로 고쳐야 한다.
ⓔ put things in pockets로 쓰므로 to부정사 to put things 뒤에 전치사 in을 써야 한다.

|해석| ⓐ 나는 입을 것이 없다.

ⓑ 나는 이번 여름 뉴욕에 갈 계획이 있다.

ⓒ 그는 휴식을 취할 시간이 없다.

ⓓ 나는 보고서를 끝낼 시간이 충분하지 않다.

ⓔ 이 재킷은 무언가를 넣을 주머니가 없다.

12 명령문 다음에 or가 나오는 경우에 if ~ not이나 unless를 사용하여 같은 의미를 나타낼 수 있다. unless는 부정의 의미를 포함하는 것에 유의한다.

|해석| 지금 출발하라, 그렇지 않으면 너는 기차를 놓칠 것이다.

① 만약 지금 출발한다면, 너는 기차를 놓칠 것이다.

② 만약 지금 출발하지 않는다면, 너는 기차를 놓칠 것이다.

③ 만약 지금 출발하지 않는다면, 너는 기차를 놓치지 않을 것이다.

④ 만약 지금 출발하지 않는다면, 너는 기차를 놓칠 것이다.

⑤ 만약 지금 출발한다면, 너는 기차를 놓칠 것이다.

13 ④ discuss는 전치사 about 없이 discuss topics로 쓰므로 about을 빼야 어법상 올바른 문장이 된다.

|해석| ① 그는 살 큰 집을 샀다.

② 우리는 먹을 숟가락이 없다.

③ 방에 앉을 의자가 많이 있다.

④ 그녀는 토론할 몇 가지 주제를 생각했다.

⑤ 서울에는 방문할 곳이 많다.

14 ⓑ는 의미상 '그렇지 않으면'을 뜻하는 or가, 나머지는 모두 '그러면'을 뜻하는 and가 들어가는 것이 알맞다.

|해석| • 잠을 좀 자라, 그러면 기분이 나아질 것이다.

• 서둘러라, 그렇지 않으면 학교에 지각할 것이다.

• 친구들에게 친절해라, 그러면 그들은 네게 잘해줄 것이다.

• 채소를 많이 먹어라, 그러면 건강해질 것이다.

15 if ~ not은 unless와 의미가 같은데 마지막 문장에 not이 없는 것으로 보아, ⓔ에는 Unless가 들어가야 한다.

|해석| 우산을 가져가라, 그렇지 않으면 젖을 것이다.

= 만약 우산을 가져가지 않는다면, 너는 젖을 것이다.

= 만약 우산을 가져가지 않는다면, 너는 젖을 것이다.

16 -thing으로 끝나는 대명사(something)를 to부정사와 형용사(interesting)가 함께 수식하는 경우 「-thing+형용사+to부정사」의 어순으로 쓴다. 또한 talk about something으로 쓰므로 to부정사 to talk 뒤에 전치사 about을 써야 한다.

17 대화를 하는 것에 어려움이 있는지 묻고 그런 걱정을 없앨 수 있는 조언이 있다고 했으므로, 대화를 더 잘하는 방법에 대한 설명이 이어질 것임을 알 수 있다.

|해석| ① 다른 사람들을 존중하는 방법

② 대화를 잘하는 사람이 되는 방법

③ 자신을 소개하는 방법

④ 새로운 친구들을 사귀는 방법

⑤ 새 학년을 준비하는 방법

18 have trouble -ing: ~하는 데 어려움을 겪다

19 당신이 상대방의 말을 듣고 있다는 의미로 할 수 있는 말을 고른다.

20 ①은 poor의 뜻풀이인데 poor는 본문에 제시되어 있지 않다.

②는 conversation, ③은 active, ④는 feedback, ⑤는 nod에 대한 뜻풀이이다.

21 Tony는 친구와 대화할 때 주로 듣는 편이고, 무엇에 관해 이야기해야 할지 모르겠다는 고민을 말하고 있으므로, 본문의 조언 중 '공통의 관심사에 관해 이야기를 해야 한다.'고 조언하는 것이 알맞다.

|해석| Tony: 저는 친구와 대화할 때 대개 들어요. 무엇을 이야기할지 모르겠어요. 저는 친구가 제 주제에 관심이 없을까봐 걱정돼요. 어떻게 해야 하죠?

22 be interested in: ~에 관심이 있다

23 or는 '그렇지 않으면'의 의미를 나타내므로 if ~ not으로 바꿔 쓸 수 있다.

24 ⓑ와 ②의 to talk는 앞에 있는 명사를 수식하는 형용사적 용법으로 쓰였다. ①, ④, ⑤는 명사적 용법으로, ③은 부사적 용법으로 쓰였다.

|해석| ① 나는 그것에 관해 이야기하는 것을 원하지 않는다.

② 그것에 관해 이야기할 시간이다.

③ 나는 그것에 관해 이야기하는 것을 원하지 않는다.

④ 그는 다른 사람들과 이야기하는 방법을 모른다.

⑤ 다른 사람들과 이야기하는 것은 쉽지 않다.

25 대문자만 사용하면 소리치고 있는 것처럼 보일 것이라고 했으므로 ⑤가 주어진 글의 내용과 일치하지 않는다.

|해석| ① 만약 다른 사람들의 의견을 존중한다면, 너는 많은 친구들을 사귈 것이다.

②, ③ 만약 유용한 정보를 게시하지 않는다면, 너는 다른 사람들의 시간을 낭비하게 될 것이다.

④ 만약 대문자로만 쓴다면, 너는 소리치고 있는 것처럼 보일 것이다.

⑤ 만약 대문자로만 쓰지 않는다면, 너는 소리치고 있는 것처럼 보일 것이다.

Lesson 2
Close to You

STEP A

p.83

Words 연습 문제

A 01 대답하다
02 껴안다
03 말도 안 되는
04 소리치다
05 눈물, 울음
06 나타나다
07 발생하다, 벌어지다
08 평범한, 정상적인
09 꽤, 상당히
10 끔찍한
11 약속하다
12 성적, 학년
13 보이지 않는
14 주의, 주목, 관심
15 참을성이 있는
16 사라지다
17 친절한, 상냥한
18 재미있는, 익살스러운
19 책임감 있는
20 은행원

B 21 miss
22 text
23 arrive
24 tidy
25 since
26 pass
27 shake
28 feed
29 helpful
30 donate
31 intelligent
32 hard-working
33 far
34 outgoing
35 abroad
36 secret
37 caring
38 charity
39 creative
40 joke

C 01 펄쩍펄쩍 뛰다
02 ~을 끄다
03 시간 맞춰, 늦지 않게
04 일등을 하다
05 ~로 바쁘다
06 곧
07 ~의 앞에
08 자기가 하고 싶은 일을 하다

Words Plus 연습 문제   p.85

A 1 shake, (고개를) 흔들다   2 promise, 약속하다
3 tear, 눈물, 울음   4 hug, 껴안다   5 banker, 은행원
6 arrive, 도착하다   7 normal, 평범한, 정상적인
8 invisible, 보이지 않는

B 1 disappear   2 tidy   3 awful   4 friendly   5 yell

C 1 normal   2 reply   3 happen   4 donate   5 abroad

D 1 a sea of   2 make friends   3 in front of
4 do their own thing   5 look for

Words 실전 TEST   p.86

01 ⑤   02 (a)rrive   03 ②   04 ②   05 ⑤   06 ①   07 in time

01 ⑤는 사람의 외모를 묘사하는 형용사이고, 나머지는 모두 사람의 성격을 묘사하는 형용사이다.
|해석| ① 책임감 있는 ② 창의적인 ③ 정직한 ④ 재미있는 ⑤ 마른

02 '가려고 하는 장소에 닿다'는 arrive(도착하다)의 설명이다.

03 in front of: ~의 앞에 / a sea of ~: ~의 바다, 다량의 ~
|해석| • 집 앞에 경찰차가 있었다.
• 우리 개가 죽었을 때, 우리 가족은 눈물 바다가 되었다.

04 ② awful은 '끔찍한'이라는 의미로 좋지 않은 상황에 쓰는 말이다.
|해석| ① 그거 꽤 흥미롭게 들린다.
② 지난 여름 날씨는 끔찍했다.
③ 나는 집에 도착할 때 너에게 문자를 보낼게.
④ 그녀는 어린아이들에게 매우 참을성이 있다.
⑤ 해외로 여행을 가는 것은 아주 멋진 경험이다.

05 be busy with: ~로 바쁘다 / look for: ~을 찾다
|해석| • 그는 그의 숙제로 매우 바쁘다.
• 그녀는 가방을 잃어버렸다. 그것을 찾아 보자.

06 주어진 문장과 ①의 grade는 '학년'이라는 의미로 쓰였다.
|해석| 그녀는 3학년이다.
① 학교는 1학년 때 읽기를 가르친다.
② 그녀는 시험에서 좋은 성적을 받았다.
③ 내 과학 성적은 항상 매우 높았다.
④ 내 성적은 좋지 않지만 나는 합격했다.
⑤ Carol은 수학에서 A 학점을 받았다.

07 '시간 맞춰, 늦지 않게'는 in time을 써서 표현한다.

Listen & Speak 만점 노트   pp.88~89

Q1 4시 30분
Q2 영어 말하기 시험
Q3 nervous
Q4 나는 그가 대회에서 일등을 할 거라고 확신해.
Q5 He is very tall and handsome.
Q6 세 사람 모두 영어를 좋아하고 같은 동아리에 있어서
Q7 He is outgoing.
Q8 활동적이고 외향적이다.
Q9 She is looking for a singer for her school band.
Q10 He just moved to their school last week.
Q11 He is very outgoing and friendly.

1 in time, I'm sure

2 What's up, I get so nervous, I'm sure, I feel much better now

3 I'm sure, get first place

4 Who's that, What is he like, friendly, humorous

5 Happy to hear that, What are they like, kind, outgoing, invite, over for dinner

6 I'm looking for, What is she like, active, outgoing

7 How about, Who's that, I'm sure he will be, Can you tell me, outgoing, friendly

1 ⓒ – ⓐ – ⓓ – ⓑ

2 ⓓ – ⓑ – ⓔ – ⓒ – ⓗ – ⓕ – ⓐ – ⓖ

3 ⓒ – ⓐ – ⓑ

4 ⓑ – ⓐ – ⓓ – ⓒ

5 ⓗ – ⓒ – ⓕ – ⓐ – ⓔ – ⓙ – ⓑ – ⓖ – ⓓ – ⓘ

6 ⓒ – ⓐ – ⓓ – ⓑ – ⓔ

7 ⓑ – ⓖ – ⓒ – ⓔ – ⓐ – ⓙ – ⓗ – ⓓ – ⓘ – ⓕ

01 ④ **02** ① **03** ⑤ **04** ⑤ **05** ④ **06** ④ **07** ③ **08** ③
09 ⑤

[서술형]

10 I'm sure you'll do well.

11 (1) You look so worried. (2) I feel much better now.

12 (1) He is responsible and tidy.

(2) he will be a good board cleaner

01 Jane의 목소리가 좋다는 말에 훌륭한 가수가 될 것을 확신한다고 응답하는 것이 자연스럽다.

|해석| A: Jane은 좋은 목소리를 가지고 있어.

B: 응, 나는 그녀가 훌륭한 가수가 될 거라고 확신해.

A: 나도 그렇게 생각해.

① 너는 그것에 관해 확신하니?

② 물론이지, 그거 좋은 생각이다.

③ 그녀는 재미있고 외향적이야.

④ 응, 나는 그녀가 훌륭한 가수가 될 거라고 확신해.

⑤ 아니, 나는 내가 훌륭한 목소리를 가지고 있다고 확신하지 않아.

02 성격을 묘사하는 형용사(kind, helpful)를 사용하여 답하고 있으므로 성격을 묻는 말이 들어가야 한다.

|해석| A: Tom의 성격은 어떠니?

B: 그는 친절하고 도움이 돼.

① Tom의 성격은 어떠니?

② Tom은 무엇을 좋아하니?

③ Tom은 어떻게 생겼니?

④ Tom은 어떠니?

⑤ Tom은 무엇을 하고 있니?

03 아빠 생신 선물로 무엇을 하면 좋을지 조언을 구하는 말(D)에 케이크를 만들어 보라고 제안하는 말(C)이 이어지고 아빠가 좋아할지에 대한 확신을 묻는 말(B)에 좋아할 것이라고 확신하는 말(A)로 답하는 것이 적절하다.

|해석| (D) 우리 아빠 생신을 위해 내가 무엇을 해야 할까?

(C) 생일 케이크를 굽는 게 어때?

(B) 너는 그가 그것을 좋아할 거라고 생각하니?

(A) 나는 그가 아주 좋아할 거라고 확신해.

04 ⑤ '네가 노래 경연 대회에서 일등을 할 거라고 확신해.'라는 말에 '물론이야. 너는 훌륭한 가수야.'라고 답하는 것은 어색하다.

|해석| ① A: 나는 내 춤 동아리의 새로운 회원을 찾고 있어.

B: Jenny는 어때?

② A: John은 성격이 어떠니?

B: 그는 창의적이고 똑똑해.

③ A: 저분은 누구시니?

B: 그녀는 내 새로운 축구 코치님이셔.

④ A: Amy는 정말 빨리 달려.

B: 응, 나는 그녀가 달리기 경주에서 우승할 거라고 확신해.

⑤ A: 나는 네가 노래 경연 대회에서 일등할 거라고 확신해.

B: 물론이지. 너는 훌륭한 가수야.

05 ④ '기차역은 여기에서 많이 멀지 않다'라는 뜻이 되어야 하므로 ⓓ에는 from이 들어가야 한다.

06 「I'm sure+주어+동사 ~.」는 확신을 말할 때 사용하는 표현이다.

|해석| A: Mia는 도움이 되고 근면해.

B: 나는 그녀가 좋은 재활용 도우미가 될 거라고 확신해.

07 ⓐ가 있는 문장은 의견을 묻는 How do you like ~?가, ⓒ가 있는 문장은 '~는 어때?'라는 의미의 How about ~?이 되어야 한다.

08 뒤에 각 사람의 성격을 말하고 있으므로 두 사람의 성격을 묻는 질문인 ③이 들어가야 한다.

|해석| ① 그들은 누구니?

② 그들은 무엇을 좋아하니?

③ 그들은 성격이 어떠니?

④ 그들은 그것을 왜 좋아하니?

⑤ 그들은 어떻게 생겼니?

09 ⑤ Mike의 성격은 알 수 있지만 Mike의 외모는 위 대화에서 언급되지 않았다.

10 확신을 말할 때는 「I'm sure+주어+동사 ~.」의 어순으로 쓴다.

11 (1) '걱정스러워 보인다'라는 뜻이 되어야 하므로 「look+형용사」를 써야 한다.

(2) '훨씬'이라는 의미로 비교급을 수식할 때는 very가 아니라 much

를 써야 한다. much 외에 even, far, still, a lot도 비교급을 수식한다.

12 (1) 성격을 묻는 질문에 성격을 나타내는 형용사를 이용하여 답하고, (2) 확신을 나타낼 때는 「I'm sure＋주어＋동사 ～.」로 쓴다.

|해석| 민수는 책임감 있고 깔끔해서 다른 학생들이 그가 칠판을 잘 닦을 거라고 생각한다.

A: 칠판 닦는 사람으로 누가 가장 알맞을까?
B: 민수는 어때?
A: 그는 성격이 어떠니?
B: 그는 책임감 있고 깔끔해.
C: 나는 그가 우리 반을 위해 칠판을 잘 닦을 거라고 확신해.

ⓖ Grammar 핵심 노트 1　　　p. 96

QUICK CHECK

1 (1) has lived　(2) has seen　(3) have, met
2 (1) Have you got　(2) 옳음　(3) went

---

1 |해석| (1) Ted는 5살 이래로 뉴욕에 살았다.
(2) Mia는 전에 영화를 본 적이 있다.
(3) 나는 John을 이미 만났다.

ⓖ Grammar 핵심 노트 2　　　p. 97

QUICK CHECK

1 (1) to water　(2) to turn on　(3) not to eat
2 (1) to open　(2) to clean　(3) not to be

---

1 |해석| (1) Tony의 엄마는 그에게 화분에 물을 주라고 말씀하셨다.
(2) 그녀는 내가 TV를 켜길 원했다.
(3) 의사는 Amy에게 패스트푸드를 너무 많이 먹지 말라고 말했다.

ⓖ Grammar 연습 문제 1　　　p. 98

A **1** have known　**2** have been　**3** has snowed
　　4 has made　**5** have met
B **1** eaten　**2** wrote　**3** have passed　**4** gone
　　5 watched
C **1** for　**2** never　**3** yet　**4** ever　**5** since
D **1** Have you ever traveled abroad?
　　2 I have not eaten Mexican food before.
　　3 It has rained since yesterday.

A |해석| **1** 나는 그녀를 3년 동안 알았다.
　　2 그들은 박물관에 두 번 가 봤다.
　　3 오늘 종일 눈이 왔다.

4 Tom은 학교에서 좋은 시작을 했다.
5 나는 Jane의 어머니를 여러 번 만났다.

B |해석| **1** 곤충을 먹어 본 적이 있니?
　　2 나는 지난 밤 시를 썼다.
　　3 그의 마지막 방문 이래로 이틀이 지났다.
　　4 미나는 여기 없다. 그녀는 학교에 가 버렸다.
　　5 그는 어제 영화를 봤다.

C |해석| **1** Donald는 2년 동안 파리에 살았다.
　　2 나는 중국 영화를 본 적이 없다.
　　3 그녀는 아직 설거지를 끝내지 못했다.
　　4 너는 뮤지컬 본 적이 있니?
　　5 우리는 작년 9월 이래로 여기에 살았다.

ⓖ Grammar 연습 문제 2　　　p. 99

A **1** to be　**2** to turn　**3** to study　**4** to come
　　5 not to watch
B **1** to clean　**2** to turn　**3** to read　**4** to wear　**5** to be
C **1** Amy asked me to feed her dog every day.
　　2 The teacher told Tom not to run in the classroom.
　　3 What does the man want her to do?
　　4 Mary told him to listen to the radio.
　　5 I asked him not to turn on the TV.
D **1** He asked James to water the plant.
　　2 I told her not to go there.
　　3 My parents want me to study hard.
　　4 I asked him to lend me some books.

A |해석| **1** 나는 Sue가 행복하기를 바란다.
　　2 그녀는 그에게 음악을 줄이라고 요청했다.
　　3 우리 부모님은 내가 해외에서 공부하길 바라셨다.
　　4 Tom은 내 여동생에게 파티에 가자고 요청했다.
　　5 어머니는 나에게 TV를 너무 많이 보지 말라고 말씀하셨다.
B |해석| **1** 어머니는 나에게 방을 청소하라고 말씀하셨다.
　　2 Daisy는 그녀의 여동생에게 TV를 끄라고 요청했다.
　　3 그녀는 Tom에게 책을 크게 읽어달라고 요청했다.
　　4 James는 그 소녀에게 장갑을 끼라고 말했다.
　　5 우리 부모님은 내가 유명한 가수가 되길 바라셨다.

ⓖ Grammar 실전 TEST　　　pp. 100~103

01 ④　**02** ⑤　**03** ③　**04** ①　**05** ④　**06** ②　**07** ②　**08** ④
09 ④　**10** ⑤　**11** ②　**12** ②　**13** ⑤　**14** ②, ④　**15** ④
16 ④　**17** ②, ⑤　**18** ④　**19** ⑤　**20** ④　**21** ③　**22** ⑤

[서술형]

23 (1) I asked the doctor to help us.

(2) He told his son to wear shoes.

(3) What does your mother want you to be?

24 (1) I have never(not) seen a monkey.

(2) Has Jason cooked for his family before?

(3) Sue has never(not) donated her old clothes to charity before.

25 (1) Jim asked his mother to buy him a new phone.

(2) My father wanted me not to watch TV at night.

(3) The book has arrived in the library.

26 (1) Mike's mom asked him to clean the house.

(2) Mike's mom asked him to water the plant.

(3) Mike's mom asked him to wash the dishes after breakfast.

27 (1) Sumi has never(not) seen a musical.

(2) Sumi has traveled abroad.

(3) Sumi has been to the museum.

01 동사 want 뒤에 목적어(John)가 왔으므로 목적격보어로 빈칸에는 to부정사 형태가 들어가야 한다.

|해석| 나는 John이 나를 도와주길 바란다.

02 전에 해외로 여행한 적이 있다는 경험을 나타내는 말이 되어야 하므로 현재완료를 쓴다. 주어 They가 복수이므로, 「have+과거분사」 형태를 쓴다.

|해석| 그들은 전에 해외로 여행한 적이 있다.

03 어린아이였던 과거에 바이올린을 연주해서 지금까지 연주하고 있다고 했으므로 현재완료를 사용하여 표현할 수 있고, 연주하기 시작한 시점은 since를 사용하여 표현한다.

|해석| 나는 어렸을 때 바이올린을 연주했다. 나는 여전히 바이올린을 연주한다.

04 그는 프랑스에 가서 지금 여기에 없다고 했으므로 '~에 가고 (현재) 없다'는 의미의 has gone to를 사용하여 표현한다.

|해석| 그는 프랑스에 갔다. 그래서 그는 지금 여기에 없다.

05 주어진 문장은 동사 뒤에 목적어(me)와 목적격보어로 to부정사(to come)가 왔으므로 이 구조로 쓰이는 tell, ask, want, allow는 빈칸에 알맞다. ④는 동사 think의 과거형이다. think는 「주어+think」나 「주어+think+목적어」의 형태로 쓰이는 동사이므로 빈칸에 들어갈 수 없다.

06 현재완료는 명백한 과거 시점을 나타내는 부사구와 함께 쓰일 수 없다.

07 '~에게 …하라고 말하다'는 「tell+목적어+to부정사」의 어순으로 쓴다. to부정사의 부정은 to 앞에 not을 쓴다.

08 현재완료는 「have/has+과거분사」 형태로 쓰고, 과거부터 현재까지 지속되는 일을 나타낼 때는 since(~부터, ~ 이후로) 등과 함께 쓰인다.

09 모두 현재완료가 쓰였는데, ④는 주어가 Jane and you로 복수이므로 have를 쓰고 나머지는 모두 3인칭 단수이므로 has를 쓴다.

|해석| ① 그는 2년 동안 그곳에 살았다.

② Sue는 어제부터 아팠다.

③ Tom은 숙제를 끝마쳤니?

④ Jane과 너는 무엇을 함께 해 왔니?

⑤ 나의 언니는 전에 가족을 위해 요리한 적이 없다.

10 She told him to turn off the TV(turn the TV off).이므로 다섯 번째에 오는 단어는 turn이다.

|해석| 그녀는 그에게 TV를 끄라고 말했다.

11 to부정사의 부정은 to 앞에 not을 쓴다.

|해석| 우리 아버지는 내게 스마트폰을 너무 많이 사용하지 말라고 말씀하셨다.

12 ever를 현재완료와 함께 쓸 때는 have와 과거분사 사이에 쓰는데 의문문이라 have가 문장의 문두로 나가 있는 것에 유의한다.

|해석| 너는 제주도에 가 본 적이 있니?

13 ask는 4형식으로 「ask+간접목적어+직접목적어(~에게 …을 물어보다)」의 형태와 5형식으로 「ask+목적어+to부정사(~에게 …하기를 요청하다)」의 형태로 모두 쓰인다. ⑤의 ask는 4형식으로 쓰인 형태로 He asked me a question.의 문장이다.

|해석| ① 나의 부모님은 내가 과학자가 되길 바라신다.

② Ann은 그녀의 여동생이 행복하길 바랐다.

③ 선생님은 Sue에게 안경을 조심하라고 말씀하셨다.

④ 그녀는 우리에게 도서관에서 조용히 해 달라고 요청했다.

⑤ 그는 나에게 질문했다.

14 현재완료는 「have/has+과거분사」 형태로 과거에 발생한 일이 현재까지 영향을 미치거나 관련이 있을 때 사용한다. 특정 과거 시점을 나타내는 부사 yesterday, last, ago 등과 함께 쓸 수 없다.

|해석| 우리는 초등학교 이래로 친구이다.

15 '~에게 …하라고 요청하다'는 「ask+목적어+to부정사」의 어순으로 쓴다. 빈칸에는 asked me to leave가 들어가므로 for는 쓸 수 없다.

16 '~에 가 본 적이 없다'는 have never been to를 쓴다. have gone to는 '~에 가고 (현재) 없다'라는 의미이다.

17 How long과 현재완료를 이용해서 서울에 계속해서 산 기간을 묻고 있다. 따라서 현재완료로 답하며 구체적인 기간을 알 수 있도록 for나 since를 사용할 수 있다.

|해석| 너는 서울에서 얼마나 오래 살았니?

① 나는 서울에 살고 싶어.

② 나는 3년 동안 서울에 살았어.

③ 나는 2018년에 서울에 살았어.

④ 나는 내가 어린아이였을 때 서울에 살았어.

⑤ 나는 내가 10살 때 이래로 서울에 살았어.

18 「tell/ask/want+목적어+to부정사」의 형태가 되어야 한다.

① helps → help ② not be → not to be ③ to happy → to be happy ⑤ to Jim exercise → Jim to exercise

|해석| ① 지수는 Tony에게 숙제를 도와달라고 요청했다.

② 나는 그에게 수업에 늦지 말라고 말했다.

③ 우리는 그녀가 항상 행복하기를 원했다.

④ 우리 삼촌은 내가 최선을 다하길 원하셨다.

⑤ 그는 Jim에게 매일 운동을 하라고 요청했다.

19 ⑤ 현재완료의 형태는 「have/has+과거분사」이다. (hearing → heard)

|해석| ① James는 그의 컴퓨터를 잃어버렸다.

② 그녀는 그녀의 숙제를 막 끝냈다.

③ 이 기계는 두 시간 동안 작동하지 않았다.

④ 나는 전에 그의 엄마를 본 적이 있다.

⑤ 나는 이 노래를 들어본 적이 없다.

20 ④ careful은 형용사로 앞에 be동사를 써야 하므로 to be careful로 고치는 것이 알맞다.

|해석| ① 나는 두 시간 동안 기다렸다.

② 그는 우리에게 집에 일찍 가라고 요청했다.

③ 너는 유럽에 가 본 적이 있니?

④ 그녀는 나에게 칼을 조심하라고 말했다.

⑤ Mary는 어제부터 그녀의 방에 있었다.

21 ⓒ 현재완료의 형태는 「have/has+과거분사」이다. (sleep → slept)

ⓓ 「want+목적어+to부정사」의 형태가 알맞다. (walk → to walk)

|해석| ⓐ Green 씨는 그들에게 에너지를 아끼라고 말했다.

ⓑ Jack은 그녀에게 창문을 열라고 요청했다.

ⓒ Tommy는 세 시간 동안 잠을 잤다.

ⓓ 나는 네가 매일 나의 개를 산책시키길 바란다.

ⓔ 그 기차는 역에 이미 도착했다.

22 네 문장 모두 옳은 문장이다.

|해석| • Jane과 나는 우리의 경험에 관해 책을 써 왔다.

• 나는 이 소설을 두 번 읽었다.

• 나의 부모님은 내가 해외에서 공부하길 바라지 않으신다.

• 그녀는 나에게 잠을 좀 자라고 말했다.

23 「ask/want/tell+목적어+to부정사」의 어순으로 쓴다.

24 현재완료의 부정문은 「주어+have(has)+not(never)+과거분사 ~.」의 형태로 쓰고, 현재완료의 의문문은 「(의문사+)Have(Has)+주어+과거분사 ~?」의 형태로 쓴다.

|해석| (1) 나는 원숭이를 본 적이 있다.

(2) Jason은 전에 그의 가족을 위해 요리한 적이 있다.

(3) Sue는 전에 자선 단체에 그녀의 오래된 옷들을 기부한 적이 있다.

25 (1), (2) 동사 ask/want는 목적격보어 자리에 to부정사를 쓰고, to부정사의 부정은 to 앞에 not을 쓴다. (3) 현재완료는 「have(has)+과거분사」의 형태로 쓴다.

|해석| (1) Jim은 그의 어머니에게 자기에게 새 휴대 전화를 사 달라고 요청했다.

(2) 우리 아버지는 내가 밤에 TV를 보지 않기를 바라셨다.

(3) 그 책이 도서관에 도착했다.

26 「ask+목적어+to부정사」의 어순으로 쓴다.

|해석| Mike에게

• TV를 꺼라.

• 집을 청소해라.

• 화초에 물을 줘라.

• 아침 식사 후 설거지를 해라.

[보기] Mike의 엄마는 그에게 TV를 끄라고 요청하셨다.

27 (3) '가 본 적이 있다'를 표현할 때는 have been to를 쓰는 것에 유의한다.

Ⓡ Reading 빈칸 채우기　　　pp. 107~108

01 name　02 in the third grade　03 banker　04 have
05 Sounds pretty　06 happened　07 comes home late
08 on the weekends　09 Even then　10 came home
early　11 doing our own thing　12 giving food　13 not
to do　14 texting　15 Pass　16 No one　17 busy with
18 yelling　19 feeding　20 jumping up and down　21
invisible　22 happened　23 disappeared　24 became
25 hear, see　26 Where　27 right in front of　28 anything
29 awful　30 asked, to help　31 has been, since　32
shook, head　33 never seen　34 miss　35 started crying
36 joined　37 a sea of tears　38 promise to pass　39
happened　40 appeared　41 hugged us　42 come home
earlier, play with

Ⓡ Reading 바른 어휘·어법 고르기　　pp. 109~110

01 is　02 eighth, third　03 banker　04 have　05 normal
06 happened　07 late　08 on　09 usually　10 early
11 doing　12 giving　13 to do　14 texting　15 me
16 No one, pass　17 with　18 Don't　19 feeding
20 up and down　21 Am　22 happened
23 disappeared　24 became　25 hear　26 Where
27 in front of　28 anything　29 an　30 to help　31 has
32 shook　33 never　34 miss　35 crying　36 joined
37 moments　38 to pass　39 Then　40 appeared
41 attention　42 earlier

Ⓡ Reading 틀린 문장 고치기　　　pp. 111~112

01 ×, am → is　02 ×, eight grade → eighth grade
03 ○　04 ×, cat → dog　05 ×, Sound → Sounds
06 ○　07 ○　08 ×, weekdays → the weekends
09 ×, watch → watches　10 ×, comes → came
11 ×, our thing own → our own thing　12 ○
13 ×, do not → not to do　14 ○
15 ×, Pass to me → Pass me　16 ○　17 ○
18 ×, Not → Don't　19 ×, was feed → was feeding
20 ○　21 ×, Did → Am　22 ○　23 ×, unlike → like
24 ×, visible → invisible　25 ×, could → couldn't
26 ○　27 ○　28 ×, something → anything

Reading 실전 TEST   pp. 116~119

01 ③ 02 pretty 03 ④ 04 ⑤ 05 ③ 06 her not to do

07 ⑤ 08 ④ 09 ① 10 ④ 11 ③ 12 ④ 13 ③

14 asked the doctor to help us 15 ③ 16 ② 17 ②

18 ④ 19 ③ 20 ⑤ 21 ②

[서술형]

22 My mother was telling her not to do so.

23 He usually sleeps or watches television.

24 Pass me the bread! / Pass the bread to me!
　My father disappeared like magic.

25 ⓐ to help ⓑ has been

26 I've never seen anything like this before.

27 (1) Jimmy's father will come home earlier.
　(2) Jimmy's father will play with Hope and Jimmy on
　　 the weekends.

---

01 be in the+서수+grade: ~학년이다

02 quite는 '꽤, 상당히'의 의미를 나타내는 부사로 같은 의미를 나타내는
단어는 pretty이다.
|해석| 이 식당에서 그 음식은 꽤 좋다.

03 ④ Jimmy의 부모님의 이름은 알 수 없다.

04 ⑤ 마지막 문장에서 지난주에 Jimmy의 가족에게 이상한 일(a crazy
thing)이 일어났음을 알 수 있다.

05 (A)에는 '늦게'라는 의미의 late가, (B)에는 등위접속사 or로 연결되
있으므로 sleeps와 동등한 형태인 watches가, (C)에는 과거진행형
으로 쓰인 현재분사 doing이 알맞다.

06 「tell+목적어+not+to부정사」의 어순으로 쓴다.

07 ⑤ Jimmy가 누구에게 문자를 보내고 있었는지는 알 수 없다.
|해석| ① Jimmy는 왜 오직 주말에만 그의 아버지를 볼 수 있는가?
② Jimmy의 아버지는 대개 주말에 무엇을 하시는가?
③ Jimmy의 아버지가 저녁 식사를 위해 집에 일찍 오신 것은 언제인가?
④ Hope는 식탁에서 무엇을 하고 있었는가?
⑤ Jimmy는 누구에게 문자를 보내고 있었는가?

08 아버지가 빵을 건네달라고 말한(C) 뒤에 아무도 듣지 못해서 그가 다시
요청하는 말(A)이 이어지고, Jimmy가 들었지만 휴대 전화 때문에 너
무 바빴다는 말(B)이 이어지는 것이 자연스럽다.

09 ⓐ는 가족 중 누군가를 지칭하는 말이고 나머지는 모두 Jimmy의 아
버지를 가리키는 말이다.

10 문맥상 Then은 '(바로) 그때'라는 의미로 At that moment로 바꿔
쓸 수 있다.
|해석| ① 시간 맞춰 ② 대개 ③ 오랫동안 ④ 그때 ⑤ 때때로

11 아무도 자신의 말을 듣지 않는 상황에서 Jimmy의 아버지가 느낀 심
정은 upset (화가 난)이 알맞다.

12 ⓐ는 Jimmy의 아버지를 지칭하고 ⓑ는 아버지를 제외한 나머지 가족
들을 가리킨다.

13 ⓒ의 It은 시간을 나타내는 비인칭 주어로 쓰였다. 비인칭 주어로 쓰인
것은 ③이고 나머지는 모두 '그것'이라는 의미의 대명사로 쓰였다.
|해석| ① 나는 그것을 많이 좋아한다.
② 그거 해니 달이니?
③ 오늘 정말 춥다.
④ 나는 그것을 당장 할 거야.
⑤ 그것은 아름다운 색을 가졌다.

14 「ask+목적어+to부정사」의 어순으로 쓴다. 흐름상 '의사에게 우리를 도
와 달라고 부탁했다'가 자연스러우므로 asked의 목적어는 the doctor
가 되고 us는 help의 목적어가 된다.

15 어젯밤 이후로 계속 안 보였다는 의미이므로 '~ 이후'라는 의미의
since가 알맞다.

16 ② 아버지의 모습은 가족뿐만 아니라 다른 사람들도 볼 수 없었다.

17 내용의 흐름상 Hope가 아버지가 그립다고 말하는 내용이 되는 것이
가장 알맞다.

18 ⓑ와 ④는 동사의 목적어로 쓰인 동명사이고, 나머지는 모두 현재분사
로 쓰였다.
|해석| ① 그 아기는 울고 있다.
② 네 남동생은 왜 울고 있니?
③ 그녀는 그녀의 울고 있는 아들을 안았다.
④ 나는 매우 슬프고 우는 것을 멈출 수 없다.
⑤ 그녀는 웃고 있었고 그와 동시에 울고 있었다.

19 극적인 사건이 일어나기 전에 그것을 강조하기 위해 쓴 문장이므로 아
빠가 다시 나타났다는 말 바로 앞의 ③에 들어가는 것이 알맞다.

20 promise는 '약속하다'라는 뜻으로 ⑤ '누군가에게 당신이 어떤 일을 할
지 또는 하지 않을지 말하다'라는 의미가 알맞다.
|해석| ① shout(소리치다) ② arrive(도착하다) ③ yell(소리치다)
④ hug(껴안다)

21 ⓓ에는 아빠가 다시 나타났다는 의미가 될 수 있도록 'appeared(나타
나다)'가 와야 하고, ⓔ에는 관심 가져줘서 고맙다는 의미가 자연스러우
므로 'attention(관심)'이 알맞다.

22 '~하고 있었다'라는 의미의 과거진행형은 「was/were+현재분사」로
쓰고, '~에게 …하지 말라고 말하다'는 「tell+목적어+not+to부정사」
의 어순으로 쓴다.

23 주말에 Jimmy의 아버지는 주로 주무시거나 TV를 본다고 했다.

24 「pass+간접목적어+직접목적어」나 「pass+직접목적어+to+간접목
적어」의 어순으로 '~에게 …을 건네주다'라는 의미를 나타낸다.
disappear는 '사라지다'라는 의미의 자동사이다.

25 ⓐ에는 asked의 목적격보어로 쓰인 to부정사 형태가 알맞고 ⓑ에는 어젯밤부터 계속되고 있는 일을 나타내는 현재완료 형태가 알맞다.

26 현재완료인 「have+과거분사」로 쓰는데, 이때 never는 have와 과거분사 사이에 위치하는 것에 유의한다. I've는 I have의 축약형이다.

27 마지막 문장에서 아빠가 약속한 일을 알 수 있다.

M 기타 지문 실전 TEST   p.121

| 01 ② | 02 pass the bread to his father | 03 ① | 04 ① |
| 05 ③ | 06 I have already helped you three times. | 07 ④ |

01 ⓑ는 ask의 목적격보어로 쓰였으므로 to pass로 써야 한다.

02 4형식의 「pass+간접목적어+직접목적어」는 「pass+직접목적어+to+간접목적어」의 3형식으로 바꿔 쓸 수 있다.

03 영원히 친구가 될 거라고 확신하는 말이 들어가는 것이 자연스럽다.

04 ① 글쓴이의 이름은 알 수 없다.

05 첫 빈칸에는 that이, 두 번째 빈칸에는 because가, 세 번째 빈칸에는 also, 마지막에는 sure가 들어간다.

06 already는 have와 과거분사 사이에 쓰고, 횟수를 나타내는 three times는 문장의 맨 마지막에 쓴다.

07 ④ 지민이가 미나에게 편지를 어떻게 주었는지는 알 수 없다.

|해석| ① 지민이의 비밀 친구는 누구인가?

② 지민이는 미나를 어떻게 도와주었는가?

③ 지민이는 미나에게 무엇을 썼는가?

④ 지민이는 미나에게 편지를 어떻게 주었는가?

⑤ 미나의 취미는 무엇인가?

STEP B

W Words 고득점 맞기   pp. 122~123

| 01 ④ | 02 ① | 03 ⑤ | 04 ② | 05 of | 06 ④ | 07 jumped up and down | 08 ③ | 09 ⑤ | 10 ② | 11 was busy with |
| 12 ③ | 13 ④ | 14 place, late, shake | 15 ⑤ |

01 ④는 유의어 관계이고 나머지는 모두 반의어 관계이다.

|해석| ① 도착하다 − 출발하다

② 깔끔한 − 깔끔하지 않은

③ 늦은 − 이른 / 늦게 − 일찍

④ 소리치다

⑤ 보이는 − 보이지 않는

02 ① normal은 '평범한'이라는 의미로 영어 뜻풀이는 'usual, not strange'이고, '매우 이상하거나 일상적이지 않은'은 crazy에 대한 영어 뜻풀이다.

03 ⑤에서 dinner는 저녁 식사를 의미하므로 다른 단어들과 어울리지 않는다.

|해석| ① 재미있는, 외향적인, 책임감 있는, 배려하는

② 두 번째의, 세 번째의, 일곱 번째의, 여덟 번째의

③ 은행원, 교사, 의사, (운동선수의) 코치

④ 키가 큰, 잘생긴, 마른, 예쁜

⑤ 아침, 밤, 오후, 저녁 식사

04 '누군가의 작업이나 성과가 얼마나 좋은지 보여 주는 문자나 숫자'는 '성적'을 의미하고, '1년 동안 지속되는 학교에서의 단계 중의 하나'는 '학년'을 의미하므로 grade에 대한 설명이다.

05 in front of: ~의 앞에 / a sea of ~: ~의 바다

|해석| • 나는 많은 사람 앞에서 말할 때 긴장한다.

• 불똥이 불바다를 만들 수 있다.

06 ④ 첫 번째 문장에서는 '묻다'라는 의미로 쓰였고, 두 번째 문장에서는 '요청하다'의 의미로 쓰였다.

① patient: 참을성 있는 ② tear: 눈물 ③ right: 바로 ⑤ miss: 그리워하다

|해석| ① 그가 돌아올 때까지 참고 기다려라.

Jane은 매우 참을성 있는 여자다.

② 그녀의 눈은 눈물로 젖었다.

그는 눈물을 흘리며 방을 떠났다.

③ 그 버스는 바로 제시간에 왔다.

Tome은 그녀의 바로 뒤에 서 있었다.

④ 그는 나에게 질문했다.

Jason은 그녀에게 가라고 요청했다.

⑤ 나는 내 친구들과 가족 모두 그립다.

만약 네가 한국을 떠난다면, 우리는 너를 그리워할 것이다.

07 '펄쩍펄쩍 뛰다'라는 의미를 나타낼 때는 jump up and down을 쓴다. 과거시제이므로 jumped로 쓴다.

|해석| 그 아이들은 그 소식에 신이 나서 펄쩍펄쩍 뛰었다.

08 ③은 부사이고 나머지는 모두 형용사이다.

　① 친절한 ② 끔찍한 ③ 해외로 ④ 보이지 않는 ⑤ 도움이 되는

09 ⑤ invite ~ over for dinner는 '저녁 식사에 ~를 초대하다'라는 뜻
이므로 to invite someone to one's house for dinner로 설명할
수 있다. 주어진 설명은 '저녁 식사 후에 집에 도착하다'를 뜻한다.

　|해석| ① 나는 K-pop을 많이 좋아한다.

　② 너는 쉽게 친구들을 사귈 것이다.

　③ 그 학생들은 지금 그들이 하고 싶은 일을 하고 있다.

　④ 우리는 기차 시간에 맞춰 갈 것이다.

　⑤ 그들은 저녁 식사에 몇몇 친구들을 초대했다.

10 주어진 영어 뜻풀이는 hard-working(근면한)에 대한 설명이다.

　|해석| ① Mia는 배려심이 많아서 누구든 도울 것이다.

　② Bill은 매우 근면한 학생이다.

　③ John은 책임감 있기 때문에 그 일을 끝마칠 것이다.

　④ Sue는 그 답을 알 것이다. 그녀는 매우 똑똑하다.

　⑤ Ann은 외향적이어서 많은 사람을 만나는 것을 좋아한다.

11 '~로 바쁘다'는 be busy with로 쓴다.

12 ③의 pass는 '건네주다'라는 의미로 쓰였다.

　|해석| ① 곧 그는 여기에 도착할 것이다.

　② 수학 시험은 나에게 꽤 어려웠다.

　③ 나는 아버지에게 신문을 건네드렸다.

　④ 요즘 많은 학생이 스마트폰을 가지고 있다.

　⑤ 선생님은 우리에게 교실에서 소리치지 말라고 말씀하셨다.

13 awful은 '끔찍한'이라는 뜻으로 terrible과 바꿔 쓸 수 있다.

　|해석| 오늘 나는 숙제를 잊어버렸고 방과 후에 지갑을 잃어버렸다. 끔
찍한 날이었다.

　① 조용한 날 ② 아주 좋은 날 ③ 행복한 날 ④ 끔찍한 날 ⑤ 훌륭한 날

14 (A) get first place: 일등을 하다

　(B) late: 늦게, lately: 최근에

　(C) shake: (고개를) 흔들다

　|해석|

　• Jack은 피아노를 매우 잘 친다. 그는 대회에서 일등을 할 것이다.

　• 우리 엄마는 때때로 회사에서 늦게 집에 오신다.

　• 그는 내 질문의 대답으로 그의 고개를 가로저을 것이다.

15 ⑤에는 문맥상 appear(나타나다)가 들어가는 것이 알맞다.

　|해석| 마법 모자

　당신은 보이지 않고 싶나요? 당신이 이 모자를 쓰면, 마법처럼 당신은
사라질 거예요. 아무도 당신을 볼 수 없어요. 당신이 그 모자를 벗으면,
당신은 나타날 거예요. 이 모자는 매우 특별해요!

 Listen & Speak 고득점 맞기　　pp. 126~127

01 ④　**02** ⑤　**03** ④　**04** ②　**05** ③

[서술형]

06 I'm sure she will win the race.

07 (1) He is worried about the English speaking test.

　(2) He gets so nervous when he's in front of the teacher.

08 You are a great English speaker.

09 What should a plant keeper be like?

10 ⓐ How about Junho Kim?

　ⓑ Who's that?

　ⓒ What's he like?

11 last week, outgoing and friendly, sing beautifully

01 과학 동아리에 새로운 회원을 찾는다는 말(D)에 Kathy를 추천하고(B)
그녀의 성격이 어떤지 묻고(A) 답한(C) 후, 고맙다면서 그녀에게 물어
보겠다는 말(E)이 이어지는 것이 자연스럽다.

02 A가 마지막에 You are a great English speaker.라고 한 것으로
보아 민수는 영어를 잘한다는 것을 알 수 있다.

　|해석| ① A: 민수는 무엇에 관해 걱정하고 있는가?

　B: 그는 영어 말하기 시험에 관해 걱정하고 있다.

　② A: 영어 말하기 시험은 언제인가?

　B: 오늘 오후이다.

　③ A: 민수는 영어 말하기를 연습했는가?

　B: 그렇다. 그는 연습했다.

　④ A: 그는 선생님 앞에서 어떤 기분을 느끼는가?

　B: 그는 매우 긴장한다.

　⑤ A: 민수는 영어를 잘하는가?

　B: 아니다, 그렇지 않다.

03 ⓓ everybody는 단수 취급하므로 do가 아니라 does를 써야 한다.

04 ⓑ What are they like?는 성격을 묻는 말이고, ② What do they
look like?는 외모를 묻는 말이다.

05 ③ 위 대화에서는 We are also in the same club.이라고 했다.

　|해석| ① Sue와 그녀의 아버지는 대화를 나누고 있다.

　② Sue, Rosa, 그리고 Mike는 영어를 정말 좋아한다.

　③ Sue와 Mike는 다른 동아리에 있다.

　④ Rosa는 매우 친절한 사람이다.

　⑤ Sue는 Rosa와 Mike를 저녁 식사에 초대할 것이다.

06 Amy가 달리기를 잘한다고 했고 마지막에 B의 말에 동의하는 것으로
보아 경기에서 이길 것이라고 확신을 나타내는 표현이 들어가는 것이
알맞다.

07 대화의 앞부분에서 민수가 무엇을 걱정하는지 알 수 있고 두 번째 B의
말에서 언제 민수가 긴장하는지 알 수 있다.

　|해석| (1) 민수는 무엇에 관해 걱정하고 있는가?

　(2) 민수는 언제 매우 긴장하는가?

08 speaker를 수식하는 단어들의 어순에 유의하여 쓴다.

09 식물을 돌보는 사람이 지녀야 하는 성격으로 답하고 있으므로 성격을

묻는 질문이 들어가야 한다.

|해석| A: 식물을 돌보는 사람은 어떤 성격이어야 하니?

　B: 식물을 돌보는 사람은 책임감 있고 근면해야 해.

10 ⓐ에는 김준호를 추천하는 말이 와야 하고, ⓑ에는 김준호가 누구인지 묻는 말이, ⓒ에는 그의 성격을 묻는 말이 들어가야 한다.

11 준호는 지난주에 전학을 왔고, 성격은 외향적이고 친절하다고 했다. 그리고 노래를 아름답게 부를 수 있다고 했다.

|해석| 안녕! 내 이름은 김준호야. 나는 지난주에 막 이 학교로 전학 왔어. 나는 매우 외향적이고 친절해. 나는 노래를 아름답게 부를 수 있어서 가수가 되고 싶어. 만나서 반가워!

---

01 ②　02 ③　03 ②　04 ②　05 ③　06 ②　07 ③
08 ⑤　09 ④　10 ①　11 ④　12 ④　13 ①　14 ④

[서술형]

15 (1) have gone out　(2) have known　(3) have been

16 (1) She told me to turn off the TV.

　(2) My mom wants me to clean my room.

　(3) He asked us not to make any noise in the library.

17 (1) Have you (ever) eaten Italian food (before)?

　(2) Has he finished his homework?

　(3) How long have you lived in Mokpo?

18 (1) Jason asked(wanted) Tommy to turn off the lights.

　(2) Jason asked(wanted) Jimmy to clean the board.

　(3) Jason asked(wanted) Alice to close the windows.

19 She has learned Hangeul, has visited a Korean traditional market, she has never eaten kimchi

20 (1) Mr. Kim told me not to use my smartphone.

　(2) My mom allowed me to invite my friends over for dinner.

---

01 목적격보어 자리에 to부정사가 쓰였는데 make는 목적격보어 자리에 동사원형을 쓰므로 빈칸에 들어갈 수 없다.

02 현재완료는 명백하게 과거 시점을 나타내는 부사구와 함께 쓰일 수 없다.

03 to부정사의 부정은 to 앞에 not이나 never를 쓴다.

|해석| 아버지는 나에게 꿈을 포기하지 말라고 말씀하셨다.

04 현재완료의 부정은 have와 과거분사 사이에 not이나 never를 쓴다.

|해석| 그는 그의 인생에서 하루도 일을 해 본 적이 없다.

05 Brian asked his mom to wake him up at 7.이므로 여섯 번째로 오는 단어는 wake이다.

06 현재완료의 의문문은 「Have/Has+주어+과거분사 ~?」의 어순으로 쓴다.

|해석| Tom은 2년 동안 부산에 살고 있다.

07 ③ 현재완료는 과거에 시작된 일이 현재까지 영향을 미치고 있음을 나타내고 있으므로 지금도 그는 줄을 서 있다는 의미를 포함하고 있다.

|해석| ① 내 아들은 지난주부터 아팠다.

　→ 내 아들은 지난주에 아프기 시작했다. 그는 여전히 아프다.

② Sue는 10시간 동안 잤다.

　→ Sue는 10시간 전에 자기 시작했다. 그녀는 여전히 잔다.

③ Jason은 2시간 동안 줄을 섰다.

　→ Jason은 2시간 전에 줄을 섰다. 그는 지금 줄을 서 있지 않다.

④ Ann은 제주도로 가 버렸다.

　→ Ann은 제주도에 갔다. 그녀는 돌아오지 않았다.

⑤ 나는 어린아이였을 때부터 그녀를 알았다.

　→ 나는 어린아이였을 때 그녀를 알았다. 나는 여전히 그녀를 안다.

08 ⑤ allow(허락하다)는 목적격보어로 to부정사를 쓰므로, play games는 to play games라고 써야 한다.

09 ④ have been to는 '~에 가 본 적이 있다'라는 의미로 경험을 나타내는 표현이다. 따라서 프랑스에 가 본 적이 있냐는 질문에 아니라고 답한 후, 전에 여행한 적이 있다고 말하는 것은 어색하다.

|해석| ① A: 너는 숙제를 끝냈니?

　B: 응, 나는 이미 이것을 끝냈어.

② A: 너는 곤충을 먹어 본 적이 있니?

　B: 아니, 없어. 나는 그것을 먹고 싶지 않아.

③ A: 너는 북극곰을 본 적이 있니?

　B: 응, 나는 그것을 동물원에서 봤어.

④ A: 너는 프랑스에 가 본 적이 있니?

　B: 아니, 없어. 나는 전에 그곳을 여행했어.

⑤ A: 너는 얼마나 오래 Jenny를 알았니?

　B: 나는 그녀를 3년 동안 알았어.

10 ① 의문사 Who가 주어 역할을 하며, 「tell+목적어+to부정사」 구문이 쓰인 올바른 문장이다. 나머지는 「want/ask/tell+목적어+to부정사」 형태가 되어야 하며, 의미에 맞게 목적어나 부정형을 써야 한다. to부정사를 부정할 때는 to부정사 앞에 not을 쓴다.

② going → to go ③ asked to water the plant to her → asked her to water the plant ④ didn't tell me → told me not ⑤ to happy → to be happy

11 제시된 문장과 ④는 현재완료 경험의 쓰임이고, ①은 결과, ②와 ③은 계속, ⑤는 완료의 쓰임이다.

|해석| 나는 전에 내 오래된 옷들을 자선 단체에 기부한 적이 있다.

① 그는 축제를 보기 위해 브라질에 가 버렸다.

② 너는 한국에 얼마나 오래 있었니?

③ 나는 10년 동안 이 차를 가지고 있다.

④ Sue는 멕시코 음식을 먹어 본 적이 없다.

⑤ 그들은 과학 프로젝트를 이미 끝마쳤다.

12 ④ 현재완료가 쓰였고 '10살 이후로 이곳에 살고 있다'라는 의미가 자연스러우므로 빈칸에는 '~ 이후로'를 뜻하는 since가 알맞다. ①~③은 to부정사의 to가, ⑤에는 '~에게'를 뜻하는 전치사 to가 알맞다.

|해석| ① 네 부모님은 네가 공부하기를 바라신다.

② 나는 착한 아이가 되기로 약속했다.

③ 선생님은 우리에게 뛰지 말라고 말씀하셨다.

④ 나는 10살 이후 이곳에 살았다.

⑤ 나는 대개 아침에 고양이에게 밥을 준다.

13 ⓐ 기간을 나타내는 말 앞에는 '～ 동안'이라는 의미의 전치사 for를 쓴다.

|해석| 나의 가장 친한 친구는 호민이다. 나는 그를 10년 동안 알아 왔다. 그는 활동적이고 외향적이다. 그는 야외 활동을 즐긴다. 그와 나는 둘 다 자전거 타는 것을 좋아한다. 그래서 우리는 자주 자전거를 함께 타러 간다. 나는 우리가 영원히 친구일 것이라고 확신한다.

14 ⓑ 현재완료의 부정형은 have와 과거분사 사이에 not이나 never를 쓴다. (didn't have been → have not(never) been / have been)
ⓒ 현재완료는 명백하게 과거 시점을 나타내는 부사구와 함께 쓰일 수 없다. (last month → since last month)
ⓓ 「tell+목적어+to부정사」 구문으로 careful은 형용사이므로 to 다음에 be동사가 와야 한다. (to careful → to be careful)
ⓔ 현재완료의 형태는 「have/has+과거분사」이다. (has have → has had)
ⓕ 「ask+목적어+to부정사」 형태가 되어야 한다. (open → to open)
|해석| ⓐ 너는 언제 내가 여기에서 출발하길 원하니?
ⓑ 나는 뉴욕에 가 본 적이 없다.
ⓒ 그는 지난달 이래로 혼자 살고 있다.
ⓓ 그녀는 우리에게 계단을 조심하라고 말했다.
ⓔ 우리 언니는 어린아이였을 때부터 이 가방을 가지고 있다.
ⓕ 그는 James에게 문을 열어 달라고 요청했다.

15 현재완료의 형태는 「have/has+과거분사」이므로 의미에 맞는 동사를 골라 현재완료 형태로 쓴다. (3) '～에 가 본 적이 있다'라는 의미를 나타낼 때는 have been to를 쓰는 것에 유의한다.
|해석| (1) 전등이 꺼졌다. 여기는 너무 어둡다.
(2) 그들은 10년 전에 처음 만났다. 그들은 10년 동안 알아 왔다.
(3) 나는 전에 부산에 가 본 적이 있다. 부산은 매우 흥미로운 도시이다.

16 「ask/want/tell+목적어+to부정사」의 어순으로 쓰며 to부정사의 부정은 to 앞에 not을 쓴다.

17 현재완료의 의문문은 「Have(has)+주어+과거분사 ～?」의 어순으로 쓴다.
|해석| (1) Q: 너는 이탈리아 음식을 (전에) 먹어 본 적이 있니?
A: 응, 나는 전에 이탈리아 음식을 먹어 본 적이 있어.
(2) Q: 그는 숙제를 끝마쳤니?
A: 아니, 그는 아직 숙제를 끝마치지 못했어.
(3) Q: 너는 얼마나 오래 목포에 살았니?
A: 나는 3년 동안 목포에 살았어.

18 「ask/want+목적어+to부정사」의 어순으로 쓴다.
|해석| Tommy, 전등을 꺼주렴.
Jimmy, 칠판을 지워주렴.
Alice, 창문을 닫아주렴.
도와줘서 고맙구나!

19 현재완료를 이용해서 경험을 나타낼 수 있으며, 현재완료의 형태는 「have/has+과거분사」이다. 현재완료의 부정은 have와 과거분사 사이에 not이나 never를 넣는다.
|해석| Ann은 한국을 정말 좋아한다. 그녀는 전에 한글을 배운 적이 있

다. 그녀는 한글을 조금 읽고 쓸 수 있다. 그녀는 한국의 전통 시장에 두 번 방문한 적이 있다. 그녀는 그곳에서 한국 음식을 먹어 보았다. 그러나 그녀는 김치는 먹어 본 적이 없다.

20 (1) 「tell+목적어+to부정사」의 어순으로 쓰며, to부정사의 부정은 to 앞에 not을 쓴다.
(2) allow도 목적격보어로 to부정사를 쓴다.

Ⓡ Reading 고득점 맞기 pp. 133~135

01 ② 02 ④ 03 ⑤ 04 ③ 05 ② 06 ③ 07 ③
08 ④ 09 ③ 10 ⑤ 11 ② 12 ②

[서술형]
13 bank, on the weekends, sleep or watch television
14 sleep → sleeps, done → doing, do → to do
15 (1) was giving food to Smiley
(2) was telling Hope not to give food to Smiley
(3) was texting
16 I was too busy with my phone. / He became invisible!
17 My father disappeared like magic.
18 (1) They went to the hospital and asked the doctor to help them.
(2) No, he has never seen anything like this before. / No, he hasn't.

---

01 ① quite의 유의어 pretty가 있다. ③ normal의 영어 뜻풀이다. ④ crazy의 영어 뜻풀이다. ⑤ banker의 영어 뜻풀이다. 하지만 ② terrible은 '끔찍한'이라는 뜻으로 유의어는 awful인데 윗글에는 없다.

02 ④ Smiley가 몇 살인지는 알 수 없다.
|해석| ① Jimmy의 여동생은 몇 학년인가?
② Jimmy의 어머니는 무슨 일을 하시는가?
③ Jimmy의 가족은 몇 명인가?
④ Smiley는 몇 살인가?
⑤ Jimmy의 가족에게 말도 안 되는 일이 언제 일어났는가?

03 본문과 ⑤는 '～처럼 들리다'라는 의미로 쓰였고, ①, ②, ③은 '소리' ④는 '소리가 나다(울리다)'라는 의미로 쓰였다.
|해석| ① 소리를 낮춰 주겠니?
② 내 차는 이상한 소리를 내고 있다.
③ 빛은 소리보다 훨씬 더 빠르게 이동한다.
④ 그 종은 수업이 끝날 때 울렸다.
⑤ 이상하게 들릴지도 모르지만 그것은 사실이다.

04 지난주 금요일에 Jimmy의 아버지가 일찍 오셔서 저녁 식사를 같이 하게 되고(B), 아버지가 빵을 건네달라고 했지만 아무도 신경 쓰지 않았고(A), 아버지가 화가 나서 소리친 후(D), 사라지는(C), 순서로 연결되는 것이 자연스럽다.

05 ⓑ give 다음에 직접목적어가 먼저 오는 경우에는 간접목적어 앞에 전치사 to를 써야 한다. → Hope was giving food to Smiley.

06 보이지 않게 되었다는 말이 이어지는 것으로 보아 '사라졌다'라는 뜻의 disappeared가 들어가는 것이 알맞다.

07 Jimmy는 아버지가 두 번째로 말씀하셨을 때 들었지만 대답하지 않았다.

|해석| ① Jimmy의 가족은 저녁을 먹고 있었다.

② Jimmy의 가족은 Jimmy의 아버지에게 빵을 건네주지 않았다.

③ Jimmy는 그의 아버지가 다시 요청하셨을 때 듣지 못했다.

④ Jimmy는 휴대 전화로 문자를 보내고 있었다.

⑤ Jimmy의 어머니는 Hope에게 Smiley에게 먹이를 주지 말라고 말씀하셨다.

08 ④ In a few moments는 '곧'이라는 뜻이다.

09 (A) ask의 목적격보어이고 앞에 to가 있으므로 to부정사가 되도록 동사원형이 오는 것이 알맞다.

(B) start는 목적어로 to부정사와 동명사를 모두 쓸 수 있으므로 동명사를 써야 한다.

(C) promise의 목적어이므로 to부정사를 쓴다.

10 아버지가 어제 밤부터 보이지 않는다고 증상을 설명하는 말이 들어가는 것이 알맞다.

|해석| ① 그는 우리를 위해 아무것도 할 수 없었어요.

② 그는 우리를 볼 수도 들을 수도 없었어요.

③ 그는 일주일 동안 아팠어요.

④ 그는 어젯밤부터 화가 나 있어요.

⑤ 그는 어젯밤부터 안 보여요.

11 주어가 1인칭이므로 「have+과거분사」의 형태로 쓰고, 현재완료의 부정은 have와 과거분사 사이에 not이나 never를 쓴다.

12 두 번째 문장만 일치한다. Jimmy는 아버지의 목소리는 들을 수 있다고 했고, 의사는 전에 이와 같은 것을 본 적이 없다고 했다. 또한 Jimmy를 포함한 가족들이 울음바다가 되었다고 했다.

|해석| • Jimmy는 그의 아버지의 말을 들을 수 없었다.

• 의사는 Jimmy의 아버지를 도울 수 없었다.

• 의사는 전에 같은 일을 본 적이 있다.

• 엄마와 Hope는 울었지만 Jimmy는 울지 않았다.

13 Jimmy의 아버지는 은행원이라고 했으므로 은행에서 일하는 것을 알 수 있고, 집에 늦게 오기 때문에 주말에만 아이들을 볼 수 있다. 주말에는 주로 잠을 자거나 TV를 본다고 했다.

|해석| 안녕하세요, 저는 Jimmy의 아빠이고, 은행에서 일합니다. 저는 대개 늦게까지 일을 해서 아이들을 오직 주말에만 볼 수 있죠. 사실 아이들과 놀 충분한 시간이 있지만 저는 대개 자거나 TV를 봅니다.

14 sleep은 등위접속사 or로 뒤의 watches와 연결되고 있으므로 이와 동등한 형태인 sleeps로 고쳐야 한다. 과거진행형은 「was/were+현재분사」로 나타낸다. tell은 목적격보어로 to부정사를 쓴다.

15 (1) Hope는 Smiley에게 먹이를 주고 있었고, (2) Jimmy의 어머니는 Hope에게 Smiley에게 먹이를 주지 말라고 말하고 있었다. (3) Jimmy는 문자를 보내고 있었다.

16 '~로 바쁘다'라는 의미를 나타낼 때는 be busy with를 쓴다.

17 it happened는 바로 뒤 문장의 Jimmy의 아버지가 마법처럼 사라졌다는 것 또는 아버지가 투명 인간이 되었다는 것을 가리킨다.

18 (1) Jimmy의 가족은 아버지가 사라진 다음날 아침 병원에 가서 의사에게 도움을 요청했고, (2) 의사는 이와 같은 것을 전에 본 적이 없다고 했다.

서술형 100% Test

01 (1) disappear (2) outgoing

02 were doing our own thing

03 (1) I'm sure she will be a great singer.

(2) I'm sure he will get first place in the contest.

04 What is he like?

05 I'm sure you'll get a good grade on the test.

06 How about Henry?, He is intelligent and creative.

07 What should a recycling helper be like?

08 the recycling helper, responsible and tidy, she will be a good recycling helper for their class

09 (1) I want my parents to come home early from work.

(2) I want my sister not to be late for school.

(3) I want my friends to be happy all the time.

10 (1) have never heard (2) has just come back

(3) Have you ever been

11 (1) to pass her the salt

(2) not to give food to the animals in the zoo

(3) to donate her old clothes to charity

12 (1) I have never(not) been to Germany before.

(2) Have they studied for two hours?

13 (1) He has been sick since Monday.

(2) I have studied English for five years.

(3) She has gone to France to meet her son.

14 (1) Jason asked me to help his homework.

(2) My mother told me not to stay up late.

(3) The doctor advised Harry to eat lots of vegetables.

15 ⓐ → My mom wanted me not to tell a lie.

ⓑ → I have never(not) been to Jeju-do before.

ⓒ → The doctor told me to exercise three times a week.

16 (1) Jinsu has lived in Busan since last year.

(2) Jinsu has studied Chinese for two years.

(3) Jinsu has traveled abroad twice.

17 I work at a bank. I usually come home late from work. I have a dog, Smiley.

18 (1) He is in the eighth grade.

(2) There are four people in his family.

(3) He usually sleeps or watches television.

19 He has been invisible since last night.

20 I've never seen anything like this before.

21 (1) My mother was telling her not to do so.

(2) Can someone pass me the bread?

22 가족들의 무관심 때문에 아빠가 사라졌다.

23 I have already helped you three times.

01 (1) 반의어 관계이므로 '사라지다'라는 의미의 disappear가 알맞다.

(2) 유의어 관계이므로 outgoing이 알맞다.

| 해석 | (1) 도착하다 : 출발하다 = 나타나다 : 사라지다

(2) 끔찍한(awful, terrible), 외향적인(sociable, outgoing)

02 '자기가 하고 싶은 일을 하다'는 do one's own thing으로 나타낸다. 주어가 we이고 과거진행형을 써야 하므로 「were+현재분사」를 쓰고 소유격은 our를 쓴다.

03 확신을 말할 때는 「I'm sure+주어+동사 ~.」 어순으로 쓴다.

| 해석 | (1) A: Jane은 훌륭한 목소리를 가지고 있니?

B: 응, 그래. 나는 그녀가 훌륭한 가수가 될 거라고 확신해.

(2) A: Sam은 기타를 정말 잘 치니?

B: 응, 그래. 나는 그가 대회에서 일등을 할 거라고 확신해.

04 성격을 나타내는 말로 답하고 있으므로 성격을 묻는 질문이 들어가야 한다.

05 마지막 문장의 표현을 활용하고 확신을 나타내는 「I'm sure+주어+동사 ~.」를 사용하여 문장을 쓴다.

| 해석 | 준호는 오늘 수학 시험에 관해 정말 걱정이 된다. 그는 공부를 많이 했다. 하지만 그는 시험 동안 너무 긴장을 한다. 당신은 그가 시험에서 좋은 성적을 얻을 거라고 생각한다.

06 과학 동아리 회원을 찾고 있다고 했으므로 과학을 좋아하는 Henry를 추천하는 말을 하고 그의 성격을 묻고 있으므로 성격을 묘사하여 답한다.

| 해석 | A: 나는 과학 동아리에 새 회원을 찾고 있어.

B: Henry는 어때?

A: 그는 성격이 어떠니?

B: 그는 똑똑하고 창의적이야.

A: 고마워. 그에게 물어볼게.

07 재활용 도우미에 맞는 성격에 대해 답하고 있으므로 성격을 물어보는 질문인 What ~ is like?를 사용한다.

08 두 사람은 수미가 책임감이 있고 깔끔하기 때문에 재활용 도우미로 추천하고 있고, 잘할 거라고 확신하고 있다.

09 「want+목적어+to부정사」의 어순으로 쓴다.

| 해석 | (1) 나는 부모님이 회사에서 일찍 집에 오길 원한다.

(2) 나는 내 여동생이 학교에 지각하지 않기를 바란다.

(3) 나는 내 친구들이 항상 행복하길 원한다.

10 부사의 위치에 유의하여 현재완료 문장을 쓰며, 현재완료의 형태는 「have/has+과거분사」로 쓴다.

11 「ask/tell+목적어+to부정사」의 어순으로 쓴다.

| 해석 | (1) Mia: 나에게 소금 좀 건네주겠니?

You: 물론이지. 여기 있어.

(2) Ann: 동물원에서 동물에게 음식을 주지 마.

Sam: 알겠어.

(3) Tom: 자선 단체에 네 오래된 옷을 기부하겠니?

Sue: 그래.

12 현재완료의 부정문은 「have/has+not(never)+과거분사」로 쓰고, 의문문은 「Have/Has+주어+과거분사 ~?」의 형태로 쓴다.

13 과거에 시작된 일이 현재까지 영향을 미치고 있을 때, 현재완료(have/has+과거분사)를 사용하여 표현한다.

| 해석 | (1) 그는 월요일에 아프기 시작했다. 그는 여전히 아프다.

→ 그는 월요일부터 아팠다.

(2) 나는 5년 전에 영어를 공부하기 시작했다. 나는 여전히 영어를 공부한다.

→ 나는 5년 동안 영어를 공부했다.

(3) 그녀는 아들을 만나기 위해 프랑스에 갔다. 그래서 그녀는 지금 여기 없다.

→ 그녀는 아들을 만나기 위해 프랑스로 가 버렸다. (그래서 지금 여기 없다.)

14 「ask/tell+목적어+to부정사」의 어순으로 쓰며, to부정사의 부정은 to 앞에 not을 쓴다. advise도 목적격보어로 to부정사를 쓴다.

15 ⓐ, ⓒ 「want/tell+목적어+to부정사」의 형태가 되어야 하며, to부정사의 부정은 to 앞에 not을 쓴다.

ⓑ 현재완료의 부정은 have와 과거분사 사이에 not이나 never를 쓴다.

| 해석 | ⓐ 우리 엄마는 내가 거짓말하지 않기를 바라셨다.

ⓑ 나는 전에 제주도에 가 본 적이 없다.

ⓒ 의사는 나에게 일주일에 세 번 운동하라고 말했다.

ⓓ 그녀는 우리에게 그녀에게 집중하라고 요청했다.

ⓔ 내 여동생은 숙제를 지금 막 끝냈다.

16 시점을 나타내는 말 앞에는 since를 사용하고, 기간을 나타내는 말 앞에는 for를 사용하고, 횟수를 나타낼 때는 twice, three times 등을 써서 나타낸다.

17 Jimmy의 아버지는 은행원이라고 했고, 보통 집에 늦게 온다고 했다. Jimmy 가족이 기르는 애완동물은 개이다.

18 Jimmy는 8학년이고, Jimmy의 가족 구성원은 아빠, 엄마, Jimmy, Hope로 네 명이다. Jimmy의 아버지는 주말에 주로 주무시거나 텔레비전을 보신다고 했다.

| 해석 | (1) Jimmy는 몇 학년인가?

(2) Jimmy의 가족은 몇 명인가?

(3) Jimmy의 아버지는 대개 주말에 무엇을 하는가?

19 현재완료는 「have/has+과거분사」 형태로 쓰고 과거의 시점을 나타낼 때는 since를 사용한다.

20 never는 have와 seen 사이에 쓰고, 이와 같은 어떤 것은 anything like this로 쓴다.

21 (1) 「tell+목적어+to부정사」 어순으로 써야 하고, to부정사의 부정은 to 앞에 not을 쓴다.

(2) pass 다음에 간접목적어가 바로 이어지는 경우에는 전치사 없이 간접목적어를 바로 쓴다.

22 글의 내용에서 아빠가 사라진 이유를 유추할 수 있다.

| 해석 | Jimmy의 아버지는 왜 사라졌는가? 답을 한글로 쓰시오.

23 현재완료는 「have/has+과거분사」의 형태로 쓴다.

01 ⑤   02 ⑤   03 ②   04 ④   05 ⓐ in ⓑ from   06 ④
07 ③   08 ③   09 He feels much better.   10 ④   11 ③
12 What is he like?   13 ②   14 ③   15 ④   16 ④   17
(1) ⓒ Mom asked me to stop playing games.   (2) ⓔ Have
you ever heard the music of Queen?   18 has been,
since   19 ③   20 ①   21 (1) was giving food to Smiley
(2) was telling Hope not to do so   (3) was texting   22 ④
23 ④   24 we were a sea of tears   25 Jimmy's father
appeared again.

01 ⑤는 '보이는 – 보이지 않는'으로 반의어 관계이고 나머지는 모두 유의어 관계이다.
   ① 끔찍한 ② 대답하다 ③ 외향적인, 사교적인 ④ 소리치다

02 ⑤ 긍정의 의미로 고개를 위아래로 움직이는 것은 nod(끄덕이다)에 대한 설명이다. shake는 'to turn your head from side to side saying "no"'이다.

03 do one's own thing: 자기가 하고 싶은 일을 하다
   get first place: 일등을 하다
   make friends: 친구를 사귀다

04 What is ~ like?는 성격을 묻는 표현이다.

05 in time: 늦지 않게 / far from: ~에서 먼

06 I'm sure we'll arrive there before 5.이므로 네 번째 오는 단어는 arrive이다.

07 선생님 앞에서는 떨린다는 말에 모든 사람이 그렇다고 안심시키는 말이 이어지는 것이 자연스럽다.

08 영어를 매우 잘한다는 문장으로 ③과 의미가 통한다.
   |해석| ① 너는 영어를 매우 좋아한다.
   ② 너는 오직 영어로 말하는 것만 할 수 있다.
   ③ 너는 영어로 말하는 것을 매우 잘한다.
   ④ 너는 영어를 매우 열심히 공부한다.
   ⑤ 너는 매우 크게 영어로 말한다.

09 민수는 Amy의 격려를 받고 기분이 훨씬 나아졌다.

10 ④ 호진이 준호를 학교 밴드에서 노래 부를 사람으로 추천하고 있다.

11 첫 번째 빈칸에는 for, 두 번째와 마지막은 about, 세 번째는 that, 네 번째는 to가 들어간다.

12 성격이 어떤지 물을 때는 What is ~ like?를 쓴다.

13 경험을 나타내는 현재완료 「have+과거분사」를 사용해야 하는데 주어가 3인칭 단수이므로 has를 쓰는 것에 유의한다.

14 「tell+목적어+to부정사」의 어순으로 쓰고 to부정사의 부정은 to 앞에 not을 쓴다.

15 ⓐ 3년 동안(for 3 years) 수빈이를 알고 있다는 의미로 현재까지 알

고 있는 것이므로 현재완료 have known을 써야 한다.
   ⓑ 「tell+간접목적어+직접목적어」 형태의 4형식 문장이 되어야 하므로 to를 삭제해야 한다. 또는 「tell+직접목적어+to+간접목적어」로 위치를 바꿔야 한다.
   ⓓ 현재완료는 have 다음에 과거분사를 쓰므로 have watched가 되어야 한다.

16 Can you ~?는 요청을 나타내는 표현으로 엄마가 Jason에게 문을 열어 달라고 요청하고 있음을 알 수 있다.
   |해석| 엄마: Jason, 문을 열어 주겠니?
   ④ 엄마는 Jason에게 문을 열어 달라고 요청했다.

17 ⓒ ask는 목적격보어로 to부정사를 쓰므로 stop을 to stop으로 고쳐야 한다.
   ⓔ 현재완료의 의문문은 「Have+주어+과거분사 ~?」의 어순으로 써야 하므로 Have you ever heard ~?로 고쳐야 한다.
   |해석| ⓐ 그녀는 공항에 아직 도착하지 않았다.
   ⓑ 그는 나에게 일찍 잠자리에 들라고 말했다.
   ⓒ 엄마는 나에게 게임을 그만하라고 요청하셨다.
   ⓓ 나는 전에 내 오래된 장난감들을 자선 단체에 기부한 적이 있다.
   ⓔ 너는 Queen의 음악을 들어본 적이 있니?

18 어제부터 지금까지 계속 아프다는 의미이므로 현재완료를 쓰고 '~부터, ~ 이후'라는 의미를 나타내는 전치사 since를 쓴다.
   |해석| 그녀는 어제 아팠다. 그녀는 오늘도 여전히 아프다.
   → 그녀는 어제부터 아팠다.

19 ③ Hope는 3학년이라고 했으므로 누나가 아니라 여동생임을 알 수 있다.

20 pretty는 '꽤, 상당히'라는 의미로 quite로 바꿔 쓸 수 있다.

21 각자 자신의 일을 하고 있었다는 내용으로, 뒤에 그에 대해 설명하고 있다.

22 (A) 「ask+목적어+to부정사」 형태가 와야 알맞다.
   (B) '~ 이래로'라는 뜻의 since가 와야 알맞다.
   (C) 이런 건 전에 본 적이 없다는 흐름이 자연스러우므로 현재완료의 부정문 「have+never(not)+과거분사」 형태가 와야 알맞다.

23 밑줄 친 miss는 '그리워하다'라는 의미로 쓰였다.
   |해석| ① 너는 왜 공을 놓쳤니?
   ② 그는 기회를 놓치지 않는다.
   ③ 서둘러라, 그렇지 않으면 너는 기차를 놓칠 것이다.
   ④ 나는 내 친구들과 가족 모두가 그립다.
   ⑤ 그 집은 학교 옆에 있다. 너는 그것을 지나치지 않을 것이다.

24 a sea of ~: ~의 바다, 다량의 ~

25 Jimmy가 운 다음 아버지가 다시 나타났다고 했다.
   |해석| Jimmy가 운 뒤, 아버지에게 무슨 일이 일어났는가?

01 ①, ③　**02** ②　**03** ④　**04** ②　**05** ②　**06** ②, ④
07 I'm sure you'll do well.　**08** ②　**09** ①, ③　**10** Why
don't you invite them over for dinner?　**11** ③　**12** I have
worked with Jane before.　**13** ③　**14** ①, ②　**15** ⑤
16 ②　**17** My mother doesn't allow me to watch TV at
night.　**18** (A) on　(B) At　(C) to　**19** ④　**20** ④　**21** ⑤
22 He(Jimmy's father) wanted them to pass him the
bread.　**23** ③　**24** He has been invisible since last night.
25 (1) I have known her for 3 years.　(2) I'm sure we'll be
friends forever.

01 ①, ③은 dis-를 붙이고 ②는 in-, ④는 un-, ⑤는 im-을 붙인다.

02 '매우 이상하거나 특이한'을 의미하는 단어는 crazy이다.

03 ④ in a few moments는 '곧, 즉시'라는 뜻이다.
　|해석| ① Tom은 피아노 연주하는 것을 많이 연습했다.
　② 나는 학교 프로젝트로 바쁘다.
　③ 아이들은 즐거워서 펄쩍펄쩍 뛰고 있다.
　④ 곧 우리는 문을 열 것이다.
　⑤ 아버지가 돌아가셨을 때 집은 눈물바다가 되었다.

04 What is ~ like?는 성격을 묻는 표현이다.
　|해석| ① 그녀는 예쁜 고양이처럼 생겼다.
　② 그녀는 매우 똑똑하고 친절하다.
　③ 그녀는 내 첫 번째 영어 선생님이다.
　④ 그녀는 키가 크다. 그녀는 안경을 쓰고 있다.
　⑤ 나는 그녀처럼 선생님이 되고 싶다.

05 내일 수학 시험이 있다는 말에 걱정하지 말라고 했으므로 잘할 것이라
　고 확신하며 격려하는 말이 이어지는 것이 자연스럽다.
　|해석| ① 확실하니?
　② 나는 네가 잘할 거라고 확신해.
　③ 나는 지금 기분이 훨씬 낫다.
　④ 나는 내가 일등을 할 거라고 확신해.
　⑤ 나는 네가 좋은 성적을 얻을 거라고 확신하지 않아.

06 말하기 시험은 오늘 오후에 있고, 민수는 연습을 많이 했다. 대화 마지
　막에 민수는 기분이 훨씬 나아졌다고 했다.

07 확신을 나타낼 때는 「I'm sure+주어+동사 ~.」를 쓴다.

08 첫 번째 ⓐ에는 '어떻게' 친구가 되었는지 묻고 있으므로 의문사 How
　가 들어가고 두 번째 ⓐ에는 '~는 어때?'라는 표현인 How about ~?
　에 쓰인 How가 들어간다.

09 성격이 어떤지 물어보고 있으므로 외모로 답하는 대답은 빈칸에 어울
　리지 않는다.

10 '~하는 게 어때?'라는 의미로 제안하는 표현은 Why don't you ~?를
　사용하여 나타내고, '~를 저녁 식사에 초대하다'는 invite ~ over for
　dinner를 사용하여 표현한다.

11 ask는 목적격보어로 to부정사를 쓴다.
　|해석| 그는 너에게 무엇을 하라고 요청했니?

12 경험을 나타내므로 현재완료 「have+과거분사」의 형태로 쓴다.

13 to부정사의 부정은 to 앞에 not을 쓴다.

14 yet은 '아직'이라는 의미의 부사로 주로 부정문이나 의문문에 쓰인다.
　often은 '종종'이라는 의미의 빈도부사로 주로 현재시제와 함께 쓰인다.

15 ⑤ have/has been to는 '~에 가 본 적이 있다'라는 경험을 나타내는
　현재완료 표현이다. 그녀가 가서 지금 없는 경우에는 have gone to를
　써서 표현한다.
　|해석| ① 나는 3년 동안 여기에서 살고 있다.
　　→ 나는 여기에서 3년 전에 살기 시작했다. 나는 여전히 여기에서
　　　살고 있다.
　② 나는 내 가방을 잃어버렸다.
　　→ 나는 내 가방을 잃어버렸다. 나는 지금 가방이 없다.
　③ 그는 어린아이였을 때부터 Amy를 좋아했다.
　　→ 그는 어린아이였을 때 Amy를 좋아했다. 그는 여전히 그녀를 좋
　　　아한다.
　④ 나는 TV를 꺼버렸다.
　　→ 나는 TV를 껐다. TV는 지금 꺼져 있다.
　⑤ 그녀는 캐나다에 가 본 적이 있다.
　　→ 그녀는 캐나다에 갔다. 그녀는 지금 여기에 없다.

16 ② see는 지각동사로 목적격보어 자리에 동사원형이나 현재분사를 쓴
　다. 나머지는 모두 to clean이 들어간다.
　|해석| ① 그는 우리에게 식탁을 닦으라고 요청했다.
　② 나는 Thomas가 그의 방을 청소하는 것을 봤다.
　③ 엄마는 나에게 집을 청소하라고 말씀하셨다.
　④ 나는 매일 내 방을 청소할 것을 약속한다.
　⑤ 나는 내 여동생이 창문을 청소하길 바랐다.

17 allow는 목적격보어로 to부정사를 쓰므로 to watch가 되어야 한다.
　|해석| 엄마는 내가 밤에 TV 보는 것을 허락하지 않으신다.

18 (A) '주말에'라는 의미를 나타낼 때는 전치사 on을 쓴다.
　(B) '식탁에서, 식사 중에'라는 의미를 나타낼 때는 전치사 at을 쓴다.
　(C) give로 3형식 문장을 만들 때 간접목적어 앞에 전치사 to를 쓴다.

19 ④ Jimmy의 어머니는 개에게 음식을 주지 말라고 Hope에게 말씀하
　셨다.

20 '~에게 먹이를 주다'라는 의미이므로 feed로 바꿔 쓸 수 있다.

21 Jimmy의 아버지가 빵 좀 건네달라고 소리쳐도 아무도 듣지 않았고,
　아버지가 마법처럼 사라졌다고 했으므로 ⑤ invisible(보이지 않는)이
　알맞다.
　① 늦은　② 바쁜　③ 보통의　④ 보이는

22 Jimmy의 아버지는 반복해서 가족들에게 빵을 건네달라고 부탁했다.
　|해석| Jimmy의 아버지는 다른 가족 구성원들이 무엇을 하길 바라셨
　는가?

23 ⓐ에는 '물었다'라는 의미의, ⓒ에는 '요청했다'라는 의미의 asked가
　들어간다.

24 현재완료를 나타낼 때는 「have/has+과거분사」 형태로 쓴다.

25 (1) 현재완료를 나타낼 때는 「have/has+과거분사」, (2) 확신을 나타
　내는 표현에는 「I'm sure+주어+동사 ~.」를 사용한다.

01 ⑤ **02** ② **03** ① **04** ①, ⑤ **05** ⑤ **06** ④ **07** ⓔ → much **08** (1) How about Junho Kim? (2) I'm sure he will be perfect for your band. (3) Well, he is very outgoing and friendly. **09** ② **10** ④ **11** ④ **12** The teacher told the students not to run on the stairs. **13** ⑤ **14** ⑤ **15** ⑤ **16** (1) ⓐ I have traveled abroad three times. (2) ⓓ What does Jenny want you to do? **17** ③ **18** ① **19** ⓐ Jimmy's sister is in the third grade., ⓒ Jimmy's mother is a teacher. **20** ⑤ **21** ⑤ **22** asked the doctor to help us **23** ④ **24** I promise to come home earlier **25** He has been friends with her for 3 years.

01 ⑤ visible은 in-을 붙여 반의어를 만든다. 나머지 모두 dis-가 붙는다.

02 4형식 문형이고 소금을 건네주는 대답을 하는 것으로 보아 빈칸에는 pass(건네주다)가 알맞다.

|해석| A: 실례합니다. 저에게 소금 좀 <u>건네주시겠어요?</u>

B: 물론이죠. 여기 있습니다.

03 be in the second grade: 2학년이다 / in a few moments: 곧

|해석| • 우리는 동아 중학교 2학년이다.

• 잠시만요! 저는 곧 그곳에 있을 거예요.

04 확신을 표현할 때는 I'm sure ~. 또는 I'm certain ~.을 쓴다.

|해석| A: Jane은 좋은 목소리를 가졌어.

B: 그래, 난 그녀가 훌륭한 가수가 될 거라고 확신해.

A: 나도 그렇게 생각해.

05 What is ~ like?는 성격을 묻는 표현이다.

|해석| A: Jenny의 성격은 어떠니?

B: 그녀는 창의적이고 똑똑해.

① Jenny가 누구니?

② Jenny는 무슨 일을 하니?

③ Jenny는 기분이 어떠니?

④ Jenny는 어떻게 생겼니?

⑤ Jenny의 성격은 어떠니?

06 ④ 민수가 잘할 것이라고 생각한 것은 민수가 아니라 상대방이므로 왜 민수가 자신이 잘할 것이라고 생각했는지는 알 수 없다.

|해석| ① 민수는 무엇을 걱정하는가?

② 영어 말하기 시험은 언제인가?

③ 민수는 언제 긴장하는가?

④ 민수는 왜 그가 잘할 거라고 생각하는가?

⑤ 민수는 대화 후에 기분이 어떤가?

07 very는 비교급을 수식할 수 없다. 비교급 수식할 때는 much(still / even / far / a lot)를 쓴다.

08 (1) 학교 밴드에서 노래를 부를 사람을 제안하는 말이 알맞다.

(2) 확신을 표현하는 말이 알맞다.

(3) 성격을 묘사하는 말이 알맞다.

09 저 사람이 누구인지 묻는 말(A)에 새로 오신 배드민턴 코치라고 답하고 (C), 성격을 묻는 말(B)에 성격을 설명해 주는 말(D)이 이어지는 것이 자연스럽다.

10 want는 목적격보어로 to부정사를 쓴다.

|해석| Jenny는 그가 행복하기를 바란다.

11 5살부터 기타를 연주하고 있다는 의미가 되어야 하므로 「have +과거분사」 형태의 현재완료를 쓴다. 주어가 3인칭 단수이므로 has를 쓰는 것에 유의한다.

|해석| Eric은 5살부터 기타를 연주했다.

12 '~에게 …하라고 말하다'는 「tell+목적어+to부정사」로 쓰고 to부정사의 부정은 to 앞에 not을 쓴다.

13 ⑤ 파리에 가고 없는지 묻고 있는데 두 번 다녀왔다고 대답하는 것은 어색하다.

|해석| ① A: 너는 전에 멕시코 음식을 먹어 본 적이 있니?

B: 아니, 없어.

② A: 너는 숙제를 끝냈니?

B: 응, 나는 이미 끝냈어.

③ A: 너는 여기에서 얼마나 오래 살았니?

B: 나는 10년 동안 여기에서 살았어.

④ A: 너는 Tom과 무엇을 했니?

B: 우리는 같이 많은 영화를 봤어.

⑤ A: 그녀는 파리에 가 버렸니?

B: 응, 그녀는 파리에 두 번 가 봤어.

14 Sue가 John에게 물을 좀 달라고 말했다.

|해석| "John, 나에게 물 좀 줘."라고 Sue가 말했다.

15 ⑤ 현재완료는 명백한 과거를 나타내는 부사구와 함께 쓰일 수 없다. 이 경우 과거시제로 써야 한다.

|해석| ① 내 여동생은 멕시코에 가 버렸다.

② 지난 금요일부터 눈이 왔다.

③ 나는 3년 동안 서울에서 살았다.

④ 그녀는 그런 아름다운 꽃을 본 적이 없다.

⑤ 나는 두 시간 전에 숙제를 끝마쳤다.

16 ⓐ 현재완료는 「have+과거분사」 형태로 쓴다.

ⓓ want는 목적격보어로 to부정사를 쓴다.

|해석| ⓐ 나는 세 번 해외여행을 해 본 적이 있다.

ⓑ 너는 곤충을 먹어 본 적이 있니?

ⓒ 그는 아들에게 화분에 물을 주라고 요청했다.

ⓓ Jenny는 네가 무엇을 하길 바라니?

17 ③ '아주 나쁘거나 기분이 좋지 않은'은 awful에 대한 설명이다. ①은 happen, ②는 normal, ④는 crazy, ⑤는 grade에 해당하는 설명이다.

18 학년을 표시할 때는 서수를 사용하므로 eighth가 알맞다.

19 ⓑ Jimmy의 아버지의 이름이 무엇인지와 ⓓ Smiley의 나이는 나와 있지 않다.

|해석| ⓐ Jimmy의 여동생은 몇 학년인가?

ⓑ Jimmy의 아버지의 이름은 무엇인가?

ⓒ Jimmy의 어머니는 무슨 일을 하는가?

ⓓ Smiley는 몇 살인가?

20 ⓔ는 의사를 가리키고, 나머지는 모두 Jimmy의 아버지를 가리킨다.

21 아버지의 소리는 들렸다고 했으므로 첫 번째 문장은 F이고, 의사 선생님은 도와줄 수 없다고 했으므로 두 번째 문장도 F이다. 의사 선생님은 전에 이런 경우를 본 적이 없다고 했으므로 마지막 문장도 F이다.

|해석| ・Jimmy는 그의 아버지를 들을 수도 볼 수도 없었다.

・의사는 Jimmy의 아버지를 도울 수 있었다.

・의사는 전에 투명인간을 본 적이 있다.

22 「ask＋목적어＋to부정사」의 어순으로 쓴다.

23 가족들이 집으로 돌아오고 Hope와 어머니, Jimmy가 차례로 울며 아버지를 그리워하자 아버지가 다시 나타났다는 이야기 흐름이 되는 것이 자연스럽다.

24 promise는 목적어로 to부정사를 쓴다.

25 두 사람이 친구로 지낸 기간이 얼마나 되는지 묻고 있으므로 기간으로 답한다.

---

01 ① **02** (p)atient **03** ③ **04** What are they like? **05** ④ **06** ④ **07** ⑤ **08** I'm sure we will arrive there before 5. **09** ⑤ **10** (1) What is she like? (2) I'm sure she will be a great class comedian. **11** ②, ④ **12** ② **13** ③ **14** ② **15** ④ **16** The teacher told Tom not to make any noise in the library. **17** ⓑ Your parents want you to be a famous scientist. ⓔ Tommy has slept for three hours. **18** ⓐ comes ⓑ doing ⓒ was giving **19** My mother was telling her not to do so. **20** ① **21** ② **22** I've never seen anything like this before. **23** promise **24** ④ **25** (1) promised to pass his father the bread every day (2) his father appeared

01 ①에서 friendly는 형용사이고 나머지는 모두 부사이다. ② 형용사 ③ 형용사 ④ 동사 ⑤ 명사

02 '오랜 시간 기다리거나 어려움을 받아들일 수 있는'은 '참을성 있는'에 대한 설명이고 '의사나 병원으로부터 의학적인 치료를 받고 있는 사람'은 '환자'에 대한 설명이다. 이 둘을 다 뜻하는 단어는 patient이다.

03 invite ~ over for dinner: ~를 저녁 식사에 초대하다 / in front of: ~ 앞에 / in time: 늦지 않게 / turn off: ~을 끄다

|해석| 나는 너를 저녁 식사에 초대한다. 우리는 6시에 학교 앞에서 만날 거야. 늦지 않게 도착해 줘. 너는 저녁 식사 동안 많은 친구를 사귈 수 있어. 나는 네가 식사하는 동안 휴대 전화를 끄길 요청해.

04 성격이 어떤지 물을 때는 What is(are) ~ like?로 쓴다.

05 Sue는 Rosa와 Mike를 새로 사귄 친구라고 했고, 세 사람이 모두 같은 학급인지는 알 수 없다.

|해석| ・Sue와 Rosa는 오랫동안 친구였다.

・Sue, Rosa, 그리고 Mike는 영어를 아주 좋아하고, 그들은 다른 동아리에 있다.

・Sue는 Rosa와 Mike를 저녁 식사에 초대할 것이다.

06 주어진 말은 성격을 묻는 표현이므로 성격을 말해주는 대답 앞인 ⓓ에 들어가는 것이 알맞다.

07 ⑤ 마지막에 Judy가 전화번호를 받을 수 있는지 묻는 것으로 보아 준호의 전화번호를 모르고 있음을 알 수 있다.

|해석| ① Judy는 학교 밴드에서 노래 부를 사람을 찾고 있다.

② 호진이는 노래 부를 사람으로 준호를 추천한다.

③ 호진이는 지난주부터 준호를 알았다.

④ 호진이는 준호가 Judy의 밴드에 꼭 맞는 노래 부를 사람이라고 생각한다.

⑤ Judy는 준호의 전화번호를 이미 안다.

08 확신하는 표현 「I'm sure＋주어＋동사 ~.」를 사용하여 쓴다.

09 ⑤ 저 사람이 누구인지 묻는 질문에 외모를 묘사하는 대답은 어색하다.

|해석| ① A: Sam은 기타를 정말 잘 친다.

B: 응, 나는 그가 미래에 유명한 기타리스트가 될 거라고 확신해.

② A: 나는 걱정이 돼. 수학 시험이 오늘 오후에 있어.

B: 걱정하지 마. 나는 네가 좋은 성적을 얻을 거라고 확신해.

③ A: 나는 Jenny가 훌륭한 가수가 될 거라고 확신해.

B: 나도 그렇게 생각해.

④ A: 재활용 도우미로 누가 가장 알맞을까?

B: 소라는 어때? 그녀는 도움이 돼.

⑤ A: 저 사람은 누구니?

B: 그녀는 매우 키가 커. 그녀는 안경을 쓰고 있어.

10 (1) 학급 코미디언으로 미소를 추천하면서 성격에 대해 답하고 있으므로 성격을 묻는 질문이 들어가야 한다.

(2) 잘할 거라고 확신하는 표현을 I'm sure ~.를 사용하여 쓴다.

|해석| Tom은 미소가 외향적이고 재미있어서 학급 코미디언이 될 수 있다고 생각한다. 그는 그녀가 **훌륭한 학급 코미디언이 될 거라고 확신**한다.

A: Tom, 나는 학급 코미디언을 찾고 있어.

B: 미소는 어때?

A: 그녀는 성격이 어떠니?

B: 그녀는 외향적이고 재미있어. 나는 그녀가 훌륭한 학급 코미디언이 될 거라고 확신해.

11 목적격보어로 to부정사를 썼으므로 tell, ask, want 등의 동사를 쓸 수 있다. see는 목적격보어로 동사원형이나 현재분사를 쓰고, make는 동사원형을 쓴다. say는 3형식 동사이다.

12 현재완료는 과거에 시작된 일이 현재까지 영향을 미칠 때 사용하므로 명백한 과거를 나타내는 부사구와 함께 쓰일 수 없다.

13 「tell/want/ask+목적어+to부정사」의 형태가 되어야 하며, force도 이 형태로 쓴다. ① open → to open ② made → to make ④ studying → study ⑤ coming → to come

14 Sue는 뉴욕에 갔고 아직 그곳에 있으므로 현재완료 결과 용법인 have gone to를 사용하여 표현할 수 있다.

|해석| Sue는 뉴욕에 갔다. 그녀는 여전히 뉴욕에 있다.

→ ② Sue는 뉴욕에 가 버렸다.

15 그는 작년에 학생들을 가르치기 시작해서 지금까지 가르치고 있으므로 현재완료를 써서 표현할 수 있다. since 다음에는 시작한 시점을 쓴다.

|해석| 그는 학생들을 1년 전에 가르치기 시작했다. 그는 여전히 학생들을 가르친다.

→ ④ 그는 작년부터 학생들을 가르쳤다.

16 tell은 목적격보어로 to부정사를 쓰고, to부정사의 부정은 to 앞에 not을 쓴다.

|해석| Tom, 도서관에서 시끄럽게 하지 마.

17 ⓑ want는 목적격보어로 to부정사를 쓴다.

ⓔ 기간을 나타내는 말 앞에는 '~ 동안'을 뜻하는 for를 쓴다. since 다음에는 시작된 시점이 나온다.

|해석| ⓐ 그녀는 아들에게 일찍 잠자리에 들라고 말했다.

ⓑ 네 부모님은 네가 유명한 과학자가 되길 바라신다.

ⓒ 그는 네게 무엇을 하라고 조언했니?

ⓓ 나는 그런 슬픈 이야기를 들어본 적이 없다.

ⓔ Tommy는 3시간 동안 잤다.

18 ⓐ는 아버지가 습관적으로 하는 행동을 나타내므로 현재시제로 쓰고,

ⓑ와 ⓒ는 지난 금요일 식사 시간 중의 일을 묘사하고 있으므로 과거진행형으로 쓴다.

19 「tell+목적어+to부정사」의 어순으로 쓰며 to부정사의 부정은 to 앞에 not을 쓴다.

20 ① 평일에는 늦게 오셔서 주말에만 아빠를 볼 수 있다고 했다.

|해석| ① A: Jimmy는 그의 아버지를 언제 보나요?

B: 그는 오직 주중에만 그를 봅니다.

② A: Jimmy의 아버지는 주말에 무엇을 하나요?

B: 그는 대개 자거나 TV를 봅니다.

③ A: Jimmy의 아버지는 지난 금요일 집에 일찍 왔나요?

B: 네, 일찍 왔습니다.

④ A: Hope는 식탁에서 무엇을 하고 있었나요?

B: 그녀는 Smiley에게 먹이를 주고 있었습니다.

⑤ A: Jimmy는 식탁에서 무엇을 하고 있었나요?

B: 그는 문자를 보내고 있었습니다.

21 두 번째 단락이 다음날 아침의 이야기를 다루고 있으므로 첫 번째 단락 끝에 문장이 들어가는 것이 자연스럽다.

22 경험을 나타내는 현재완료를 이용해서 쓰고 never는 have와 과거분사 사이에 쓴다.

23 '누군가에게 무엇을 할 것인지 혹은 하지 않을 것인지를 말하다'라는 것은 promise(약속하다)에 대한 설명이다.

24 ④ 아빠가 사라졌다 다시 나타난 사건을 통해 가족의 소중함을 일깨우는 이야기이므로 주어진 글의 교훈과 일치하지 않는다.

25 윗글의 마지막 두 단락의 내용을 요약한 문장을 쓴다. Jimmy가 그의 아빠에게 빵을 매일 건네주겠다는 약속을 하자, 아빠가 다시 나타났다고 했다.

|해석| Jimmy의 아버지는 사라졌고 Jimmy의 가족은 그를 볼 수 없었다. 가족이 의사를 보러 갔지만, 의사는 그들을 도울 수 없었다. 가족이 집에 왔을 때, 그들은 눈물바다가 되었다. Jimmy는 아버지에게 매일 빵을 건네줄 것을 약속했고, 아버지는 다시 나타났다.

Lesson 3
The Music Goes On

STEP A

Words 연습 문제
p. 159

A
01 미친 듯이
02 괴성을 지르다
03 본래의
04 접다
05 ~와는 달리
06 역할
07 ~를 마주 보다(향하다)
08 청중, 관람객
09 음, 음표
10 움직임
11 작곡가
12 발명하다
13 창조물, 창조
14 진짜의, 현실적인
15 우상, 아이돌
16 연기
17 단 하나의
18 끝나다, 끝내다
19 (가득) 채우다, 채워지다
20 풍요로운

B
21 performance
22 breath
23 recent
24 powerful
25 perfect
26 down
27 novel
28 cheer
29 pianist
30 ballet
31 miss
32 definitely
33 key
34 take
35 drummer
36 fantastic
37 softly
38 fan
39 successfully
40 sheet music

C
01 미친 듯이 날뛰다, 열광하다
02 숨을 참다, 숨죽이다
03 누르다
04 동시에, 한꺼번에
05 점점 높이다
06 A를 B로 생각하다
07 기억해서, 외워서
08 직접

Words Plus 연습 문제
p. 161

A 1 invent, 발명하다 2 face, ~을 마주 보다(향하다)
3 note, 음, 음표 4 idol, 우상, 아이돌 5 original, 본래의
6 composer, 작곡가 7 scream, 괴성을 지르다
8 audience, 청중, 관람객
B 1 definitely 2 original 3 creation 4 performance
5 single

C 1 recent 2 breath 3 movement 4 powerful
5 Unlike
D 1 at once 2 hold your breath 3 Press down
4 in person 5 from memory

Words 실전 TEST
p. 162

01 ④   02 (r)ecent   03 ②   04 at the same time   05 ④
06 ⑤   07 think of, as

01 ④는 반의어 관계이고, 나머지는 모두 유의어 관계이다.
|해석| ① 최근의 ② 단 하나의 ③ 괴성을 지르다 – 소리치다
④ 부유한 – 가난한 ⑤ 힘 있는 – 강한
02 '최근의'라는 의미의 단어는 recent이다.
03 ② 첫 번째 문장에는 '~을 마주 보다(향하다)'라는 의미의 동사 face
가, 두 번째 문장에는 '얼굴'이라는 의미의 명사 face가 들어가야 하므
로 공통으로 알맞은 말은 face이다.
|해석| • 만약 내가 그런 일을 했다면 나는 부모님을 마주 볼 수 없었을
것이다.
• 그녀는 매일 폼 클렌저로 얼굴을 씻는다.
04 at once는 '동시에, 한꺼번에'라는 뜻으로 at the same time과 같은
뜻이다.
|해석| 너는 많은 사람과 동시에 의사소통할 수 있다.
05 ④ hold one's breath는 '숨을 참다'라는 의미이다.
06 주어진 문장과 ⑤의 note는 '음'이라는 의미로 쓰였다.
|해석| 피아니스트가 피아노로 첫 음을 연주했다.
① 그녀는 부엌 식탁 위에 Jake에게 쓴 쪽지를 남겼다.
② Jessica는 그 쪽지를 그녀의 주머니 속에 넣었다.
③ John은 그녀의 전화번호를 메모했다.
④ 그는 쪽지를 써서 창문에 붙였다.
⑤ 그 가수는 높은 음을 매우 힘들어했다.
07 think of A as B는 'A를 B로 생각하다'라는 의미이다.

Listen & Speak 만점 노트
pp. 164~165

Q1 너는 어떤 책을 가장 좋아하니?
Q2 Blue Sky's fan meeting with his friends
Q3 Lucy
Q4 테니스
Q5 헌 옷
Q6 He made paper flowers for his mom's birthday.
Q7 종이접기 수업
Q8 나이아가라 폭포를 보고 싶어서
Q9 The Beatles
Q10 우울할 때 기분이 나아지게 해 주기 때문에

x

1 interesting books, Which book, best

2 are you going to do, a big fan of, Which member do you like best, can't wait

3 Which, do you like best, I like, best

4 Why do you have, sell, flea market, why don't you join me

5 why do you have, for my mom's birthday, taking a paper folding class, the perfect gift

6 Which country, your dream vacation, Why do you want, Because

7 I'm happy to be, what's your favorite band, Which song do you like best, Why do you like it, makes me feel better

1 ⓒ - ⓓ - ⓐ - ⓑ

2 ⓔ - ⓒ - ⓑ - ⓖ - ⓐ - ⓓ - ⓕ

3 ⓒ - ⓐ - ⓑ - ⓓ

4 ⓑ - ⓔ - ⓒ - ⓐ - ⓓ

5 ⓒ - ⓓ - ⓐ - ⓗ - ⓕ - ⓑ - ⓔ - ⓖ

6 ⓓ - ⓐ - ⓒ - ⓑ

7 ⓐ - ⓘ - ⓑ - ⓔ - ⓓ - ⓖ - ⓒ - ⓗ - ⓕ

01 ②   02 ①   03 ②   04 ④   05 ⓐ why   ⓑ Where

06 paper folding class, paper flowers   07 ③   08 Because

09 ④

[서술형]

10 (1) What → Why   (2) why do you → why don't you

11 (1) Which animal do you like best?

   (2) Why do you like them?

12 (모범답) She sings really well.

01 「Why do you+동사원형 ~?」은 '너는 왜 ~하니?'라는 뜻으로 상대방에게 이유를 묻는 표현이다.

|해석| A: 너는 왜 매일 운동을 하니?

B: 왜냐하면 나는 살을 좀 빼고 싶기 때문이야.

02 가장 좋아하는 책이 무엇인지 묻고 있으므로 좋아하는 책이 무엇인지 말하는 응답이 와야 한다.

|해석| ① 나는 "Harry Potter"를 가장 좋아해.

② 독서는 내 취미야.

③ 나는 도서관에서 책을 읽어.

④ 나는 서점에 가는 것을 좋아해.

⑤ 나는 만화책 몇 권을 빌릴 거야.

03 B가 이유를 말하고 있으므로 빈칸에는 이유를 묻는 질문이 와야 한다.

|해석| A: 왜 미국에 가고 싶니?

B: 그랜드 캐니언을 보고 싶기 때문이야.

① 언제 미국에 가니?

③ 미국에 갈 예정이니?

④ 얼마나 자주 미국에 가니?

⑤ 어떻게 미국에 가니?

04 ④는 '너는 그것에 대해 어떻게 생각하니?'라는 의미이고 나머지는 모두 상대방에게 왜 그렇게 생각하는지 이유를 묻는 표현이다.

05 ⓐ에는 이유를 묻는 의문사 why가 알맞고, ⓑ에는 종이꽃의 출처를 묻는 의문사 Where가 알맞다.

06 |해석| Tom은 요즘 종이접기 수업을 듣고 있다. 그는 엄마를 위해 종이꽃을 만들었다.

07 어떤 노래를 가장 좋아하는지 묻는 질문이므로 가장 좋아하는 노래가 무엇인지 말하는 응답 앞에 와야 한다.

08 Why로 이유를 물을 때는 Because로 답한다.

09 ④ The Beatles를 좋아한다는 Smith 선생님의 말에 미나가 자신도 좋아한다고 답했으므로, 미나는 The Beatles를 잘 알고 있을 것이다.

10 (1) B가 벼룩시장에서 헌 옷들을 팔 거라고 답한 것으로 보아, A는 헌 옷들을 왜 가지고 있는지 이유를 묻는 것이 알맞으므로, What은 이유를 묻는 접속사 Why가 되어야 한다.

(2) 문맥상 이번 토요일에 함께 헌 옷을 팔자는 권유의 말이 되는 것이 자연스러우므로, 권유의 표현 Why don't you ~?가 되어야 한다.

11 (1) '너는 어느 ~을 가장 좋아하니?'라는 뜻으로 상대방이 가장 선호하는 것을 묻는 표현 Which ~ do you like best?를 사용하여 문장을 쓴다.

(2) 이유를 묻는 표현 「Why do you+동사원형 ~?」을 사용하여 문장을 쓴다.

12 '그녀(Lucy)는 노래를 아주 잘한다.' 등의 의미로 밴드 멤버 중 Lucy를 가장 좋아하는 이유를 밝히는 문장을 완성한다.

QUICK CHECK

1 (1) loved   (2) were   (3) by

2 (1) The window was broken by them.

  (2) The fish was caught by my uncle.

  (3) The heavy boxes were carried by Sam.

1 |해석| (1) 이 노래는 많은 청소년들에 의해 사랑받는다.

(2) 이 쿠키들은 요리사에 의해 구워졌다.

(3) 그 탑은 유명한 건축가에 의해 설계되었다.

2 |해석| (1) 그들이 그 창문을 깼다.

(2) 우리 삼촌이 그 물고기를 잡았다.

(3) Sam이 무거운 상자들을 옮겼다.

G Grammar 핵심 노트 2　　p.173

QUICK CHECK

1 (1) take　(2) don't　(3) If

2 (1) 옳음　(2) are sick and tired　(3) Unless

---

1 |해석| (1) 만약 네가 이 약을 먹는다면, 너는 나아질 것이다.

(2) 만약 네가 떠들지 않는다면, 아기는 잠을 잘 잘 것이다.

(3) 만약 네가 서두른다면, 너는 첫 기차를 탈 수 있다.

2 |해석| (1) 만약 내일 날이 덥다면, 우리는 해변에 갈 것이다.

(2) 만약 네가 아프고 피곤하다면, 너는 오늘 일찍 집에 갈 수 있다.

(3) 만약 네가 너무 많이 먹는다면(→ 먹지 않는다면), 너는 건강을 유지할 것이다.

G Grammar 연습 문제 1　　p.174

A 1 cleaned　2 built　3 spoken　4 painted　5 broken

B 1 him　2 were　3 were　4 cut　5 taught

C 1 was loved by　2 is read by

　3 was canceled(cancelled)

D 1 The difficult math problem was solved by Jane.

　2 A delicious meal was cooked by my father.

　3 The plants are watered by Tony every day.

A |해석| 1 교실이 학생들에 의해 청소되었다.

2 엠파이어 스테이트 빌딩은 1931년에 지어졌다.

3 영어는 전 세계에서 말해진다(쓰인다).

4 "모나리자"는 Leonardo da Vinci에 의해 그려졌다.

5 내 휴대 전화는 내 남동생에 의해 고장 났다.

B |해석| 1 그 기계는 그에 의해 발명되었다.

2 그 동화책들은 쉬운 영어로 쓰였다.

3 정원의 꽃들은 우리 아버지에 의해 심겨졌다.

4 산의 나무들이 베어졌다.

5 작년에 수학은 Smith 선생님에 의해 가르쳐졌다.

D |해석| 1 Jane이 그 어려운 수학 문제를 풀었다.

2 우리 아버지께서 맛있는 식사를 요리해 주셨다.

3 Tony는 매일 화초에 물을 준다.

G Grammar 연습 문제 2　　p.175

A 1 is　2 Unless　3 arrive　4 tells　5 If

B 1 If　2 Unless　3 If　4 Unless　5 If

C 1 rain → rains　2 not study → don't study

　3 will be → is　4 If → Unless / leave → don't leave

　5 don't go → go / Unless → If

D 1 If you don't wear a coat, you will catch a cold.

---

2 If you aren't nice to others, you can't make a lot of friends.

3 If you take a taxi, you can get there on time.

4 If you ask your teacher about the problem, you will get the answer.

A |해석| 1 만약 이번 주 토요일에 날씨가 좋다면, 우리는 캠핑을 갈 것이다.

2 만약 네가 더 열심히 연습하지 않는다면, 너는 1등상을 탈 수 없다.

3 만약 네가 일찍 도착한다면, 너는 좋은 자리를 얻을 것이다.

4 만약 그가 거짓말을 한다면, 그의 부모님은 그에게 화를 내실 것이다.

5 만약 방이 덥게 느껴진다면, 당신은 에어컨을 켤 수 있습니다.

B |해석| 1 만약 네가 애완동물을 키운다면, 너는 외롭지 않을 것이다.

2 만약 네가 더 빨리 뛰지 않으면, 너는 마지막 버스를 놓칠 것이다.

3 만약 네가 오른쪽으로 돌면, 은행이 보일 것이다.

4 만약 네가 더 크게 말하지 않는다면, 아무도 네 말을 듣지 못할 것이다.

5 만약 네가 사탕을 너무 많이 먹으면, 너는 심한 치통을 앓을 것이다.

C |해석| 1 만약 내일 비가 오면, 나는 집에 머물면서 쉴 것이다.

2 만약 네가 공부를 열심히 하지 않으면, 너는 시험에 떨어질 것이다.

3 만약 이번 주말에 날씨가 화창하면, 우리는 하이킹을 하러 갈 것이다.

4 만약 네가 지금 떠나지 않는다면, 너는 버스를 놓칠 것이다.

5 만약 네가 지금 잠자리에 들지 않으면, 너는 일찍 일어날 수 없다.

G Grammar 실전 TEST　　pp.176~179

01 ②　02 ③　03 ④　04 ⑤　05 ④　06 ⑤　07 ②

08 If, don't　09 was watched by　10 ②　11 ④　12 ③

13 was painting → was painted　14 will be → is　15 ③

16 ①　17 ③　18 ③　19 ④　20 ③　21 ③

[서술형]

22 (1) won't → don't

(2) if가 이끄는 조건절에서는 미래를 나타낼 때 현재시제를 쓴다. 주어가 you이므로 won't를 don't로 고쳐야 한다.

23 ⓐ by → in　ⓔ will rain → rains

24 (1) Smartphones are used by many people these days.

(2) A blue shirt was bought by her.

(3) *Harry Potter* was written by J. K. Rowling.

(4) The paintings were painted by a famous artist.

25 were played by Andy

26 (1) If you jog every morning, you will be healthier.

(2) If you buy one more, you will get a 30% discount.

(3) Unless you hurry, you will be late for school.

---

01 if가 이끄는 조건절에서는 미래를 나타낼 때 현재시제로 쓴다. 주어가 3인칭 단수이므로 comes가 알맞다

|해석| 만약 아버지가 집에 일찍 오신다면, 우리는 저녁에 외식할 것이다.

02 수동태 문장에서 행위자는 일반적으로 「by+목적격」의 형태로 쓴다.

|해석| 이 편지는 내 사촌에 의해 나에게 보내졌다.

03 주어 These pictures(이 사진들)가 '찍힌' 것으로 동작의 대상이므로 수동태로 써야 한다. 수동태 문장의 동사는 「be동사+과거분사」의 형태로 쓰므로 take의 과거분사인 taken이 알맞다.

|해석| 이 사진들은 유명한 사진작가에 의해 찍혔다.

04 ⑤는 주어가 행위의 주체인 능동태 문장으로 made가 들어가고, 나머지는 모두 주어가 동작의 대상이 되는 수동태 문장으로 was made가 들어가야 한다.

|해석| ① 그녀의 반지는 보석으로 만들어졌다.

② 그 영화는 Steven Spielberg 감독에 의해 만들어졌다.

③ 스파게티는 어젯밤에 Jenny에 의해 만들어졌다.

④ 청소 로봇은 그 과학자에 의해 만들어졌다.

⑤ 그녀는 연설을 하기 전에 긴장했다.

05 문맥상 ④는 '만약 ~하지 않는다면'이라는 의미의 Unless가 알맞고 나머지는 모두 '만약 ~한다면'이라는 의미의 If가 알맞다.

|해석| ① 만약 그가 방 청소를 한다면, 내가 설거지를 할게.

② 만약 네가 그 책을 읽으면, 너는 많은 것을 배울 수 있어.

③ 만약 네가 좀 더 주의하면, 너는 다치지 않을 거야.

④ 만약 그녀가 안경을 쓰지 않는다면, 그녀는 작은 글자를 볼 수 없어.

⑤ 만약 네가 두 블록을 가면, 너는 꽃가게를 볼 수 있어.

06 ⑤ 주어 The museum(박물관)은 '방문되어'지는 것으로 동작의 대상이다. 따라서 수동태 문장이 되어야 하며, 수동태는 「주어+be동사+과거분사+by+행위자」의 형태로 쓴다.

07 ② if가 이끄는 조건절에서는 미래를 나타낼 때 현재시제를 사용한다. 주어가 3인칭 단수(it)이므로 rains를 쓰는 것에 유의한다.

08 unless는 if ~ not으로 바꿔 쓸 수 있다. 주어가 you이고 일반동사이므로 조동사 do를 사용하여 don't를 쓴다.

|해석| 만약 네가 음량을 줄이지 않는다면, 아기가 깰 것이다.

09 능동태의 목적어가 주어가 되었으므로 수동태로 바꿔야 한다. 수동태는 「주어+be동사+과거분사+by+행위자」의 형태로 쓴다.

|해석| 많은 학생들이 환경에 관한 다큐멘터리를 봤다.

10 대부분의 수동태 문장은 「주어+be동사+과거분사+by+행위자」의 형태로 쓴다. be interested in은 '~에 관심이 있다'라는 뜻으로 by 이외의 전치사를 쓰는 수동태 구문이다.

|해석| • 그 소년은 그의 할머니의 보살핌을 받았다.

• 나는 만화를 그리는 것에 관심이 있다.

11 주어 A big fish(큰 물고기)가 '잡힌' 것으로 동작의 대상이므로, 수동태로 써야 한다. 수동태의 동사는 「be동사+과거분사」로 쓰는데 주어가 3인칭 단수이고 과거를 나타내는 부사구 last weekend가 있으므로, be동사의 과거형 was와 catch의 과거분사 caught를 쓴다.

|해석| 지난주에 큰 물고기가 우리 아버지에 의해 잡혔다.

12 if나 unless가 이끄는 조건절에서는 미래를 나타낼 때 현재시제를 써야 하고, unless는 if ~ not의 뜻으로 부정의 의미를 담고 있으므로 not과 함께 쓰이지 않는다.

ⓑ won't change → doesn't change ⓒ don't save → save

ⓓ will leave → leave

|해석| ⓐ 만약 네가 열심히 공부한다면, 너는 좋은 성적을 받을 것이다.

ⓑ 만약 스케줄이 바뀌지 않는다면, 그들은 다음 주에 돌아올 것이다.

ⓒ 만약 네가 돈을 절약하지 않는다면, 너는 그것을 후회할 것이다.

ⓓ 만약 네가 5시 전에 떠나지 않는다면, 극심한 교통 체증이 있을 것이다.

ⓔ 만약 내가 오늘 오후에 Amy를 만난다면, 나는 그녀에게 네 책을 줄 것이다.

13 주어 The painting(그림)이 '그려지는' 것으로 동작의 대상이므로 수동태의 동사는 「be동사+과거분사」의 형태가 되어야 한다.

|해석| 그 그림은 5살 소년에 의해 그려졌다.

14 if가 이끄는 조건절에서는 미래를 나타낼 때 현재시제를 쓴다.

|해석| 만약 날씨가 좋으면, 우리는 현장 학습을 갈 것이다.

15 괄호 안의 단어를 바르게 배열하면 The rules were not followed by some people.이 되므로, 다섯 번째로 오는 단어는 followed이다.

16 주어진 문장과 ②~⑤의 if는 '만약 ~한다면'의 조건절을 이끄는 접속사이다. ①의 if는 '~인지 아닌지'로 목적어 역할을 하는 명사절을 이끄는 접속사이다.

|해석| 만약 네가 나를 도와준다면, 나는 정오까지 이 일을 끝낼 수 있다.

① 그녀가 회복될지 나는 모르겠어.

② 만약 네가 Chris를 본다면, 나에게 전화해 달라고 말해 줘.

③ 만약 네가 원한다면, 너는 내 휴대 전화를 사용해도 돼.

④ 만약 그가 똑똑하다면, 그는 쉽게 시험을 통과할 것이다.

⑤ 만약 그들이 지금 떠난다면, 그들은 버스를 탈 수 있을 것이다.

17 ③ 주어인 My uncle(삼촌)이 연을 만드는 동작의 주체이므로 능동태 문장이 되어야 한다. (was not made → didn't make)

|해석| ① 그 탑은 10년 전에 지어졌다.

② 만약 네가 또다시 거짓말을 한다면, 나는 너를 용서하지 않을 것이다.

③ 우리 삼촌이 어제 연을 만들어 주셨다.

④ 만약 네가 질문이 없다면, 나는 수업을 끝낼 것이다.

⑤ 만약 네가 감기에 걸리고 싶지 않다면, 코트를 입어라.

18 be filled with는 '~으로 가득 차 있다'라는 뜻으로 by 이외의 전치사를 쓰는 수동태 구문이다.

|해석| 그 방은 꽃과 풍선으로 가득 차 있었다.

19 ① 「be동사+과거분사」가 쓰인 것으로 보아, (A)는 수동태 문장이다.

② 「by+행위자」가 생략된 문장이다.

③ 주어가 복수이므로 be동사 are가 옳다.

④ if ~ not은 unless로 바꿀 수 있으므로 옳다.

⑤ if가 이끄는 조건절에서는 미래를 나타낼 때 현재시제를 쓴다.

|해석| (A) 퀘벡에서는 영어와 프랑스어가 사용된다.

(B) 만약 네가 그녀의 조언을 받아들이지 않는다면, 너는 후회할 것이다.

20 '그것은 Gustave Eiffel에 의해 설계되었다.'는 의미의 수동태 문장이 되어야 한다. 수동태의 동사는 「be동사+과거분사」의 형태로 쓰는데, 과거시제이므로 be동사는 was로 쓴다.

|해석| A: 에펠 탑은 누가 설계했나요?

B: 그것은 Gustave Eiffel에 의해 설계되었다.

21 ⓐ 수동태에서 「by+행위자」를 쓸 때 행위자가 인칭대명사이면 목적격으로 써야 하므로 we는 us가 되어야 한다.

ⓓ 주어(The light bulb)가 3인칭 단수이므로 were가 아니라 was가 되어야 한다.

|해설| ⓐ 우리는 졸업 영상을 만들었다. → 졸업 영상은 우리에 의해 만들어졌다.

ⓑ Michael은 그의 애완견 사진을 찍었다. → 애완견 사진은 Michael에 의해 찍혔다.

ⓒ Edgar Degas는 "발레 수업"을 그렸다. → "발레 수업"은 Edgar Degas에 의해 그려졌다.

ⓓ Thomas Edison은 전구를 발명했다. → 전구는 Thomas Edison에 의해 발명되었다.

22 if가 이끄는 조건절에서는 미래를 나타낼 때 현재시제를 쓰므로 won't를 don't로 고쳐야 한다.

|해설| 만약 네가 약을 먹지 않는다면, 두통이 더 심해질 것이다.

23 ⓐ be interested in은 '~에 흥미가 있다'라는 뜻으로 by 이외의 전치사를 쓰는 수동태 구문이다.

ⓔ if가 이끄는 조건절에서는 미래를 나타낼 때 현재시제를 쓴다.

|해설| ⓐ 나는 노래하고 춤추는 것에 관심이 있다.

ⓑ 만약 네가 지하철을 타지 않으면, 너는 늦을 것이다.

ⓒ 내 고장난 노트북은 아버지에 의해 고쳐졌다.

ⓓ 전등이 누군가에 의해 꺼졌다.

ⓔ 만약 내일 비가 온다면, 나는 집에 있을 것이다.

24 능동태 문장을 수동태로 바꿀 때는 능동태의 목적어를 수동태의 주어로 보내고, 동사는 「be동사+과거분사」의 형태로 고치고, 능동태의 주어를 「by+목적격」의 형태로 문장 뒤에 쓴다. 이때 주어의 수와 시제에 따라 알맞은 be동사를 쓰는 것에 유의한다.

|해설| (1) 요즘 많은 사람들이 스마트폰을 사용한다.

(2) 그녀는 파란색 셔츠를 샀다.

(3) J. K. Rowling은 "해리포터"를 썼다.

(4) 유명한 화가가 그 그림들을 그렸다.

25 '드럼은 Andy에 의해 연주되었다.'는 뜻의 수동태 문장을 완성한다. 수동태 문장은 「주어+be동사+과거분사+by+행위자」의 형태로 쓴다.

|해설| A: 콘서트에서 드럼을 연주한 사람이 누구니?

B: 드럼은 <u>Andy</u>에 의해 연주되었어.

26 문맥상 자연스러운 문장이 되도록 조건절과 주절을 연결하여 한 문장을 완성한다. unless는 '만약 ~하지 않는다면'이라는 부정의 의미를 가지고 있음에 유의한다.

|해설| (1) 만약 네가 매일 아침 조깅을 한다면, 너는 더 건강해질 것이다.

(2) 만약 네가 하나를 더 산다면, 너는 30% 할인을 받을 것이다.

(3) 만약 네가 서두르지 않는다면, 너는 학교에 지각할 것이다.

ⓡ Reading 빈칸 채우기 pp. 182~183

01 favorite **02** will answer **03** show great love **04** scream madly **05** Others, to take pictures **06** to see **07** recent creation **08** way **09** Did, begin **10** were loved by **11** How about **12** Not **13** To find **14** are filled **15** Unlike, faces **16** can see, better **17** any sheet music **18** from memory **19** by softly touching **20** hold their breath **21** builds up speed **22** makes, powerful **23** pays

---

attention to **24** everywhere **25** like watching **26** Time flies **27** throw flowers **28** goes wild **29** amazing star **30** was born **31** started playing **32** later became **33** think of him as **34** Why don't you **35** If, will love

---

ⓡ Reading 바른 어휘·어법 고르기 pp. 184~185

01 have **02** students **03** their **04** madly **05** take **06** travel **07** Are **08** No **09** Did **10** were loved **11** in **12** close **13** take **14** seats **15** faces **16** see **17** any **18** from **19** touching **20** breath **21** up, at **22** powerful **23** to **24** flies **25** watching **26** ends **27** pieces **28** goes **29** Who **30** was born **31** playing **32** and **33** as **34** give **35** If

---

ⓡ Reading 틀린 문장 고치기 pp. 186~187

01 ○ **02** ×, Every students → Many students
03 ×, student → students **04** ○
05 ×, waits → wait **06** ○ **07** ×, recently → recent
08 ○ **09** ×, began with → begin with
10 ×, love → loved **11** ○ **12** ○ **13** ×, on → in
14 ×, is → are **15** ○ **16** ○ **17** ×, his → him
18 ×, played → play
19 ×, for softly touching → by softly touching
20 ×, missing → to miss **21** ○ **22** ○
23 ×, movements → movement **24** ○ **25** ○
26 ×, fly → flies **27** ○ **28** ×, wildly → wild
29 ○ **30** ×, at → in **31** ×, while → when
32 ○ **33** ×, think for him → think of him
34 ×, listening → listen **35** ○

ⓡ Reading 실전 TEST pp. 190~193

01 ④ **02** scream **03** ③ **04** ③ **05** ② **06** ④ **07** ③
08 ⑤ **09** ③ **10** ③ **11** ② **12** ③ **13** 속도를 점점 높이고 긴 손가락으로 많은 건반을 한꺼번에 누르며 연주하는 것 **14** ③
15 ③ **16** ② **17** ② **18** audience, performance **19** ①
20 ② **21** ①

[서술형]

22 (1) They scream madly at concerts.

(2) They wait hours to take pictures of their stars.

(3) They even travel to another city to see their favorite stars.

23 starts slowly by softly touching the keys, builds up speed, his long fingers press down on many keys at once

24 (1) (모범답) They can see the pianist better because the side of the piano faces the audience unlike other concerts.

   (2) Because they don't want to miss a single note.

25 (1) When and where was Franz Liszt born?

   (2) When did he first start playing the piano?

   (3) What do many people think of Liszt?

01 정해진 범위 없이 일부분을 나타내어, '어떤 ~은'과 '다른 ~은'을 뜻할 때 some과 others를 쓴다.

02 '놀라움, 흥분 등으로 인해 크고 높은 목소리로 외치다'라는 뜻의 단어는 scream (괴성을 지르다)이다.

03 K팝 아이돌을 좋아하는 팬들이 자신들의 스타들에게 많은 애정을 보인다는 말은 있지만, 스타들이 팬들에게 애정을 보인다는 말은 없다.

04 ⓒ는 '완전히 헛짚었다'는 의미로 Not 앞에 The answer is가 생략된 말이다.

05 '사랑받았다'라는 수동태 문장이므로 「주어+be동사+과거분사+by+행위자」의 형태가 되어야 한다. 주어가 복수이고 과거시제이므로 be동사로 were를 쓴다.

06 마지막 문장에서 '1845년에 빈에 있는 콘서트홀로 타임머신을 타고 가보자'고 했으므로, 1845년의 빈에 있는 콘서트홀의 모습을 묘사하는 내용이 이어질 것이다.

07 피아노의 옆면이 청중들을 바라보고 있다고 했으므로 그 뒤에 이 방법이 피아니스트를 더 잘 볼 수 있게 했다는 주어진 문장이 이어지는 것이 자연스럽다.

08 '모든 좌석이 채워졌다.'라는 의미의 수동태 문장이 되어야 하므로 「be동사+과거분사」의 형태인 are filled가 알맞다.

09 「not+any」는 no로 바꿔 쓸 수 있다.

10 윗글의 ⓒ와 ⓑ, ⓒ, ⓓ는 명사적 용법의 to부정사(목적어)로 쓰였고, ⓐ는 감정의 원인을 나타내는 부사적 용법의 to부정사, ⓔ는 목적을 나타내는 부사적 용법의 to부정사로 쓰였다.

  |해석| ⓐ 나는 자유의 여신상을 봐서 기쁘다.

   ⓑ 너는 보드게임을 하는 것을 좋아하니?

   ⓒ 나는 언젠가 이탈리아를 방문하기를 희망한다.

   ⓓ 그는 K팝 스타가 되기를 원한다.

   ⓔ 나는 시험에 통과하기 위해 열심히 공부했다.

11 ⓐ 전치사 by의 목적어로 동명사 touching이 되어야 한다.

   ⓔ 「주어+make+목적어+목적격 보어」 형태의 5형식 문장으로, 목적격 보어로는 형용사가 와야 하므로 powerful이 되어야 한다.

12 build up: 점점 높이다 / press down: 누르다

13 밑줄 친 This는 앞 문장에 나온 내용을 가리킨다.

14 ③ 피아니스트는 속도를 점점 올리고 손가락으로 많은 건반을 한꺼번에 누르는 방식으로 연주한다고 했다.

15 ⓐ와 ③의 like는 '~처럼, ~와 같이'라는 뜻의 전치사이고, 나머지는

모두 '좋아하다'라는 뜻의 동사이다.

  |해석| ① 나는 주말에 자전거 타는 것을 좋아한다.

  ② 그는 코미디 공연 보는 것을 정말 좋아한다.

  ③ 그녀는 패션 모델처럼 걷는다.

  ④ 나는 어제 산 드레스를 좋아한다.

  ⑤ 너는 내일 무엇을 하고 싶니?

16 ⓑ에 쓰인 fly는 '(시간이) 아주 빨리 가다(흐르다)'의 뜻으로 쓰였으므로, ②가 영어 뜻풀이로 알맞다.

  |해석| ① 비행기에 탑승하다

  ② 빨리 움직이거나 지나가다

  ③ 두 개의 날개를 가진 작은 곤충을 가지다

  ④ 날개를 사용해 하늘을 날다

  ⑤ 공중에서 날거나 떠다니거나 매달려 있게 하다

17 첫 번째 질문의 콘서트 지속 시간과 두 번째 질문의 콘서트 관람객의 수는 윗글에 나와 있지 않아 알 수 없다. 네 번째 질문인 사람들이 더 좋아하는 공연이 무엇인지는 알 수 없다.

  |해석| • 연주회는 얼마나 오래 지속되는가?

  • 얼마나 많은 사람이 콘서트홀에 있는가?

  • 연주회가 끝나자 사람들은 무엇을 하는가?

  • 사람들은 어느 공연을 더 좋아하는가?

18 '청중(audience)이 그의 공연(performance)에 감동을 받았다.'라는 의미가 되도록 문장을 완성한다.

19 ① 수식을 받는 명사가 '놀라게 하는' 주체이므로 현재분사형의 형용사가 되어야 한다. (→ amazing)

20 ⓐ 국가 앞에는 전치사 in을 쓴다.

  ⓑ 'A를 B로 생각하다'라는 의미의 think of A as B가 되는 것이 알맞다.

21 ② 일곱 살에 피아노를 치기 시작했다.

  ③ 나중에 위대한 피아니스트이자 작곡가, 선생님이 되었다.

  ④ 많은 사람들이 그를 첫 번째 아이돌이라고 생각한다고 했다.

  ⑤ 어렸을 때 피아노 치는 것을 싫어했다는 언급은 없다.

22 학생들이 스타를 향해 큰 애정을 보이는 방식의 3가지 예를 언급하고 있다.

23 피아니스트는 건반을 부드럽게 누르면서 천천히 시작해서 속도를 점점 올리고, 긴 손가락으로 많은 건반을 한꺼번에 누른다고 했다.

24 (1) 다른 연주회와 달리 피아노의 옆면이 청중을 향해 있어서, 청중은 피아니스트를 잘 볼 수 있었다.

  (2) 사람들이 Liszt의 콘서트에서 숨죽인 이유는 하나의 음도 놓치고 싶지 않았기 때문이다.

25 (1) 태어난 때와 장소를 묻는 말이 와야 한다.

  (2) 피아노를 언제 시작했는지 묻는 말이 와야 한다.

  (3) 사람들이 Liszt에 대해 어떻게 생각하는지 묻는 말이 와야 한다.

  |해석| [보기] • 언제 그는 처음 피아노를 치기 시작했는가?

  • 사람들은 Liszt에 대해서 어떻게 생각하는가?

  • Franz Liszt는 언제 그리고 어디서 태어났는가?

01 ① 02 ③ 03 ② 04 I'm a big fan of yours. 05 will meet → meet 06 ①, ④

01 ① 과거를 나타내는 부사 Yesterday가 있으므로 과거시제 performed 가 되어야 한다.

02 be different from: ~와 다르다 / from memory: 외워서, 기억해서

03 ② 피아노의 옆면이 청중을 향해 있었으므로 Liszt가 청중을 마주 보고 앉는 구조가 아니다.

04 '~의 열혈 팬'은 a big fan of로 표현하며, of 뒤에 소유대명사를 쓰는 것에 유의한다.

05 if가 이끄는 조건절에서는 미래의 의미를 가지더라도 현재시제로 써야 한다.

06 ① Sandra는 영화배우이다.
   ④ 지나는 Sandra의 연기가 정말 실제 같다고 생각한다.
   |해석| ① Sandra는 무엇을 하는가(직업이 무엇인가)?
   ② 지나는 언제 "Into the Sky"를 봤는가?
   ③ "Into the Sky"에서 Sandra의 역할은 무엇인가?
   ④ 지나는 Sandra의 연기에 대해 어떻게 생각하는가?
   ⑤ Sandra는 얼마나 많은 영화에 출연했는가?

 STEP B

01 ④ 02 ① 03 ④ 04 ⑤ 05 ④ 06 ③ 07 powerful 08 definitely 09 ① 10 ② 11 ② 12 ① 13 ③ 14 (A) take (B) cheer (C) pianist 15 ②

01 ④는「명사 – 형용사」의 관계이고, 나머지는「동사 – 명사」의 관계이다.
   |해석| ① 숨 쉬다 – 숨 ② 움직이다 – 움직임 ③ 창조하다 – 창조물
   ④ 힘 – 힘 있는 ⑤ 공연하다 – 공연

02 '아주 많이 사랑받고 존경받는 사람'은 idol(우상, 아이돌)이다.
   |해석| ② 청중, 관람객 ③ 선생님 ④ 작곡가 ⑤ 피아니스트

03 miss는 '놓치다, 그리워하다'의 의미를 가진다.
   |해석| • Mike는 늦게 일어나서 비행기를 놓쳤다.
   • 나는 그가 떠났을 때 정말 그가 그리웠다.
   ① fill: (가득) 채우다 ② order: 주문하다 ③ find: 찾다(발견하다)
   ⑤ end: 끝나다

04 여기서 at once는 '동시에'라는 뜻으로 at the same time과 같은 뜻이다.
   ① 느리게 ② 많아 봐야(기껏해야) ③ 적어도(최소한) ④ 가끔
   |해석| 우리는 동시에 두 장소에 있을 수 없다.

05 ⓐ '그들은 그녀의 모든 움직임을 지켜보고 있었다.'라는 의미가 적절하므로 movement가 알맞다.
   ⓑ '그 케이크는 크림과 과일을 넣어 만든 맛있는 창조물이었다.'라는 의미가 적절하므로 creation이 알맞다.
   ⓒ '그 공연은 7시에 시작할 것이다.'라는 의미가 적절하므로 performance가 알맞다.
   ⓓ '나는 악보를 가져오는 것을 깜빡해서 기억을 더듬어서 연주했다.'라는 의미가 적절하므로 sheet music이 알맞다.

06 composer(작곡가)의 영어 뜻풀이는 a person who writes music(작곡하는 사람)이다. something that is made(만들어진 무언가)는 creation(창조물)의 영어 뜻풀이이다.

07 '힘 있는'을 뜻하는 형용사 powerful이 들어가는 것이 알맞다.
   |해석| 그녀는 그 회사에서 가장 힘 있는 사람이다.

08 '분명히, 틀림없이'를 뜻하는 definitely가 들어가는 것이 알맞다.
   |해석| 그는 현재 직업에 틀림없이 만족한다.

09 press down: 누르다 / in person: 직접
   |해석| • 직사각형 버튼을 꾹 누르시오.
   • 나는 내가 가장 좋아하는 가수를 직접 볼 수 있기를 바란다.

10 ⓐ, ⓑ, ⓔ는 '~을 마주 보다(향하다)'라는 의미이고 ⓒ, ⓓ는 '얼굴'이라는 의미이다.
   |해석| ⓐ 그 아파트는 남쪽을 향해 있다.
   ⓑ 그녀는 돌아서 그를 마주 보았다.
   ⓒ 자기 전에 얼굴을 씻어라(세수를 해라).
   ⓓ 그는 항상 얼굴에 미소를 머금고 있다.

ⓔ 대부분의 방이 바다를 향해 있다.

11 ② press down은 '누르다'라는 의미이다.

|해석| ① 나는 벼룩시장에서 이 배낭을 샀다.

② 가속 페달을 밟지(누르지) 마라.

③ Megan은 그 노래를 외워서 불렀다.

④ 내 여동생은 종이접기를 잘한다.

⑤ 나는 그 작곡가를 직접 만나고 싶다.

12 주어진 문장의 note는 '음'을 뜻하며, 이를 뜻하는 것은 a specific musical tone(특정 악음)이다. ②는 '지폐', ③은 '쪽지, 편지', ④는 '주석, 주', ⑤는 '메모'를 뜻한다.

|해석| 그는 높은 음을 잘 부르지 못한다.

13 ③ 문을 미친듯이 닫으라는 내용은 문맥상 어색하다. madly 대신 softly가 들어가 '문을 부드럽게 닫아라'는 의미가 되어야 한다.

|해석| ① 만약 우리가 서두르면, 제시간에 그곳에 도착할 것이다.

② 그 커피는 부드럽고 맛이 풍부하다.

④ 의사는 나에게 숨을 깊게 들이쉬라고 말했다.

⑤ 나는 키가 크지 않지만, 나와 달리 내 남동생은 키가 매우 크다.

14 (A) take pictures of: 사진을 찍다

(B) '힘을 북돋우다'라는 뜻의 cheer가 알맞다.

(C) 공연을 마치고 박수를 받는 사람으로 pianist(피아니스트)가 알맞다.

|해석| • 그들은 밴드 멤버들의 사진을 찍기 위해 몇 시간을 기다렸다.

• 너는 스스로를 기운 내게 할 무언가가 필요하다.

• 우리는 피아니스트가 연주를 끝내자 큰 박수를 쳤다.

15 '처음 혹은 최초에 발생하거나 존재하는'이 뜻하는 것은 original(본래의)이다.

|해석| ① 갑자기, 나는 미친 듯이 질투심이 났다.

② 본래 계획은 뉴욕으로 날아 가는 것이었다.

③ 최근 몇 년간 많은 변화가 있었다.

④ 우리 팀은 1점 차이로 경기를 이겼다.

⑤ 음악이 배경으로 부드럽게 연주되었다.

Listen & Speak 고득점 맞기 pp. 200~201

01 ④ **02** ②, ④ **03** ⑤ **04** ③ **05** which band, like best

06 ⓐ Why ⓑ Because

[서술형]

07 I'm also a big fan of the band.

08 I can't wait!

09 (1) favorite member (2) fantastic drummer

(3) she sings really well(she's a good singer)

(4) Blue Sky's fan meeting

10 paper flowers

11 They are going to be the perfect gift for your mom.

12 (1) He(Tom) is taking a paper folding class (these days).

(2) Tom's friend thinks (that) they(paper flowers) are so beautiful.

(3) He(Tom) made them(paper flowers) for his mom's birthday.

01 기린이 가장 좋다고 답하고 있으므로, 빈칸에는 어떤 동물을 가장 좋아하는지 묻는 말이 알맞다.

02 「Why do you+동사원형 ~?」과 「Can you tell me why+주어+동사 ~?」, 「What makes you+동사원형 ~?」은 모두 이유를 묻는 표현이다.

03 ⑤ 책 동아리가 지루하다고 말한 뒤 재미있는 책을 많이 읽는다고 말하는 것은 어색하다.

|해석| ① A: 이번 주 토요일에 무엇을 할 거니?

B: 나는 가족들과 소풍을 갈 거야.

② A: 가장 좋아하는 음악이 뭐니, Amy?

B: 나는 클래식 음악을 가장 좋아해.

③ A: 왜 너는 프랑스에 가 보고 싶니?

B: 나는 에펠 탑을 보고 싶기 때문이야.

④ A: 나는 "Charlotte's Web"을 가장 좋아해. 너는 어떠니?

B: 나는 "The Wizard of Oz"를 좋아해.

⑤ A: 책 동아리는 어떻게 되고 있니?

B: 너무 지루해. 나는 재미있는 책을 많이 읽어.

04 헌 옷들을 왜 가지고 있는지 이유를 묻는 말에 벼룩시장에서 그 옷들을 팔 거라고 이유를 말하고(C), 자신에게도 헌 옷이 있다는 말(A)에 함께 팔러 가자고 제안한(D) 후 동의하는 말(B)이 이어지는 것이 자연스럽다.

05 '가장 좋아하는 밴드가 무엇이니?'라는 뜻의 (A)는 선호를 묻는 표현 which ~ do you like best?를 사용하여 바꿔 쓸 수 있다.

06 ⓐ에는 이유를 묻는 의문사 Why가 알맞고, ⓑ에는 이유를 나타내는 접속사 Because가 알맞다.

07 '~의 열혈 팬'을 뜻하는 a big fan of를 사용하여 문장을 완성한다.

08 I can't wait가 '기다릴 수 없다'는 뜻이 아니라 '기다릴 수 없을 만큼 기대된다'라는 의미임에 유의한다.

09 (1), (2) like ~ best는 '가장 좋아하다'라는 뜻으로 favorite을 써서 표현할 수 있다. 지호가 가장 좋아하는 멤버는 드러머인 Mike라고 했다.

(3) Amy는 Lucy를 가장 좋아하고, 그녀가 노래를 정말 잘한다고 했다.

(4) Amy는 지호와 함께 토요일에 Blue Sky의 팬 미팅에 가기로 했다.

10 두 사람은 Tom이 가지고 있는 종이꽃에 대해 이야기하고 있다.

11 '그것들은 너희 엄마에게 완벽한 선물이 될 거야.'라는 의미가 되도록 「be going to+동사원형」을 이용하여 문장을 완성한다.

12 (1) Tom은 요즘 종이접기 수업을 듣고 있다고 했다.

(2) Tom의 친구는 Tom의 종이꽃이 매우 아름답다고 생각한다.

(3) Tom은 어머니의 생신을 위해 종이꽃을 만들었다.

01 ⑤　02 ③　03 ④　04 ②　05 Unless　06 ②, ⑤　07
④, ⑤　08 ⑤　09 ⑤　10 ③　11 ③　12 ④　13 ④

[서술형]

14 (1) *The Starry Night*(It) was painted by Vincent van Gogh.

(2) When was *Charlotte's Web* written?

15 (1) wakes up early, he will ride a bike

(2) has free time, he will watch a movie

(3) goes to the zoo, she will take pictures of animals

16 (1) The pictures were not taken by Sam.

(2) This expression is used by many people.

(3) Jim's house was burned down by fire.

17 (1) 모범답 if you go to bed early, you won't feel tired and can concentrate better on the lessons.

(2) 모범답 if you read English books, you can improve your English

---

01 수동태의 행위자는 「by+행위자」의 형태로 쓰는데, by 대신 다른 전치사를 사용하는 수동태 구문이 있다. ⑤ be interested in은 '~에 관심이 있다'라는 뜻으로 by 대신 in을 쓴 수동태 구문이다. 나머지 빈칸에는 by가 들어간다.

|해석| ① 그 배우는 많은 십 대들에게 사랑받는다.

② 작년에 스페인어는 Kim 선생님에 의해 가르쳐졌다.

③ 그 식사는 엄마에 의해 만들어졌다.

④ "Hey Jude"는 유명한 밴드에 의해 불려졌다.

⑤ 나는 내 사업을 시작하는 것에 관심이 있다.

02 if가 이끄는 조건절에서는 미래의 의미이더라도 현재시제를 쓴다. (③ → it doesn't rain)

03 ④ 수동태 문장에서 be동사 뒤에는 과거분사를 써야 하므로 동사 break의 과거분사형 broken이 쓰여야 한다.

|해석| ① 만약 네가 배고프면, 너는 피자를 먹을 수 있다.

② 그 건물은 유명한 건축가에 의해 설계되었다.

③ Andy의 방은 책들로 가득 차 있다.

④ 창문이 누군가에 의해 깨졌다.

⑤ 만약 네가 괜찮다면, 나는 TV를 끌 것이다.

04 ⓐ와 ⓒ는 수동태 문장으로 빈칸에 was written이 알맞다. ⓑ는 과거시제의 능동태 문장으로 wrote가 와야 하고, ⓓ는 미래시제의 능동태 문장으로 조동사 will 뒤에 동사원형 write가 알맞다.

|해석| ⓐ 그 노래는 2년 전에 재능 있는 작곡가에 의해 쓰여졌다.

ⓑ 그는 어렸을 때 이 시들을 썼다.

ⓒ 그 편지는 지난 달 캐나다에 있는 내 사촌에 의해 쓰여졌다.

ⓓ 우리는 함께 보고서를 쓸 것이다.

05 if ~ not은 unless로 바꿔 쓸 수 있다.

|해석| 만약 네가 여권이 없다면, 너는 전 세계를 여행할 수 없다.

06 수동태 문장은 「주어+be동사+과거분사+by+행위자」의 형태로 쓴다. 이때 주어의 인칭과 수, 시제에 따라 be동사의 형태가 결정되는데, ②는 능동태 문장이 과거시제이므로 be동사가 is가 아닌 was가 되어야 한다. ⑤는 수동태 문장의 주어(The difficult math problems)가 복수이므로 was가 아니라 were가 되어야 한다.

|해석| ① 그 새들이 그 둥지를 지었다.

→ 그 둥지는 그 새들에 의해 지어졌다.

② 버스 운전기사가 소녀를 구했다.

→ 소녀는 버스 운전기사에 의해 구해졌다.

③ 세종대왕은 한글을 창제했다.

→ 한글은 세종대왕에 의해 창제되었다.

④ 내 남동생이 이 그림을 그렸다.

→ 이 그림은 내 남동생에 의해 그려졌다.

⑤ Amy는 그 어려운 수학 문제를 풀었다.

→ 그 어려운 수학 문제는 Amy에 의해 풀렸다.

07 ① '~이 열리다'라는 뜻의 be held가 쓰인 수동태 문장이 되어야 한다. (holding → held)

② 자동차가 '멈춰지는' 것으로 동작의 대상이므로 수동태 문장이 되어야 한다. (stopped → was stopped)

③ 과거를 나타내는 부사구 a few months ago가 있으므로 과거시제의 문장이 되어야 한다. (is → was)

|해석| ① 월드컵은 4년마다 열린다.

② 그 차는 경찰에 의해 멈춰졌다.

③ 그 건물은 몇 달 전에 지어졌다.

④ 그 TV 쇼는 많은 사람들에 의해 사랑받았다.

⑤ 내 지갑이 버스에서 도난당했다.

08 If ~ not은 Unless로 바꿔 쓸 수 있다. ⑤ 조건절의 If ~ not을 Unless로 바꾸고 주절은 그대로 두어야 같은 의미가 된다. (can → can't)

|해석| 만약 네가 이 규칙을 따르지 않는다면, 우리는 함께 일할 수 없다.

09 수동태 문장의 「by+행위자」에서 행위자가 인칭대명사일 때는 목적격으로 쓴다.

|해석| 많은 탐정 이야기가 그에 의해 쓰여졌다.

10 ① 주어인 '소식'이 놀라게 하는 동작의 주체이므로 능동태가 되어야 한다. (was surprised → surprised)

② read의 과거분사형은 read이다. (is readed → is read)

④ if가 이끄는 조건절에서는 미래의 의미이더라도 현재시제를 쓴다. (they'll miss → they miss)

⑤ '말하지 않으면'이라고 했으므로 부정의 의미를 가진 조건의 접속사 unless가 되어야 한다. (if → unless 또는 tell → don't tell)

11 ③ 수동태 문장 Jessica was trusted by her friends.로 바꿀 수 있다. 주어가 Jessica이므로 동사는 were가 아니라 was가 알맞다.

|해석| ① 동전이 그 소년에 의해 주워졌다.

② 만약 너무 춥지 않으면 나는 내일 수영하러 갈 것이다.

③ Jessica의 친구들은 그녀를 믿었다.

④ 만약 이번 주말에 눈이 온다면, 나는 집에 머물 것이다.

⑤ 영어는 전 세계에서 말해진다.

12 ⓑ if가 이끄는 조건절에서는 미래의 의미이더라도 현재시제를 쓴다. (will hurry → hurry)

ⓒ unless는 '만약 ∼이 아니라면'의 의미로 부정의 뜻이 있으므로 부정어 not과 함께 쓰이지 않는다. (don't read → read)

|해석| ⓐ 만약 네가 내 생일 파티에 온다면, 나는 기쁠 것이다.

ⓑ 만약 네가 서두른다면, 너는 제시간에 그곳에 도착할 수 있다.

ⓒ 만약 네가 지금 읽지 않는다면, 나에게 그 책을 빌려주겠니?

ⓓ 만약 네가 Kevin을 만나면, 나에게 전화해 달라고 전해 줘.

ⓔ 만약 네가 더 열심히 한다면, 너는 만점을 받을 것이다.

13 ⓒ if가 이끄는 조건절에서는 미래의 의미이더라도 현재시제를 쓴다. 주어가 3인칭 단수인 he이므로 동사는 tells가 되어야 한다.

|해석| ⓐ 그 방은 많은 학생들로 가득 차 있었다.

ⓑ 그 장난감 로봇은 그에 의해 고쳐지지 않았다.

ⓒ 만약 그가 다시 거짓말을 한다면, 나는 그를 용서하지 않을 것이다.

ⓓ 만약 네가 다른 사람들에게 친절하다면, 그들은 너를 좋아할 것이다.

14 수동태 문장의 평서문은 「주어+be동사+과거분사+by+행위자」의 형태로 쓰고, 의문문은 「(의문사+)be동사+주어+과거분사 ∼?」의 형태로 쓴다.

15 if가 이끄는 조건절에서는 미래의 의미를 나타낼 때 현재시제를 쓴다는 점에 유의한다. 주어가 3인칭 단수이므로 3인칭 단수 동사를 쓴다.

16 수동태 문장은 「주어+be동사+과거분사+by+행위자(목적격)」의 형태로 쓰고, 부정문은 be동사 뒤에 not을 쓴다. 주어의 인칭과 수, 시제에 따라 be동사를 씀에 유의한다.

17 조건의 접속사 if를 사용하여 각 사람에게 할 말을 완성한다.

|해석| 수지와 Jason은 요즘 문제가 있다. 수지는 주로 밤에 늦게 잔다. 그래서 항상 학교에서 피곤함을 느끼고 수업에 집중하지 못한다. Jason은 영어에 관심이 있다. 그는 자신의 영어 실력을 향상시키고 싶지만 어떻게 할지 방법을 모른다. 이런 상황에서, 당신은 그들에게 뭐라고 말하고 싶은가?

Ⓡ Reading 고득점 맞기   pp.207~209

01 ② **02** (A) Some (B) Others **03** ①, ③ **04** ④ **05** ④
06 ④ **07** ② **08** ③ **09** ② **10** ④ **11** ④ **12** ③
[서술형]
13 ⓐ in ⓑ about
14 They were loved by many, but they were not the first.
15 (1) He(The pianist) is handsome.
   (2) He(The pianist) is 185cm tall.
   (3) 모범답 He(The pianist) plays the piano from memory(without sheet music).
16 (1) ⓐ to watch → watching (2) like는 전치사이고 전치사 뒤에는 동명사가 와야 한다.
17 If you like today's idols, you will love the original idol.
18 paid attention to, went wild

---

01 ② '미친 듯이 괴성을 지르다'라는 의미가 되어야 하므로 동사

scream을 수식하는 부사가 되어야 한다. (→ madly)

02 정해진 범위 없이 일부분을 나타내어, '어떤 ∼은'과 '다른 ∼은'을 뜻하는 부정대명사 some과 others를 쓴다.

03 ① 스타에게 선물을 보내거나, ③ 스타의 이름으로 기부나 선행을 한다는 내용은 본문에 나와 있지 않다.

04 아이돌이 언제 생겼는지에 대한 내용의 글이므로 '아이돌이 최근의 창조물일까?'라는 문장이 되는 것이 가장 자연스럽다.

05 ④ 수동태는 「주어+be동사+과거분사+by+행위자」 형태로 표현하므로 by는 어법상 옳다.

06 ④ Elvis Presley도 최초의 아이돌이 아니라고 했다.

07 피아노의 옆면이 청중들을 향해 있어 피아니스트를 더 잘 볼 수 있었다는 말이 되는 것이 자연스러우므로, 청중들이 피아노를 더 많이 보고 싶어 한다는 ②는 흐름상 어색하다.

08 (A) 주어(all the seats)는 동작(fill)의 대상인 수동태 문장이 되어야 하므로 be동사 are 뒤에는 과거분사 filled가 와야 한다.

(B) by 뒤에 동사가 올 때는 동명사(touching)가 되어야 한다.

(C) 「make+목적어+형용사」의 5형식 문장이 되어야 한다.

09 ② 콘서트홀의 좌석 수는 언급되지 않았다.

|해석| ① 좌석은 꽉 찼는가?

② 콘서트홀에는 몇 개의 좌석이 있는가?

③ 피아노의 옆면은 무대에서 어느 방향을 바라보고 있는가?

④ 피아니스트는 키가 몇인가?

⑤ 피아니스트는 어떻게 연주하는가?

10 연주회가 끝날 때 청중들이 소리를 지르며 꽃과 옷을 던진다고 했으므로 청중들은 '흥분된' 상태이다.

|해석| ① 무서운 ② 지루한 ③ 피곤한 ⑤ 실망한

11 ④는 original(본래의)의 영어 뜻풀이인데, original은 본문에서 쓰이지 않았다.

① movement(움직임) ② audience(청중, 관람객)

③ performance(공연) ⑤ scream(괴성을 지르다)

12 빈칸의 순서대로 successfully, different, better, wild가 들어가는 것이 알맞다.

13 ⓐ '1960년대에'라는 의미로 전치사 in이 알맞다.

ⓑ '∼은 어때?'라는 의미인 How about ∼?이 되도록 about이 알맞다.

14 많은 사람들에게 사랑을 받았다는 수동태 문장이 되어야 한다. 수동태의 동사는 「be동사+과거분사」의 형태로 표현한다.

15 피아니스트는 잘생기고, 키는 185cm이며, 악보 없이 외워서 연주를 한다고 했다.

17 if가 이끄는 조건절은 현재시제로 쓰고, 주절은 '∼할 것이다'라는 의미가 되도록 will을 포함해서 써야 한다.

18 Franz Liszt는 첫 번째 아이돌이었다. 연주회에서 관객들은 그의 모든 작은 몸짓에 주의를 집중했고, 연주회가 끝나면 콘서트홀은 열광의 도가니였다고 했다. 과거시제의 글이므로 동사를 과거형으로 쓰는 것에 유의한다.

01 (1) idol (2) performance (3) note

02 모범답 I turned around to face her.

03 (1) How (2) Which (3) best

04 (1) Which song do you like best? (2) Why do you like it?

05 (1) worst → best (2) sad → better

06 (1) I like Michael Jackson best.

　　(2) (Because) He sings so well.

　　(3) I like *Heal the World* best.

07 모범답 (Because) They are going to sell their old clothes at the flea market.

08 (1) Why do you want (2) Because

09 (1) 모범답 I like spring best.

　　(2) 모범답 (Because) The weather is nice and flowers start to bloom.

10 (1) were held (2) was built by (3) am interested in

11 (1) The trees were planted by his family yesterday.

　　(2) The trees were not planted by his family yesterday.

　　(3) Were the trees planted by his family yesterday?

12 Unless you take his advice, you will make a mistake.

13 (1) take the subway, you will get there very quickly

　　(2) read English books, you will improve your English

　　(3) stay up late, you will feel tired tomorrow

14 (1) Was it painted (2) It was painted

15 (1) If you don't waste money, you will be rich.

　　/ Unless you waste money, you will be rich.

　　(2) This novel was written by Karen.

16 If you join our(the) magic club, you will learn magic tricks.

17 (1) 콘서트에서 미친 듯이 괴성 지르기

　　(2) 스타의 사진을 찍기 위해 몇 시간을 기다리기

　　(3) 스타를 보기 위해 다른 도시로 여행 가기

18 first idol

19 (1) a piano and ballet performance

　　(2) screamed and threw flowers and pieces of clothing

20 (1) He was born in Hungary.

　　(2) He started playing the piano when he was seven.

　　(3) He became a great pianist, composer and teacher.

21 Why don't you give his music a listen?

22 (1) ⓔ seeing → to see

　　(2) hope는 to부정사를 목적어로 취하는 동사이다.

23 (1) 모범답 the weather is sunny this Sunday

　　(2) 모범답 I get up at six

　　(3) 모범답 I'll watch a soccer game on TV

01 문맥상 (1)에는 '우상, 아이돌'을 뜻하는 idol, (2)에는 '공연'을 뜻하는

performance, (3)에는 '음'을 뜻하는 note가 들어가는 것이 알맞다.

ㅣ해석ㅣ (1) 모든 팬들이 자신들의 아이돌을 봤을 때 괴성을 질렀다.

　(2) 그 밴드의 마지막 공연은 환상적이었다.

　(3) 그 가수는 노래 중간에 음을 놓쳤다.

02 주어진 문장의 face는 '~을 마주 보다(향하다)'라는 뜻의 동사로 쓰였다.

ㅣ해석ㅣ 이 방의 창문은 바다를 향해 있다.

03 (1) How's ~ going?은 '~은 어떠니?'라는 뜻으로 상황이나 안부를 묻는 말이다. (2), (3) 상대방의 선호를 물을 때 Which ~ do you like best?로 말한다.

04 (1) 자신이 가장 좋아하는 노래를 밝히는 말이 이어지는 것으로 보아, 어떤 노래를 가장 좋아하는지 선호를 묻는 말이 오는 것이 알맞다.

　(2) 이유를 밝히는 말이 이어지는 것으로 보아, 이유를 묻는 말이 오는 것이 알맞다.

05 (1) Smith 선생님이 가장 좋아하는 노래가 "Hey Jude"라고 했으므로 worst를 best로 고쳐야 한다. (2) 노래 "Hey Jude"가 Smith 선생님의 기분이 나아지게 해 준다고 했으므로 sad를 better로 고쳐야 한다.

ㅣ해석ㅣ 미나와 Smith 선생님은 오늘 인터뷰를 했다. 그들은 음악에 관해 이야기했다. Smith 선생님의 가장 좋아하는 밴드는 The Beatles이다. 그 노래는 그가 우울할 때 슬프게 (→기분을 나아지게) 하기 때문에 그는 "Hey Jude"를 가장 싫어한다(→ 좋아한다). 인터뷰가 끝난 후 미나는 오늘 우리에게 그 노래를 틀어주었다.

06 (1), (3) I like ~ best.를 이용하여 선호하는 것을 말한다.

　(2) Because를 이용하여 좋아하는 이유를 말한다. 이때 Because를 생략하고 말할 수도 있다.

07 두 사람은 이번 주 토요일에 벼룩시장에서 자신들의 헌 옷을 팔기로 했다.

08 이유를 물을 때는 Why do you ~?로 묻고, 이유를 말할 때는 Because를 사용한다.

ㅣ해석ㅣ A: 나는 베니스에 가 보고 싶어.

　B: (1) 왜 베니스에 가 보고 싶니?

　A: (2) 나는 곤돌라를 타 보고 싶기 때문이야.

09 자신이 가장 좋아하는 계절과 그 이유를 자유롭게 쓴다.

10 수동태는 「주어+be동사+과거분사+by+행위자」의 형태로 표현한다. (1)은 「by+행위자」가 생략된 형태이고, (3)은 by 이외의 전치사를 쓰는 수동태 구문이다.

11 수동태는 「주어+be동사+과거분사+by+행위자」의 형태로 표현한다. 수동태 문장에서 be동사 뒤에 not을 붙여 부정문을 만들고, 주어와 be동사의 위치를 바꿔 써서 의문문을 만든다.

ㅣ해석ㅣ 그의 가족은 어제 나무를 심었다.

12 unless는 부정의 의미를 가지고 있으므로 unless가 이끄는 절에 부정어를 쓰지 않도록 유의한다.

13 '만약 ~라면'의 의미를 나타내는 if 조건절을 사용하여 문장을 완성한다. if 조건절에서는 현재시제가 미래를 대신한다는 점에 유의한다.

14 「by+행위자(by Picasso, by Vincent van Gogh)」가 있으므로 수동태 문장이 되어야 한다. (1)은 의문문이므로 「Be동사+주어+과거분사

~?」의 형태로 쓴다.

|해석| A: 이 그림은 "Sunflowers"이다.

B: 그것은 Picasso에 의해 그려졌니?

A: 아니, 그렇지 않아. 그것은 Vincent van Gogh에 의해 그려졌어.

B: 오, 그렇구나.

15 (1) '만약 ~하지 않으면'을 뜻하는 if ~ not이나 unless를 사용하여 문장을 쓴다. if나 unless가 이끄는 조건절에서는 미래의 의미이더라도 현재시제를 쓴다.

(2) 「주어+be동사+과거분사+by+행위자」 형태의 수동태 문장을 쓴다.

16 조건을 나타내는 if절을 사용하여 문장을 쓴다. if가 이끄는 조건절에서는 현재시제가 미래시제를 대신한다.

18 Not even close.는 '완전히 헛짚었다'라는 뜻으로 'Elvis Presley가 최초의 아이돌이 아니었다.'라는 의미이다.

19 지난주에 갔던 연주회에 대해 이야기하는 편지이므로 과거시제로 써야 한다는 것에 유의한다.

(1) Franz Liszt의 공연이 피아노와 발레 공연을 동시에 보는 것 같았다고 했다.

(2) 콘서트가 끝났을 때 사람들이 소리를 지르며 꽃과 옷을 무대로 던졌다고 했다.

20 (1) Franz Liszt는 헝가리에서 태어났다.

(2) Franz Liszt는 7살에 처음 피아노를 치기 시작했다.

(3) Franz Liszt는 나중에 훌륭한 피아니스트이며 작곡가이자 선생님이 되었다.

21 제안하는 표현인 Why don't you ~?와 '~을 듣다'를 뜻하는 표현 give ~ a listen을 사용하여 문장을 완성한다.

23 if절에는 미래시제 대신 현재시제를 사용하는 것에 유의한다.

모의고사

제 1 회 대표 기출로 내신 **적중** 모의고사   pp. 214~217

01 ⑤ **02** ① **03** ④ **04** ① **05** ④ **06** ③ **07** paper flowers **08** I hope so, too. **09** ④ **10** ④ **11** They are going to listen to *Hey Jude*. **12** ② **13** ① **14** If you don't study hard / Unless you study hard **15** ⑤ **16** ④ **17** ① **18** Others wait hours to take pictures of their stars. **19** They were loved by **20** ② **21** ② **22** (A) from memory (B) at once **23** ① **24** ⓐ successfully ⓑ powerful **25** Franz Liszt, in, in Hungary, pianist, composer, teacher

01 ⑤는 각각 '~와 같은'과 '~와는 달리'라는 뜻의 전치사로 반의어 관계이다. 나머지는 「동사 – 명사」의 관계이다.

|해석| ① 발명하다 – 발명 ② 창조하다 – 창조물, 창조

③ 숨 쉬다 – 숨 ④ 움직이다 – 움직임

02 '~을 마주 보다(향하다)'라는 의미의 단어는 face이다.

03 ④ at once는 '한꺼번에, 동시에'라는 뜻이다.

|해석| ① 나는 유명한 영화배우를 직접 만났다.

② 내가 그것을 준비하기 위해 할 수 있는 것이 있니?

③ 그는 그 편지를 외워서 읽었다.

④ 너는 많은 사람들과 동시에 의사소통할 수 있다.

⑤ 나는 시끄러운 곳에서 주의를 집중할 수 없다.

04 첫 번째 빈칸에는 '~을 타다'의 뜻으로, 두 번째 빈칸에는 '(특정 과목을) 듣다, 수강하다'의 뜻으로 쓰이는 take(과거형 took)가 알맞다.

|해석| • 오늘 오후에 우리는 콘서트에 제시간에 도착하기 위해 택시를 탔다.

• 그녀는 영어 말하기 대회에서 좋은 결과를 얻기 위해 웅변 수업을 들었다.

05 가장 좋아하는 동물이 무엇인지 답하고 있으므로 가장 좋아하는 동물을 묻는 질문이 들어가는 것이 알맞다.

06 꿈의 휴가로 어느 나라를 가 보고 싶은지 묻는 말(B)에 캐나다를 가 보고 싶다고 답(A)하고, 그 이유를 묻는 말(C)에 이유를 말하는(D) 흐름이 되는 것이 자연스럽다.

07 ⓐ~ⓔ가 공통으로 가리키는 것은 paper flowers(종이꽃)이다.

08 밑줄 친 문장의 that절 이하를 so로 대신하여 '나도 그러기를 바라.'라는 말로 줄여 쓸 수 있다.

09 ⓐ와 ④의 to부정사는 부사적 용법(감정의 원인)으로 쓰였고, ①은 명사적 용법(목적어), ②는 부사적 용법(목적), ③은 명사적 용법(보어), ⑤는 형용사적 용법(명사 수식)으로 쓰였다.

|해석| ① 나는 언젠가 뉴욕을 방문하기를 바란다.

② 나는 경주에서 이기기 위해 최선을 다했다.

③ 내 꿈은 위대한 과학자가 되는 것이다.

④ 나는 네가 안전하다는 소식을 들어서 기뻐.

⑤ 너는 나에게 말할 것이 있니?

10 ⓑ에는 '그러나, 하지만'이라는 뜻의 역접의 접속사 but이 알맞고, ⓒ에는 '～ 때문에'라는 뜻의 이유를 나타내는 접속사 Because가 알맞다.

11 Mina의 마지막 말에 나온 the song은 Smith 선생님이 가장 좋아하는 노래 "Hey Jude"를 가리키므로, 두 사람이 그 노래를 함께 들을 것임을 알 수 있다.

12 수동태 부정문은 be동사 뒤에 not을 붙여 나타낸다.

13 ① if가 이끄는 조건절에서는 미래를 나타내더라도 현재시제를 쓴다. (will be → is)
|해석| ① 만약 날씨가 좋다면, 나는 하이킹을 갈 것이다.
② "Hamlet"은 William Shakespeare에 의해 쓰여졌다.
③ 만약 네가 서두르지 않는다면, 너는 제시간에 영화관에 도착하지 못할 것이다.
④ 우리는 경기 결과에 놀랐다.
⑤ 만약 네가 더 빨리 걷지 않는다면, 너는 기차를 놓칠 것이다.

14 문맥상 '열심히 공부하지 않으면, 너는 시험에 합격하지 못할 것이다.'라는 의미의 문장이 되도록 조건절을 완성한다.

15 우리말을 영작하면 This piano was played by him.이 되므로, 네 번째로 오는 단어는 played이다.

16 ④ 수동태 문장의 동사는 「be동사+과거분사」 형태가 되어야 한다. eat의 과거분사형은 eaten이다.
|해석| ① 만약 네가 Max를 본다면, 그에게 이 모자를 전해 줘.
② 학생들은 축제에서 노래를 불렀다.
③ 그 TV쇼는 전 세계에서 시청된다.
④ 상자에 있던 마지막 쿠키는 John에 의해 먹어졌다.
⑤ 만약 내일 비가 오지 않는다면, 우리는 낚시를 갈 것이다.

17 (A) '자신들의 스타를 향해'라는 의미로 전치사 for가 알맞다. (B) 도시 이름 앞에는 전치사 in을 사용한다.

18 '다른 학생들은'이라는 의미의 부정대명사 others를 주어로 쓰고, 뒤에 동사 wait와 목적어 hours를 쓴다. 그 뒤에 '자신들의 스타의 사진을 찍기 위해'라는 의미의 목적을 나타내는 to부정사구를 써서 문장을 완성한다.

19 '～에 의해 사랑을 받았다'는 의미의 수동태 문장은 「주어+be동사+과거분사+by+행위자」 형태로 쓴다.

20 Not even close.는 '완전히 헛짚었다.'라는 의미로, 앞에 나온 1950년대의 Elvis Presley는 최초의 아이돌인지에 대한 질문에 아니라고 답하는 말이다.

21 ⓑ hold one's breath는 '숨죽이다'라는 뜻이다.

22 (A) '기억해서, 외워서'를 뜻하는 from memory가 알맞다.
(B) '한꺼번에, 동시에'를 뜻하는 at once가 알맞다.

23 This concert라고 했으므로 바로 앞에는 연주회에 관한 내용이 오고, 뒤에는 다른 연주회와 다른 점에 대한 내용이 나와야 한다.

24 ⓐ는 동사(performed)를 설명하는 부사(successfully)가 되어야 한다. ⓑ는 주어(His music)를 설명하는 보어 역할로 쓰이는 형용사(powerful)가 되어야 한다.

25 표의 내용에 맞게 빈칸에 알맞은 말을 쓴다.

01 ③ **02** ③ **03** (1) build up speed (2) play from memory (3) hold one's breath (4) press down **04** ④
05 ② **06** (A) I'm also a big fan of the band. (B) I can't wait! **07** She is going to Blue Sky's fan meeting (with Jiho). **08** ③ **09** (1) Why do you want to join the school band? (2) Which music do you like best? **10** ② **11** ④
12 ③ **13** ⑤ **14** ④ **15** (1) ⓐ Her pet cat is loved by Angela. (2) ⓓ If you keep a diary in English, you can improve your English. **16** (1) If he studies harder (2) If you don't take this medicine (3) If we work together **17** (1) The novel was written by my daughter. (2) The box is filled with toy cars. (3) Emma was invited to the birthday party by him. **18** ② **19** ⑤ **20** ③ **21** ④ **22** This makes the music very powerful and rich. **23** ② **24** ④
25 ②

01 ③은 형용사 good나 부사 well의 비교급이고, 나머지는 각각 '피아니스트, 작곡가, 선생님, 가수'라는 뜻의 어떤 행위를 하는 사람을 나타내는 명사이다.

02 ③은 둘 다 '팬'이라는 의미이다.
|해석| ① 거울 속 네 얼굴을 봐라.
그 호텔은 아름다운 경관을 마주 보고 있다.
② 나는 늘 내 고향이 그립다.
서둘러라, 그렇지 않으면 너는 학교 버스를 놓칠 것이다.
③ 그 영화배우는 팬들에 의해 둘러싸였다.
많은 팬들이 그를 보기 위해 콘서트에 왔다.
④ 내 친구는 나에게 생일 선물을 주었다.
그녀는 이야기를 잘 하는 재능을 가졌다.
⑤ 그는 식탁에 Amy에게 쓴 쪽지를 남겼다.
그녀는 피아노로 몇 음을 연주했다.

03 (1) build up speed: 점점 속도를 높이다
(2) play from memory: 외워서 연주하다
(3) hold one's breath: 숨을 참다
(4) press down: 누르다

04 첫 번째 빈칸에는 fold(접다)가, 두 번째 빈칸에는 original(본래의, 원래의)이, 세 번째 빈칸에는 role(역할)이, 네 번째 빈칸에는 single(단 하나의)이 들어가는 것이 알맞다. 어디에도 들어가지 않는 단어는 unlike(～와는 달리)이다.
|해석| • 먼저, 종이를 반으로 접어라.
• 그 성은 원래 주인에게 돌려졌다.
• David는 학교 연극에서 주인공 역할을 맡았다.
• 우리는 단 하루 만에 일을 끝마쳤다.

05 ② 어떤 과일을 가장 좋아하는지 묻고 있으므로 선호를 묻는 것이 그 의도로 알맞다.

06 (A) '～의 열혈 팬'을 뜻하는 a big fan of ~를 사용하여 문장을 쓴다.

(B) '기다릴 수 없을 만큼 기대된다!'는 마음을 표현할 때 I can't wait! 라고 한다.

07 Amy가 이번 주 토요일에 할 일은 Blue Sky의 팬 모임에 참석하는 것이다.

08 주어진 문장은 '나도 헌 옷들이 조금 있어.'라는 의미로 이 말을 듣고 '이번 주 토요일에 나와 함께 파는 게 어때?'라고 제안하는 말 앞에 오는 것이 자연스럽다.

09 (1) 이유를 묻는 표현 「Why do you+동사원형 ~?」을 이용하여 문장을 완성한다.
(2) 선호를 묻는 표현 Which ~ do you like best?를 이용하여 문장을 완성한다.

10 「make+목적어+목적격 보어(동사원형)」 형태가 되어야 하므로 feel이 알맞다.

11 "Hey Jude"를 좋아한다고 말한 사람은 Smith 선생님이다.

12 Andy를 좋아하는 이유를 물었는데 Andy가 K팝 듣는 것을 좋아한다고 답하는 것은 어색하다.
|해석| ① A: 종이꽃이 어디서 났니?
B: 내가 만들었어.
② A: 네 동아리는 어때?
B: 재미있어. 나는 흥미로운 영화를 많이 봤어.
③ A: 너는 왜 Andy를 좋아하니?
B: 아니. 그는 K팝 듣는 것을 좋아해.
④ A: 어떤 과목을 가장 좋아하니?
B: 나는 수학을 가장 좋아해.
⑤ A: 너는 왜 스페인에 가 보고 싶니?
B: 나는 알함브라 궁전을 보고 싶기 때문이야.

13 ①~④는 '만약 ~라면'의 의미로 조건절을 이끄는 접속사 if이고, ⑤는 '~인지 아닌지'라는 의미로 명사절을 이끄는 접속사 if이다.
|해석| ① 만약 비가 온다면, 우리는 해변에 안 갈 것이다.
② 만약 네가 샤워를 한다면, 너는 기분이 나아질 것이다.
③ 만약 네가 계속 연습한다면, 너는 대회에서 우승할 것이다.
④ 만약 네가 정직하다면, 많은 친구를 가질 것이다.
⑤ 이번 주 토요일에 맑을지 아닐지는 나도 몰라.

14 능동태의 목적어가 주어가 되었으므로 수동태 문장이 되어야 한다. 능동태 문장을 수동태로 바꿀 때 동사는 「be동사+과거분사」 형태로 쓰는데, 수동태 문장의 주어(Four different languages)가 복수이고 현재시제 이므로 be동사 are를 쓴다.
|해석| 그 나라의 사람들은 네 가지 다른 언어를 말한다.

15 ⓐ 문장의 주어(Her pet cat)가 단수이므로 be동사를 is로 고친다. 수동태 문장에서 행위자 앞에 by를 쓴다.
ⓓ 조건의 if절에서는 미래를 나타내더라도 현재시제로 쓴다.
|해석| ⓐ 그녀의 애완 고양이는 Angela에 의해 사랑받는다.
ⓑ 만약 네가 운동하지 않으면, 너는 건강을 유지할 수 없다.
ⓒ 내 노트북이 도서관에서 도난당했다.
ⓓ 만약 네가 영어로 일기를 쓴다면, 너는 영어 실력을 향상시킬 수 있다.

16 내용상 자연스럽게 연결될 수 있는 말을 골라 if절로 쓴다. 조건의 if절에서는 미래를 현재시제로 표현하며, 이때 주어의 인칭에 따른 동사의

형태에 유의한다.

17 수동태 문장은 「주어+be동사+과거분사+by+행위자」의 형태로 쓴다. 이때, 주어의 인칭과 수, 시제에 따른 be동사의 형태에 유의한다.

18 ⓐ, ⓑ, ⓒ는 가장 좋아하는 K팝 아이돌이 있다고 답할 Many students를 가리킨다. ⓓ, ⓔ는 Many students 중 일부 학생들을 가리킨다. ⓓ는 '사진을 찍기 위해 몇 시간을 기다리는 일부 학생들'을 가리키고, ⓔ는 '스타를 보기 위해 다른 도시로 여행을 가는 일부 학생들'을 가리킨다.

19 윗글에서 학생들이 자신들의 스타를 향해 큰 애정을 보이는 방식으로 콘서트에서 미친 듯이 괴성을 지르는 것, 사진을 찍기 위해 몇 시간을 기다리는 것, 스타를 보기 위해 다른 도시로 여행을 가는 것이 언급되어 있다.
|해석| ① 편지 쓰기
② 그 스타의 앨범을 사기
③ 그 스타의 고향을 방문하기
④ 팬클럽에 가입하기
⑤ 그 스타의 콘서트에서 괴성을 지르기

20 in the 1950's: 1950년대에 / in+도시 이름 / in+연도

21 ⓐ와 ④는 to부정사의 부사적 용법(목적)으로 쓰였고, ①은 명사적 용법(목적어), ②는 부사적 용법(감정의 원인), ③은 명사적 용법(진주어), 그리고 ⑤는 형용사적 용법(명사 수식)으로 쓰였다.
|해석| ① 나는 미래에 음악가가 되기로 결심했다.
② 나는 그 나쁜 소식을 듣게 되어 너무 놀랐다.
③ 외국어를 배우는 것은 쉽지 않다.
④ 나는 영화를 보러 영화관에 갔다.
⑤ 너는 오늘 할 일이 많니?

22 「make+목적어+목적격 보어(형용사)」 형태의 5형식 문장이다.

23 윗글에서 Unlike other concerts(다른 연주회와 달리)라고 언급된 것으로 보아, 피아노 옆면이 청중을 향해 있는 것이 특별한 경우임을 추측할 수 있다.

24 ④ 가족 관계에 대해서는 언급되지 않았다.

25 ⓐ는 '~할 때'라는 의미의 접속사 when이 알맞고, ⓑ는 'A를 B로 간주하다, 생각하다'라는 의미의 think of A as B가 되는 것이 알맞다.

01 ② 02 ④ 03 ③ 04 ② 05 ④ 06 Lucy, Mike, Blue Sky's fan meeting 07 ④ 08 I'm taking a paper folding class these days. 09 ⑤ 10 (1) Which country do you want to visit for your dream vacation? (2) Why do you want to visit Canada? 11 The Beatles 12 ④ 13 ②, ③ 14 (1) The picture(painting) was painted by Mary. (2) The flowers were sent by Jenny. (3) The card was written by Eric. 15 ④ 16 (1) If it is sunny tomorrow, we will go on a picnic. (2) If it rains tomorrow, we will visit the museum. 17 (1) if you eat → unless you eat / if you don't eat (2) 의미상 '~하지 않으면'을 뜻하는 것이 자연스러우므로, if ~ not이나 unless를 써야 한다. 18 ⑤ 19 ④ 20 ② 21 (A) are filled (B) touching (C) powerful 22 ⑤ 23 ② 24 Why don't you give his music a listen? 25 ①

01 breath는 '숨'이라는 뜻의 단어이므로, 신체 기관 중에서 '폐'로 들어갔다가 나가는 공기를 의미한다.

02 첫 번째 문장은 '열리다'라는 의미의 be held가, 두 번째 문장은 '숨을 참다'라는 의미의 hold one's breath가 되는 것이 알맞다. 따라서 공통으로 들어갈 말로 hold의 과거형과 과거분사형인 held가 알맞다.

  I해석I • 언제 첫 번째 월드컵이 열렸니?
  • 나는 30초 동안 물속에서 숨을 참았다.

03 ⓐ, ⓓ는 '음, 음표'라는 의미이고 ⓑ, ⓒ, ⓔ는 '쪽지'라는 의미이다.

  I해석I ⓐ Sally는 트럼펫으로 몇 개의 음을 불렀다.
  ⓑ 식탁에 아빠가 남긴 쪽지가 있다.
  ⓒ 그는 집에 늦을 거라고 말하는 쪽지를 남겼다.
  ⓓ 너는 기타를 연주하면서 높은 음을 부를 수 있니?
  ⓔ 나는 Taylor 씨에게 쪽지를 쓰려고 했지만, 그 대신 전화를 하기로 했다.

04 상황이나 안부를 물을 때 '~은 어떠니?'라는 뜻의 How's ~ going? 이라고 하고, 선호를 물을 때 Which ~ do you like best?라고 한다.

05 ④ 가장 좋아하는 밴드 멤버가 드러머 Mike라고 한 뒤 그를 좋아하는 이유가 나오는 것이 자연스럽다. 따라서 '형편없는'을 뜻하는 poor 대신 fantastic 등의 형용사가 오는 것이 알맞다.

06 I해석I Amy와 지호는 밴드 Blue Sky의 팬이다. 밴드 멤버 중에서 Amy는 Lucy를 가장 좋아하고 지호는 Mike를 가장 좋아한다. 그들은 이번 주 토요일에 Blue Sky의 팬 모임에 갈 것이다.

07 대화의 흐름상 '너는 어디서 그것들을 구했니?'라는 말이 오는 것이 자연스럽다.

08 진행형이므로 I'm taking을 쓰고 a paper folding class these days를 이어서 쓴다.

09 gift가 '선물'이라는 의미로 쓰였으므로 같은 뜻의 present로 바꿔 쓸 수 있다. ① 음, 음표 ② 숨 ③ 우상, 아이돌 ④ 창조, 창조물

10 (1) 선호를 묻는 표현 Which ~ do you like best?를 이용하여 어느 나라를 가 보고 싶은지 묻는 말을 완성한다. (2) 이유를 묻는 표현

「Why do you+동사원형 ~?」을 이용하여 상대방의 선택에 대한 이유를 묻는 말을 완성한다.

11 them은 앞에 나온 The Beatles를 가리킨다.

12 ④ Smith 선생님이 비틀즈 노래 중에서 "Hey Jude"를 가장 좋아한다는 것은 나와 있지만, 미나가 비틀즈 노래 중에서 어떤 것을 가장 좋아하는지는 나와 있지 않다.

  I해석I ① 미나와 Smith 선생님은 무엇에 관해 이야기하고 있는가?
  ② Smith 선생님이 가장 좋아하는 밴드는 무엇인가?
  ③ Smith 선생님은 왜 노래 "Hey Jude"를 가장 좋아하는가?
  ④ 미나는 The Beatles 노래 중에 어떤 노래를 가장 좋아하는가?
  ⑤ 미나와 Smith 선생님은 대화 직후 무엇을 할 것인가?

13 창문을 깼는지 묻는 질문에 아니라고 답한 후 '~가 창문을 깼다.(능동태)' 또는 '그것이 ~에 의해 깨졌다.(수동태)'는 말이 오는 것이 자연스럽다.

  I해석I A: 네가 창문을 깨뜨렸니?
  B: 아니, 내가 그러지 않았어. Tony가 깨뜨렸어. / Tony에 의해 깨졌어.

14 「주어+be동사+과거분사+by+행위자」 형태의 수동태 문장을 쓴다. 각 선물이 준비된 과정이 끝난 상황이므로 과거시제로 쓴다.

15 '~하지 않으면'이라는 의미의 접속사는 unless이다.

16 if가 이끄는 조건절에서는 미래의 의미를 나타낼 때 현재시제를 쓴다.

17 I해석I 만약 네가 아침을 먹는다면 (→ 먹지 않는다면) 수업 시간에 배가 고플 것이다.

18 Unless he practices hard, our coach will be upset.으로 쓸 수 있으므로 세 번째로 오는 단어는 practices이다.

19 '이 가족사진은 3년 전에 찍혔다.'라는 뜻의 수동태 문장이 되어야 하므로 동사는 「be동사+과거분사」로 써야 하며, 과거를 나타내는 부사구 (three years ago)가 있는 것으로 보아 과거시제로 써야 하는 것에 유의한다.

  I해석I 이 가족사진은 3년 전에 찍혔다.

20 ② 수동태 문장에서는 일반적으로 행위자 앞에 by를 써야 한다. (were loved to → were loved by)

21 (A) All the seats를 주어로 하는 수동태 문장이 되는 것이 알맞다.
  (B) 전치사 by 뒤에 동사가 올 때는 동명사 형태가 되어야 한다.
  (C) make의 목적격 보어로 형용사가 쓰이는 것이 알맞다.

22 피아니스트는 건반을 부드럽게 누르면서 연주를 천천히 시작한다고 했다.

23 ② like는 '~처럼, ~같이'를 뜻하는 전치사로 쓰였다.

24 제안하는 표현 Why don't you ~?와 '~을 들어 보다'라는 의미의 give ~ a listen을 이용하여 문장을 완성한다.

25 if가 이끄는 조건절에서는 미래를 나타내더라도 현재시제를 쓴다.

01 ⑤   **02** ①   **03** ①   **04** ③   **05** ②, ③   **06** ⑤   **07** ③
08 ④   **09** Because the song makes me feel better when I'm down.   **10** (1) Which singer do you like best? (2) Why do you like him? (3) Which song do you like best?   **11** (1) If you mix red and yellow, you will get orange. (2) If he is not busy this weekend, he will go to the movies. / Unless he is busy this weekend, he will go to the movies.   **12** ② **13** (1) 모범답 If you go to India, you will see the Taj Mahal. (2) 모범답 If she listens to the music, she will feel better. (3) 모범답 Unless you hurry up, you will miss the beginning of the movie.   **14** (1) The classroom was not cleaned by them. (2) Was this picture painted by Picasso? **15** (1) interested in (2) filled with   **16** ⑤   **17** They scream madly at concerts. They wait hours to take pictures of their stars. They travel to another city to see their favorite stars.   **18** ③   **19** The concert hall goes wild!   **20** ③   **21** original(first)   **22** (1) ⓐ He was a great pianist, composer and teacher. (2) ⓑ He was born in 1811.   **23** face   **24** ⑤ **25** ④

01 madly는 in a very strong way라는 의미이고, having great strength or force는 powerful의 영어 뜻풀이다.

02 think of *A* as *B*: A를 B로 생각하다 / pay attention to: ~에 주의를 집중하다
|해석| ·Melisa는 자신을 훌륭한 작가로 생각한다.
·저쪽에 있는 경고에 주의하시오.

03 첫 번째 빈칸에는 '창작물'을 뜻하는 creation이 알맞다. 두 번째 빈칸에는 '놓치다'를 뜻하는 miss가 알맞다. 세 번째 빈칸에는 '숨'을 뜻하는 breath가 알맞다. hold one's breath는 '숨을 참다, 숨죽이다'라는 뜻이다.
|해석| ·이 이야기책은 내 창조물이다.
·너는 이야기의 중요한 부분을 놓치지 않았다.
·Emily는 숨을 참고 수면 아래로 다이빙했다.

04 이유를 묻는 말이므로 그 의도로 ③이 알맞다.
|해석| A: 너는 왜 미국에 가 보고 싶니?
B: 나는 그랜드 캐니언을 보고 싶기 때문이야.
① 도움을 요청하려고
② 조언을 구하려고
③ 이유를 물으려고
④ 길을 물으려고
⑤ 경험에 관해 물으려고

05 빈칸 뒤에 I can't wait!(기대된다!)라는 말이 왔으므로 빈칸에는 긍정의 대답이 와야 한다. 부정의 대답에 해당하는 ②, ③은 들어갈 수 없다.

06 지호가 Amy에게 Blue Sky 팬 모임에 함께 가자고 제안하였다.

07 미나는 학교 라디오 프로그램의 진행자(host)이고, Smith 선생님은

초대 손님(guest)이다.
① 가수 – 팬 ② 점원 – 고객 ④ 의사 – 환자 ⑤ 작가 – 독자

08 빈칸 뒤에 이어지는 대답에서 가장 좋아하는 노래가 무엇인지 말하고 있으므로 어떤 노래를 가장 좋아하는지 묻는 말이 오는 것이 자연스럽다.
|해석| ① "Hey Jude"를 가장 좋아하시나요?
② 언제 노래를 들으시나요?
③ 어떤 멤버를 가장 좋아하시나요?
④ 어떤 노래를 가장 좋아하시나요?
⑤ 어떤 노래를 우울할 때 들으시나요?

09 Because로 시작하여 「주어+make+목적어+목적격 보어(동사원형) ~.」 형태의 문장을 완성한다.

10 상황에 맞게 질문을 만든다. Which ~ do you like best?는 상대방이 가장 선호하는 것을 묻는 표현이고, 「Why do you+동사원형 ~?」은 상대방의 선택이나 결정에 대한 이유를 묻는 표현이다.
|해석| 수민이는 설문 조사를 위해 Brian을 인터뷰하고 있다. 그녀는 Brian에게 어떤 가수를 가장 좋아하는지 묻는 질문으로 인터뷰를 시작한다. Brian은 Jason Mraz의 열혈 팬이다. 그는 Jason Mraz가 노래를 정말 잘한다고 생각한다. Brian은 그 선율이 아름다워서 그의 노래 중 "Lucky"를 가장 좋아한다.

11 (1) if가 이끄는 조건절에서는 미래의 의미일 때도 현재시제를 사용한다.
(2) unless는 if ~ not의 의미이므로 부정어와 함께 쓰지 않는다. unless를 if로 바꾸거나 조건절에서 not을 삭제한다.

12 ⓑ '그가 초대받지 못했다'는 뜻의 수동태 문장이 되어야 하므로 동사를 「be동사+과거분사」 형태로 써야 한다. (didn't → wasn't)
ⓓ 수동태 문장에서는 행위자 앞에 보통 전치사 by를 쓴다. (Tom and Mary → by Tom and Mary)
|해석| ⓐ 그 나무는 번개에 맞았다.
ⓑ 그는 록 축제에 초대받지 못했다.
ⓒ 프랑스어는 몇몇 나라에서 말해진다.
ⓓ 이 보고서는 Tom과 Mary에 의해 쓰였다.
ⓔ 그 방은 연기로 가득 차 있었다.

13 if절에 현재시제를 쓰는 것에 유의한다.

14 수동태의 부정문은 「be동사+not+과거분사」의 형태로 쓰고, 의문문은 「Be동사+주어+과거분사 ~?」의 형태로 쓴다.
|해석| (1) 그들은 교실을 청소하지 않았다.
(2) Picasso가 이 그림을 그렸니?

15 모두 행위자 앞에 by 이외의 전치사를 쓰는 수동태 구문이다.
(1) be interested in: ~에 흥미가 있다
(2) be filled with: ~로 가득 차 있다
|해석| (1) 나는 동전을 모으는 데 흥미가 있다.
(2) 그 채널의 편성표는 옛날 영화와 드라마로 가득 차 있다.

16 (A) '~을 향한'의 뜻으로 for가 알맞다.
(B) '사진을 찍다'라는 뜻의 take pictures of가 되는 것이 알맞다.
(C) '~로'의 뜻으로 방향을 나타내는 to가 알맞다.

17 본문의 마지막 세 문장에 팬들이 자신들의 스타들을 향한 사랑을 표현

하는 방법이 나와 있다.

|해석| 팬들은 그들의 스타를 향한 큰 애정을 어떻게 보이는가? 세 가지의 예시를 들으시오.

18 (A)와 ⓐ, ⓒ, ⓔ는 '~처럼, ~같은'이라는 의미의 전치사이고, ⓑ, ⓓ는 '좋아하다'라는 의미의 동사이다.

|해석| ⓐ 그는 바람처럼 달리기 시작했다.

ⓑ 나는 보드게임을 하는 것을 좋아한다.

ⓒ Jane은 공주처럼 보였다.

ⓓ 너는 네가 좋아하는 만큼 가질 수 있다.

ⓔ 너 그와 같은 소리를 들었니?

19 '~하게 되다'라는 뜻의 「go+형용사」가 되는 것이 알맞다.

20 Liszt의 연주 모습이 마치 피아노와 발레 공연을 동시에 보는 것과 같다고 했지, Liszt가 발레 공연도 했다는 언급은 없다.

21 글쓴이는 Franz Liszt가 본래의(최초의) 아이돌이라고 설명하고 있다.

22 ⓒ, ⓓ에 대한 답은 윗글에 언급되어 있지 않다.

|해석| ⓐ Liszt의 직업은 무엇이었는가?

ⓑ Liszt는 언제 태어났는가?

ⓒ Liszt는 어떻게 첫 번째 아이돌이 되었나?

ⓓ Liszt는 언제 피아노 치는 것을 포기했는가?

23 '~을 마주 보다(향하다)'를 뜻하는 단어는 face이다.

24 ⑤ 연주회가 끝난 후 콘서트홀은 열광의 도가니였다.

25 ④ if절에서는 미래를 나타내더라도 현재시제로 쓴다. (will meet → meet)

정답 및 해설

기출예상문제집
중학 영어 2-1 중간고사 이병민

정답 및 해설